美国学生
阅读技能训练

〔美〕珍妮佛·塞拉瓦洛◎著　　李璐璐◎译

第2版

The
Reading Strategies
Book
2.0

YOUR RESEARCH-BASED
GUIDE TO DEVELOPING SKILLED READERS

培养优秀阅读者的300种策略

北京科学技术出版社

U0642558

THE READING STRATEGIES BOOK 2.0

First published by Heinemann, a division of Greenwood Publishing Group, LLC, 145 Maplewood Avenue, Suite 300, Portsmouth, NH 03801, United States of America.

Copyright English version © 2023 by Jennifer Serravallo.

Simplified Chinese Copyright © 2025 by Beijing Science and Technology Publishing Co., Ltd.

All rights reserved.

著作权合同登记号　图字：01-2024-4107

图书在版编目（CIP）数据

美国学生阅读技能训练 : 第 2 版 / （美）珍妮佛·塞拉瓦洛著 ; 李璐璐译. -- 北京 : 北京科学技术出版社，2025（2025重印）. -- ISBN 978-7-5714-4166-1

Ⅰ. G792

中国国家版本馆 CIP 数据核字第 2024YD8386 号

策划编辑：蔡芸菲　刘玥乔		邮政编码：	100035
责任编辑：付改兰		电　　话：	0086-10-66135495（总编室）
特约编辑：李爱琴			0086-10-66113227（发行部）
责任校对：贾　荣		网　　址：	www.bkydw.cn
封面设计：异一设计　郭京卉		印　　刷：	北京捷迅佳彩印刷有限公司
图文制作：史维肖		开　　本：	787 mm × 1092 mm　1/16
责任印制：吕　越		字　　数：	523千字
出 版 人：曾庆宇		印　　张：	30
出版发行：北京科学技术出版社		版　　次：	2025年3月第1版
社　　址：北京西直门南大街16号		印　　次：	2025年5月第2次印刷

ISBN 978-7-5714-4166-1

定　　价：168.00元

京科版图书，版权所有，侵权必究。
京科版图书，印装差错，负责退换。

◎ 中文版序

阅读策略是有效的。几十年来，大量的研究证明了教孩子主动阅读、设定阅读目标并朝着目标努力是多么重要。不仅如此，作为教师，我们也能在每天的一线教学中看到阅读策略的价值。我们见证了无数个瞬间：当孩子在阅读过程中恍然大悟时，当一个个"小灯泡"在孩子脑海中突然亮起时……是阅读策略创造了这些瞬间。

阅读策略在不同的语言和文化中是普遍适用的，因为它们是进行明确、清晰、有效的教学时不可或缺的原料。阅读策略能够将熟练阅读者大脑里无形的、无意识的做法以一种有形的方式展现给孩子，能够将复杂的技能简化，为孩子提供一系列清晰的步骤，一步一步地告诉孩子如何做。

你或许也读过本书第1版，可能从中找到了许多你喜欢使用的阅读策略，无论你是在家辅导孩子的父母，还是学校里的一线教师，或者是进行一对一辅导的家庭教师。在第1版问世后的多年间，我收到了很多读者的反馈，同时科研领域也出现了许多关于如何教孩子阅读的新的研究成果，于是我决定撰写第2版，现在它已经在你的手中了。第2版保留了第1版中你可能喜爱的许多元素，包括色彩丰富的内页设计、清晰且便于读者查阅的结构，以及明确的阅读策略——辅以视觉资料、策略使用小贴士、给孩子讲解或提示时使用的示范性语言。同时，第2版也有一些新的理念和特色，对第1版做了大量的修订，让本书质量有了大幅提升。以下是第2版的一些亮点。

1. 极具指导性的"技能进展"部分。在每一章中，我都根据孩子当前可能的技能水平，将该章的阅读策略分成几个等级。这种新的编排方式使用"如果孩子……你可以教他们……"的句式，简化了帮孩子寻找适合他们的策略的过程，节省了教学准备时间，并确保你能为孩子找到更有针对性、更有效的策略。"技能进展"部分还能帮助你确定孩子当前应该学习哪些技能，这样你就可以有针对性地教授阅读策略，在课堂上带孩子专攻某些技能，或者准确识别孩子的需求，以便更好地将孩子分组。第2版用"技能进展"部分来给策略分级，取代了第1版中使用的由凡塔斯（Fountas）和平内尔（Pinnell）开发的A-Z级图书分级系统。

2. 清晰的视觉资料。这一版中包含了数百张全新的图表，这些图表适用于不同年龄段的孩子。像之前一样，你可以根据孩子的需求调整和修改这些图表，但无论如何，我希望这些全新的图表能够为你助力。

3. **大量的研究成果**。第2版包含700多篇文献中的研究成果——在讲述具体策略的每一页上都有"相关研究"部分，其他地方也引用了很多研究成果。这些研究成果出自认知科学、神经科学、语言学、教育学和心理学等领域，它们贯穿全书，为书中的每一个想法和建议提供了科学依据。

4. **全新的"准备开始"部分和各章的导读部分**。第2版的"准备开始"部分是全新的，内容扎实，涉及150余项研究，展现了全书的关键理论基础，并回顾了与有效读写教学相关的重要话题，包括：关于阅读策略的研究，关于阅读教学的重要理论，以及阅读策略如何与阅读教学的其他重要领域（如自然拼读、知识构建和如何给学生有效反馈）结合。之后的13章中，每章开头都有导读部分，这部分内容也是全新的。我在每章的导读部分中回顾了与本章话题相关的研究，解释了为何本章的内容对阅读教学至关重要，列出了达成本章目标所需的技能并做出了具体的说明，还指出了如何对孩子进行评估，从而确定本章的策略可以为哪些孩子提供帮助。最后，导读部分还提供了一些建议，告诉你可以让孩子用哪些文本练习本章的策略。

5. **适用于更多孩子的阅读策略**。每章都新增了一些更高阶的策略，可以用来指导初中生、其他阅读水平较高的孩子以及他们的老师。这些策略能够帮助阅读者提升分析、批判等技能，掌握诸如评估信息的真实性、理解讽刺手法、利用寓言和人物类型来解读文本并挖掘深层含义等教学内容。另外，第一章还新增了针对读写萌发阶段的孩子和阅读初学者的策略，这些策略能够帮助他们建立对印刷品的概念和学习字母表等。

得知本书第2版即将与中国的家长和教育工作者见面，我感到非常荣幸和欣喜，这意味着我的读者能够理解清晰、明确的阅读策略在帮助孩子成为优秀阅读者的过程中有多么重要。希望你带领孩子成长为优秀的、快乐的、有目标的、主动的阅读者，在你们为实现这一目标而努力时，我会将最真挚的祝福送给你们。

珍妮佛·塞拉瓦洛

2024年8月23日

◎ 致 谢

首先要感谢我的编辑凯蒂·伍德·雷（Katie Wood Ray）。感谢她每周花时间为本书第2版的写作出谋划策。第2版在第1版的基础上进行了大量增删和修订，没有她一直启发我思考，我不可能将这项工作完成到这个程度。感谢她每次花半个多小时和我讨论，只为找到最恰当的一个单词来表达。感谢她想方设法让语句更简洁，又不丢失核心意思。感谢她每次在我想要使用被动语态时提醒我。感谢她在修改书稿过程中的点滴付出，让每一章都尽善尽美。再次向她致以深挚的谢意。

第2版在修订过程中最艰巨的任务之一是增加了大量的参考文献。我知道，要做好这一点，我必须寻求帮助。我需要一名研究助理，这个人必须熟知与本书内容相关的研究，能够查到我需要的资料，还要有丰富的知识储备，能够帮助我评估研究的质量并从中筛选出最出色的研究成果。我向雷切尔·加布里埃尔（Rachael Gabriel）寻求帮助，她向我介绍了极其聪明、知识渊博、充满激情又刻苦努力的博士后加布里埃尔·德拉韦基亚（Gabriel DellaVecchia）。感谢雷切尔！感谢加布里埃尔为我提供的帮助：参与评估了第1版中应删减的阅读策略，查找了成百上千项相关研究的资料供我参考，指导我如何修订保留在第2版中的阅读策略，以及如何引用参考文献。在我们每周的会面中，加布里埃尔都让我受益良多。我再也不想在没有研究助理（加布里埃尔）的情况下写书了！

说起研究人员，我要感谢琳娜·埃里（Linneah Ehri）博士和玛丽安娜·沃尔夫（Maryanne Wolf）博士，她们是第2版第三章初稿的读者，给出了十分宝贵的反馈。同样感谢桑德拉·马多克斯（Sandra Maddox）和安吉·尼尔（Angie Neal）在与我合作修改这一章过程中提出的见解。

感谢插画师梅里迪·格纳吉（Merridy Gnagey）和蒂法尼·富勒（Tiffany Fuller），她们为本书第2版贡献了自己的艺术才华、创造力和插画技巧。与第1版相比，第2版新增了180多张图表，这些图表是她们花费数月时间，在处理家庭事务之余，在餐桌或书桌上精心手绘而成的。她们才华横溢，把我的想法转化成了便于教师和学生理解的、可在课堂上使用的视觉资料。

感谢海尼曼出版团队的成员。感谢罗德里克·斯皮尔曼（Roderick Spelman）在我写作过程中一如既往的支持和帮助。感谢萨拉·福涅尔（Sarah Fournier）、丹尼丝·博特略（Denise Botelho）和维多利亚·马雷茨基（Victoria Merecki）在出版过程中发挥的重要作用。感谢苏珊·海泽（Suzanne Heiser），她的设计令人惊艳，既保留了第1版中读者喜爱的元素，又在此基础上有所创新，使得第2版的设计风格更贴近时代，令人耳目一新。感谢优秀的文字编辑辛迪·布莱克（Cindy Black），她认真地阅读了厚厚的书稿，并做出了细致入微的修改。感谢艾丽西亚·米切尔（Alicia Mitchell）、埃里克·沙勒克（Eric Chalek）和帕姆·史密斯（Pam Smith）在营销和销售方面的贡献。感谢布雷特·怀特马什（Brett Whitmarsh）和埃里卡·麦卡弗里（Erika McCaffrey）在我写作过程中提供的支持和帮助。

最后，感谢我的孩子洛拉（Lola）和维维安（Vivian）。她们帮我筛选出了最优秀的儿童文学作品和信息类图书，我用它们替换了第1版中给孩子讲解和示范如何使用阅读策略时用到的部分读物（她们俩的品味值得称赞！）。为了本书的撰写和出版，我陪伴她们的时间变少了，感谢她们愿意与全世界的教育工作者和孩子们分享我的时间。我希望她们长大后像我一样，找到自己热爱的事业。

目 录

序章
准备开始

◎ 关于阅读策略

阅读策略指阅读者为了完成特定任务或培养特定技能，经过慎重思考采用的方法（Afflerbach，Pearson，& Paris，2008；Manoli & Papadopoulou，2012）。通过循序渐进的步骤，阅读策略可以使阅读任务更容易达成，也更具体。阅读策略就像临时脚手架，帮助阅读者进行自主阅读。最终，阅读者可以自主阅读后，就渐渐地不再需要阅读策略了。阅读策略是达成目的的手段，而非目的本身（Duke，2014b）。

研究人员、教育工作者和理论家对"技能"和"策略"这两个词的用法是不同的（Afflerbach，Pearson，& Paris，2008；Beers，2002；Harris & Hodges，1995；Harvey & Goudvis，2007；Keene & Zimmermann，2007；Sinatra，Brown，& Reynolds，2002；Taberski，2000；Wiggins，2013）。有些人用"策略"一词指代阅读理解的七个过程（如筛选重要信息、构建感官图像、激活背景知识等），在本书中，这些过程被称为"技能"。至于策略，书中包含300多种阅读策略，这些策略不仅有助于阅读者提高阅读理解力，也会在达成其他重要阅读目标（比如提高阅读参与度、阅读准确性，以及基于阅读的讨论能力等）上助阅读者一臂之力。

关于阅读策略教学的研究

阅读策略在课堂教学中的应用得到了大量研究的支持（Alexander, Graham, & Harris, 1998；Chiu, 1998；Dignath & Büttner, 2008；Donker et al., 2014；Georgiou & Das, 2018；Haller, Child, & Walberg, 1988；Hattie, Biggs, & Purdie, 1996；Ho & Lau, 2018；Pressley & Afflerbach, 1995；Weinstein, Husman, & Dierking, 2000）。研究表明，无论孩子年龄大小，社会背景如何，是否天资聪颖或有学习障碍，阅读策略教学对他们都会产生积极的作用（Berkeley, Scruggs, & Mastropieri, 2010；Donker et al., 2014；Okkinga et al., 2018；Shanahan et al., 2010）。学会使用阅读策略的孩子自我调节能力更强，能够积极运用已有的知识去有效地、投入地阅读，这最终使他们的学习和整体表现更加出色（Duke & Cartwright, 2021；Zimmerman, 1986, 2002）。

阅读策略已经被证明可以全方位提升孩子的阅读表现——包括但不限于积极性和参与度（McBreen & Savage, 2021）、解码能力（Steacy et al., 2016）、词汇习得能力（Wright & Cervetti, 2017）、理解力（Samuelstuen & Bråten, 2005）、流利度（Stevens, Walker, & Vaughn, 2017）等方面。

阅读策略提供了程序性知识（即如何做），阅读者可以根据阅读目标有意识地运用这些知识（Alexander, Graham & Harris, 1998）。条件性知识则指关于在何种条件下使用何种知识的知识（Donker et al., 2014）。研究表明，倘若将阅读策略与条件性知识结合起来，并将其与孩子的目标联系起来，同时让孩子自主选择和运用（Allen & Hancock, 2008；Mason, 2004），那么效果会更加显著。

研究者通常将学习策略分为三大类：认知策略、元认知策略和管理策略（Boekaerts, 1997；de Boer et al., 2018；Mayer, 2008；Pressley, 2002a；Weinstein & Mayer, 1986）。本书中的300多种阅读策略涉及所有这些类别及其子类别（见下页表格）。

主要研究结论

阅读策略具有以下特点。

- 提供了可操作的步骤。
- 是达到目的的手段，而非目的本身。
- 就像临时脚手架。随着自主阅读水平逐渐提高，阅读者对阅读策略的关注会逐渐减少。
- 可以全方位提升阅读者的阅读表现，如积极性、解码[1]能力、理解力和流利度等。
- 可以让所有孩子受益，无论他们的年龄、心智发展水平或能力如何。
- 可以培养孩子的自我调节能力，这种能力是孩子在学习和其他方面有良好表现的关键。

①解码：指识别字形所代表的语音的过程。 ——编者注

策略的类别、定义及示例一览表

类别	定义	子类别示例	本书中的示例
认知策略 （Brown & Palincsar, 1989; Mayer, 2008; Pintrich et al., 1991; Weinstein, Husman, & Dierking, 2000）	用于增强阅读者的理解力，让阅读变得更有意义的策略	复述策略，比如通过重复信息来记忆信息	9.5 阅读，遮盖，记忆，复述
		精加工策略，比如在信息间建立联系、归纳总结、改述（释义）	5.16 用"故事山"模型进行总结
		信息整理策略，比如借助图表来记忆信息或呈现信息之间的关系	8.14 思考文本结构：问题－解决方案式
元认知策略 （Schraw & Dennison, 1994; Veenman, Van Hout-Wolters, & Afflerbach, 2006; Zimmerman, 2002）	用于提高阅读者的认知能力，帮助阅读者监控和管理自己的学习过程的策略	计划策略，比如设立学习目标、制订学习计划、确定任务顺序	2.9 带着目标阅读
		自我监控策略，比如检查自己的学习/理解情况，并采取行动（如重读）纠正错误	3.9 检查，重读，纠正
		评估策略，比如分析是否学到东西以及学了多少	7.25 分析主题的发展
管理策略 （Palincsar & Brown, 1984; Pintrich, 2000）	用于帮助阅读者管理心境及外部环境，从而促进阅读的策略	精力管理策略，比如不受干扰，不惧挑战，专注于要完成的任务	2.17 集中精神，克服困难
		他人管理策略，比如和同伴或老师合作学习	12.11 反思，并为讨论设定目标
		学习环境管理策略，比如在学习过程中恰当使用学习材料，设置适宜的学习环境	2.14 选择合适的阅读环境

应该在什么时候教授阅读策略？

无论何时，只要你希望孩子在阅读、基于阅读的写作或交流方面更出色，教授阅读策略都是十分有益的。教授阅读策略简单来说就是清楚明确地告诉孩子如何做某事——这件事可能指更持久地阅读、解码、有感情地阅读、理解中心思想等，这对所有孩子的阅读都是有益的（Donker et al.，2014；Ehri，2020；Shanahan et al.，2010；Williams，2005）。

在语文课和读写课中教授阅读策略

如果你把阅读当作一门学科来教授，阅读策略能帮上忙。无论你的学生是在读同一本书，还是以读书会或文学圈[①]的形式被分成小组读不同的书，抑或是在读自己选择的书；在读写教学中，无论你是注重带孩子练习阅读，还是注重教孩子认字识词，抑或是注重拓展孩子其他与阅读相关的技能；无论你是组织全班一起读一本小说，还是组织全班开阅读讨论会，抑或是基于核心课程开展阅读教学；无论课程是谁设计的，无论课堂是如何组织的——阅读策略都能起到重要作用。

此外，有人认为，孩子在三年级之前处于"学习如何阅读"的阶段，而后进入"通过阅读来学习"的阶段。这样的观点是错误的。事实上，孩子在任何年龄段都在不断学习如何阅读，不断提高洞察力、理解力和阅读参与度，同时不断扩充词汇知识，提升基于所读内容进行交流和写作的能力（Pearson，Moje，& Greenleaf，2010；Shanahan & Shanahan，2012）。阅读策略适用于所有阶段——从幼儿园到高中，甚至更高的学习阶段的读写课！

---

①文学圈（literature circle）：美国中小学阅读课上常见的一种分组阅读活动。——编者注

在全班、小组或一对一教学中教授阅读策略

　　阅读策略指导孩子如何做，帮助孩子在学习中更快地领悟，促进学习迁移。如果你在给全班上课，那么在让孩子自主练习之前，你可以教孩子一种策略，这样孩子就可以在自主练习时根据具体的策略，按照你的演示来做。

　　在为孩子朗读时，你要计划好在哪里停下进行有声思维教学，展示阅读策略。如果你发现有一些孩子需要相同的帮助，你可以将他们召集到一起，教他们一种策略并指导他们练习。

　　当孩子以读书会的形式进行讨论时，你要仔细听他们的对话，思考是否有某种策略能帮助他们加深理解并提高交谈能力。进行一对一教学时，你也可以快速评估孩子的学习情况，然后提供一种接下来可以尝试的策略。

在学科学习中教授阅读策略

　　在学科学习中，教师无疑会设定以习得知识为基础的教学目标，并明确地教授与这些目标相关的信息和词汇。然而，如果孩子在课堂的任何环节中针对文本内容需要读（或写、说），那么教孩子一些阅读策略能够让他们在读、写和说时更加认真，理解得更加深入、透彻。

　　因此，你既要安排一些课时侧重讲解知识，又要安排一些课时教孩子如何从文本中挖掘这些知识，这样可以让孩子学到更多（Cervetti et al.，2012；Guthrie，2004；Romance & Vitale，2001）。

为什么书中有300多种阅读策略？

当教师能够回应孩子的需求时，孩子取得的进步是最大的；在宝贵的教学时间里，教师应该通过教授策略帮助孩子在现有能力的基础上更上一层楼（Alexander，Graham，& Harris，1998；Glaser，1984）。在不同班级里，孩子的能力、兴趣和需求各不相同，随着时间的推移，他们的需求还会发生变化，且他们阅读的文本类型也会有所不同（Fitzgerald，2016；Tobin，2008）。为了回应孩子的需求，教师需要储备大量的策略及与之相关的知识，同时还要能够随机应变，灵活运用策略及知识。

同理，阅读者如果能够掌握多种用于培养同一技能的策略，将受益良多，因为他们可以根据文本类型、阅读场景等灵活调整策略（Cartwright，2006；Gnaedinger，Hund，& Hesson-McInnis，2016）。因此，本书每一章都包含一系列策略，这些策略都是帮助阅读者培养同一技能或应对类似情况的。

本书包含300多种阅读策略，这可能让你很激动。但是，千万别冲动，不要一次教授太多策略，甚至整个学年里都不要教授太多策略！在每周的教学中，你可以选一些策略用于全班教学（这些策略可以用于引导孩子朗读文本，在科学课或社会学课上帮助孩子从课本中获取知识，在阅读时间里帮助孩子理解如何有效做阅读笔记），再选一些策略用于不同的小组教学或有针对性的一对一教学。但要注意，一次不要教授太多种策略，否则可能会使孩子认知负担太重，适得其反，最后导致孩子没有掌握任何一种策略（Chandler & Sweller，1991）。此外，对于那些在课堂学习中跟随一个老师学习，而在课后辅导中跟随另一个老师学习的孩子，尽量让他们在两种教学情境下都针对同样的策略、同样的目标进行练习，不要一次教授太多，让他们负担过重。

◎ 本书导读

虽然本书包含几百种教学构想，但你不需要按顺序阅读或把整本书读完。本书按照阅读目标来划分章节，共有13个阅读目标，每章针对一个目标介绍相应的策略，且根据"技能进展"部分展开，先介绍较为基础的策略，再介绍更为复杂的策略。每种策略都单独占一页，有"策略描述""这样给孩子讲解""策略使用小贴士""这样给孩子提示"等部分，还有"目标技能""相关研究"等辅助内容。你可以快速翻阅本书，找到需要的内容，有针对性地展开教学。

理解每章的阅读目标

目标指想要达到的标准。你可以将目标视为一大类事物，根据目标针对个人、小组和全班进行教学。设定目标能帮助你选择相应的策略，提出与目标相关的反馈意见，让孩子根据成功的标准做出反思。研究发现，这些做法都对孩子的成长和成就的取得有很强的正面影响（Fuchs，Fuchs，& Deno，1985；Hattie，2009；Schunk & Rice，1989，1991），并与提高理解力和阅读积极性密切相关（Cartwright，2015）。研究表明，相比于结果性目标（例如，阅读是为了回答老师的阅读理解问题），过程性目标（例如，如何获取知识或带着明确的目标去阅读）的积极作用更大，对在阅读理解方面有困难的孩子来说尤其如此（Cartwright，2015；Pressley & Allington，2014；Schunk & Rice，1989，1991）。

阅读目标层级

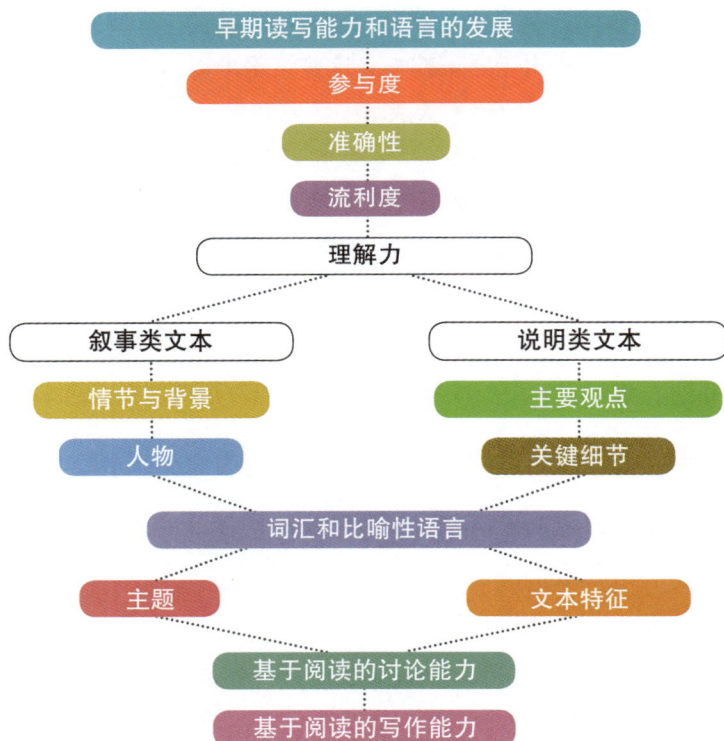

早期读写能力和语言的发展

参与度

准确性

流利度

理解力

叙事类文本　　　　说明类文本

情节与背景　　　　主要观点

人物　　　　关键细节

词汇和比喻性语言

主题　　　　文本特征

基于阅读的讨论能力

基于阅读的写作能力

注：每个目标的颜色与每章的颜色对应。

本书中的阅读目标都是过程性目标，每章都围绕13个同等重要的阅读目标中的一个展开讲解。我将这13个目标按照层级进行编排，当孩子在一个以上的目标上需要帮助时，这种编排方式能帮助教师决定在有针对性、个性化的教学中该聚焦哪个目标。让孩子在成长过程中全面发展技能固然重要（Scarborough，2001；National Reading Panel，2000），但专注于少数几个方面也十分重要，这样可以避免给学生施加过重的认知负担（Chandler & Sweller，1991）。例如，在小组教学中，如果孩子需要在准确读出字词和推断主题方面得到帮助，我会先花几周时间教他们几种专门提高阅读准确性的策略，一旦我注意到他们在这方面取得进展，就会再花几周时间教授帮助他们理解主题的策略。

阅读者除了要在小组教学中达成特定的阅读目标，也要像其他同学一样达成针对全班设定的阅读目标。例如，假设一个孩子想要提高阅读流利度，他可能会在特定的小组教学或一对一教学中学习策略来达成这一目标；与此同时，这个孩子可能还会和全班同学一起学习如何更好地理解信息类文本，达成相关阅读目标，比如学习如何确定主要观点、关键细节和生词的含义。

我在每一章的开头都对具体的阅读目标进行了介绍，并讲述了如何评估孩子是否适合该目标。本书以这种方式编排的目的是，方便你快速找到满足孩子需求的章节，或者找到达到年级水平或课程目标的阅读策略。你可以阅读每一章的开头部分，熟悉阅读目标、与目标相关的研究、特定目标下着重培养的技能，获取有关开展形成性评价的建议，以便了解这些目标是否适合孩子。

阅读目标层级的研究基础

多年前，高夫 (Gough) 和蒂默 (Tunmer) 提出了简明阅读理论 (The Simple View of Reading)。这一理论基于教育科学的研究成果，提出了阅读理解（他们定义的"阅读理解"与"阅读"同义）是词汇识别和语言理解的产物。也就是说，词汇识别和语言理解是阅读理解的两个组成要素。

词汇识别
将书面语转化为口语

＋

语言理解
理解口语

＝

阅读理解

(Gough & Tunmer, 1986)

大约15年后，斯卡伯勒提出了她的理论——斯卡伯勒的阅读绳 (Scarborough's Reading Rope)，或称阅读绳模型 (The Rope Model)。斯卡伯勒在她的理论模型中对简明阅读理论里较大的要素进行了剖析，

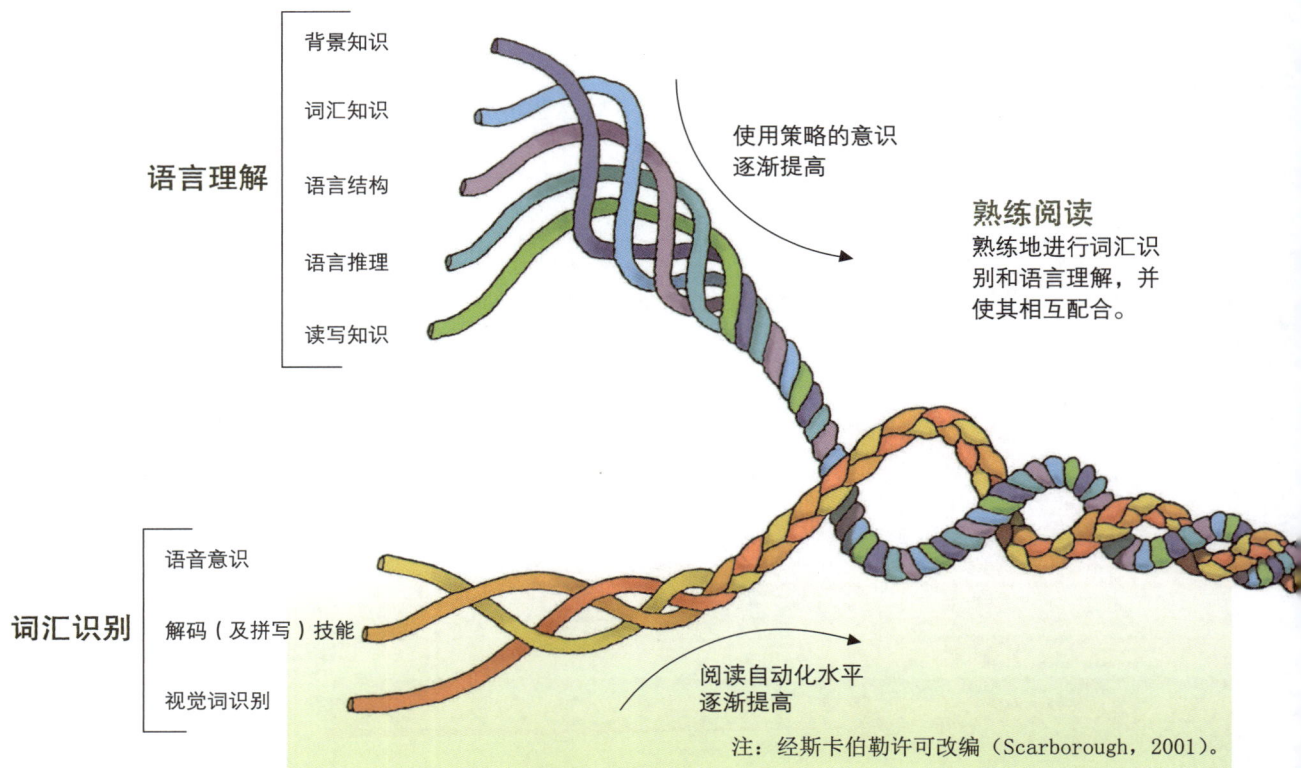

语言理解
- 背景知识
- 词汇知识
- 语言结构
- 语言推理
- 读写知识

使用策略的意识
逐渐提高

熟练阅读
熟练地进行词汇识别和语言理解，并使其相互配合。

词汇识别
- 语音意识
- 解码（及拼写）技能
- 视觉词识别

阅读自动化水平
逐渐提高

注：经斯卡伯勒许可改编（Scarborough, 2001）。

并对每个要素的子要素做了具体的说明。教育工作者应该对这些子要素进行评估并据此展开教学，以便培养熟练的阅读者。

近年来，杜克和卡特赖特在其主动阅读理论（Active View of Reading, Duke & Cartwright, 2021）中对前文提到的理论进行了扩展，融合了自斯卡伯勒的阅读绳模型公布以来20年间的多项研究结果。该理论有两个重要的新要素：主动自我调节（包括但不限于积极性、参与度、执行功能技能、元认知策略的使用）和桥接过程（包括但不限于阅读流利度和对印刷品的概念）。这一新理论还扩展了语言理解这一要素，增加了心智理论、文化及其他学科知识两个子要素。

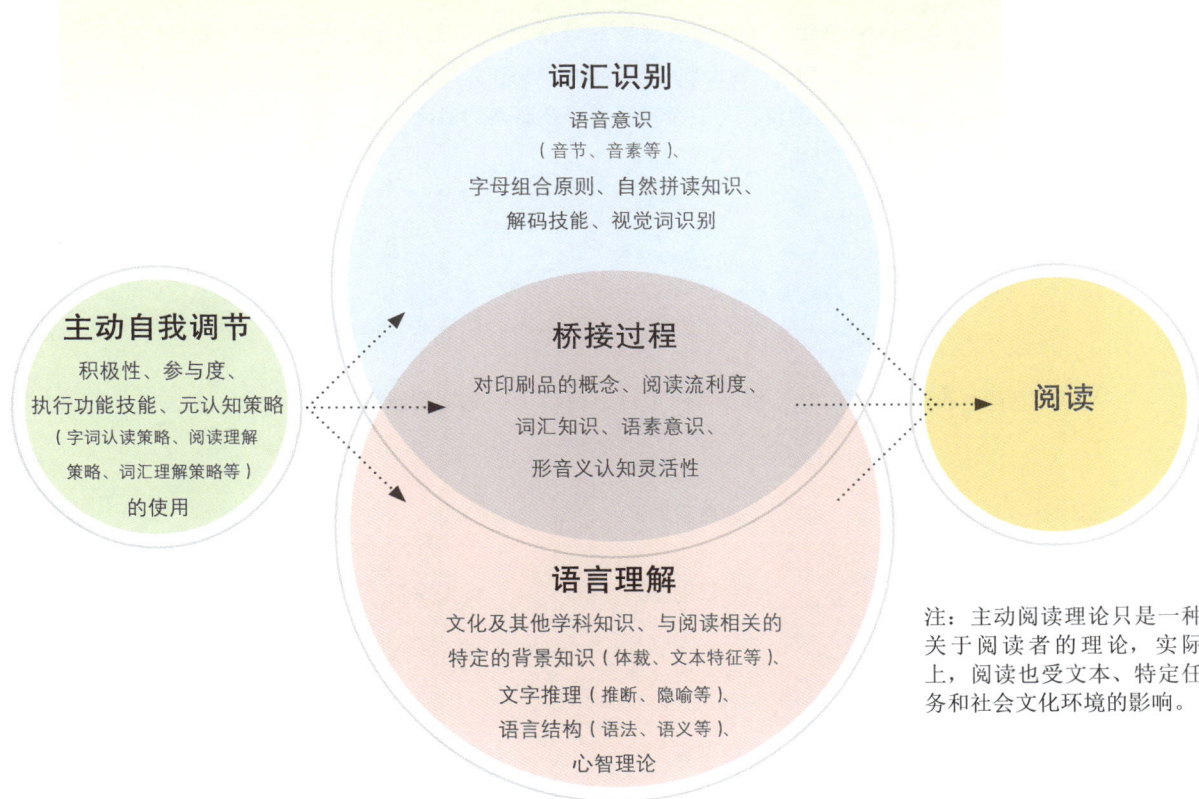

词汇识别
语音意识
（音节、音素等）、
字母组合原则、自然拼读知识、
解码技能、视觉词识别

主动自我调节
积极性、参与度、
执行功能技能、元认知策略
（字词认读策略、阅读理解
策略、词汇理解策略等）
的使用

桥接过程
对印刷品的概念、阅读流利度、
词汇知识、语素意识、
形音义认知灵活性

阅读

语言理解
文化及其他学科知识、与阅读相关的
特定的背景知识（体裁、文本特征等）、
文字推理（推断、隐喻等）、
语言结构（语法、语义等）、
心智理论

注：主动阅读理论只是一种关于阅读者的理论，实际上，阅读也受文本、特定任务和社会文化环境的影响。

观察这些理论，很容易得出结论：给阅读和阅读过程下定义，以及对促成熟练阅读的目标进行分类并非易事。若还考虑美国国家阅读委员会（the National Reading Panel）2000年提出的"儿童阅读的五大支柱"，情况会更加复杂。你会发现"词汇"和"理解"是分离的，语音意识教学和自然拼读教学也不同。

如果我们将美国2010年出台的《共同核心州立标准·英语语言艺术标准》（此标准将文本分为文学类文本和信息类文本两大类）与上文提及的几种理论（包括简明阅读理论、阅读绳模型和主动阅读理论，它们都将关于体裁的知识视为语言理解的组成要素）进行比较，也会让情况更加复杂。

本书中的阅读目标与这三种理论提及的许多要素有重合，另外本书还增加了几个要素（如基于阅读的讨论和写作能力）。此外，我根据萨尔兹比 (Sulzby) 和蒂尔 (Teale) 的研究，认识到了前常规阶段（pre-conventional）的阅读者发展理解力和语言能力的独特机会（Sulzby，1991，1996；Sulzby & Teale，1991；Teale，1987）。下表展示了本书中的阅读目标与三种理论所涉及要素的对比。

阅读目标层级 (Serravallo, 2015)	主动阅读理论 (Duke & Cartwright, 2021)	阅读绳模型 (Scarborough, 2001)	简明阅读理论 (Gough & Tunmer, 1986)
早期读写能力和语言的发展	桥接过程（对印刷品的概念）和语言理解	语言理解	/
阅读参与度和积极性	主动自我调节	/	/
阅读准确性	词汇识别	词汇识别	词汇识别
阅读流利度	桥接过程	/	/
理解力（如理解情节和背景，理解人物、主题等）	语言理解	语言理解	语言理解
基于阅读的讨论能力	/	/	/
基于阅读的写作能力	/	/	/

理解目标下的技能和技能进展

在每个阅读目标下，阅读者可以学习多种技能。技能指阅读者做某事的能力或熟练度。例如，如果孩子想要达成理解人物的阅读目标，他们可能会学习推断技能（在文中找出人物的性格特点、感受）和整合技能（整合书中信息来确定人物是如何做出改变的）。在每章开头部分，你会看到一系列为达成目标需要掌握的技能。注意，这些技能没有特定的顺序。以下示例出自第四章。

情感表现
韵律的维度之一，涉及阅读时能够正确理解文意和文本表达的情感，根据标点符号改变音高，以及在读对话时能改变语调。

推断
能够结合背景知识和文本细节推测文意，这关系到如何把握韵律（如有感情地朗读人物对话、关注重要词语等）。

为了达成本章目标，阅读者需要掌握的技能

断句
韵律的维度之一，也称语法分析，包括能够根据意思将句子分为几部分并在每部分后停顿和关注句中标点。

自我监控
（朗读或默读时）能够有意识地关注流利度，如有必要，会回过头再读一遍。

强调性重读
韵律的维度之一，包括能够读出句中某些词的重音以正确理解作者要表达的意思，并注意文本特征（如粗体字、斜体字或大写字母）。

把握阅读速度
能够使阅读速度与平时说话的速度相匹配。

在达成某个阅读目标的过程中，当阅读者逐渐熟练且开始阅读更为复杂的文本时，他们要学习的阅读技能和策略的难度也会随之增大。例如，在阅读简单的初级读物时，阅读者需要提高流利度，那他们便会着重锻炼断句能力，即在阅读短语后停顿。之后，随着所读内容越来越复杂，涉及各种标点和对话，阅读时他们需要侧重情感表现。最后，句子变得更长，作者使用的标点（如逗号、顿号）更多，阅读者需要注意这些标点，才能读出韵律。

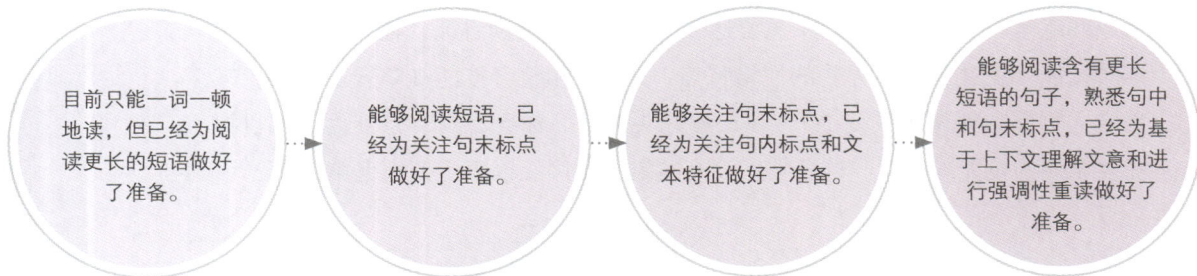

目前只能一词一顿地读，但已经为阅读更长的短语做好了准备。	能够阅读短语，已经为关注句末标点做好了准备。	能够关注句末标点，已经为关注句内标点和文本特征做好了准备。	能够阅读含有更长短语的句子，熟悉句中和句末标点，已经为基于上下文理解文意和进行强调性重读做好了准备。

每章讲述具体策略之前，都会列出一张"技能进展及对应策略一览表"（以下简称"一览表"），表中左侧的"技能进展"部分可以帮助你根据评估结果为孩子选择进步所需的阅读策略。

在"一览表"左侧的"技能进展"部分，你会发现一个你可以从对孩子的评估中得出的结论。

"一览表"右侧展示了一些能够帮助孩子取得进步的策略。

技能进展及对应策略一览表：
提高阅读参与度和积极性

如果孩子……

你可以教他们……

在选择感兴趣（以及能够理解、准确且流利地阅读）的文本时需要帮助。

2.1 寻找下一本好书
2.2 通过全面认识自己来选书
2.3 寻找自己的阅读兴趣点
2.4 请信任的人为自己推荐书
2.5 通过阅读读者评论来选书
2.6 先试读，再决定
2.7 确认图书的难度
2.8 不合适就放弃

能够选择合适的文本，已经为确定阅读目标或规划阅读时间做好了准备。

2.9 带着目标阅读
2.10 制订阅读计划
2.11 基于阅读目标来确定阅读停顿点
2.12 有目的地暂停阅读
2.13 利用零碎时间来阅读

能够持续阅读一段时间，已经为更加专注、耐心地阅读，监控自己的理解情况并进行修正，以及在需要时重新进入阅读状态做好了准备。

2.14 选择合适的阅读环境
2.15 变换文本的篇幅、类型和难度
2.16 提前规划，稍做休息
2.17 集中精神，克服困难
2.18 复述后继续阅读
2.19 重读后继续阅读
2.20 重新进入阅读状态
2.21 激活背景知识，为阅读做好准备
2.22 解决疑问
2.23 通过阅读前提出的问题来保持专注
2.24 在阅读过程中提问
2.25 通过构建感官图像来集中注意力
2.26 监控和调整阅读速度

在孩子努力达成阅读目标、学习阅读策略并逐渐取得进步时，你还可以根据这些技能进展监测他们的发展情况，并据此决定接下来要教授的内容。

你还可以利用"技能进展"部分找到符合自己所教年级水平的阅读策略。例如，假设你是五年级的老师，正在教孩子阅读信息类文本，你所在的州采用的是《共同核心州立标准》，那你可能正在寻找可以达到阅读信息类文本的第二条标准（确定文本中两个或两个以上的主要观点，解释关键细节如何支撑这些观点；概括全文）的策略。对于此标准中关于"主要观点"的要求，你可以参考第八章"一览表"中的"技能进展"部分并找到合适的策略。

如果孩子……	你可以教他们……
能够通过整合信息来概括或者推断主要观点，已经准备好通过思考文本结构来确定多个主要观点或者一个复杂的主要观点。	8.13 思考文本结构，找出主要观点
	8.14 思考文本结构：问题 – 解决方案式
	8.15 思考文本结构：因果式
	8.16 思考文本结构：对比式
	8.17 关注文本结构的变化

对于此标准中关于"关键细节"的要求，你可以参考第九章"一览表"中的"技能进展"部分并找到合适的策略，帮助孩子找出与主要观点相关的细节。

如果孩子……	你可以教他们……
能够记住和想象文本细节，已经准备好确定与话题、子话题和主要观点相关的重要细节，并利用这些细节对单个或多个文本中的信息进行总结。	9.9 围绕同一话题读不同的书，增加知识储备
	9.10 问问自己："我是怎么知道的？"
	9.11 区分重要的信息和有趣的信息
	9.12 将标题改成一个问题来引导自己阅读
	9.13 追踪流程和列表中的细节

记住，所有孩子按照相同的顺序或速度发展技能是不太可能的。尽管如此，"技能进展"部分可以帮助你确定孩子现在处于什么水平，以及接下来可能会如何发展，从而帮助你找到可以在当下使用的最有效的阅读策略。

策略页导览

当你确定了孩子的阅读目标，并且通过"技能进展"部分在某一章中找到了具体的策略，你就可以具体了解这些策略了。每种策略都被排在了单独的一页上，且每一页的编排体例基本相同，这有助于你轻松找到所需内容。

目标技能　说明了当前策略要培养的阅读技能。

策略描述　分步骤指导，可以用于任何教学形式和任何学科中。你应该为孩子提供指导，帮助他们练习，直到他们具备自主阅读的能力，这十分重要。

1.14　求助于同源词

目标技能

- 分析
- 推断
- 激活背景知识

技能进展

能够根据上下文和背景知识推断词义，已经为学习如何分析构词成分以及如何应用语法知识和词源知识做好了准备。

●●●○○

延伸阅读

No More "Look Up the List" Vocabulary Instruction (Cobb & Blachowicz, 2014)

延伸阅读　这一部分是为感谢那些为具体策略贡献灵感的教育工作者而设的。

关研究

本策略针对同时学习西班[牙语]和英语的幼儿园和一[年级]孩子的研究中，研究[者]发现，与均衡地接受[西]班牙语和英语双语教学以及更多地接受英语教学的孩子相比，更多地接受西班牙语教学的孩子更了解英语同源词（Pérez, Peña, & Bedore, 2010）。说两种（或更多的）语言的人语言知识面更广，尤其是当这些语言的词源有关联时，他们将拥有学习词语的独特优势。

382

策略描述　如果一个英语单词看起来或者读起来与其他语种中你熟悉的词相似，想一想这个单词在别的语种中是什么意思，并看看这个意思是否符合这个英语单词所在的语境。

策略使用小贴士　本策略对懂其他语种或者正在学习其他语种的孩子最有效。请注意，同源词有很多种类型。有些同源词读音相同或相似，拼写和意思完全相同，它们被称为完全同源词，例如英语和西班牙语中的 animal（动物）；还有一些同源词读音相似，拼写和意思也相似，例如英语中的 accident（事故）和西班牙语中的 accidente（事故）。尤为棘手的是伪同源词，它们的读音和拼写相同或相似，但意思不同。例如，pie 在英语中的意思是"带有酥皮的食物"，而在西班牙语中的意思是"脚"。又如，英语中的 recorder 和西班牙语中的 recordar 看起来都和英语单词 record（记录）相似，但 recorder 的意思是"录音机、记录员"，而 recordar 的意思是"记住、提醒"。

这样给孩子提示　这里的提示语可以在给孩子提供反馈时使用，也可以在孩子练习某种策略时使用，可以把你的讲解变成具体的指导。尤其是有关理解力的几章中的提示语，它们非常适合互动式朗读课。

这样给孩子提示

- 别的语种中有没有某个词跟这个[词……]
- 想一想那个词在其他语种中是什[么意思……]
- 这个词在英语中可能是什么意思[……]
- 想一想这个词在这里的用法——[……合]于这里？

嘿，这听起来像我知道的某个词！

在英语中	在西班牙语中
Abuse 滥用	Abuso 滥用
Abbreviate 缩写	Abreviar 缩写
Accept 接受	Aceptar 接受
Majority 大部分	Mayoría 大部分
Realization 实现	Realización 实现

① 想一想　你知道的其他语种中有没有看起来或者读起来与这个词相似的词。

② 想一想　这个词在其他语种中是什么意思。

③ 检……

同源词还有很多很多！

视觉资料　在每一章介绍具体策略的部分每一页都有，大多数都是供班级一起使用的或由个人制作的锚图的示例，也有一些学习工具，如个性化学习卡或书签、孩子的小作文，甚至是孩子使用该策略时的照片。

美国学生阅读技能训练：第2版

11.15　查阅相关资料，找到词语释义

策略描述　如果你无法根据上……道词义会影响你的理解，你可以通过……回到原文中看看这个词的用法，然后……词的用法，用你自己的话来解释它的……

这样给孩子讲解　当你发现……仍然无法理解这个词时，你可以去查……总是停下来去查资料，但你发现不理解这个词会影响你理解所读内容，或者你对这个词的意思非常好奇，那么你可以选择求助于外部资源。无论是使用在线词典、纸质词典还是书中的术语表，重要的是要记住：简单的释义不足以帮助你真正理解词语。你要时刻考虑上下文，确保自己选择的释义是合适的——我们都知道，很多词语有多个意思！

策略使用小贴士　由于标准词典的受众多为成年人，所以请确保为年幼的学习者提供儿童词典，无论是纸质词典还是在线词典。对于高年级学生，在他们学习快速查单词时，你可以告诉他们在搜索引擎上输入单词，搜索引擎将显示来自词典的释义，以及其他有用的信息，比如语音发音和同义词。还可以考虑使用各种浏览器插件，在有些插件中，你只需简单点击一下，网页上就会显示单词的释义。类似的数字工具对英语学习者来说尤其有用。

这样给孩子演示

- 为了理解这……
- 你找到了这……用于这个语境？
- 在这种情况……个释义适用……
- 你发现第二……义更适合这……境，而不是……个。你在积……考，真不错……

策略使用小贴士　是一些关于策略使用的小建议，涉及使用什么类型的文本、可以考虑的调整、可以尝试的拓展活动、背景知识等。教师在拟定教学计划时可以将这些建议记在心中。

这样给孩子讲解　在一些策略页里有，展示了如何向个人、小组或全班解释或示范如何使用阅读策略。你并不总是需要向孩子解释或示范，有些孩子听完策略描述后就能开始练习。根据具体情况来调整你的话语，使其与孩子的年龄和经验相匹配。讲解时你可以用我选的书，也可以用你自己熟悉或喜爱的书。

某个词……

料

然后选择最符合语境的释义 ✓

目标技能

- 增加知识储备
- 自我监控
- 整合信息

技能进展　提醒你当前策略适合在何时使用及用来帮助哪些阅读者。实心圆提醒你当前技能进展处于什么阶段。

技能进展

能够独立自信地运用各种策略来理解生词，已经准备好利用外部资源对词语进行补充性学习。

● ● ● ● ○

相关研究　为当前的阅读策略提供了实证支持。研究内容大多数情况下是关于策略的，有些是关于目标技能的，偶尔有一些是能帮助你开展教学的信息。

相关研究

在一项使用眼动追踪技术的研究中，研究人员发现，将英语作为第二语言的阅读者在遇到生词时，即使这些词与文本内容无关且词义可以被轻松推断出，他们仍然会依赖词典（Prichard & Atkins, 2021）。这一研究结果凸显了帮助阅读者思考何时该暂停阅读来查资料的重要性。

◎ 扩大你的知识储备

现在你已经了解了如何在本书中快速、有目的地找到所需内容，以下内容提供了更多信息，有助于你储备知识，有效教授阅读策略。

研究支持

正如你在前面看到的，在所有策略页上都有"相关研究"部分，通常这里会引用一些得到同行认可的研究成果。此外，在本书的"准备开始"部分和每章开始的导读部分，也有对研究成果的引用。总之，本书引用了700多篇各具特色的文献中的研究成果，有一些文献出自行业期刊，有些出自学术期刊，还有一些是学术出版社出版的图书。所有这些研究成果为本书中的观点和建议提供了重要的支持。

本书中的阅读策略用面向孩子、循序渐进的语言，诠释了这些研究发现的对阅读有用或重要的方法和结论。请注意，这些策略是我在对研究成果进行充分的理解和诠释后提出的。例如，第二章的策略2.1提供了让孩子使用在线搜索工具查找他们可能感兴趣的书的方法，在这一页的"相关研究"部分，我总结了关于自主选书、阅读积极性和阅读量之间关联的研究成果。换句话说，具体的策略不是其他研究者提出的，而是我的创新。但是，策略涉及的一般概念、观点或技能是被一项或多项研究证实过的。这个部分还经常提供附加信息或相关的背景信息，有助于你教授当前策略，并可能激发你了解更多内容的兴趣。

通常情况下，本书引用的研究成果都出自以实验为基础的定量或定性研究，但有时也出自理论研究。你会发现文献的发表年份不同：若研究成果比较经典或被引用次数较多，我会选择年份久远的文献，这样你就可以查阅术语的原始出处；若某个领域研究成果众多且得到复证，发展停滞不前，我会尽可能地选择年份较近的文献。

我认为科学决策在生活的各个方面都至关重要，从听从公共卫生建议到针对气候变化问题制订解决方案。在教育领域，我对指导我们实践的研究成果致以敬意与谢意，并且我认为我们需要关注研究趋势，做出最适用于大多数孩子的决策。通过系统地收集和分析数据来对读写教学加深理解并在实践中加以改进，可以让所有人都受益。然而，我们也需要注意研究的局限性。

首先，研究人员进行研究需要资金支持，而提供研究资金的一方有时会对特定领域感兴趣，这可能会使研究的主题在某个特定时间段内侧重某一方面。

换句话说，我们不能仅仅因为某个观点或做法没有被研究证实就认为其行不通，这可能只是因为没有人资助这项研究来探究它是否可行。

其次，很少有教育研究能够直接复证（即多个独立的研究团队研究相同的问题，试图得出相同的结果）——许多研究人员强调了直接复证的重要性，认为复证可以确保结果的可靠性（Irvine，2021；Plucker & Makel，2021；Simons，2014）。在没有得到复证的情况下，教育工作者和决策者只能根据单一或小范围的研究成果做出决定，或将研究成果推广应用到尚未被研究过的情景或人群中。

再次，教育领域的研究通常是由隶属于大学的研究人员组织进行的，因此，有益的教学方法可能并不能直接、清晰地从学术界迁移到课堂中。即使教学方法的迁移是直接和清晰的，另一个困难是学术论文往往需要付费才能阅读，这些资源只有大学相关人员才能获取。

最后，尽管我们可以并且应该从研究中学习，但我们也要相信经实践得出的群体知识，并珍视日复一日、年复一年在课堂教学中所积累的经验和专业知识，这同样重要。

利用与文本类型相关的知识选择文本

在每章开头的导读部分，你会看到一个标题为"练习本章策略时可以使用哪些文本？"的方框，这个部分的内容可以指导你选择文本。

对于第二章至第四章中的策略，你会发现任何类型的文本都适用。与之相反的是，在有关理解力的几章中，你需要考虑孩子正在阅读的文本的类型（下页中关于文本类型的示例出自第十章）。因此，你需要根据孩子阅读的具体文本的类型来选择相应的策略。正如杜克和罗伯茨指出的那样，"研究表明，对不同类型文本的阅读理解差异很大。阅读理解不是单一的思维构建过程，最好将其视为涉及不同文本类型、区别明显的一系列过程"（Duke & Roberts，2010）。

本书采用了格拉贝（Grabe）在2002年提出的"宏体裁"（macro-genres）的概念，即将文本分为叙事类文本和说明类文本，而没有采用更传统的将文本分为虚构类文本和非虚构类文本的分类方式。第五章至第七章中的阅读策略最适用于叙事类文本，这些文本讲述故事，包含需要阅读者理解的情节、背景、人物和主题。第八章至第十章中的策略最适用于说明类文本，这些文本介绍一个话题或观点，包含关键细节且有时具有文本特征。在所有类型的文本中，阅读者

练习本章策略时可以使用哪些文本?

练习本章策略时,孩子可以使用任何包含图形特征(地图、示意图、表格等)、标题或副标题、视觉资料(照片、图画等)的文本,主要包括以下几类。

信息类绘本。以图文结合的形式讨论某个话题(如《权利法案》、太阳系、大猩猩等)的短篇文本。

专题文章和评论文章。短篇文章,例如流行的儿童杂志中的文章。

教科书。讲授学科(如科学、历史)知识的书。

过程性/指导性文本。这些文本是为了教读者如何做某事或制作某物而编写的(如食谱、手工艺书、使用说明书等),通常包含材料清单和解释性步骤。

非虚构类叙事文本。介绍某个人(比如传记)或某些事(比如史书),或者按照时间顺序讲解有关某个话题(比如鸟类迁徙)的知识的文本。

都需要推断词语的意思和比喻性语言的含义(第十一章)。

毫无疑问,叙事类文本也会包含解释说明,而说明类文本也会通过故事来阐释观点。此外,某些文本有时以叙事形式书写,有时则以说明形式呈现(如诗歌、回忆录、散文、评论文章等)。还有一些图书明显同时具备这两种特征。例如,在烛芯出版社 (Candlewick Press) 出版的"阅读和惊奇"(Read and Wonder) 系列的文学非虚构类绘本中,《一只小海龟》(*One Tiny Turtle*,Davies,2005) 讲述了一只海龟的故事,但每一页都包含了关于海龟的其他知识。对于这类图书,在本书有关理解力的几章中你都能找到可能适用的阅读策略。你可以把海龟看作一个角色,并推断其性格特点,可以将发生的一系列事情看作情节,然后复述故事,还可以从每页提供的信息中获取关键细节。本书中的大部分策略适用于大类别下的各种文本类型,比如说,适用于某种叙事类文本的大多数策略也适用于其他类型的叙事类文本。然而，也有少数例外。例如，帮助阅读者理解历史背景对人物影响的策略，更适用于阅读历史小说的孩子。在这种情况下，我会在策略页做出说明。

以下是文本类型列表。

叙事类文本 讲故事，按时间顺序展开	说明类文本 介绍一个或多个话题或观点，按子话题（部位、类型、原因、例子等）展开
现实主义小说 图像小说 剧本 奇幻小说 推理小说 历史小说 新闻报道 日记 传记 史书 无字书	信息类文本 化学、生物、历史等学科的教科书 过程性 / 指导性文本 概念书 人物档案 清单书 说服性文本 评论文章 专题文章 字母书
诗歌 回忆录 散文 纪实文学 博客文章 综合性文章 绘本 章节书	

此外，作为老师，了解文本结构至关重要。研究表明，让阅读者掌握这方面的知识同样重要。有关理解力的几章中的一些阅读策略（如策略5.8、8.13）可以帮助孩子积累有关文本结构的知识（Perfetti，1994）。

选择示范性文本

示范性文本是你会重复使用以向孩子示范如何使用阅读策略的儿童文学作品。你可以将它们放在手边，在向全班教授策略时使用；在教室里走动时，你可以将它们夹在腋下随身携带，以便随时指导孩子；你也可以将它们放在用于小组讨论的桌子上，以便随时拿取。这些文本将成为你可信赖的"助教"。

记住以下原则有助于你选择示范性文本。

- **参与度**。选择你和孩子都喜爱的文本，即那些人物形象丰满、话题有趣、能够打动孩子或令孩子感到惊奇的文本。由于你要重复使用这些文本，在选择时要确保孩子每次重温它们时都会欣然接受！

- **包容性**。孩子能否有效阅读取决于你的教学在多大程度上与孩子相关、肯定他们的身份、持续回应他们的文化需求、具有包容性（Ebarvia et al.，2020；España & Herrera，2020；Hammond，2015；Minor，2018；Souto-Manning et al.，2018）。要格外关注文本中描写的人物（以及文本的作者和绘者）以确保孩子能够在他们身上看到自己的影子，同时确保你选择的文本不会对孩子造成负面影响（Bishop，1990）。

- **一致性**。仔细审视你的年度教学计划、你教授的学科以及适合你所教年级的文本的复杂度。想一想你在整个学年中最需要示范哪些阅读策略，然后搜集适用于这些策略的文本。

- **便利性**。如果你希望孩子能够方便地使用你选择的示范性文本，你可以考虑选择既有纸质版又有电子版的文本。孩子可以在家中查阅电子版，或许还可以使用电子书的朗读功能（需要的话）。你也可以考虑提供有声读物。

- **多样性**。你需要搜集各种各样的文本，创建一个文本库，以便在整个学年中灵活使用。这个文本库中的文本应该类型多样，篇幅不一，有不同版式和文风，涉及不同话题，以便吸引兴趣不同的阅读者参与阅读。

在修订本书之前，我根据这些原则搜集了许多叙事类和说明类的阅读范本，你会发现我在整本书中重复使用它们，以教授适用于不同阅读目标的不同阅读策略。这种重复是我有意为之！

在"这样给孩子讲解"这个部分中，尽管我偶尔也会提到一些经典文本，但我提到的大部分儿童图书都是近十年出版的。当然，我的文本库比你的大，因为本书涵盖了从幼儿园到八年级所用的阅读策略，而你可能只会为一个或几个年级的孩子创建文本库。我希望你读一读我选择的一些优秀文本，并在需要时从中找到合适的文本！

创建课程体系

你需要确定单元重点以及孩子要达到的目标；设计评估环节来帮助你了解孩子在学习本单元之前、期间和之后的知识掌握情况；选择向孩子示范阅读策略时使用的文本，并制订与目标相符、循序渐进的策略教授流程。下表是一位教师为四年级学生设计的阅读策略教授顺序表，旨在帮助孩子理解某个单元中的信息类文本。

第一周	理解主要观点 8.3 从前言中寻找主要观点	理解主要观点 8.5 仔细寻找关键句	理解主要观点 8.6 想一想：讨论的话题是什么？主要观点呢？	灵活变通——使用新示例巩固前三课的教学内容	理解主要观点 8.8 浏览文本，说出主要观点
第二周	理解主要观点 8.10 用草图表现一段内容	理解主要观点 8.13 思考文本结构，找出主要观点	理解关键细节 9.4 监控理解情况："咔"和"嗒"	理解关键细节 9.5 阅读，遮盖，记忆，复述	根据孩子的需求，灵活安排小组教学
第三周	理解关键细节 9.6 放慢速度，读懂数字	主要观点＋关键细节＝总结 9.9 围绕同一话题读不同的书，增加知识储备	主要观点＋关键细节＝总结 9.16 在总结时解释	主要观点＋关键细节＝总结 9.17 通过细节来分析观点的发展	庆祝时刻！ 让孩子来当老师讲解学科知识，邀请低年级学生来听

理解有效反馈的原则

在为孩子设立的阅读目标的指导下，你可以向孩子清晰阐述阅读策略，帮助他们分析如何练习这些策略。之后，在组织孩子进行小组讨论和合作时，你要引导和指导孩子，并为孩子提供反馈。带有反馈的指导性练习有助于孩子更好地掌握所学知识，坚持学习（Hattie & Timperley，2007）。

在策略页上，你会发现一些提示语，这些提示语可以在指导性练习中助你一臂之力。当然，这些提示语只是示例，你完全可以自己编写提示语。记住有效反馈的原则（见下面方框中的内容）有助于你编写提示语并在孩子练习时提示他们。

可行且有启发意义的反馈能指导孩子朝着目标一步步前进，引导他们做出某些尝试，或者巩固已经做得很好的方面（Hattie，2009）。你的目标是帮助孩子从当前阶段进入下一阶段（Sadler，1989）。

你给出的反馈应尽可能地**简洁明了**。你说得越少，孩子就有越多的时间和空间去完成任务。此外，如果你说得过多，可能会剥夺孩子的自主性，削弱他们的自信心。请记住，有效的努力很重要。孩子往往不能立即想好说什么，他们需要加工处理的时间和努力应用所学策略的机会。偶尔，你需要说得更多才能清晰地传达某个指令，或者提醒孩子注意某种策略中的一两个步骤。如果有必要，你可以多说一些。但是，如果说得更少就能达到目的，那就少说一些。

尽量让反馈**明确具体**且**相关性强**。反馈应该与孩子的阅读目标和在当前课堂所练习的阅读策略匹配，并且一次只说一个供孩子思考的点，以免孩子不知所措（Hammond，2015；Schunk & Rice，1991）。在反馈时你要直接使用策略描述中的用语，确保你在练习指导中告诉孩子的与你在这节课开始时告诉他们的一致。为了使反馈更加清晰，你可以通过给孩子示范如何读一本书、给孩子展示基于阅读写出的

有效反馈的原则

- 可行且有启发意义
- 简洁明了
- 明确具体
- 相关性强
- 及时
- 普遍适用
- 有鼓励作用

范文或向孩子描述技能进展（Hattie & Clarke，2019）等方式清晰地告诉孩子"成功的标准"是什么。

确保反馈**及时**（Hammond，2015）。当孩子练习时，你要提醒他们纠正错误、鼓励他们或指出他们在当下做得好的方面。与此同时，孩子继续练习时，你还可以从他们那里得到反馈，注意到他们理解和不理解的地方。研究发现，与成人相比，孩子更喜欢即时反馈（Hattie & Clarke，2019）。

确保反馈**普遍适用**。尽管反馈是针对某种策略的，但它应该具有一定的代表性，可以适用于不同语境和其他文本。反馈越普遍适用，孩子下次使用相同策略时就越能够举一反三。

也许最重要的是，孩子只有在愿意接受老师的反馈时才能取得进步。反馈的内容和语调应传达出你对孩子能力的信任，这样他们才有信心继续努力（Kluger & DeNisi，1996）。因此，反馈应**有鼓励作用**，并且在轻松的氛围中传达（Hammond，2015；Howard，Milner-McCall，& Howard，2020），以便为孩子提供支持。这种反馈将影响学习者的自我效能和自我调节能力（Hattie，2009）。

本书中的提示语示例体现了五类常见的反馈类型，你可以根据情况灵活使用——不同情况下需要做出不同的反馈。下页的表格展示了五类提示语及其作用，并给出了示例。在阅读表格时，请注意这些提示语是否符合有效反馈的原则。

老师也会从孩子那里获得反馈。事实上，研究表明，与老师给孩子的反馈相比，来自孩子的反馈对教学更重要（Hattie & Clarke，2019）。如果你仔细观察、聆听，并明确要求孩子告诉你听课情况，那么你会源源不断地接收到孩子的反馈。如果你能积极接受这些反馈，注意到被孩子误解的地方、他们理解和不理解的内容、什么能激发他们的兴趣以及他们犯错的原因等，你就可以对教学内容和教学方法做出适当调整。

利用视觉资料指导孩子自主学习

当书面文本或演讲配有视觉资料时，读者或听众更容易记住他们读到或听到的内容（Kress，2009；Mayer，2005）。本书中每个阅读策略页都包含视觉资料，这样安排的部分原因是帮助你记住这些策略，然后轻松熟练地与孩子一起使用它们。我也希望你能在教学过程中创造视觉资料，让孩子牢牢地记住你讲授的内容。

提示语类型	作用	示例
指令型	提示阅读者实施具体步骤。	• 重读这个段落，努力想象人物的面部表情。 • 查看那个单词的开头、中间和结尾。
问题型	提示阅读者做出尝试，引导他们积极思考以获取信息，或让他们进行自省。	• 这一段主要讲了什么？ • 你能改变声音来模仿文中人物吗？
转移方向型	指出阅读者正在做什么，以及他们所做的与老师要求的有何不同。	• 我注意到你用一个词语概括了文本主题。你能问问自己"这意味着什么？"，然后用一句完整的话来告诉我主题是什么吗？ • 你找到了一处细节来支持本段的主要观点，再试着根据文本特征来找找关键细节吧。
赞扬型	强化阅读者已有且应该继续保持的表现。表扬他们朝着目标前进的精神和取得的进步。	• 你注意到自己读错了一些内容，并且返回去进行了更正！ • 我注意到你通过思考故事内容理解了那个词的含义。
句式型	提供一些阅读者可以重复的句式，给他们做出示范，然后让他们自己完成句子。	• "最开始_____中间_____。" • "书中的人物_____，所以，我认为她_____。"

本书中的视觉资料具有以下特点。

- 清晰且简单。
- 通常字数很少。
- 包含图标、图片、彩色字符等。
- 适合孩子的年龄和阅读水平。
- 有明确的标题来说明图表呈现的内容。

更多有关视觉资料的信息，请参考马蒂内利和姆拉兹的文章（Martinelli & Mraz，2012；Mraz & Martinelli，2014）。

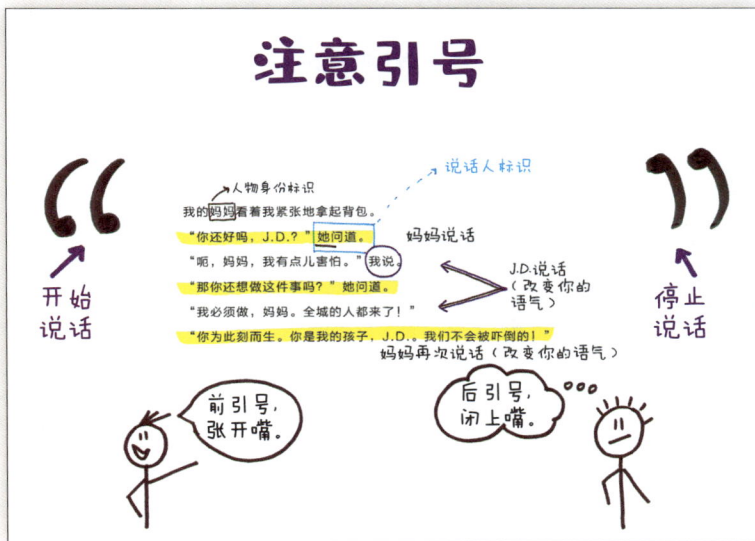

示例性图表 这种图表通常包括带注释的文本、带标注的学生作品，或者全班同学一起制作的图表——可以用于给孩子示范，示范内容包括孩子在自己阅读时可以怎样做，以及他们在自己练习阅读策略时可以在书中寻找哪些信息。这些图表通常由孩子制作，老师可以提前选好文本，并要求孩子在练习时加以注释。

步骤图表 这种图表可以借助图片、图标和关键词帮助孩子记住策略的使用步骤。

因为我知道这本书的体裁，所以我知道书中的情节会如何展开。

推理小说	• 书中有一位侦探，肩负着解开谜团的任务。 • 他收集线索，与嫌疑人交谈，最终让事情真相大白……
奇幻小说	• 书中有一位虚构的英雄，他踏上了探险之旅。 • 书中经常出现神奇生物或另一个世界，书中人物在努力寻找回家的路。
历史小说	• 这本书有一个正在面临挑战和阻碍的人物，这些困难往往与他所处的时代相关。
传记	• 这本书讲述了一位名人的故事。 • 开头通常描写人物童年时期的经历，这些经历给他带来重重挑战或者激励他日后成为成功人士。

识别人物类型

人物类型	示例
英雄	《黑豹》中的特查拉
小丑	《海底总动员》中的多莉，《李尔王》中的弄人
魔法师	《指环王》中的甘道夫
叛逆者	蝙蝠侠
探险家	哈克贝利·费恩、奥德修斯
圣人/导师	《海洋奇缘》中莫阿娜的祖母塔拉
天真无辜者	《圣诞颂歌》中的小蒂姆
照料者	《谢谢你，女士》中的卢埃拉·贝茨·华盛顿·琼斯夫人
横行霸道者	"哈利·波特"系列中的德拉科·马尔福
孤儿	白雪公主

书中的人物与你知道的人物类型相符吗？

你希望他们有什么性格特点？

你能预测他们的行为和成长经历吗？

工具图表 这种视觉资料是供孩子使用的，孩子可以将其放在文件夹或笔袋里作为书签使用，或者贴在笔记本上，这样他们在自主练习时就有与众不同的图表可用了。你可以和孩子一起制作，也可以提前制作好，然后在全班讨论或小组讨论后交给孩子。

内容图表 这种图表可以为正在练习的孩子提供参考，包括人物性格特点列表、解码规则等。

纠正！

用手指或书签

沿着街道

帮助你仔细阅读！

要一再思考，

意思讲得通吗？

如果讲不通，就要纠正！

仔细查看，纠正错误！

came
cane
care
cave

用手指指出你的错误！

指令图表 这种图表应该作为常规图表使用，可以用来提醒孩子他们正在练习使用哪种策略。有时，教师会将多张单独的图表组合成一张更大的图表，并淘汰较为详细的图表。

将阅读策略教学纳入综合读写教学

尽管本书涵盖了13个目标和300多种阅读策略，但它仍然不能涵盖阅读教学所需的一切！根据你所教孩子的年龄和阅读水平，你可能还需要结合以下一些或全部要素来完善综合读写教学。

自然拼读和语音意识教学

初学阅读的英语学习者需要理解字母组合原则，需要注意口语中的发音，并围绕字素–音素关系积累学科知识（Connelly, Johnston, & Thompson, 2001；Ehri, Nunes, Stahl, & Willows, 2001；Ehri, Nunes, Willows, et al., 2001）。自然拼读和语音意识教学应该满足孩子的需求，要以评估结果为依据，节奏适宜，有趣，并根据孩子的需求重复教学（Kilpatrick, 2015；Mesmer, 2019；Snow, Burnes, & Griffin, 1998）。

尽管第三章介绍的都是帮助孩子准确识读单词的策略，但这些策略旨在补充而非取代自然拼读教学；这些策略旨在帮助孩子灵活运用已有知识，明白单词是如何构成的，以便在阅读连贯的篇章时准确地识读单词。

符合孩子年级水平的读写课程

如前所述，本书中的阅读策略并不足以构成一个完整的课程体系，但你可以用这些策略创建自己的课程体系，或者对已有的课程进行查漏补缺或修正。看一看你所在年级的英语课程标准，在注重教授知识的同时，要确保为孩子提供明确的指导和充足的练习机会，让他们使用合适的文本来练习符合年级水平的阅读策略。

丰富的学科课程和有目的的知识累积

　　背景知识对于阅读者理解文本（Best, Floyd, & McNamara, 2008；Reutzel & Morgan, 1990）以及准确流利地阅读（Priebe, Keenan, & Miller, 2012；Taft & Leslie, 1985）至关重要。阅读者所掌握的相关知识的多少也影响他们从文本中获取知识、学习词汇（Cervetti & Hiebert, 2015；Cervetti & Wright, 2020；Kintsch, 1986），以及推断信息和更深层含义的能力（Graesser, Singer, & Trabasso, 1994）。

　　不同种类的知识可以帮助各年龄段的阅读者理解各种类型的文本（Cervetti & Wright, 2020）。事实性知识（或关于话题的知识）是与文本中直接提及的信息相关的知识。特定领域的知识是与某一学科（比如化学）相关的知识。常识是各领域（比如人文学科领域）的一般性知识。文化方面的知识储备取决于阅读者的社会文化背景与所读文本的主题和信息的匹配程度。阅读者能否理解文本中单词的意思与其所掌握的词汇知识有关。

　　在阅读教学中，我们应该从一开始就积极规划，帮助孩子增加知识储备，并且每一学年都持续进行（Rapp et al., 2007）。我们可以有意识地根据学科标准规划学习单元，在美国，这样的标准有《新一代科学教育标准》(Next Generation Science Standards) 和《国家社会科课程标准》(the National Council for the Social Studies standards)等。我们可以为孩子精心创建丰富的文本库，供他们自主阅读、与同伴一起阅读或在读书会上阅读。我们可以在每天的朗读教学中有意识地促进孩子对概念的理解和对知识的深入挖掘（Cervetti & Hiebert, 2015；Tarchi, 2010）。

　　有研究明确指出，仅仅掌握知识并不能让孩子自动拥有强大的理解力，孩子需要知道如何在阅读时激活知识并运用其他阅读策略和技能（如总结、推断）来整合知识，从整体上理解文本（Cervetti & Wright, 2020；Cromley & Azevedo, 2007）。因此，虽然学习知识至关重要，但学习何时及如何运用阅读策略同样重要。

为孩子提供阅读机会的教室图书角

为了提高阅读能力，孩子需要大量阅读（Allington，2014；Allington & McGill-Franzen，2021；Krashen，2004；Stanovich et al.，1996；Taylor，Frye，& Maruyama，1990）。这意味着他们每天在学校要有一定的阅读时间，在家也能得到阅读上的鼓励和支持，并且能够从各种各样的阅读材料中选择他们能读或者想读的。

对老师来说，理想情况是，建立一个阅读材料丰富（包含各种叙事类和说明类文本）、氛围好的教室图书角，让孩子在阅读中看见自己、了解世界（Bishop，1990）。

若想提高孩子的阅读积极性，很重要的一点是要提供他们喜欢的作者所写的、关于他们想要了解的话题的高质量文本（Miller，2009；Miller & Moss，2013）。

孩子每天都应该接触到他们能够自主阅读的文本（Miller，2009；Miller & Moss，2013），并在阅读有挑战性的文本时得到帮助（Burns，2007；Hall，Sabey，& McClellan，2005）。这些文本应能帮助他们积累学科知识，篇幅应各不相同（有短篇故事、绘本、长篇小说等），形式应多种多样（有电子版、纸质版等）。

阅读各种文本的经历和充足的阅读机会不仅可以增大孩子的阅读量，而且让他们有机会在多种语境中练习和运用阅读策略，这对于实现阅读的自动化至关重要。

其他阅读策略

　　尽管本书中的300多种阅读策略已经涵盖了很多内容，但你肯定还可以编写出新的策略或对现有策略进行调整。你可以简化复杂的策略（比如，将帮助阅读者追溯多条情节线的策略简化为帮助他们追溯单一情节线的策略），或根据文本类型改编策略（比如，将旨在帮助阅读者理解历史小说背景的策略改编成帮助阅读者理解奇幻小说背景的策略）。你可能会发现，有些你需要的内容在本书中找不到。在这种情况下，我希望书中丰富的示例可以让你体会到我编写策略时是如何措辞的，从而帮助你编写策略。

　　记住，你的阅读经历是优质的参考资源。你可以通过反思自己的阅读经历来编写新的策略——如何让孩子保持阅读积极性？如何选书？如何理解生词的意思？如何构建感官图像？如何理顺上下文的关系？向孩子详细地阐述你的阅读过程，就是在分享你独创的策略。

阅读策略适用于所有阶段——从幼儿园到高中，甚至更高的学习阶段的读写课！

——珍妮佛·塞拉瓦洛

促进早期读写能力和语言的发展

◎ 这个目标为什么很重要?

回想一下你上次看到一个四五岁的孩子抱着一本书沉浸其中的场景。你可能注意到他正在"阅读"——也许他之前听你反复朗读过同一本书,正在使用那时学到的词语自己讲故事;也许他正在研究图画中的细节,利用书中的图画进行更深入的思考,比如推断人物可能会说什么或想什么,或者通过整合信息来理解情节之间的联系;也许他正在研究信息类文本中的照片,兴奋地与朋友或家人分享他的发现;也许他正在用手指着字母书里一个个大大的字母,说着以这些字母打头的物品名称。

以上述方式阅读的孩子还不太会注意书中的单词,他们处于前字母(pre-alphabetic)阶段(Ehri & McCormick,1998)或者早期阅读阶段(Mason & Allen,1986;Paratore, Cassano, & Schickedanz,2011;Teale & Sulzby,1986)。在正式上学之前的几年里,孩子可能已经对字母有一些有限的了解,但还没有掌握足够的自然拼读知识来按照规则将字母与发音联系起来。他们或许已经掌握了一些视觉词（sight word），比如运动鞋的品牌名称（如Nike）、常见交通标志上的词语（如STOP）、自己或家庭成员的名字，以及他们学过的一些高频词（如me、the、to）。通常情况下，孩子能读出这些单词是因为他们从环境中得到了线索（如在运动衫正面看到品牌名称）或者记住了单词的外形，而不是因为他们掌握了语音知识（这对于词汇学习很重要，见第三章）。

大多数研究人员认为，人类早期读写能力的发展是一个持续的过程，有时突飞猛进，有时进展缓慢，并不均衡（Mason & Allen，1986；Paratore，Cassano，& Schickedanz，2011）。在开始进行常规阅读前，幼儿在阅读中可能会有非常规的表现（Yaden，Rowe，& MacGillivray，2000）。音素意识教学（让孩子知道一个词的发音是由多个单独的发音组成的）、有效的字母教学（让孩子记住每个字母的形状和每个字母最常见的发音）、系统的自然拼读教学以及大量使用创造性拼写（invented spelling）书写的教学，都有助于幼儿学习常规阅读，并在字母（字素）和发音（音素）之间建立联系（Mason & Allen，1986；Paratore，Cassano，& Schickedanz，2011；Sulzby & Teale，1991；Teale，1987；Yaden，Rowe，& MacGillivray，2000）。这些活动大多需要由教师策划和引导。

在读写萌发阶段，自主阅读和与同伴共读都对孩子有益，可以帮助孩子认识图书，建立对印刷品的概念，加深对词汇和语言的理解，（基于他们喜欢的图书）认同自己作为阅读者的身份，以及深入思考文本内容。儿童早期教育研究者伊丽莎白·萨尔兹比和威廉·蒂尔的研究（Sulzby，1991，1996；Sulzby & Teale，1991；Teale，1987），以及儿童早期读写领域知名专家凯茜·柯林斯和马特·格洛弗的研究（Collins，2004，2008；Collins & Glover，2015；Ray & Glover，2008）表明，在接受传统的由教师主导的阅读教学之前，孩子就已经能够自主阅读或与同伴共读，并享受阅读的乐趣了。

除了对孩子有益之外，自主阅读或与同伴共读也有利于教师规划和调整教学以满足孩子的不同需求。在小组教学中，除了小组成员，班上的其他孩子也要积极参与进来。本章中的阅读策略旨在帮助孩子做到这一点。

认识图书，建立对印刷品的概念

知道图书的排版规则及阅读方式，比如封面是什么，应该按照怎样的顺序阅读（从左到右、从上到下读），一行印刷文字起始和结束的位置在哪里，标点符号的作用，等等。

了解文本类型

知道文本有不同的类型，能够根据文本类型选择不同的阅读方式。

自我监控

知道自己是否理解文本内容，在理解有误时能够进行修正。

整合信息

明白书中内容的组合方式，能够在此基础上看图讲故事或将上下文联系起来。

为了达成本章目标，阅读者需要掌握的技能

参与讨论

知道如何使用书面语来复述故事或与同伴讨论图书内容，进而发展语言能力和促进词汇学习。

了解音形知识

知道大小写字母长什么样，知道字母及其发音之间存在可预测的关系（字母组合原则）。

筛选重要信息

能够有意识地放慢阅读速度，关注细节。

推断

能够基于所读内容进行思考，提出自己的想法。

练习本章策略时可以使用哪些文本？

孩子阅读什么样的文本取决于阅读目的。当孩子为了语言发展和词汇学习而进行自主阅读和与同伴共读（策略 1.1~1.14）时，你可以选择各种绘本：熟悉的故事绘本、无字书、信息类绘本等。当孩子学习字母（策略 1.15~1.18）时，你可以选择字母书。

熟悉的故事绘本。你为孩子多次朗读过这些书，因此他们对这些书非常熟悉。这样的书应该含有与故事情节密切相关的插画（以帮助孩子记住故事内容）和对话，也许内容还会有所重复。例如《古纳什小兔》（*Knuffle Bunny*）。

无字书。通过插画而非文字讲述故事的书。例如《晚安，大猩猩》(*Good Night, Gorilla*）。

信息类绘本。视觉上非常有吸引力的书，这样的书能为孩子提供学习学科知识的机会。其中概念书是一种特定类型的信息类绘本，全书围绕一个概念（比如反义词、颜色、形状、数字）展开。

清单书。关于某个话题的书，可能提供与该话题相关的信息或对该话题进行一系列探讨。

字母书。包含大小写字母及相应图画的书，这样的书可以帮助孩子强化字母知识，并将这些字母与它们作为单词首字母的发音联系起来。

◎ 这个目标是否适合孩子？

本章中的许多教学建议都回答了以下问题："当孩子尚不能对书中大多数或所有单词进行解码时，或者当孩子阅读兴趣高涨而解码能力不足时，自主阅读和与同伴共读是怎样进行的？"本章中的一些阅读策略对处于读写萌发阶段的双语阅读者来说也很有用，可以帮助他们提升接受性语言技能和表达性语言技能、深化词汇学习、积累音形知识。孩子可以与同伴合作使用这些策略。

在从本章的策略1.1~1.14中选择策略前，你需要观察孩子是如何利用图画讲述或讨论故事和信息类文本内容的，或者评估孩子是否建立起了对印刷品的概念（Clay，2017）。在从本章的策略1.15~1.18中选择策略前，你需要评估孩子的音形识别能力。将评估结果与下页的"技能进展及对应策略一览表：促进早期读写能力和语言的发展"进行对比有助于你选择合适的策略。

◎ 如何促进孩子早期读写能力和语言的发展？

在观察孩子利用图片讲述或讨论一本书的情况后，或者在对孩子是否具备音形识别能力及是否建立起对印刷品的概念进行评估之后，你可以选择一些阅读策略来有针对性地提高他们这方面的技能。对于这些策略，你可以给孩子示范如何使用，也可以让他们跟你一起练习，或者让他们独立使用。

"技能进展"部分可以帮助我们确定孩子现在处于什么水平，以及接下来可能会如何发展。你可以使用下页的"技能进展及对应策略一览表：促进早期读写能力和语言的发展"评估孩子的阅读情况，并找到能帮助他们取得进步的策略。

技能进展及对应策略一览表：
促进早期读写能力和语言的发展

如果孩子……

你可以教他们……

需要外界帮助来认识图书、建立对印刷品的概念和了解文本类型。

1.1 从左到右、从上到下阅读
1.2 （与同伴一起）找到图书的各个部分
1.3 暂停，浏览，思考
1.4 了解文本类型，决定阅读方式

读故事时可以独立或与老师、同伴一起做标记并简要描述图中内容，已经准备好使用故事化语言进行详细阐述（包括以对话形式进行阐述）。

1.5 观察，思考，解释
1.6 像讲故事那样说话
1.7 表达感受
1.8 用表演的方式讲故事

阅读信息类文本时可以独立或与老师、同伴一起做标记并简要描述图中内容，已经准备好使用具体的术语进行详细阐述。

1.9 像专家那样说话
1.10 说出一些细节
1.11 兼顾整体与细节

能够详细描述每一页的内容，已经准备好独立或与老师、同伴一起将各页内容整合起来。

1.12 像讲故事一样将各页内容串起来
1.13 回顾前文内容，修正理解偏差
1.14 将信息关联起来

能够在阅读时关注书中文字，已经准备好学习音形知识。

1.15 在唱字母歌时将字母的音与形对应起来
1.16 将书中的字母与日常生活中的字母关联起来
1.17 描画并比较字母（大写与小写）
1.18 将字母的名称和发音对应起来

1.1　从左到右、从上到下阅读

策略描述　先看封面，然后打开书。先从上到下看看左页的全部内容，再从上到下看看右页的全部内容。翻页，重复上面的步骤。

策略使用小贴士　在帮助孩子建立对印刷品的概念时，你需要在一天当中反复说起图书的排版和页面布局。例如，在你朗读或者进行分享式阅读时，你可以使用有声思维教学法，比如对孩子说"有谁可以帮我一下吗？我应该从哪里开始读呢？"，或者"这是封面。我知道这是封面是因为……"，抑或"现在我把书打开了，我应该从这一页（指着左边）开始还是从这一页（指着右边）开始读呢？"。在分享式和互动式写作教学中，你也可以进行有声思维教学，让孩子有机会参与互动。下笔前，你可以问孩子"我应该从哪里开始写呢？"，在孩子回答完后，在纸上从左到右、从上到下比画一下，同时再强化一遍："没错！从左到右，从上到下。"

这样给孩子提示

- 哪边是左边？哪边是右边？
- 你该从哪里开始阅读？那么接下来你该读哪里？
- 那是封底，由此你可以判断这是封面，因为书是从右边打开的。
- 记住，翻页后还是要从左边开始读，然后移至右边。

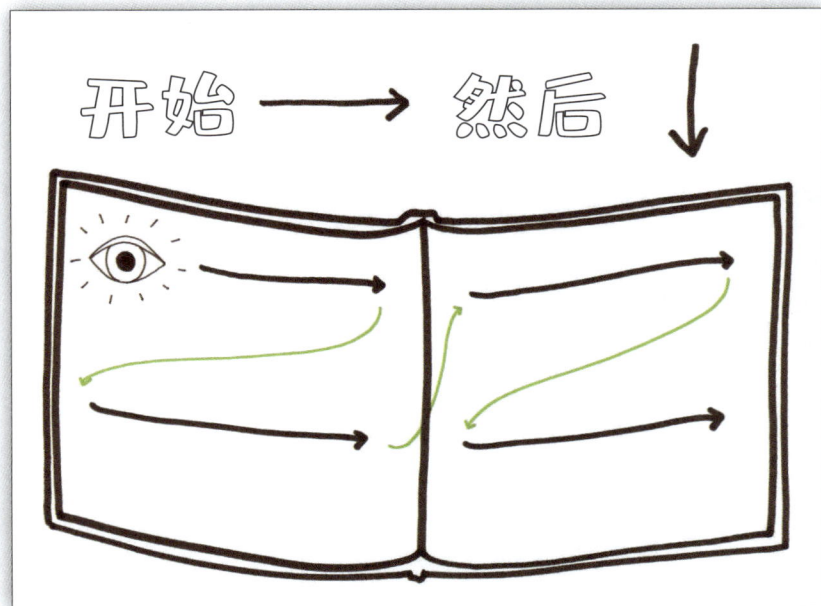

开始 ⟶ 然后

目标技能

- 认识图书
- 建立对印刷品的概念

技能进展

需要外界帮助来认识图书、建立对印刷品的概念和了解文本类型。

● ○ ○ ○ ○

相关研究

一项关于学龄前儿童读写能力的研究表明，那些还未正式开始学习读写的孩子虽然无法认读简单的单词，但他们知道英文印刷品横排、从左到右阅读、从右往左翻页的特点（Treiman et al.，2007）。也就是说，在孩子学会解码之前，他们已经了解印刷品的排版规则了。

1.2　（与同伴一起）找到图书的各个部分

目标技能

- 认识图书
- 建立对印刷品的概念
- 参与讨论

技能进展

需要外界帮助来认识图书、建立对印刷品的概念和了解文本类型。

● ○ ○ ○ ○ ○

相关研究

几十年来，研究者已经认识到，孩子通常在很小的时候就已经对印刷品有了一定的认识，并且他们在学前阶段就能掌握很多有关印刷品的知识和技能（Hiebert，1981）。这表明，当年幼的孩子与同伴分享图书时，虽然他们还没有学会解码，但已经对印刷品有了一些基本的认识。

策略描述　找到图书的各个部分，说出它们的名称。如果同伴犯了错，及时纠正。在寻找时可以借助图表。最后，与同伴一起从头开始探索这本书。

策略使用小贴士　在为孩子朗读绘本时，引导孩子注意书的封面和封底、页面上的文字和图片，以及句子的开头和结尾。经常练习和复习有助于孩子初步理解印刷品的概念。你也可以引导孩子在与同伴共读时使用这一策略，这样孩子可以更好地应用所学知识。

这样给孩子提示

- 哪一页是封面？哪一页是封底？
- 找出书中的图片。找出书中的文字。
- 哪里是句子的开头？哪里是句子的结尾？
- 你能找到哪些标点符号？

与同伴一起寻找图书的各个部分

封面　标点符号　句子　词语　图片

1.3　暂停，浏览，思考

策略描述　不要一口气读完整本书，每读完一页暂停一下，浏览页面的各个部分。想一想你看到了什么，有什么疑问。在花时间探索这一页的内容后，再翻到下一页继续阅读。

这样给孩子讲解　当我拿到一本有趣至极、美妙绝伦的新书时，我知道自己不能囫囵吞枣，否则很快就会读完整本书！我需要放慢速度。指着书上的内容阅读可以帮助我集中注意力，并且有助于我看到一些我很容易忽略的东西。所以，每读完一页，我都会暂停一下，浏览页面的各个部分，想一想我看到了什么或者有什么疑问。直到觉得自己注意到这一页上的全部内容后，我才会翻到下一页继续阅读。

这样给孩子提示
- 用手指着书上的内容，一边看，一边移动手指。跟我说说你看到了什么。
- 不要读得太快！在这一页上再停留一会儿。
- 浏览整个页面，描述一下你所看到的。
- 在翻到下一页之前，关于_____你有注意到或想到什么吗？

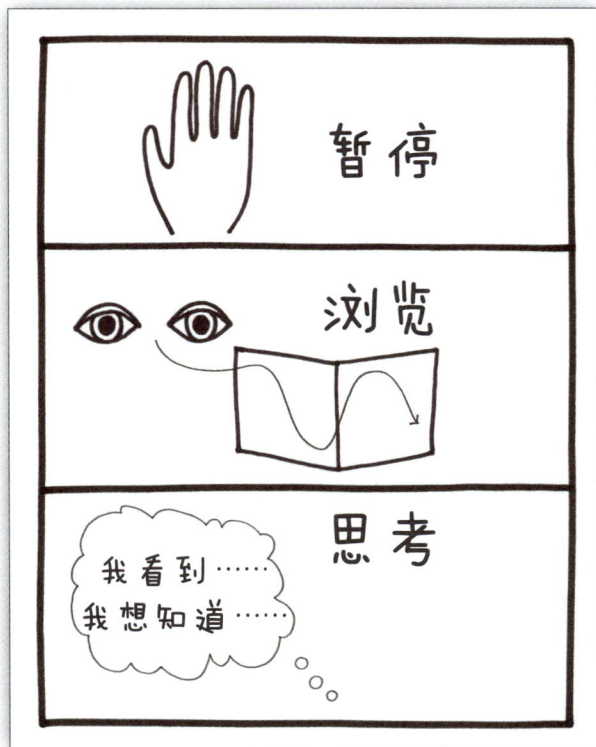

目标技能
- 推断
- 筛选重要信息

技能进展
需要外界帮助来认识图书、建立对印刷品的概念和了解文本类型。

●○○○○

相关研究
一系列研究表明，成年人在与孩子分享和讨论图书内容时，若能使用恰当的语言和手势来帮助孩子保持注意力，孩子能更好地理解图书的内容，语言能力也会得到发展（Landry & Smith, 2006）。

目标技能
了解文本类型

技能进展
需要外界帮助来认识图书、建立对印刷品的概念和了解文本类型。

● ○ ○ ○ ○

相关研究
幼儿即使还没有学会解码，也能够区分叙事类文本和信息类文本，并根据体裁调整朗读方式（Duke & Purcell-Gates, 2003; Pappas, 1993）。这样，无论是在家还是在校阅读，他们都能够找出不同类型文本之间的重要联系。

策略描述　快速浏览图书封面，翻看书中内容。翻看时，想一想手中的是哪种类型的书。它是讲述了一个故事，还是教给了你一些知识？回到书的开头，一页一页地翻看，利用图片讲故事或者学习知识。

策略使用小贴士　本策略将帮助孩子运用关于文本类型的知识。如果孩子需要额外的指导，你可以连续几天只让他们读一种类型的书，并大声告诉他们你是如何确定图书类型的。你可以说："哦，这本书里有真实事物的照片。另一本也是这样。这两本书都是教给我们知识的书。"或者说："这本书里有手绘插图，这些插图都是关于动物的，所以它教给我们一些知识。"又或者说："这本书里的插图中没有人物出现，它也是教授知识的书。"等到孩子能够留意到相同类型图书的相似之处，你就可以给他们几本不同类型的书，看看他们能否进行分类。

这样给孩子提示
● 你发现这本书的特点了吗？它是什么类型的书？
● 你应该已经注意到，这本书里的大多数图中都出现了同一个人物。那么，这是一本故事书，还是一本教你关于某个话题的知识的书呢？
● 我同意你说的，这些照片让我觉得这是一本教授知识的书。

这是什么类型的书？

故事书

或者

科普书

1.5   观察，思考，解释

策略描述 观察页面上的细节。说说你看到了什么（对自己说或者对同伴说），以及对此你有什么想法。利用图中的细节来解释你为什么会有这样的想法。

这样给孩子讲解 书中每一页的内容都需要我花很多时间思考，真是琢磨不透！注意看我是怎样阅读《海浪》（*Wave*，Lee，2008）这本书并思考书中内容的。虽然图片看起来很简单，但还是有很多细节需要观察和思考！（指向图片及图片四周。）在第一页，我看到一个小女孩在海边。她的身体似乎有些前倾。哦，她身后有一排海鸥！（指向自己的脑袋。）我想，她虽然身体前倾，但距离大海还有点儿远，她可能是想走近大海看看，但有点儿紧张。我觉得海鸥对她可能很好奇。（指向页面。）在下一页上，我看到小女孩跑开了。（指向自己的脑袋。）我在想，她是因为紧张跑开了还是只是在玩耍？（指向页面。）再翻一页，她举起了双手，从脸上的表情看，她像是在吼叫。（指向自己的脑袋。）我觉得她在试图控制海浪，把它们吓跑！

这样给孩子提示

- 你在这一页上观察到了什么？
- 你由此想到了什么？你想知道些什么？
- 跟我说说你是怎么产生这个想法的。
- 你解释得很清楚！你说的与图片相符。

目标技能

- 筛选重要信息
- 参与讨论
- 推断

技能进展

读故事时可以独立或与老师、同伴一起做标记并简要描述图中内容，已经准备好使用故事化语言进行详细阐述（包括以对话形式进行阐述）。

● ● ○ ○ ○ ○

延伸阅读

I Am Reading: Nurturing Young Children's Meaning Making and Joyful Engagement with Any Book (Collins & Glover, 2015)

相关研究

研究表明，帮助孩子进行自我调节，例如专注于某一页的内容从而进行更深入的思考，可以提升孩子的执行功能技能（如抑制控制技能和认知灵活性）和早期读写技能（Hanno, Jones, & McCoy, 2020）。

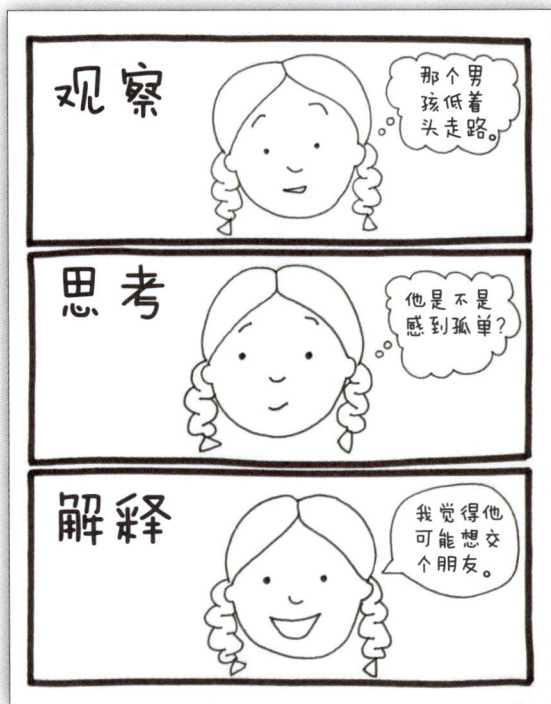

目标技能

- 了解文本类型
- 推断
- 参与讨论

技能进展

读故事时可以独立或与老师、同伴一起做标记并简要描述图中内容，已经准备好使用故事化语言进行详细阐述（包括以对话形式进行阐述）。

● ● ○ ○ ○ ○

延伸阅读

I Am Reading: Nurturing Young Children's Meaning Making and Joyful Engagement with Any Book (Collins & Glover, 2015)

相关研究

多项研究表明，无字书为阅读者提供了语境，让他们通过想象来填补图画之间的空白，从而理解他们所看到的，认识到故事有发展顺序，并猜测图画在时间上的联系（Arizpe, 2013; Dowhower, 1997）。与绘本的反复互动可以帮助幼儿适应叙事类文本的写作习惯（Purcell-Gates, 1988）。

策略描述 读故事书时，说说每一页的内容，尽量像讲故事那样说。仔细观察图片，说说人物正在做什么、说什么。

策略使用小贴士 由于孩子所读之书的具体情况不同，所以你需要用不同的方式帮助他们使用本策略。如果他们所读的书你已经为他们朗读过多次，他们可能已经记住人物的行为和对话，并能使用与之相同的故事化语言来描述。另外，你可以给孩子提供无字书（或插图丰富但他们还不能对上面的文字进行解码的绘本）。在这种情况下，孩子会通过插图推断人物可能在做什么或说什么，这就和孩子在玩娃娃或人偶时编故事情节和对话类似。

这样给孩子提示

● 你觉得他们会说什么？
● 仔细观察图片。他们在做什么？
● 在这儿停一下。说说人物做了什么、说了什么。
● 模仿人物的语气来说话。

1.7　表达感受

策略描述　仔细观察人物的面部表情，想一想人物的感受以及人物会说什么。模仿人物的语气来说话。

策略使用小贴士　第四章中有几种策略（策略4.19~4.21）有助于阅读者把握书中人物的感受，本策略与它们的不同之处在于，即使孩子不识字，也可以让他们通过推断人物的感受来有感情地朗读，准确地传达图画要表达的情感。无论孩子阅读的是熟悉的书还是不熟悉的书，本策略都会有所帮助。

这样给孩子提示

- 人物会怎么说这些话呢？表演一下吧。
- 想一想人物的感受并说出来。
- 我可以通过你的语气推断出人物很高兴（或生气、悲伤等）。
- 你的语气与这一页上人物的感受相符。

目标技能
- 了解文本类型
- 推断
- 参与讨论

技能进展

读故事时可以独立或与老师、同伴一起做标记并简要描述图中内容，已经准备好使用故事化语言进行详细阐述（包括以对话形式进行阐述）。

●●○○○○

相关研究

在一项为期两年的关于幼儿与绘本间互动的研究中，阿里斯佩和斯泰尔斯发现，孩子即使不识字，也能通过图画推断人物的感受和观点，并能用自己的话表达出来（Arizpe & Styles，2016）。推断图中人物的感受并将他人的感受与自己的感受区分开来，有利于培养情感素养（Nikolajeva，2017）。

人物有什么样的感受？

用与人物感受相符的语气来说！

1.8 用表演的方式讲故事

目标技能
- 了解文本类型
- 推断
- 参与讨论

技能进展

读故事时可以独立或与老师、同伴一起做标记并简要描述图中内容，已经准备好使用故事化语言进行详细阐述（包括以对话形式进行阐述）。

●●○○○

相关研究

在一项小型研究中，一位成年人为学龄前孩子读了一个民间故事，然后让一组孩子通过使用玩具玩装扮游戏来重演故事，而另一组孩子则只需简单地复述故事（Kim, 1999）。进行角色扮演的孩子能更详细地复述故事，并且能很好地把握故事结构，这表明装扮游戏对回忆和复述故事有所帮助。

策略描述 与你的同伴商量好谁扮演哪个人物。和同伴一起用你们的表情、动作和语言生动地表演故事——像人物那样说话、做事吧。

策略使用小贴士 我推荐希望在自由活动时间引入故事表演的学前班和幼儿园教师，阅读波尔切利和泰勒的著作《从幼儿园到二年级，在自由活动时间快速提升英语语言能力的快速指南》（*A Quick Guide to Boosting English Acquisition in choice Time*，*K-2*，Porcelli & Tyler, 2008）。在这本书中，作者提供了一些方法，让孩子在搭积木、情景表演、才艺展示或其他情境中对熟悉的故事进行再创作、表演和复述。本策略是基于这本书的理论而得出的，它不仅适用于自由活动时间，也可以在常规的阅读讨论会中使用。可以让孩子读熟悉的故事绘本、无字书或其他任何包含人物动作的叙事绘本。

这样给孩子提示
- 人物现在在做什么？用你的表情和动作告诉我。
- 想象一下这部分中人物的样子。现在，请以这个人物的口吻说话。
- 你用自己的语言和动作将这个故事讲得真生动！
- 你的表演与这一页描述的事情相符！解释一下你在做什么吧。

模仿人物的……
语气 !!!
表情
动作

1.9 像专家那样说话

策略描述 在阅读信息类文本时，像专家那样说话。认真看图，思考一下你要用哪些术语来描述你所看到的。在你独立研究或与同伴讨论这本书时使用这些术语。

策略使用小贴士 本策略仅适用于孩子已经知道书中的术语，但是在自主阅读或与同伴共读时并不使用这些词的情况。对一些阅读者来说，本策略最适合在他们读一些已经读过的书或与他们的课程（如科学或数学课）相关的书时使用。如果孩子选择了一本自己不熟悉的书，你可以在阅读讨论会上解释相关的词，比如这样说："嗯，你注意到那只鸟了吗？它叫海鸥。下次你看到它时可以这样叫它。"

这样给孩子提示

- 我注意到你在仔细观察细节。你能使用一个具体的词来描述一下吗？
- 它的确切名称是什么？
- 试着使用 _____ 领域的专家在谈论这个话题时会使用的词。
- 现在你开始像专家一样说话了！ _____ 正是专家在谈论这个话题时会使用的词。

目标技能

- 了解体裁
- 筛选重要信息
- 参与讨论

技能进展

阅读信息类文本时可以独立或与老师、同伴一起做标记并简要描述图中内容，已经准备好使用具体的术语进行详细阐述。

●●●○○

相关研究

在一项关于教师和母亲与学龄前儿童一起阅读的研究中，研究人员发现，成年人在与孩子讨论图书内容时，会有效分享大量术语。他们不是在读完整本书后才对术语做出解释，或者只在遇到陌生的词时才停下来解释，而是在整个阅读过程中都与孩子一起探索这些词的含义，并常常将这些词与孩子的经历或现有知识联系起来（Torr & Scott, 2006）。

目标技能

- 筛选重要信息
- 参与讨论

技能进展

阅读信息类文本时可以独立或与老师、同伴一起做标记并简要描述图中内容，已经准备好使用具体的术语进行详细阐述。

●●●○○

相关研究

几十年来，很多研究都表明，背景知识和阅读理解之间有着强烈的相关关系：激活儿童有关某一话题的背景知识，既有助于他们理解文本，也有助于他们学习新知识（Fielding & Pearson，1994）。

策略描述　说出这一页图中的一处细节。在翻页之前，仔细看看能否指出图中的其他细节。在说出一些细节后，继续翻看下一页的图。

这样给孩子讲解　信息类图书和概念书的作者会与插画师和摄影师合作，利用图片和文字来向读者传授知识。你即使还不识字，也可以通过图片获得很多信息！注意看我如何阅读雪莱·罗特纳和安妮·伍德哈尔合著的《形状》（*Shapes*，Rotner & Woodhull，2020）一书。在每一页上，我会说出不止一处细节，而且我会仔细看看能不能说出更多细节。我需要观察整个页面，仔细看每一张图。让我们看看……在这一页上，我看到一张照片，它告诉我可以把圆圈画在衬衫上来绘制图案。当我看下一张图时，我看到一些棒棒糖，它们的形状像圆圈。还有更多的图要看！在这一页上，我看到弹珠、豌豆荚和一个巨大的球。它们虽然看起来也像圆圈，但更像球体。我并不是简单地说了一句"我看到了圆圈"，然后就翻到下一页，而是花时间观察这一页，仔细看每一张图，并说出几处细节。你注意到我是怎么做的了吗？我在讲述时还尽量使用明确、具体的词语，比如，我会用"球体"和"图案"，而不是"东西"和"物体"。

这样给孩子提示

- 多花一些时间观察这一页的图。你能说出其他细节吗？
- 我注意到你就这张图片说出了三处细节。
- 通过研究这张图片，你学到什么新知识了吗？
- 我可以看出，在观察这一页的图片并讲述了一些细节后，你教给了你的同伴一些知识，而你的同伴也通过同样的方式教给了你一些知识！

仔细看图

说出一些细节

毛毛虫可以倒立！

毛毛虫把树叶吃出了一个洞！

策略描述　阅读时要兼顾整体与细节。用手指指着页面上的内容阅读，一边读一边移动手指。先从整体上说说这一页主要在讲什么，然后将注意力集中到具体的部分，并针对每个部分至少说出一处细节。

策略使用小贴士　孩子可以运用本策略来阅读任何类型的文本。阅读信息类文本时，本策略有助于孩子理解主要观点（或话题）和关键细节：信息类文本的每个部分通常围绕一个主要观点（或话题）展开，其中有多个细节或事实支撑。对一些孩子来说，先观察细节（见策略1.10）通常更有帮助，之后他们就能自然而然地将这些细节联系起来。因此，你可以调整本策略的措辞，要求孩子观察微小细节，列出在页面中找到的所有事实，然后问他们"这一页主要讲了什么？"，从而引导他们说出主要话题。练习本策略时，最好使用具有不同子话题的文本，例如一本关于非洲动物的书，前几页关于大象，接下来的几页关于狮子，再接下来的几页关于斑马；不要使用只关注某个话题的文本，例如尼克·毕晓普的《蛙》（*Frogs*，Bishop，2008），每一页内容都是关于蛙的！

这样给孩子提示

- 用手指指着页面上的内容阅读。
- 读完一页后你可以这样说："这一页主要讲的是……"
- 现在将注意力集中到具体的部分，说说你学到了什么。
- 把手指移到另一部分。你还学到了什么？

目标技能

- 筛选重要信息
- 整合信息

技能进展

阅读信息类文本时可以独立或与老师、同伴一起做标记并简要描述图中内容，已经准备好使用具体的术语进行详细阐述。

●●●○○○

相关研究

在一项小型研究中，研究人员要求幼儿园的孩子在开学时读一本无字信息类图书，在学期快结束时再读一遍。孩子开学时对信息类文本仅有一些了解，仅仅经过三个多月有针对性的学习后，研究人员注意到，孩子在阅读时使用信息类文本常用语言的能力有所提升（Duke & Kays，1998）。

整体与细节

这一页主要讲的是……

这一部分讲的是……

狗狗的身形和大小各不相同。吉娃娃身材矮小，拳师犬体形较大。你能分清吗？

狗狗可以为人类工作或陪伴人类。有时候，它们被称为"人类最好的朋友"。

1.12　像讲故事一样将各页内容串起来

目标技能
- 参与讨论
- 整合信息
- 了解文本类型

技能进展

能够详细描述每一页的内容，已经准备好独立或与老师、同伴一起将各页内容整合起来。

● ● ● ● ○

相关研究

在一项经典研究中，萨尔兹比及其同事观察了幼儿园孩子是如何阅读他们喜欢的图书的，并且制订了一个分类体系来描述处于读写萌发阶段的阅读者的特点。研究发现，起初，孩子往往只关注图片，并且他们针对不同页面做的标记和发表的评论之间往往毫无关联。后来，随着时间的推移和练习的增加，孩子能够编出一个涵盖整本书内容的"故事"，并将各页内容连贯地串起来（Sulzby, 1985）。

策略描述　使用我们在故事中经常听到的词语或短语，像讲故事一样将各部分内容串起来。

这样给孩子讲解　将各页内容串起来，形成一个完整的故事。可以先逐页阅读，然后将各页内容串起来。注意看我是如何将《大熊的访客》（*A Visitor for Bear*，Becker，2012）这本书每一页的内容串起来的。（翻到第一页。）"门上有一个牌子，上面写着'谢绝访客！'，看来他不想让任何人进来。"（翻到下一页。）"后来，大熊想吃早餐，所以他在厨房里系上围裙。"（翻到下一页。）"突然，一只老鼠来到了他的门口，他对老鼠说'走开！你难道没有看到门上的牌子吗？'，然后便关上了门。"（翻到下一页。）"接着，他回到厨房，在桌子上放了一把勺子和一个杯子。"（翻到下一页。）"之后，老鼠又来了！"

策略使用小贴士　最好在一对一指导中教授本策略，鼓励孩子在自己讲述叙事绘本或与同伴一起阅读时独立使用在故事中经常听到的词语和短语。孩子阅读时，你要与他们坐在一起。你可以根据具体情况，在他们读完一部分开始读下一部分或读完一页开始读下一页时，提示他们用一些简单的词语和短语，比如"从前""从此幸福地生活在一起""那天过后""但是那天晚上""第二天早上""突然"等将上下文串起来。

这样给孩子提示
- 故事会怎样开始呢？
- 当你读完一页开始读下一页时，可以使用哪些词语或短语来将上下文串起来？
- 我们读到结尾了！你可以使用哪些词语或短语来将结尾与前文联系起来？
- 让我们再把这个故事讲一遍吧。你可以这样开头："从前……"

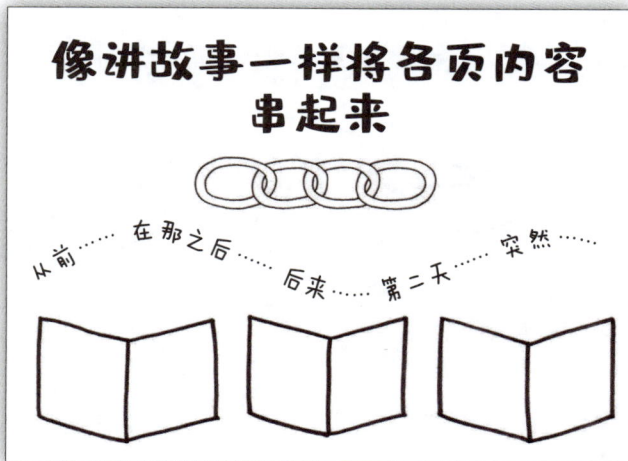

像讲故事一样将各页内容串起来

从前…… 在那之后…… 后来…… 第二天…… 突然……

1.13　回顾前文内容，修正理解偏差

策略描述　讲故事时，你可能会突然意识到"等一等，这说不通！"。发生这种情况时，你要做出修正，重讲这个故事，让它与图片所描绘的内容相符。

策略使用小贴士　本策略旨在帮助孩子理解故事的发展过程，对自己的理解情况进行监控，并在需要时进行修正。讲故事时，孩子对情节发展的推断刚开始可能大致说得通，但等他们获取一些新信息后，可能发现自己的理解有偏差。例如，假设一个孩子正在阅读获得凯迪克奖的《停电以后》（*Blackout*，Rocco，2011）一书，读到所有灯都熄灭的那一页，他可能会说："然后，整个城市的灯都熄灭了。她停下手中的游戏。她决定去睡觉。"但当孩子翻到下一页，看到人物处在一片黑暗中，上面有一个对话气泡，里面写着"妈妈！"时，他需要重讲这部分内容。他可能会说："所有的灯都熄灭了，游戏停下来了，然后……一个人走在黑暗中，她十分紧张，开始大喊'妈妈！'。"

这样给孩子提示

- 嗯，你讲的跟上一页的内容接得上吗？在知道接下来会发生什么的情况下，重讲这部分内容。
- 哦，原来接下来发生了这样的事呀。那你觉得之前发生了什么？
- 把你读的这几页联系起来。
- 我注意到你改变了之前的推论，这样就说得通了。

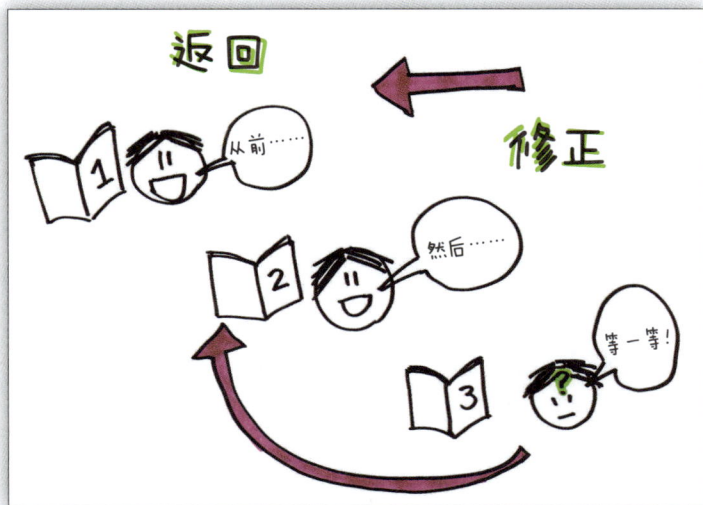

技能进展

能够详细描述每一页的内容，已经准备好独立或与老师、同伴一起将各页内容整合起来。

● ● ● ● ○

延伸阅读

I Am Reading: Nurturing Young Children's Meaning Making and Joyful Engagement with Any Book (Collins & Glover, 2015)

相关研究

阅读无字书的过程充满挑战，"误读"是不可避免的（Graham，1998）。为了让自己基于无字书讲的故事合理、易于理解，阅读者必须仔细观察每一张图片来寻找线索，在没有印刷文字的指引下，努力推断图片要表达的意思（Arizpe，2013；Nodelman，1988）。

目标技能
- 整合信息
- 筛选重要信息
- 了解文本类型

技能进展

能够详细描述每一页的内容，已经准备好独立或与老师、同伴一起将各页内容整合起来。

●●●●○

相关研究

在一项关于学龄前儿童与成人一起阅读故事和信息类文本的小型研究中，研究人员注意到，孩子会自发地使用信息化语言（比如"相同""不同"等）来描述和询问物体属于哪一类（Shine & Roser，1999）。不过，这仅限于在阅读信息类文本时，孩子对其他类型文本的反应明显不同。

策略描述　先看封面，说出这本书主要是讲什么的。然后，从第一页开始读。读完一页后想一想：这一页的内容与上一页的内容有什么相同点？这一页新增了哪些内容？这一页的内容与上一页的内容有什么不同点？

这样给孩子讲解　注意看我是如何将《快乐农场》（*Farm*，Arlon，2012）这本信息类图书中各页的内容联系起来的。我会观察这本书中各页内容之间有什么相同点，后面又新增了哪些内容或者后面的内容与前面的内容有什么不同点。这是一本关于农场的书，我从封面上看到了一辆拖拉机、一片庄稼地、一座谷仓、几头猪和一只鸭，我知道这些东西都是农场里的。（翻页。）在这两页上，我看到了鸭、鸡、火鸡、鹅等所有的鸟类。好吧，我并没有看到所有的鸟类，只是看到了农场里所有的鸟类。所以，这两页的内容与整本书的话题相符，是关于农场的；但这两页具体讲了农场里的鸟类。（翻页。）这两页不再是关于鸟类的了。现在我看到了奶牛和马。有很多奶牛！相同的是，这两页的内容仍然是关于农场的，具体来说是关于奶牛和马的。不同的是，讲述的不再是鸟类，而是农场里的奶牛和马。（翻页。）我看到了更多的奶牛！还看到了储存在各种容器里的牛奶和奶酪。所以，这一页与上一页的内容都是关于奶牛的；这一页的内容与整本书的话题相符，也是关于农场的。但这一页新增了奶牛是如何产奶的以及牛奶是如何被制成奶酪的等内容。

策略使用小贴士　提问可以帮助孩子追踪整本书的话题（各页内容之间的相同点），也可以让他们感知子话题的转变和它们之间的关联（后面新增的内容或与前面内容的不同点）。对还不了解信息类别的孩子来说，提问可以帮助他们对比上下文的信息。

这样给孩子提示
- 想一想这几页内容是如何联系起来的。
- 你可以这样说："另一件事情是……"
- 你从这一页上学到的与从那一页上学到的有联系吗？
- 这一页上的信息与下一页上的信息是如何联系起来的？

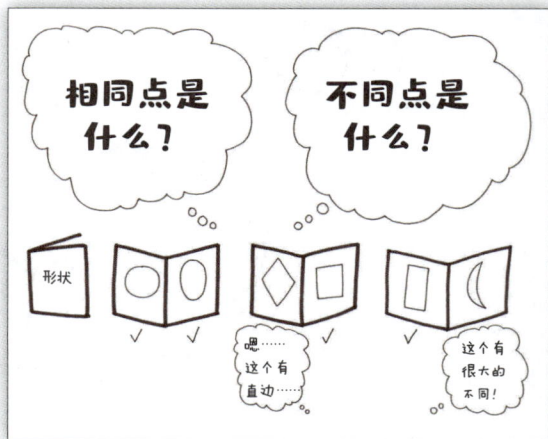

策略描述　按顺序翻看字母书。（独自或与同伴一起）唱字母歌时，用手指指着每个字母来唱。接下来再次阅读这本书，不唱字母歌，看看你能否记住每个字母的名称。

这样给孩子讲解　我们知道一共有26个英文字母，每个字母都有大小写形式。有一种方法可以帮助你记住每个字母，就是把每个字母的名称与它的印刷体对应起来。字母书中的字母按顺序排列，你如果会唱字母歌——我知道你们都会！——可以一边唱，一边在书里找到相应的字母，将其音和形对应起来。当我翻看这本书时，我会用手指指向每个字母，你能跟我一起唱吗？

这样给孩子提示

- 指着字母唱字母歌！
- 放慢唱歌速度，确保在唱到某个字母时指向那个字母。
- 现在你已经唱完了整首字母歌，回到书的开头，看看你是否记得每个字母的名称。
- 指着字母，说出它的名称。

目标技能

掌握音形知识

技能进展

能够在阅读时关注书中文字，已经准备好学习音形知识。

●●●●●

相关研究

在一项准实验研究中，研究人员探讨了音乐与阅读能力之间的关系。与对照组的同龄人相比，参加"唱歌小组"的孩子增长了音形知识，也提高了其他早期读写技能（Walton，2014）。

目标技能
掌握音形知识

技能进展
能够在阅读时关注书中文字，已经准备好学习音形知识。

●●●●●●

相关研究
学习英语阅读和写作的儿童通常可以在四岁前背诵字母，但通常需要超过两年的时间来记住这些字母的外形（Honig，2001）。根据亚当斯的研究综述，能否迅速、准确地识别字母并说出字母的名称，是预测儿童后续解码能力的最有力的因素之一（Adams，1990）。

策略描述 在字母书中找一个字母。将书中的字母与教室中的字母、索引卡上的字母或另一本书中的字母进行匹配。用手指"写"出这个字母。

这样给孩子讲解 你正在学习的字母表中的字母不仅存在于字母书中，也存在于现实世界中！环顾教室，你会发现字母无处不在！它们在字母表上，在地毯上，在我们的要点图上，在房间里的物品上。在书中找到一个字母后，你可以在教室里寻找它。然后，试着用手指在空中、课桌上或膝盖上写下它，记住这个字母的样子。

策略使用小贴士 无论字母是手写的还是打印的，用什么字体写的，写在什么地方，是独立存在的还是在单词中，本策略都可以帮助孩子识别它们。书写字母也有助于孩子记忆字母。

这样给孩子提示
- 你找的是书里的哪个字母？你能在教室里找到它吗？
- 是的，是字母 _____。试着用手指在空中写出来。现在用手指在你的膝盖上写出来。
- 是的，它们是同一个字母——一个是打印的，另一个是手写的，但它们都是字母 _____。

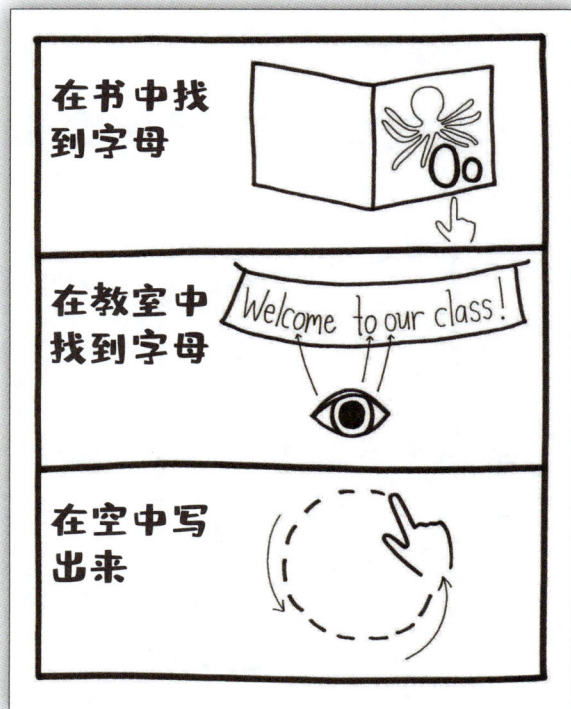

1.17 描画并比较字母（大写与小写）

策略描述 先说出字母的名称，再用手指写出这个字母的大写形式和小写形式。注意大写字母和小写字母之间的相同点和不同点。

策略使用小贴士 确保你有足够多的字母书，且书中的大写和小写字母都简洁明了。一些字母书每一页上都有句子，对一些孩子来说，这可能会分散他们的注意力。例如，《动物字母书》（*Creature ABC*，Zuckerman，2009）就适用于教授本策略。书中关于每个字母的介绍都有四页。前两页上是字母的大写和小写形式，并配有某种动物生动的照片，页面背景为白色。后两页上是一个表示此动物名称的单词和此动物的其他照片。例如，前两页上是大写字母 H 和小写字母 h，配有一张河马的照片；后两页上是单词 hippopotamus（河马）和另一张河马照片。《ABC：孩子的字母启蒙书》（*ABC: A Child's First Alphabet Book*，Jay，2003）也是一个不错的选择。书中每一页都有一张很大的照片，下方有一句简单的话，比如："_____（字母）is for _____（物品）。"

这样给孩子提示
- 用手指写出字母。
- 大写字母和小写字母有什么相同点？
- 大写字母和小写字母有什么不同点？

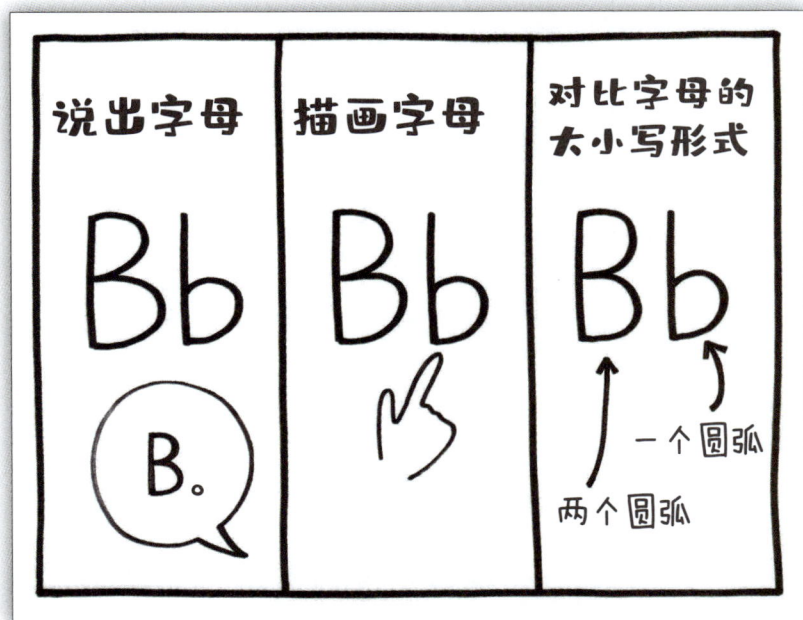

相关研究
在一项针对学龄前儿童的大型研究中，研究人员探索了有利于早期书写技能发展的早期识字技能。研究发现，掌握字母知识和建立起对印刷品的概念有利于字母的书写（Puranik, Lonigan, & Kim, 2011）。

目标技能
掌握音形知识

技能进展
能够在阅读时关注书中文字，已经准备好学习音形知识。

●●●●●○

相关研究
人们通常将知道字母的名称和知道字母所发的音视为同一种能力，但麦克布赖德-张 (McBride-Chang, 1999) 的研究表明，事实并非如此，在二者的基础上发展出的与阅读相关的技能（语音意识、拼写、阅读）是不同的。

策略描述 仔细观察字母书每页上的字母，用手指写出字母，并说出它的名称。说出每页上用相应的字母拼写而成的物品名称。然后，说出你听到的单词的首字母发音。

这样给孩子讲解 让我们一起来看看洛伊丝·埃勒特的《食物中的字母》(*Eating the Alphabet*, Ehlert, 1989) 这本书。翻到第一页，上面有大写的字母 A 和小写的字母 a。用手指写出这个字母的大小写形式，并说出它的名称。现在来看看这一页上的其他内容。我看到一个苹果、一个鳄梨和一些芦笋。先来看第一个物品——苹果（apple）。我们来读这个单词，这样就能听到它的第一个音。aaaa-pple。现在试着读 avocado（鳄梨）这个单词，aaaa-vocado。太棒了！你能帮我看看下一页是哪个字母吗？没错，是大写的字母 B 和小写的字母 b。在这一页上你看到了什么物品？跟你的同伴说一说。（孩子转向同伴，说出香蕉、豆子、甜菜、西蓝花的英文名。）现在，拼读出这一页上的每个单词，这样你就可以听到它们首字母的发音了。（孩子与同伴一起读每个单词并说出它们的首字母的发音。）太棒了！你可以和同伴一起继续看下一个字母了。记住这些步骤：观察字母，用手指写出字母，说出字母的名称，读出单词，读出字母的发音。

策略使用小贴士 你可以引导孩子举一反三，让他们试着找出另外两个他们认识的首字母发音相同的单词。你可以建议他们在教室里四处看看，以获得灵感。

这样给孩子提示

- 说出这一页上以字母 _____ 开头的物品名称。
- 请说出那只动物的名称。你听到的第一个音是什么？
- 啊，那么字母 _____ 可以表示的一个音是 /_____/ 音。
- 先说出这个字母的名称，再读出它的音。

观察字母 👁️ 👁️
用手指写出字母
说出字母的名称 （a.）
读出单词 （apple.）
读出字母的发音 （aaaa.）

在接受传统的由教师主导的
阅读教学之前，孩子就已经能够
自主阅读或与同伴共读，并享受
阅读的乐趣了。

——珍妮佛·塞拉瓦洛

第二章
目标 2

提高阅读参与度和积极性

◎ 这个目标为什么很重要?

即使你是最会讲课的老师、最棒的阅读策略传授者、最有洞察力的指导者,如果你让孩子回家后进行自主阅读而他们并没有照做,那么他们也不会取得你希望看到并且一直为之努力的进步。研究表明,儿童专注地练习阅读的时间长短与他们作为阅读者能否取得成功有很大的关系,无论对什么学科而言都是如此(Allington, 2011; Anderson, Wilson, & Fielding, 1988; Cunningham & Stanovich, 1991; Krashen, 2004; Pressley et al., 2001; Stanovich & Cunningham, 1993; Taylor, Frye & Maruyama, 1990)。

投入的阅读者通常会"积极地阅读,使用策略并运用知识理解文意,而且在阅读过程中愿意与他人交流"(Guthrie, Wigfield, & You, 2012, p. 602)。这意味着老师需要帮助孩子理解文意(见第五章至第十一章)。但孩子阅读参与度低可能是其他问题(比如理解力不足)导致的(Ivey & Johnston, 2013)。此外,如果在课堂上让孩子与搭档合作阅读,或者利用类似读书会的活动来支持孩子进行自主阅读,孩子会有更高的参与度(见第十二章)。

除了"有足够的理解力"和"可以进行交流互动"外，还有其他一些有助于提升孩子阅读积极性和参与度的因素。帮助孩子选择与他们的阅读能力相符并且他们感兴趣的图书非常重要（Arzubiaga，Rueda，& Monzó，2002；Ivey & Broaddus，2007；Miller，2009；Von Sprecken，Kim，& Krashen，2000）。阅读者自身的注意力和自我监控能力以及在发现走神时将注意力拉回阅读上的能力也很重要。耐心也是一个影响因素——阅读策略可以帮助阅读者延长阅读持续时间。满足所有条件之后，阅读者可以达到阿特韦尔所说的"最佳阅读状态"（Atwell，2007），或者契克森米哈赖所说的"心流"（Csikszentmihalyi，1990）状态。

保持专注
能够屏蔽（来自阅读环境或阅读者自身思维的）干扰，专注地阅读（包括自我调节和冲动控制）。

选择文本
能够选择与自己的阅读水平、背景知识和兴趣相符的文本。

保持耐心
能够克服困难，持续阅读较长时间。

为了达成本章目标，阅读者需要掌握的技能

自我监控
知道自己是否在专注地阅读，并在走神时能够使用策略重新进入阅读状态，理解文本内容。

构建感官图像
能够在大脑里构建多种多样的感官图像，如同在大脑里发挥想象力"放电影"，通过这种方式与文本进行互动，理解文本内容和故事情节。

制订计划
能够制订合理的阅读计划，带着明确的目的（此目的通常与一个阅读目标相关）开始阅读。

激活背景知识
能够在阅读前、阅读过程中和阅读后，利用与话题、系列、作者、体裁等相关的知识将新知与已知联系起来，保持阅读参与度。

◎ 这个目标是否适合孩子？

当我想要了解哪些孩子在阅读参与度方面需要帮助时，我最喜欢使用的工具之一就是参与度记录表（Serravallo，2010，2015）。从本质上来说，这个工具是用来观察孩子的，可以用来记录孩子的行为以及判断他们的阅读参与状态。虽然我们可以通过观察孩子来获取一些关于参与度的信息，但要注意，遵从并不等同于参与；孩子可能看起来在专注地阅读，但实际上他们可能走神了，可能不喜欢自己读的书，或者只是为了达到你的要求而应付差事。在观察孩子的同时，一定要结合使用其他了解孩子参与度的方法。

参与度记录表
老师要每5~10分钟观察并记录一次孩子的行为

姓名	时间/环境 10:05	时间/环境 10:10	时间/环境（打断）10:15	时间/环境 10:20	时间/环境 10:25	备注
塔拉	✓	✓	✓	✓	✓	
马库斯	T	T	Z	✓	✓	
安德鲁	✓	✓	✓	T	T	
安娜	✓	✓	✓	✓	✓	
马姬	✓	✓	✓	✓	✓	
乔纳斯	✓	SB	Z	✓	✓	
费亚琳	T	✓	✓	✓	✓	
迈克尔·T	✓	✓	W	T	✓	
埃拉	✓	T	✓	✓	✓	
迈克尔·R	✓	✓	✓	SB	Z	
基姆	T	✓	✓	T	T	
约翰	✓	✓	✓	✓	T	
切尔西	✓	✓	✓	S	✓	
梅丽迪	✓	✓	✓	S	✓	
吉瑟斯	T	✓	✓	✓	T	
巴布	✓	✓	✓	✓	T	
凯瑟琳	✓	✓	✓	✓	T	

C=聊天　✓=投入　S=面带微笑　SB=换书　T=东张西望　W=看窗外　Z=走神

参与度记录表是一种教学工具，你可以用它来观察孩子阅读时的迹象并记录孩子阅读时的行为。通过这份记录表，我发现基姆和马库斯可能都需要学习一些可以帮助他们保持专注度以及提高参与度和自我监控能力的策略（策略2.14~2.26）。

阅读兴趣问卷可以帮助你了解孩子作为阅读者的情况，帮助你为孩子选择适合他们阅读的书。对于在选书方面需要帮助的孩子，你可以问问他们除了阅读还喜欢什么，比如问问他们的兴趣爱好、喜爱的电影或电视节目等。

你可以利用一对一指导的机会或书面问卷，让孩子聊聊他们的阅读计划、目标和为什么而阅读，以及对自己的阅读参与度的观察——能否保持专注？能否监控自己的理解情况？在分心时能否使用策略重新集中注意力？

阅读兴趣问卷

姓名：__洛拉__

你喜欢读书吗？

喜欢

你每天阅读多长时间？

30分钟

你最近读了些什么书？

关于动物的非虚构类图书，绘本

你有图书馆的借书卡吗？你多长时间借一次书？

有，但我不怎么借书

你有多少本书？

太多了，数不清！

你想读什么书？

笑话书，任何好玩的故事书

在你喜欢的读物类别和话题前打钩。

___历史	___旅行	___游戏	___体育
✓冒险	___爱情	___诗歌	✓科幻
___自传	___战争故事	___汽车故事	___超自然故事
___幽默	___推理	✓民间故事	✓手工
___艺术	___西部文学	✓小说	✓占星学
___侦探故事			

阅读兴趣问卷

你喜欢看报纸吗？

不喜欢

如果你的答案是肯定的，请在下列你喜欢的报纸版块前打钩。

___头条	___社论	___体育
___广告	___专栏	___娱乐
___连环画	___政治故事	___时事
___其他（请列出）：		

你最喜欢哪类电视节目？

动画片，尤其是迪士尼动画

你每周花多长时间看电视？

每周只看几个节目

你最喜欢的杂志是什么？

《园林看守者》

你有什么爱好吗？如果有，是什么？

我喜欢芭蕾还喜欢手工和科学。

请列举两部你特别喜欢的电影。

《玩具总动员》《冰雪奇缘》

在你小的时候，你喜欢有人读书给你听吗？你喜欢哪些影视角色？

是的，我喜欢有人给我读书。我喜欢迪士尼电影中的所有角色。

你喜欢读哪方面的书？

动物，太空，民间故事

"阅读"这个词对你意味着什么？

好玩！

说一说你想说的关于阅读的任何事。

我喜欢阅读。

通过这两份问卷，我发现洛拉喜欢读的书与她做的事情（如看电视、电影）密切相关。不过，在其他一些她感兴趣的领域（喜欢读《园林看守者》杂志、对动物和太空感兴趣），她尚未发现喜欢的书，她需要学习一些关于选书的策略（策略2.1~2.6）。

➤ 练习本章策略时可以使用哪些文本？

　　本章的策略在孩子阅读任何类型的文本时都适用。然而，你要记住，孩子的阅读参与度在一定程度上与他们对所读文本的兴趣有关（Guthrie, Wigfield, & You, 2012; Hidi, 2001; 见策略 2.1~2.8）。虽然本章的一些策略（如策略 2.16~2.26）可以帮助孩子阅读那些并非他们自己选择的文本，比如备考材料、教科书或其他老师布置的阅读材料，但在阅读材料方面为孩子提供更多的选择对于他们达成本章的阅读目标至关重要。你可以为他们提供不同篇幅、不同类型的文本，以及由不同背景的作者创作的各种题材的书，同时还要考虑阅读媒介。有些孩子在阅读电子书时可能更加投入，而有些孩子可能更喜欢阅读纸质书（Moyer, 2011）。

◎ 如何帮助孩子提高阅读参与度和积极性？

　　在对孩子的阅读参与度和积极性进行评估后，你可以选择一些阅读策略来提高他们这方面的技能。对于这些策略，你可以给孩子示范如何使用，也可以让他们跟你一起练习，或者让他们独立使用。

　　"技能进展" 部分可以帮助我们确定孩子现在处于什么水平，以及接下来可能会如何发展。你可以使用下页的 **"技能进展及对应策略一览表：提高阅读参与度和积极性"** 评估孩子的阅读情况，并找到能帮助他们取得进步的策略。

技能进展及对应策略一览表：
提高阅读参与度和积极性

如果孩子……

你可以教他们……

在选择感兴趣（以及能够理解、准确且流利地阅读）的文本时需要帮助。

2.1 寻找下一本好书

2.2 通过全面认识自己来选书

2.3 寻找自己的阅读兴趣点

2.4 请信任的人为自己推荐书

2.5 通过阅读读者评论来选书

2.6 先试读，再决定

2.7 确认图书的难度

2.8 不合适就放弃

能够选择合适的文本，已经为确定阅读目标或规划阅读时间做好了准备。

2.9 带着目标阅读

2.10 制订阅读计划

2.11 基于阅读目标来确定阅读停顿点

2.12 有目的地暂停阅读

2.13 利用零碎时间来阅读

能够持续阅读一段时间，已经为更加专注、耐心地阅读，监控自己的理解情况并进行修正，以及在需要时重新进入阅读状态做好了准备。

2.14 选择合适的阅读环境

2.15 变换文本的篇幅、类型和难度

2.16 提前规划，稍做休息

2.17 集中精神，克服困难

2.18 复述后继续阅读

2.19 重读后继续阅读

2.20 重新进入阅读状态

2.21 激活背景知识，为阅读做好准备

2.22 解决疑问

2.23 通过阅读前提出的问题来保持专注

2.24 在阅读过程中提问

2.25 通过构建感官图像来集中注意力

2.26 监控和调整阅读速度

2.1　寻找下一本好书

策略描述　上网搜索你喜欢的一本书的书名，看看网站会给你推荐哪些书。阅读网站推荐的书的评论和内容简介时，想想你为什么喜欢读原来那本书，这可以帮助你找到下一本好书。

策略使用小贴士　网络世界充斥着各种算法，不停地向我们推送各种产品，吸引我们点击购买。在阅读教学中，你可以利用网络帮助孩子找到他们真正想读的书。你可以浏览亚马逊等网站，列一份你喜欢的图书的清单，然后带着这份清单去图书馆选书。

这样给孩子提示

- 你最喜欢读哪本书？在搜索引擎中输入那本书的名字。
- 我们一起来看看网站推荐的书。
- 你觉得这本书和你喜欢的那本书哪里相似，所以才被推荐给你？
- 先读一读内容简介，再决定是否要读这本书。

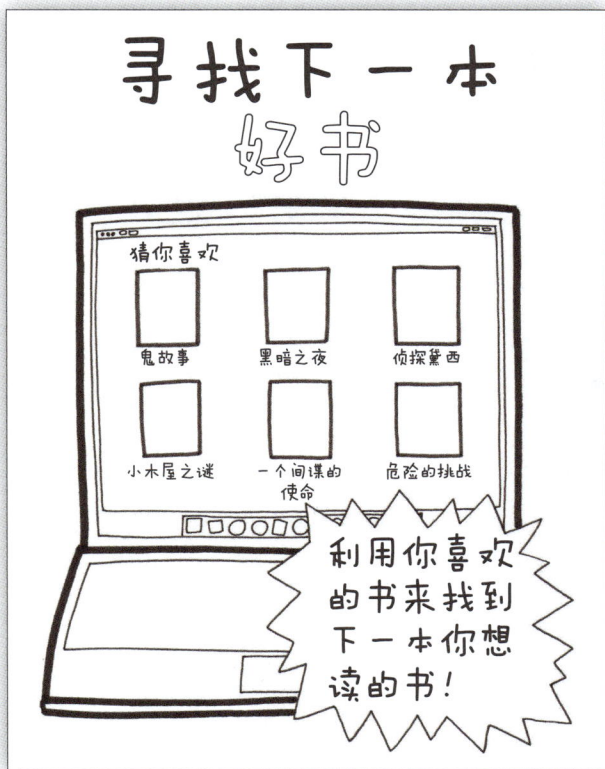

目标技能

选择文本

技能进展

在选择感兴趣（以及能够理解、准确且流利地阅读）的文本时需要帮助。

●○○

相关研究

研究表明，让孩子自己选书有助于提升他们的阅读积极性，也会增大他们的阅读量（Hall, Hedrick, & Williams, 2014）。一项研究指出，孩子可以通过自主选书来满足个人兴趣、更好地理解所读内容以及自定阅读进度，这些都很重要（Yang, Chu, & Tseng, 2021, p. 93）。

目标技能
选择文本

技能进展
在选择感兴趣（以及能够理解、准确且流利地阅读）的文本时需要帮助。

● ○ ○

延伸阅读
Being the Change: Lessons and Strategies to Teach Social Comprehension (Ahmed, 2019)

相关研究
有研究发现，孩子的阅读偏好与身份认同的相关性要大于其与性别（McGeown，2012）和种族（Brown-Wood & Solari，2021；Hardy et al.，2020）的相关性。不过，也有研究发现，只要故事引人入胜，即使阅读者的种族与书中主要人物的不同也没关系（Jacoby & Edlefsen，2020）。这些研究表明，孩子需要接触包含各种身份和经历的人物的阅读材料。

策略描述　想一想自己的性格特点。你会如何描述自己？你属于什么群体？哪些事情对你来说特别重要？你最喜欢什么？回答这几个问题后再决定你要阅读哪本书。你是想要选择一本用来认识自己的书，还是想要选择一本可以让你发现新事物的书？

这样给孩子讲解　请记住，选书时你也是在选择一种特定的体验。有时候你会选择那些让你感到熟悉的书，书中人物的性格和经历可能与你的有一些共同之处，故事发生的地方可能与你所生活的地方相似，故事的主题也与你的生活息息相关。而有时候，你可能会选择暂时离开现实世界：进入不同的时空，体验与自己的个性和经历截然不同的人物的生活。为了让自己更投入地阅读，思考一下你想要什么样的阅读体验。想一想你想读的书是不是大多属于同一类别，如果是，你要如何突破或均衡你的"阅读饮食结构"。

策略使用小贴士　你可以利用一些资源来平衡你的文本选择。你可以浏览荐书网站；也可以查看一些统计数据，比如美国威斯康星大学麦迪逊分校教育学院儿童图书合作中心发布的最新数据；还可以参考学术论文，比如鲁丁·西姆斯·毕晓普（Rudine Sims Bishop）1990年发表的论文。

这样给孩子提示
- 你想读的书中的人物是与你有相似经历的还是与你有截然不同经历的？
- 现在你已经思考过"我是谁"的问题，那么你想在书中找哪些方面的内容？
- 你是否注意到自己常常选择什么类型的书？

先反思，再选择
- 你会如何描述自己？
- 你属于什么群体？
- 你最喜欢什么？
- 哪些地方对你来说特别重要？

2.3　寻找自己的阅读兴趣点

策略描述　你应该去探索"我是一个什么样的阅读者？"这个问题。为了回答这个问题，你可以列出自己喜欢的书（以及电影和电视剧），然后再列出你不喜欢的。观察你列出的两份清单，问问自己："我最喜欢的作品有什么共同点？我为什么喜欢这些作品？"你可以从人物类型、主题、话题、体裁这几个方面来思考。

策略使用小贴士　对于那些在寻找作品特征方面需要额外帮助的孩子，你可以使用提示语（参考下面的"这样给孩子提示"）在一对一指导中引导他们进行思考，或者编写包含更多引导性问题的问卷让他们填写。

这样给孩子提示
● 列出你最喜欢的书（以及电影和电视剧）。
● 这些书有什么共同特点？
● 这些作品的人物、主题、话题和体裁有什么共同点吗？
● 列出3~5本你没有读完或者不感兴趣的书。它们有什么特点？

> 我喜欢读的书如下：
> 1. "歪歪路小学"系列；
> 2. "幸存者"系列；
> 3. 《安娜与娜塔莉》（绘本）。
>
> 我不喜欢读的书如下：
> 1. "雷梦拉"系列的其中几本；
> 2. "安珀·布朗"系列；
> 3. 讲述大量事实的书。
>
> 当我想要读一本书时，我希望它包含以下几个方面的内容。
> 1. 社会问题。这样如果我遇到类似问题，我就知道该怎么做。
> 2. 幻想。这样我就可以树立远大的目标。
> 3. 动物。因为我有一只宠物狗。

目标技能
选择文本

技能进展
在选择感兴趣（以及能够理解、准确且流利地阅读）的文本时需要帮助。

●○○

延伸阅读
The Book Whisperer: Awakening the Inner Reader in Every Child (Miller, 2009)

相关研究
据报道，近几十年来，年轻人花在其他阅读媒介上的时间比花在图书上的要多（National Endowment for the Arts, 2007; Robinson & Weintraub, 1973）。关于图书选择的研究发现，在流行的阅读媒介上选书时，孩子倾向于选择那些有熟悉的人物或故事情节的书。这表明，对书的熟悉程度和过往的积极体验可能会提高孩子的阅读参与度（Jacoby & Edlefsen, 2020; Williams, 2008）。

目标技能
选择文本

技能进展
在选择感兴趣（以及能够理解、准确且流利地阅读）的文本时需要帮助。

● ○ ○

相关研究
在一项跨国研究中，研究人员调查了1000多名成年书迷，他们当中大多数人称，一些"有社会影响力的人"给他们提供了阅读资源，督促他们阅读并帮助他们形成了终身阅读的习惯（Merga，2017）。

策略描述　想想哪些人和你喜欢同一类书。告诉他们你的阅读兴趣，并请他们给你推荐书。

策略使用小贴士　本策略奏效的一个要点是，你要在班级里营造推荐书的氛围。但很多孩子可能不知道如何推荐书才能吸引他人阅读，所以，你要在读写课上给孩子示范正确的推荐书的方法。例如，如何使用有说服力的语言，以及如何利用特定的部分（人物、主题、情节点）来吊起读者的胃口但又不会将整个故事和盘托出。然后，在班级中营造良好的氛围，腾出时间和空间，鼓励孩子向同龄人和成年人（图书管理员、父母和你！）寻求推荐。鼓励孩子制作图书宣传片与朋友分享：将它们上传到云端服务器供所有人访问，创建一个二维码以便访问，或在班会上播放精选片段。孩子还可以在亚马逊等网站上寻求推荐（见策略2.1）。

这样给孩子提示
- 你可以请谁给你推荐书呢？
- 告诉你的朋友你正在寻找什么样的书。
- 听了你的朋友对那本书的描述，你觉得怎么样？想试着读一下吗？
- 哇，那本书听起来很适合你，你觉得呢？

2.5 通过阅读读者评论来选书

策略描述 去亚马逊、Goodreads（好读网）、TikTok（抖音国际版）等网站搜索你想读的那本书，看看大家对这本书的看法。根据这些评论，想想这本书是否适合你，是否符合你当下的阅读心境。

这样给孩子讲解 你知道吗？ BookTok[①]对于图书的销售和新人作家的职业发展有很大的推动作用，并能使一些被遗忘的作品重获新生。不仅如此，看 BookTok 用户的评论还激发了我对一些原本不会考虑的书的兴趣。也许它对你会有同样的影响！ TikTok 使用算法来分析你观看的视频，据此为你推荐其他视频。我最喜欢阅读五星和一星评论，这样可以了解人们为什么喜欢或不喜欢某本书，从而帮助我决定是否值得花时间来阅读这本书。

策略使用小贴士 你可以基于本策略添加教学内容，帮助孩子批判性地阅读读者评论。例如，让孩子多读一些评论，如果它们有共同的观点，就可以据此判断这种观点更值得关注。你要告诉孩子警惕一些言论比较极端的评论，还要提醒他们鉴别评论者的身份。在亚马逊上通过身份认证的购买者的评论，或在 TikTok 上公开展示拥有那本书的人的评论，比其他人的评论更加可信。

注意，TikTok 的受众多为年轻人和青少年，不包括年幼的孩子，因此，你需要根据孩子的年龄段相应地调整你的教学语言。此外还要注意，Goodreads 需要创建账户，该网站没有儿童专区，建议儿童在成年人的监督下使用。

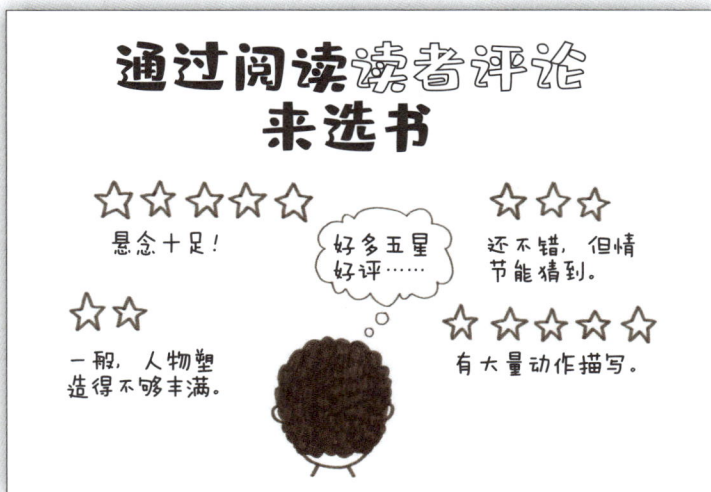

目标技能

选择文本

技能进展

在选择感兴趣（以及能够理解、准确且流利地阅读）的文本时需要帮助。

● ○ ○

① BookTok：TikTok 上的一个小众社区，世界各地的读者都会在这里评论他们最喜欢的书。——编者注

相关研究

毫无疑问，当今科技的发展为我们提供了许多分享图书的方式。但是，20年前研究人员就发现，在要求孩子以多媒体形式写评论并与同学分享后，他们的阅读参与度有所提高，尽管他们使用的是非常基础的软件（Reinking & Watkins, 2000）。

2.6 先试读，再决定

目标技能

选择文本

技能进展

在选择感兴趣（以及能够理解、准确且流利地阅读）的文本时需要帮助。

● ○ ○

相关研究

选择合适的书是提高孩子阅读参与度的关键因素之一（Edmunds & Bauseman，2006；Krashen，2004）。由于孩子常常根据书的封面、书名、页数、对作者的熟悉程度等来选书（Merga & Roni，2017；Williams，2008），他们可能会在开始阅读后意识到自己不喜欢这本书。

策略描述 拿到一本书后，你可以先读读前几页内容，以便对这本书有个大概的了解，然后再决定是否继续往下读。作者是否引起了你的注意？你能在脑海中构建感官图像吗？你是否想继续阅读这本书？如果是，这本书可能比较适合你；如果不是，那就继续寻找下一本书吧！

这样给孩子提示

● 试读后感觉如何？

● 书中哪些内容吸引了你？

● 告诉我你是否想继续阅读这本书。如果想，原因是什么？

● 在整个阅读过程中，你觉得自己很专注吗？

文本摘自《梅西·苏阿瑞兹的改变》（*Merci Suárez Changes Gears*，Medina，2018）。

2.7 确认图书的难度

策略描述 先读一两页，看看你是否认识书中大部分字词或能否轻松理解生词，看看你朗读时是否流利且有感情，看看你能否理解所读内容。如果你觉得读起来有困难，想一想你是想借助阅读策略继续读这本书，还是想找一些更容易的书来读。

这样给孩子讲解 虽然对一本书感兴趣是选择它的主要原因，但你还要确保你有能力阅读它——它不会让你有挫败感或感到困惑，也不会让你感觉读起来太费劲，导致你失去兴致。换句话说，这本书的难度需要与你的能力相匹配。有时你可能会迎难而上，愿意更努力一些——也许你打算放慢阅读速度，先读一读涉及这个话题的更简单的书，或者与朋友一起阅读。但有时，你可能会认为读这本书太累，或者阅读时你无法集中注意力，在这种情况下，你可以把它留到以后再读。

策略使用小贴士 尽管让孩子在老师的帮助下接触和阅读复杂的文本非常重要，但供孩子自主阅读的书必须是他们能够独立阅读的。一本书对于孩子来说难度如何取决于很多因素，包括孩子是否有相关的背景知识、文本中语言的复杂性、孩子的阅读积极性等（Hoffman，2017；Serravallo，2018）。你要给孩子提供策略，引导他们选择适合自己阅读并且感兴趣的书，而不是仅仅基于文本难度来限制他们的选择，这一点非常重要。

这样给孩子提示

- 读完第一页后，你觉得自己能够准确地读出并理解本页的词语吗？
- 你说阅读时感觉有挑战。你准备应对这个挑战（并计划采取一些策略来帮助你）吗？还是你想要将这个挑战留到以后？
- 你朗读得流利且准确。你理解这部分内容吗？
- 确认你的阅读准确性、流利度和理解程度。

✓ 确认图书难度的三条原则
- 你会读书中的词语吗？
- 你能流利阅读吗？
- 你理解所读内容吗？

目标技能
- 选择文本
- 自我监控

技能进展

在选择感兴趣（以及能够理解、准确且流利地阅读）的文本时需要帮助。

● ○ ○

相关研究

如果阅读者阅读过多简单的文本，那么他们阅读能力的提升会受到限制（Baker & Wigfield，1999），而花太多时间努力攻克难懂的文本又可能会让他们感到沮丧，无法享受阅读（Anderson，Higgins，& Wurster，1985）。孩子需要一些策略来帮助他们选择自己感兴趣且难度适中的文本，从而提高阅读参与度（Donovan, Smolkin, & Lomax, 2000；Fresch，1995；Reutzel, Jones, & Newman, 2010）。

2.8 不合适就放弃

目标技能
- 选择文本
- 自我监控

技能进展

在选择感兴趣（以及能够理解、准确且流利地阅读）的文本时需要帮助。

● ○ ○

相关研究

在一项针对四年级和六年级学生的大型研究中，研究人员发现，在阅读测试中，得分较高和得分中等的孩子的阅读量明显大于得分较低的同龄人（Anderson，Higgins，& Wurster，1985）。在早期的研究中，莫克发现，成绩较差的孩子选择的书通常难度较大（Mork，1973）。

策略描述 在选择了一本书之后，你要尝试阅读它，阅读时你可以使用有助于提高参与度的策略。但是，如果你已经读了大约四分之一的内容，还是没有喜欢上它，那你就要问问自己："我真的想要把这本书读完吗？还是我想要读其他书呢？"

这样给孩子讲解 放弃一本书并不意味着放弃阅读——实际上，放弃一本书可能会帮助你阅读更多的书！教室的图书角，学校的图书馆，你所在城市的各种图书馆和书店，这些地方有很多适合孩子读的书。即使你每天、每分钟都在读书，你也无法读完所有的书！这意味着我们可以挑挑拣拣，决定我们首先要读哪些书，是否放弃对我们来说不合适的书。我也是这么做的，相信我！拿到一本没有读过的书时，我通常会先读几章（25%~30%），但如果那时我还不感兴趣，我就会放弃——把书还回图书馆，或者转给我认为比我更喜欢它的朋友。我发现，如果我坚持读一本我不喜欢的书，我可能需要花更多的时间才能读完，这意味着我总体上读的书就更少。所以，如果你已经尝试过阅读某本书，但它并不适合你，就放弃它去寻找另一本吧。

策略使用小贴士 尽管偶尔放弃一本书有助于孩子提高阅读参与度和增大总阅读量，但你需要注意那些似乎无法读完任何一本书的"连续弃书者"。这些阅读者可能首先在选书方面需要额外的帮助，其次可能需要提高记忆或者整合信息的能力（见第五章至第十章）。

这样给孩子提示
- 你尝试去读这本书了吗？你读了大约四分之一的内容吗？
- 你打算做何选择？继续阅读还是放弃这本书？
- 没关系，放弃这本书会给你的阅读生活留下更多空间，让你有机会阅读其他你可能会喜欢的书。

如果这本书不适合你……

嗯……我已经读了这本书的很多内容了，但我还是不感兴趣。

放弃这本书，去找另一本吧！

2.9 带着目标阅读

策略描述 看着你面前的文本，想一想你为什么而阅读。为了获取知识？为了娱乐？还是为了提升某项技能，比如提升阅读流利度？你可以在便签上写下阅读目标，也可以把阅读目标告诉你的朋友，或者查看一下备忘录，回顾你的阅读目标，从而有目的地进行阅读。

策略使用小贴士 你是否经常带着孩子重读文本？一些老师会在阅读分享课上引导孩子每天根据不同的目标进行重读。在这种情况下，老师可以根据自己为全班或小组阅读分享课设计的活动，给孩子提供一份简短的阅读目标清单，鼓励孩子有目的地重读自己选的书。例如，第一次阅读可能是为了学习解码，第二次阅读可能会注重提升阅读流利度，第三次阅读可能是为了练习复述。另一种比较好的做法是，让孩子根据测评结果和师生关于阅读目标的讨论来制订阅读目标。你可以为孩子列出个性化的阅读策略清单，这些策略要与他们当前的阅读目标相符。

这样给孩子提示

- 记住你的阅读目标是什么。你今天阅读时要练习什么？
- 你今天阅读时要尝试做什么？
- 你今天的阅读时间是怎么安排的？
- 写一条备忘录，这样你就记得今天阅读时的重点是什么了。

目标技能

- 制订计划
- 保持专注

技能进展

能够选择合适的文本，已经为确定阅读目标或规划阅读时间做好了准备。

●●○

相关研究

基于对经典研究和最新研究的综述，卡特赖特得出结论，即"熟练的阅读者会制订明确的阅读目标，或者根据特定目标以某种方式理解文本"（Cartwright，2015，p.40）。他还建议教师在阅读教学中指导阅读者制订阅读计划、记住用于实现目标的策略并在阅读过程中积极应用。

2.10 制订阅读计划

目标技能
- 选择文本
- 制订计划

技能进展
能够选择合适的文本，已经为确定阅读目标或规划阅读时间做好了准备。

● ● ○

相关研究
研究人员研究了目标设定对儿童自我效能和阅读理解能力的影响，结果表明，与仅被告知"有效地阅读"的同龄人相比，带着特定目标阅读的孩子自我效能更高，并且过程目标（关于具体的行动或策略的目标）比结果目标（关于某个话题的具体知识的目标）能更有效地促进阅读理解（Schunk & Rice, 1989, 1991）。

策略描述 回顾你的阅读经历，制订未来的阅读计划。你可以先回顾一下自己最近读过的书，然后再决定之后要阅读哪些类型的书。你可以反思一下自己的阅读速度，做出一些改变。你也可以想想自己之前的阅读目标，然后规划未来的阅读之路。

这样给孩子讲解 随着你年龄的不断增长、知识的不断累积和兴趣的不断拓展，你的阅读者角色以及你选择阅读的内容可能也会发生变化。这是正常的，但你也可以有意识地制订计划来调整自己的阅读内容。例如，最近我和一个朋友散步时，她请我帮忙推荐小说以备假期阅读。我回想了一下过去六个月自己读过的书，意识到我读的每一本书都是关于如何当好老师的。对于为什么要读这些书，我有很充分的理由，但她的问题让我想起我也非常喜欢读小说，并为自己目前没有读小说而感到遗憾。那一刻，我下定决心平衡我的阅读内容。从那时起，我在读关于教学的信息类图书的同时也在坚持读小说。

这样给孩子提示
- 关于你的阅读经历，你有什么想法吗？
- 未来短期内，你有什么阅读计划？
- 相较于之前，你想要做出什么改变吗？
- 想一想你的阅读速度、阅读的图书类型和内容是否合适。

下定决心阅读，**倒计时开始……**

5. 回顾一下你的阅读经历。
4. 你想做出什么改变吗？
3. 想一想你的阅读速度是否合适。
2. 你应该在文本的体裁还是主题上做出平衡？
1. 你打算制订什么样的阅读计划？

策略描述　想一想你的阅读目标是什么。用空白便利贴标记设置的阅读停顿点。每当阅读到一个停顿点时，就暂停一下，使用符合你的阅读目标的策略进行练习。

这样给孩子讲解　你知道什么能帮助我们保持专注吗？就是当我们做自己的主人时。我希望你也能成为这样的人——我希望你做自己阅读的主人。我们在阅读讨论会上已经讨论过你们设定的阅读目标，现在想一想你阅读时将停下来思考或练习的频率，以及在思考或练习时是否要做一些笔记。

策略使用小贴士　为了给孩子提供额外的帮助，你可以在便利贴上记下与目标相关的提示语或问题，让孩子事先贴在书上。例如，你可以写下"你对主要人物有什么新的想法？"，这对阅读目标是理解人物的孩子来说会很有帮助。

这样给孩子提示
- 你的阅读目标是什么？你学到了哪些策略可以帮助你实现这个目标？
- 当你停顿时，你会做什么呢？做笔记？思考？总结？
- 思考一下为了专注阅读，你需要多久停下一次。
- 我们来看看这本书的编排方式。现在，想一想你的目标，你认为在哪里停下来是合理的？

目标技能
- 制订计划
- 保持专注

技能进展

能够选择合适的文本，已经为确定阅读目标或规划阅读时间做好了准备。

●●○

相关研究

在一篇有关元认知（即对自己的思维进行评估和管理）的文献综述中，雅各布斯和帕里斯发现，如果儿童懂得制订计划、设定目标，并将二者牢记于心，那么他们的自我监控能力将得到提高（Jacobs & Paris, 1987）。熟练的阅读者在阅读之前、期间和之后都会运用策略进行思考。

目标技能

- 制订计划
- 保持专注

技能进展

能够选择合适的文本，已经为确定阅读目标或规划阅读时间做好了准备。

● ● ○

相关研究

在一篇经典的文章中，帕里斯、利普森和威克森指出，儿童需要掌握三种知识来进行策略性阅读，这三种知识分别是陈述性知识、程序性知识和条件性知识（Paris, Lipson, & Wixson, 1983）。陈述性知识是关于"是什么"（比如，"故事"是什么）的知识，程序性知识是关于"如何做"（比如，如何快速概括中心思想）的知识，条件性知识则是关于个体在什么时候、为什么以及在何种条件下才能更好地运用陈述性知识和程序性知识的一种知识。其中，进行策略性阅读最需要掌握条件性知识，即知道何时以及为何使用策略来实现特定的目标（Paris & Cross, 1983）。

策略描述　明确你的阅读目标是什么，在阅读时牢记这个目标。当你读到与目标相关的停顿点时，停下来思考，可能的话做些简短的记录。记下自己的所思所想有助于你记住读到的重要内容，并与老师或朋友分享。

这样给孩子讲解　你的阅读目标可能会因所读文本或其他情况的不同而改变。也许你读小说是想成为作家，在这种情况下，你的目标可能是研究作者的写作技巧。也许你正在与读书会的同伴一起阅读章节书，在这种情况下，你的目标可能是形成自己的想法。你的阅读目标也可能是搜集与你正在做的研究报告的相关信息，当然也可能是其他目标！只要你明确了自己的目标，你就可以有目的地阅读，这样你就能够在书中找到让你想要停下来思考甚至记录的地方。

这样给孩子提示

- 你的阅读目标是什么？你会在阅读时牢记什么？
- 阅读时有哪些内容可能会让你停下来思考、记录？
- 我注意到你有几次停下来做了笔记。这些笔记与你的目标相关吗？

84　美国学生阅读技能训练：第2版

2.13　利用零碎时间来阅读

策略描述　除了在学校或在规定的时间内阅读，想一想你在一天当中还有哪些时间可以用来阅读。制订一项计划，想一想你想随身携带什么样的读物以及携带多少。

这样给孩子讲解　许多真正的终身阅读者都有一种习惯，那就是随身携带图书，无论到哪里，他们都希望能够充分利用零碎时间来阅读。坐车回家路上的15分钟，等待医生接诊的10分钟，观看足球比赛时用于等待的45分钟，以及等公交车的5分钟，这些零碎时间都可以用来阅读。而且，随着时间的推移，这些挤出来的时间会逐渐累积。你可以认真思考一下，你想如何利用这些零碎时间来阅读，并确保有需要的读物。

策略使用小贴士　本策略旨在帮助孩子增加每天的阅读量。随着时间的推移，孩子的阅读量将逐渐增加。阅读长篇小说时频繁停顿可能会让一些孩子感到沮丧，或者导致他们理解力下降。遇到这种情况，你可以给孩子推荐并提供杂志、诗集或其他篇幅短小的作品，这些作品都可以在较短的时间内读完。

这样给孩子提示
- 除了在学校阅读，你觉得还有什么时候能阅读呢？
- 你是喜欢每次读几分钟章节书，还是喜欢读短篇作品？
- 提前计划好你要读些什么。

目标技能
制订计划

技能进展
能够选择合适的文本，已经为确定阅读目标或规划阅读时间做好了准备。

● ● ○

延伸阅读
Reading in the Wild
(Miller, 2013)

相关研究
自20世纪80年代起，研究人员一直主张孩子应花更多时间阅读，提高阅读流利度，取得更好的阅读成绩（Stanovich，1986）。然而，一项研究发现，大多数孩子真正与文本互动的时间每天大约只有15分钟（Allington，2014）。

2.14　选择合适的阅读环境

目标技能
- 制订计划
- 保持专注
- 保持耐心

技能进展

能够持续阅读一段时间，已经为更加专注、耐心地阅读，监控自己的理解情况并进行修正，以及在需要时重新进入阅读状态做好了准备。

相关研究

根据鲍威尔、麦金太尔和赖特迈尔的研究，孩子在读写课上"开小差"通常是因为他们对"封闭"的学习环境有抵触情绪，因为在这种环境下，他们很少有选择的机会（Powell, McIntyre, & Rightmyer, 2006）。在此后的两项研究中，研究人员采用了更加"开放"的方法，他们发现，很多孩子（二年级、三年级和五年级学生）更喜欢灵活选座，这有助于他们提升学习主动性和对学习内容的掌握程度（Cole et al., 2021; Stapp, 2019）。

策略描述　阅读环境非常重要。想想你需要什么样的阅读环境——你喜欢光线明亮些还是昏暗些？你喜欢嘈杂的还是安静的地方？你喜欢较硬的还是较软的座椅？你喜欢趴着看还是坐正看？选择一种阅读环境并试着在那种环境下阅读，看看是否适合你。

策略使用小贴士　理想情况下，孩子每天既要在家里阅读，也要在学校里阅读。不管是家还是学校，这些地方都有自身的局限性，但也提供了不同的选择机会。你可以考虑运用本策略在教室里创设阅读环境，促使校方思考一下孩子的阅读环境是否合适，也要求孩子思考一下他们的家庭阅读环境是否合适（体会一下他们在新的阅读空间中有什么样的阅读体验）。然而，需要注意的是，同一个班的孩子在家中创设阅读环境的能力或许存在巨大的差异。

这样给孩子提示

- 你觉得环境中的什么因素能让你高效阅读？
- 想想之前能让你高效阅读的环境是什么样的。
- 想想在什么地方阅读你容易分散注意力，选择一个与之不同的地方。
- 你已经认真思考过了什么地方最适合你阅读。试着在这种地方阅读，过几天我们再交流感受。

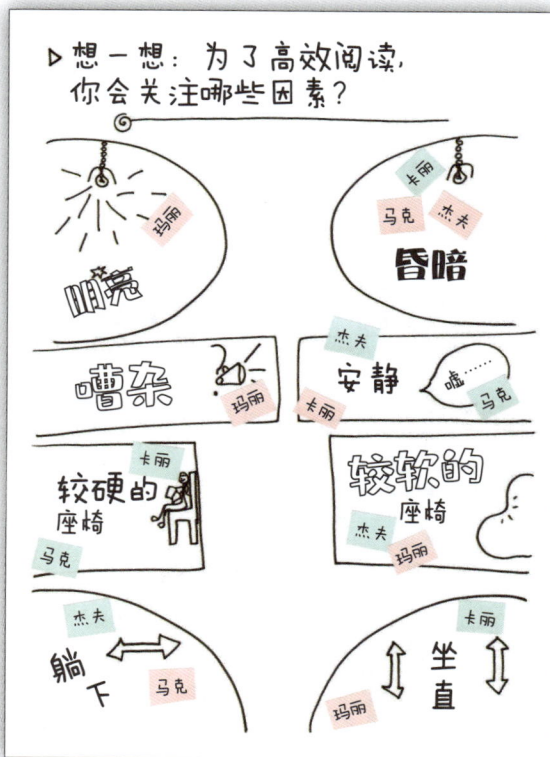

2.15　变换文本的篇幅、类型和难度

策略描述　想想哪些阅读材料可以帮助你有效阅读。想想你是想读较短的文本还是较长的文本。你想读故事、诗歌、信息类文本，还是其他类型的文本？在开始阅读之前创建好你的文本库。

这样给孩子讲解　不同篇幅、类型和难度的文本需要不同的专注力，对阅读者也有不同的要求。规划好阅读时间或者准备好用于更换的阅读材料能够让你在整个阅读过程中保持专注。例如，当你觉得自己注意力不集中时，你可以先暂停阅读篇幅较长的文本，转而阅读一些短小的文本。你可以变换文本类型（文章、短篇小说、诗歌等），从而延长自己专注阅读的时间。

策略使用小贴士　本策略旨在帮助孩子更长时间地专注于阅读。对一些孩子来说，更换阅读材料或在不同的阅读材料之间切换可以帮助他们延长阅读时间。注意，在不同文本间切换可能对孩子的理解力有不利的影响，如果出现这种情况，你可以建议孩子降低切换的频率。

这样给孩子提示

- 在阅读时间里，除了准备阅读的文本，你还选择了什么阅读材料？
- 用这些阅读材料规划一下你的阅读时间吧。
- 设定一个目标，想想在换成其他阅读材料前你要读多少。
- 现在，阅读时间结束了，回想一下在不同文本间切换是否有助于提高你的参与度和理解力。

目标技能

- 制订计划
- 保持专注
- 保持耐心

技能进展

能够持续阅读一段时间，已经为更加专注、耐心地阅读，监控自己的理解情况并进行修正，以及在需要时重新进入阅读状态做好了准备。

● ● ●

相关研究

个人兴趣可能会帮助阅读者坚持阅读自己感兴趣但枯燥的文本，而情境兴趣（即由质量较好的文本，如精心撰写的故事或带有绝妙照片的信息类文本激发的兴趣）可以让个体在最初不感兴趣的情况下保持参与度（Hidi，2001）。多样化的阅读可以激发情境兴趣，使阅读者最终对某个话题、某种体裁或格式产生兴趣（Schraw & Lehman，2001）。

2.16 提前规划，稍做休息

目标技能

- 制订计划
- 保持专注
- 保持耐心

技能进展

能够持续阅读一段时间，已经为更加专注、耐心地阅读，监控自己的理解情况并进行修正，以及在需要时重新进入阅读状态做好了准备。

● ● ●

延伸阅读

I Am Reading: Nurturing Young Children's Meaning Making and Joyful Engagement with Any Book (Collins & Glover, 2015)

相关研究

桑德斯和他的同事发现，使用计时器将较长的阅读时间分割成较短的时间段，提前查看阅读任务并将其拆分成一个个小任务，都有助于有情绪和行为障碍的孩子进行自我调节（Sanders et al., 2021）。

策略描述　延长专注阅读时间的一种方法是设定"读几页"和"读多久"的目标。可以使用计时器设置一个"安静阅读时间"，或者在你将要暂停阅读的地方贴张便利贴。当你达成设定的目标时，休息一下（起身活动，伸展身体，放松一下）。然后，按照以上步骤，继续阅读。

策略使用小贴士　很多老师经常问我哪种休息方式比较合适。我的建议是老师可以与孩子一起决定休息方式，或者根据对孩子的了解来决定。好动的孩子可能需要起身活动，以免坐不住，比如站起来原地做一做伸展运动。与之相反的是，一些孩子可能会犯困，他们需要用于恢复精力的休息方式，比如用手撑在桌子上做些类似俯卧撑的动作，或者将双手撑在椅子上快速起跳。通过上网搜索"课间休息方式"，你可以得到许多具体的建议。还有些孩子则可能会停下来思考所读内容，甚至简要写下摘要或想法，以此作为他们的休息方式。思考有助于增强理解力，而理解力又与阅读参与度相关。无论采用怎样的休息方式，随着时间的推移，你都要引导孩子在休息前增加连续阅读的页数或时间。

这样给孩子提示

- 在休息前你觉得自己能读几分钟／多少页？
- 所以，最终你觉得要每读 ＿＿＿ 分钟／页休息一次。这样做对你有用吗？
- 所以，最终你决定通过 ＿＿＿ 方式休息。这种方式对你有用吗？
- 规划一下你在休息时要做什么。

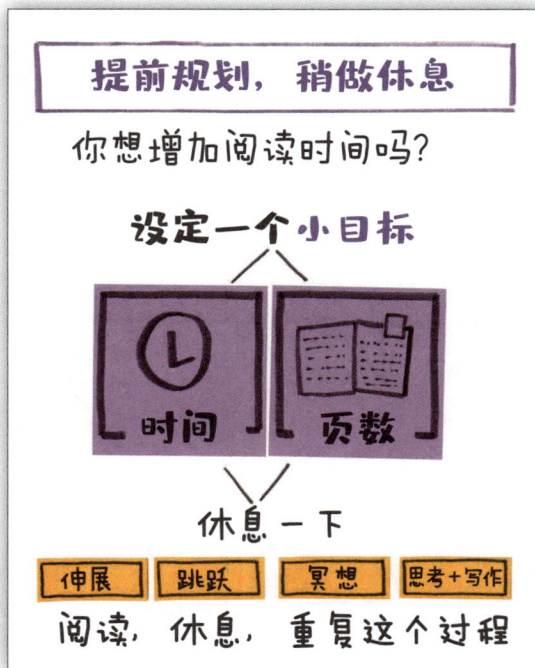

提前规划，稍做休息

你想增加阅读时间吗？

设定一个 **小目标**

时间　　页数

休息一下

| 伸展 | 跳跃 | 冥想 | 思考+写作 |

阅读，休息，重复这个过程

2.17　集中精神，克服困难

策略描述　有时，保持专注的关键是下定决心要保持专注。对自己说"我要专注地阅读"，然后在阅读时聆听自己内心的声音。把所读内容当成美好或有趣的事物。如果你发觉自己走神了，要有意识地做出调整，重新进入阅读状态。

这样给孩子讲解　你可能听说过这种说法：即使你心情不好，只要你微笑，你整个人就会由内而外发生改变，你的心情会随之变好。这是真的！有时候，有意识地做某件事可以对我们通常认为是无意识的或无法控制的事情产生影响。例如，当我们阅读时，我们用什么样的态度去对待阅读，会影响我们对内容的理解和阅读专注度。在一开始阅读时，就要在心里清楚地告诉自己：要专注地阅读。

策略使用小贴士　在教授本策略之前，确保你已经帮助孩子选择了他们感兴趣且对他们来说不太难的文本，这是提高孩子阅读参与度的关键的一步。同时要记住，通常比较容易进入阅读状态的孩子在阅读非他们本人选择的文本时（比如在考试情况下）可能会遇到困难，他们可以运用本策略来应对此类情况。

这样给孩子提示
- 做好专注阅读的准备。
- 把这本书当成你读过的最有趣的书来读。
- 如果你发现自己走神了，你会对自己说什么？
- 你是否留意到自己的注意力发生了变化？

目标技能
- 制订计划
- 保持专注
- 保持耐心
- 自我监控

技能进展
能够持续阅读一段时间，已经为更加专注、耐心地阅读，监控自己的理解情况并进行修正，以及在需要时重新进入阅读状态做好了准备。

● ● ●

相关研究
很多孩子，特别是那些在阅读方面存在困难的孩子，应该学习一些促进自我调节的策略，包括如何设定目标、如何进行自我监控，以及如何通过自我引导来集中注意力（Mason et al., 2013）。

2.18 复述后继续阅读

目标技能
- 自我监控
- 保持专注
- 保持耐心

技能进展

能够持续阅读一段时间，已经为更加专注、耐心地阅读，监控自己的理解情况并进行修正，以及在需要时重新进入阅读状态做好了准备。

● ● ●

相关研究

无意阅读（Mindless reading）是指阅读者不再集中注意力理解文本内容，转而开始关注自己内心的想法或感受，这会造成理解障碍（Smallwood, 2011）。复述有助于阅读者重新与文本建立联系（Smallwood, Fishman, & Schooler, 2007）。

策略描述 每个人都会走神，重要的是你能把注意力拉回来。对自己说："不，我现在不去想其他事情。"然后快速复述自己记得的内容，并返回那里重新开始阅读。

策略使用小贴士 思考教授本策略时如何调整语言，使其与孩子所读文本的类型和难度相匹配。例如，阅读入门读物时，大多数孩子能够复述整本书的内容；而阅读章节书时，孩子可能只能复述阅读的最近一章的内容。阅读信息类文本时，孩子不会复述内容，而会总结、概括（讲述主要观点或话题以及关键细节）。

这样给孩子提示
- 回忆一下你记得哪些内容。
- 你什么时候／读到哪部分发现自己走神了？
- 你是读到那部分走神了吗？我相信你知道该怎么做，给我展示一下吧。
- 先复述，再重新开始阅读，这对你保持专注真的很有帮助。

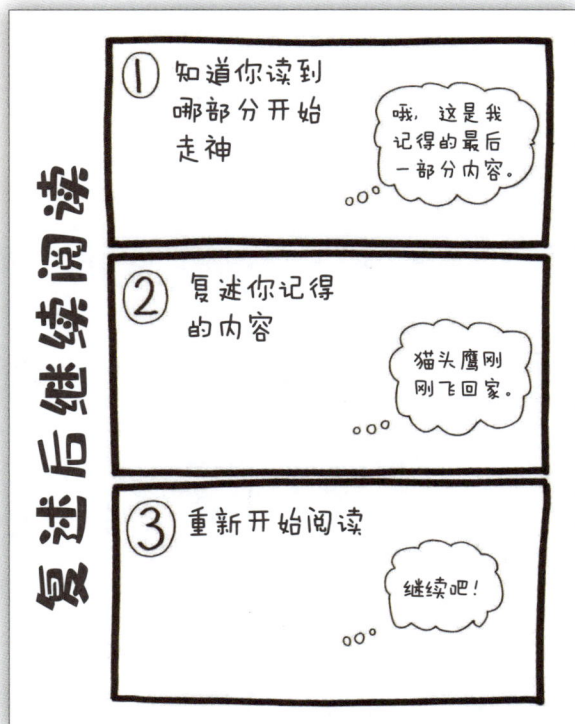

美国学生阅读技能训练：第2版

2.19 重读后继续阅读

策略描述 在阅读过程中，注意观察自己的注意力。有时候，即使你看起来在阅读（朗读或默读），你的思绪也可能已经转移到了其他事情上。当你的注意力分散时，你就需要回过头重读。如果你发现自己的注意力经常分散，那你就需要思考一下这本书是否适合你，或者是否有一些环境因素导致你分心。

策略使用小贴士 我要告诉你一件每个人都会经历的事情，你可以回想一下自己是否遇到过。有时候，当我阅读时，我的眼睛在看着文字，我甚至能够在脑海中听到所读内容，但我的大脑却完全不知道这些文字的意思——它在思考完全无关的事情。有时候，我会这样连续几段地读下去，直到意识到"我完全不知道刚才读了什么"。我怎么知道自己走神了呢？也许书中的场景发生了变化，我意识到我不知道人物是怎么到那里的；或许作者正在讲一个新的子话题，而我却不记得之前的子话题的内容。在这种情况下，你甚至可以说："实际上，你根本没有在认真阅读，对吗？"是的！发生这种情况时，最重要的是停下来重读，而不是继续埋头阅读。能否理解文本和享受阅读就取决于此！

这样给孩子提示

- 你是全身心沉浸在书中，还是只有眼睛盯着书看？
- 你的注意力转移了吗？
- 我注意到你发现自己走神了，所以你回过头重读了。
- 跟我说一说走神时该怎么做。

不要让眼睛和思绪离开书！

- 观察你的注意力是否分散.
- 如果你的注意力分散了，你需要回过头重读.
- 如果你发现自己的注意力经常分散，你会怎么做？
  - 重新考量你选择的书.
  - 重新考量你的阅读环境.

目标技能

- 自我监控
- 保持专注
- 保持耐心

技能进展

能够持续阅读一段时间，已经为更加专注、耐心地阅读，监控自己的理解情况并进行修正，以及在需要时重新进入阅读状态做好了准备。

相关研究

尽管各种水平的阅读者都偶尔会在阅读时"开小差"（Schooler, Reichle, & Halpern, 2004），但对那些有注意力障碍的人来说，保持专注尤其具有挑战性。

目标技能
自我监控

技能进展

能够持续阅读一段时间，已经为更加专注、耐心地阅读，监控自己的理解情况并进行修正，以及在需要时重新进入阅读状态做好了准备。

● ● ●

相关研究

无论阅读者是否有学习障碍，他们都会从明确的自我调节策略发展（Self-Regulated Strategy Development，缩写为 SRSD）指导中获益，包括指导如何监控理解情况并在需要时重读（He-din, Mason, & Gaffney, 2011）。

策略描述 在阅读被打断或者休息后回来继续阅读时，你需要花点儿时间调整，以便迅速找回阅读状态。回忆你最后记得的内容，从那里开始，重新进入阅读状态。

这样给孩子提示

- 回到你最后记起的内容所在的地方。
- 你刚刚休息了一下，现在你准备如何重新进入阅读状态？
- 重读对你是否有帮助？
- 我注意到你在休息后又回到之前读的地方开始重读，做得不错！

当你休息后准备继续阅读时，你会……

1. 停下 —— 想一想："我读到哪部分了？"
2. 思考 —— 想一想："我正在读什么？"
3. 返回 —— 回到最后记起的内容所在的地方。
4. 重新开始 —— 从那个地方开始重新进入阅读状态。

2.21　激活背景知识，为阅读做好准备

策略描述　有时候，做一些有效的准备工作有助于我们在阅读时保持专注度和参与度。当你坐下来读一本书时，你要想一想哪些背景知识可以帮助你与今天阅读的内容建立联系。你对这本书的结构、体裁、话题等有多少了解？你了解作者的其他作品吗？想一想这本书可能会有什么新颖之处或不同之处，并且制订一项计划，规划一下如何逐步理解书中的新信息。

这样给孩子讲解　我给大家介绍一下我是如何为阅读《十岁那年》（*Inside Out and Back Again*，Lai，2011）这本书做准备的。这是一本诗歌体小说，所以我会借鉴我阅读其他诗歌体小说时获得的经验。例如，我会调整阅读速度，读得慢一点儿；我知道我可能会在文中看到大量的比喻句。当我准备一探究竟时，我看到这本书的背景设定在1975年的越南。由于1975年我还没出生，并且我从没去过越南，所以阅读时我需要非常认真，要放慢阅读速度，并且要注意作者对地点和时间的细节描写。封底的内容简介中说，这本书讲述了主人公搬到一个新的国家，在适应新环境的过程中不断成长的故事，还提到了家庭的力量。虽然书中人物在很多方面与我差异都很大，但我认为故事的主题能够引起我的共鸣。

这样给孩子提示

- 关于这个系列／作者／体裁，你了解多少？
- 说一说你觉得这本书会采用什么结构。
- 说一说你将如何为阅读这本书做准备。
- 你根据自己对这个系列的了解，对这本书的结构做出了解释，很不错！

目标技能

- 激活背景知识
- 制订计划
- 保持专注

技能进展

能够持续阅读一段时间，已经为更加专注、耐心地阅读，监控自己的理解情况并进行修正，以及在需要时重新进入阅读状态做好了准备。

● ● ●

相关研究

在多项经典研究中，研究人员发现，熟练的阅读者在阅读之前会预先了解文本的内容和结构来为阅读做好准备（Duke et al.，2011；Pressley & Afflerbach，1995），并且在接触新文本时会激活自己的背景知识（Pressley & Allington，2014）。激活背景知识对理解力有显著的积极影响（Kim et al.，2021）。

目标技能

- 自我监控
- 构建感官图像

技能进展

能够持续阅读一段时间，已经为更加专注、耐心地阅读，监控自己的理解情况并进行修正，以及在需要时重新进入阅读状态做好了准备。

● ● ●

相关研究

在一项针对19项研究进行的元分析研究（这项研究的参与者包含了从幼儿园到高三的孩子）中，研究人员发现，能够监控自己的理解情况并做出积极调整的孩子，阅读表现更好，对高年级学生来说尤其如此（Guzman, Goldberg, & Swanson, 2018）。

策略描述 有时在阅读过程中，你可能会遗漏一些细节，为此你会产生疑问。当你对书中发生了什么感到疑惑，无法理解信息间的关联，无法基于所读内容构建感官图像，甚至开始"开小差"时，你应该回过头重读，解决疑问。

策略使用小贴士 在培养孩子自我监控能力的同时，你可以让孩子在事先设置的阅读停顿点停下来，自问自答，从而检查是否有不太理解的地方。例如，在阅读故事时，孩子可以问自己诸如"这个场景里都有谁？""发生了什么？""他们在哪里？"这类问题；在阅读信息类文本时，孩子可以问自己"这些信息是如何相互联系的？""我正在读的这部分主要讲了什么？"等问题。如果他们无法回答这些问题，你可以让他们回过头重读，解决疑问。

这样给孩子提示

- 先问问自己："这个场景里都有谁？"（暂停，回答。）接着再问问自己："发生了什么？"（暂停，回答。）最后再问问自己："他们在哪里？"（暂停，回答。）如果你能回答这三个问题，那就继续阅读。
- 问问自己："我能列举出在这一部分读到的一些信息吗？"
- 最后一部分你有哪些地方不太理解？有什么解决办法吗？
- 检查一下自己是不是全都理解了，还有哪些地方不太理解。

阅读中有**疑惑**时，问自己以下问题。

1. 这个场景里都有<u>谁</u>？
2. 发生了<u>什么</u>？
3. 他们在<u>哪里</u>？

现在，回过头来重读。

美国学生阅读技能训练：第2版

2.23 通过阅读前提出的问题来保持专注

策略描述 浏览文本，想想你有哪些背景知识。你已经掌握的哪些知识（体裁、结构、作者、系列、话题等方面的）会有助于你阅读这个文本？开始阅读前，提出与你的阅读目标相符的问题。

策略使用小贴士 孩子提出的问题质量如何，这些问题与孩子的阅读目标和计划的相关性如何，都会影响提问练习对理解情况和阅读参与度的积极作用。做预测对阅读起指导作用，你可以在开始阅读时提一些问题，比如"我想知道她骗了妈妈后，是否会感到后悔或者惹上麻烦？"，或者"如果城市削减公共交通预算，社区会受到哪些影响？"。

这样给孩子提示

- 试着用"谁""什么""在哪里""什么时候"或"为什么"提问。
- 想一想你的阅读目标。哪些问题与你的目标和这本书有关？
- 现在你已经浏览了这本书的部分内容，你有什么疑问吗？
- 你觉得自己还需要浏览多少页才能回答这个问题？

目标技能

- 提问
- 激活背景知识
- 制订计划
- 保持专注

技能进展

能够持续阅读一段时间，已经为更加专注、耐心地阅读，监控自己的理解情况并进行修正，以及在需要时重新进入阅读状态做好了准备。

● ● ●

相关研究

在一项针对理解能力较差的儿童阅读者的研究中，翁和琼斯发现，教孩子如何提问可以提高他们在阅读和理解过程中提出的问题的质量（Wong & Jones，1982）。另一项研究发现，孩子提出的解释类和预测类问题对他们帮助最大（Cain, Oakhill & Bryant，2004）。

阅读前
提问

浏览
你想知道些什么？

激活背景知识
你已经知道些什么？

提问
谁？什么？
在哪里？
什么时候？
为什么？

回答
继续阅读，
寻找答案。

目标技能

● 提问
● 保持专注

技能进展

能够持续阅读一段时间，已经为更加专注、耐心地阅读，监控自己的理解情况并进行修正，以及在需要时重新进入阅读状态做好了准备。

● ● ●

相关研究

三篇文献综述表明，总体而言，自我提问是一种有效的阅读策略。不论孩子是否有学习障碍，自我提问都可以帮助他们进行自我监控和自主学习，并且这一策略在各个年级和各种语境中都适用（Joseph et al., 2016; Rosenshine, Meister, & Chapman, 1996; Wong, 1985）。关于自我提问的有效且明确的指导包括示范、模仿和强化，同时要给孩子留出阅读和提出问题的时间（Wong, 1985）。

策略描述 要保持好奇心！在阅读过程中，你可以通过提问来集中注意力。你可以针对自己的预测提问，或者围绕你想要了解的信息提问，或者根据你心中的想法提问。带着问题阅读，并试着回答这些问题。

这样给孩子讲解 如何在阅读中保持思维活跃，集中注意力？答案是，要怀着好奇心来阅读。在阅读时就像跟自己对话一样，你可以通过提问来推测接下来可能会发生什么、为什么人物做出某种行为、你可能学到什么，或者为什么作者以某种方式写作。你可以在读完后再回答关于话题的问题，并寻找细节信息。如果有必要，你可以记下你的疑问，看看在后续的阅读中能否找到答案。

这样给孩子提示

● 你可以这样说："我想知道……"
● 跟我说说你在心里与自己是怎么对话的吧。
● 试着用"谁""什么""在哪里""什么时候"或"为什么"提问。
● 这是你目前所知道的信息。那么，这些信息使你对什么产生了好奇？

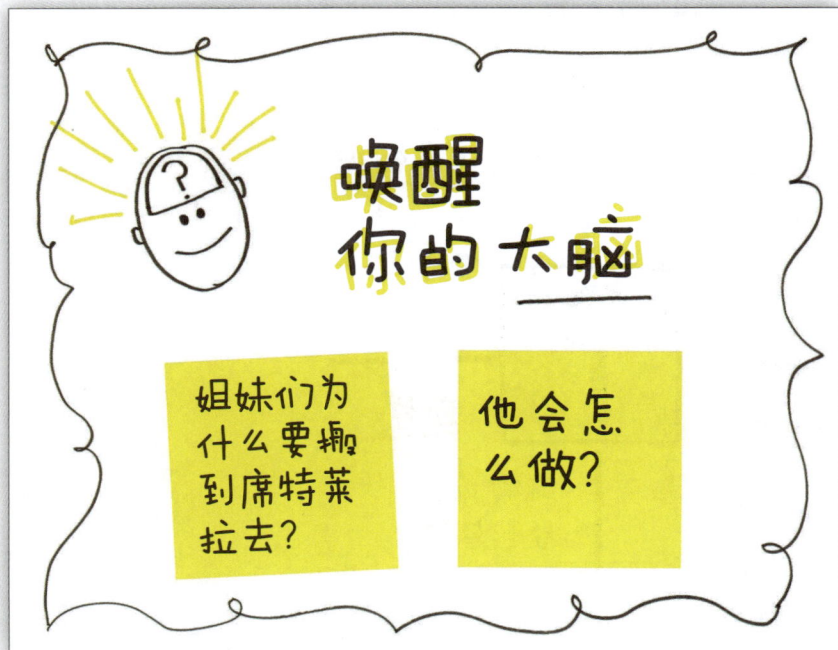

唤醒你的大脑

姐妹们为什么要搬到席特莱拉去？

他会怎么做？

2.25　通过构建感官图像来集中注意力

策略描述　基于所读内容在脑海中"放电影"对于集中注意力至关重要。试着调动所有的感官来体会作者所描述的一切。先读一部分内容，然后停下来想一想："我看到了什么？听到了什么？摸到了什么？尝到了什么？闻到了什么？"

这样给孩子讲解　成为专注的阅读者在很大程度上意味着你要理解所读内容，仅仅在心里默读文字是不够的。确保理解的最好方式之一是根据作者的描述在脑海中构建感官图像。也许你听说过阅读者"在脑海里拍一部电影"，也就是说，这些画面不是静止的，而是不断变化的——随着人物的活动，画面会改变。如果你阅读的是信息类文本，你可以一边学习与话题相关的知识，一边在脑海中想象：在关于爬行动物的书中，你可以想象动物的行为；在关于地质学的书中，你可以想象地球板块的漂移。阅读一些内容后，停下来思考。调动你所有的感官来丰富脑海中的画面。想一想："我看到了什么？听到了什么？摸到了什么？尝到了什么？闻到了什么？"这样你就会发现，你完全被这本书吸引，就像在看你最喜欢的电视节目一样！

这样给孩子提示

- 你看到了什么？听到了什么？摸到了什么？尝到了什么？闻到了什么？
- 你脑海中的画面是如何变化的？
- 让画面动起来。
- （非语言提示：用手指向鼻子、嘴、眼睛，提示孩子调动不同的感官。）

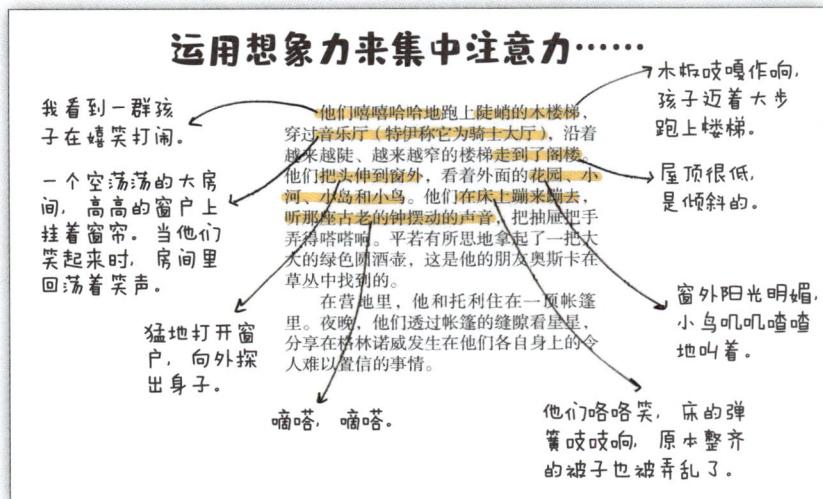

文本摘自《格林诺威的敌人》（*An Enemy at Green Knowe*, Boston, 2002）。

技能进展

能够持续阅读一段时间，已经为更加专注、耐心地阅读，监控自己的理解情况并进行修正，以及在需要时重新进入阅读状态做好了准备。

● ● ●

相关研究

阅读不仅指将文字转化为声音，还指利用声音和文字构建一个"情境模式"（Kintsch, 1988）——一种视觉及空间上的心理表征，以阅读者所掌握的知识为基础，随着阅读的推进而改变（De Koning & van der Schoot, 2013）。在阅读过程中构建感官图像的技能孩子需要通过练习（通常先由老师做出示范）才能掌握，这一技能对于准确理解所读内容至关重要（Hibbing & Rankin-Erickson, 2003）。

监控和调整阅读速度

目标技能
自我监控

技能进展
能够持续阅读一段时间，已经为更加专注、耐心地阅读，监控自己的理解情况并进行修正，以及在需要时重新进入阅读状态做好了准备。

● ● ●

相关研究
阅读速度并不能反映阅读者的思维活动情况。读得比较快的阅读者可能并没有理解所读内容，而看起来读得比较慢的阅读者实际上可能付出了不必要的努力（Walczyk & Griffith-Ross，2007）。帮助孩子监控阅读速度能够确保他们理解所读内容（Applegate, Applegate, & Modla, 2009）。

策略描述 阅读特定文本的速度可能取决于许多因素，比如文本的难度、你为什么而阅读、你关于该话题的背景知识有多少，等等。在阅读过程中，要注意你的阅读速度是否有助于你提高阅读参与度和理解程度；如果答案是否定的，你需要调整你的阅读速度。

策略使用小贴士 在阅读讨论会中，你可以要求孩子自己读一页，同时你要仔细听他们的流利程度。要留意阅读者放慢阅读速度的原因（监控理解情况、更仔细地阅读、在认真听自己脑海中的阅读的声音）或者加快阅读速度的原因（读到了精彩的部分，或者文本对他们来说比较简单）。当然，不同阅读者的阅读速度是不同的。本策略的关键是要帮助孩子确认他们的阅读速度是否与他们的阅读目标和阅读参与度相符，并在必要时做出调整。

这样给孩子提示
● 关于你的阅读速度，你注意到了什么？
● 如果你发现自己无法理解所读内容，那么你可能需要放慢阅读速度。
● 我注意到你经常停下来做笔记。这对你的理解有帮助吗？还是它拖慢了你的阅读速度，妨碍了阅读进度？
● 如果你感觉良好，并且能够理解所读内容，那么你的阅读速度可能正合适。

阅读速度

放慢速度

你可以
· 为了更仔细地阅读
· 为了做笔记

或者=加快速度
· 读到精彩的部分时
· 文本比较简单时

如果你感觉良好，并且能够理解所读内容，那说明你的阅读速度可能正合适。

即使你是最会讲课的老师、
最棒的阅读策略传授者、最有洞
察力的指导者，如果你让孩子回家后
进行自主阅读而他们并没有照做，那么
他们也不会取得你希望看到并且一直
为之努力的进步。

——珍妮佛·塞拉瓦洛

第三章
目标3

提高阅读准确性

◎ 这个目标为什么很重要?

为了流利地阅读并理解文意，孩子需要准确解码。埃里和麦考密克（Ehri & McCormick，1998）发现，阅读者可以采用以下几种方式来准确解码。

- 利用字素和音素知识进行解码：识别代表发音（音素）的符号（字素），分解单词，并将发音连在一起拼读单词。
- 通过类比进行解码：在尝试读单词或组成单词的字母及字母组合时，想一想它们与你已经认识的其他单词及其组成部分有什么相似之处。
- 根据上下文进行推测，或者结合上下文及组成单词的一些字母进行推测（更多相关内容见第102页"上下文在准确阅读中的作用"）。
- 一眼认出并自动读出单词（以这种方式被识读的单词就是视觉词）。

最后一种方式发生在阅读者按照英语正字法（orthographic）将单词的拼写、发音、含义对应起来（即他们对这个单词进行了解码，并将它的发音与含义联系起来）之后（见下页图；Ehri，2014，2017，2020；Share，1995，

2008)。大多数阅读者每个单词需要解码1~4次才能将其变成视觉词，而对阅读有困难的人来说，可能需要解码超过10次（Blevins，2016；Kilpatrick，2015）。随着时间的推移，我们希望不仅仅是高频词，而是几乎所有的单词都能成为视觉词，这样孩子就只在极少数情况下才需要解码。我们的目标是让孩子能够流利阅读（见第四章），并且有精力来思考文意和深度理解（见第五章至第十一章），这才是阅读的真正意义（Castles，Rastle，& Nation，2018；Ehri，2005；Willingham，2015；Wolf，2007）。

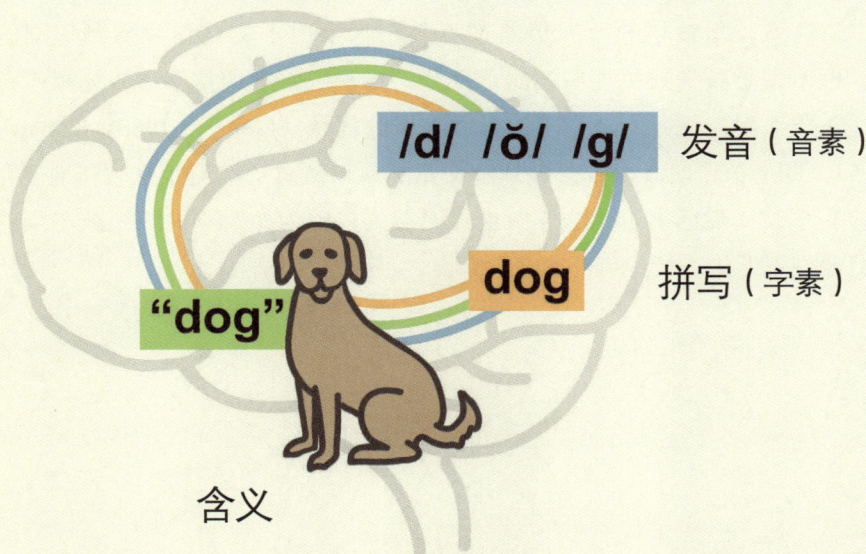

大脑的不同区域分别负责识别单词的含义、发音和拼写。若要使单词成为可以自动读出的视觉词，这些区域之间就需要建立联系，这一联系过程被称为正字法对应。

本章中的策略是为了补充而不是取代自然拼读与语音意识指导

孩子应该得到与他们的需求相匹配的自然拼读与语音意识指导，这种指导应该在评估的基础上进行，而且要节奏适宜，能够吸引孩子，并根据每个孩子的不同需求重复进行（Kilpatrick，2015；Mesmer，2019；Snow，Burns，& Griffin，1998）。

正如我们所知，"非此即彼"的教学模式——要么仅仅让孩子大量拼读单词，导致他们没有时间阅读；要么让他们大量阅读，只是偶尔或少量地拼读单词——无法满足所有孩子的需求。本章中的一些策略可以作为自然拼读教学的补充，这些策略可以在孩子阅读连贯篇章时提醒他们已经掌握了哪些知识，帮助孩子对知识进行运用和迁移。

定期阅读至关重要，它可以帮助孩子从缓慢的、需要花很多时间思考的解码阶段过渡到更快速的、自动化的解码阶段，让他们不断重读单词以使其成为视觉词，并为他们提供"自学"的机会（Castles，Rastle，& Nation，2018；Connor，Morrison，& Katch，2004；Ehri & McCormick，1998；Share，1995）。

上下文在准确阅读中的作用

请注意，本章中的所有策略都不鼓励基于上下文或图片推测单词的意思，也不鼓励孩子只关注单词的一部分。推测的效果通常不佳，还阻碍孩子关注正字法对应规则，我们不该鼓励孩子这样做（Gough，1983；Kilpatrick，2015）。即使孩子对某个不影响理解文意的单词做出了推测，且顺利地读完了当前文本，从长远来看，这样做也并无益处，因为如果不关注组成单词的字母，他们就无法进行正字法对应。

视觉追踪
用眼睛连续、流畅地追踪文字，保证读到某个单词时眼睛看到那个单词。

解码
运用关于音形关系的知识来正确读出单词。

为了达成本章目标，阅读者需要掌握的技能

拼读
将一个个单独的音拼合起来，正确读出一个完整的单词。

自我监控
关注自己的阅读情况，并自我检查，确保对单词的解码和发音在上下文中讲得通。在读错时或在读完后纠正错误。

虽然我们不应该教孩子根据上下文推测单词含义或忽视拼写，但是上下文在阅读过程中是至关重要的——不管是在预测下文会出现什么单词时，还是在确认自己之前对内容的理解是否准确时，都很重要（Ehri，2020）。上下文也有助于阅读者辨别同形同音异义词（例如 bat），即当一种拼写代表了多个含义时，阅读者必须辨别出哪个含义在此处适用。在辨别同形异音异义词（例如 desert）时，上下文也有助于阅读者辨别出适用的发音和含义。

◎ 这个目标是否适合孩子？

你可以使用不同的评估方法来更好地了解孩子的单词识读能力，从而确认本章的目标是否适合他们，以及本章中哪些策略对他们最有帮助。

- 你可以让孩子读难度渐增的单词表（例如，从单音节单词开始，逐渐过渡到多音节单词），检查他们脱离文本读单词的能力。你可以要求孩子读真正的单词和假词（pseudoword）。要注意，其中一些真正的单词可能是孩子已经掌握的视觉词，这种情况下，你需要检查他们能否回忆起并自动读出这些单词，而不是检查他们的解码和拼读能力。

- 你可以对孩子进行拼写评估。由于拼写能力和解码能力通常是相互关联的，所以，你可以通过拼写评估来检查孩子能否正确拼写具有不同拼写规则的单词（Blevins，2016；Gentry & Graham，2010；Willingham，2015）。

- 你可以听孩子阅读连贯的篇章，并记录他们的阅读情况。例如，你可以参考"聆听阅读——边观察边写的方法"（Listening to Reading — Watching While Writing Protocol，Ward，Duke，& Klingelhofer，2020）。请注意，在连贯的篇章中，上下文有助于阅读者理解单词，而在脱离文本读单词时就无法做到这一点。这种类型的评估非常有助于观察孩子能否察觉错误并进行自我纠正，这也是本章的重点。务必观察和提示所有阅读者，帮助他们在学习每种策略时都进行自我监控和自我纠正。

> ## ➤ 练习本章策略时可以使用哪些文本？
>
> 确保让孩子接触难度适中的文本，这样他们既能得到合适的支持，又能接受适度的挑战，这一点至关重要。首先想一想孩子在自然拼读中学了些什么，然后据此提供一些文本，其中的单词是他们可以运用学过的自然拼读知识和阅读策略来阅读的，这样他们在阅读时就可以得到"奖励"（Duke，2020）。如果文本中有太多的单词孩子无法解码，他们可能因此不得不猜测词义或者变得很沮丧。其次要注意的是，即使孩子的解码能力很强，但如果文本要求他们过多地解码，他们的阅读速度就会变慢，会读得很吃力，因此理解文意也会变得更具挑战性。
>
> 你可以根据情况为孩子提供一些关于解码的书、只包含限定词汇的读物、包含多种教学目的的读物和市面上的其他读物，帮助孩子在练习解码的同时监控自己的理解情况，保持阅读参与度，提升语言能力。每种文本都有其优势和局限性（Gibson & Levin，1975；Shanahan，2019），上网查找相关信息有助于你选择教学中以及孩子自主练习时使用的文本。

◎ 如何帮助孩子提高阅读准确性？

在对孩子的阅读准确性进行评估后，你可以选择一些阅读策略来提高他们这方面的技能。对于这些策略，你可以给孩子示范如何使用，也可以让他们跟你一起练习，或者让他们独立使用。

"技能进展"部分可以帮助我们确定孩子现在处于什么水平，以及接下来可能会如何发展。你可以使用下页的"技能进展及对应策略一览表：提高阅读准确性"评估孩子的阅读情况，并找到能帮助他们取得进步的策略。

技能进展及对应策略一览表：
提高阅读准确性

如果孩子……

在用眼睛追踪文字、认真研究每个单词、从左到右观察组成单词的每个字母以及运用掌握的音形对应的知识进行解码方面需要帮助。

已经学会解码，并为学习自我监控和自我纠正技能做好了准备。
注：这些策略的教授要在词级阅读发展的早期开始，并要贯穿整个发展过程。

能够通过从左到右逐个字母（或字母组合）拼读来解码，并为以下几个方面的学习做好了准备：更加灵活地处理字母的发音，更加注意字母组合，以及通过类比进行解码。
注：策略3.13~3.19明确提醒孩子要记住他们所学的自然拼读知识，并将其应用到阅读中。

已经准备好识别和正确读出更复杂的单词，应用音节和词素方面的知识，以及将字母连起来拼读，从而对更长的多音节单词进行解码。也许还需要进一步掌握如何找出单词中需要重读的部分，以改进发音。

你可以教他们……

3.1	将目光集中在单词上
3.2	观察单词的开头、中间和结尾部分
3.3	选择拼读方式
3.4	不在辅音后增音
3.5	每个音只读一次
3.6	读出字母发的音而非字母的名称

3.7	检查每个字母，纠正错误
3.8	使用工具确保逐词阅读，不跳读
3.9	检查，重读，纠正
3.10	在因解码而放慢阅读速度时，回过头重读
3.11	暂停阅读，放慢阅读速度，继续阅读

3.12	将自然拼读知识和词汇知识应用于阅读
3.13	尝试辅音字母的不同发音
3.14	记住辅音字母组合只发一个音
3.15	发元音字母的音时要灵活
3.16	注意影响元音字母发音的因素
3.17	试着发非中央元音
3.18	寻找挨在一起的元音字母
3.19	识别常见的字母组合

3.20	遮住和滑动
3.21	写下来，读出来
3.22	把单词按音节拆开，再合起来
3.23	先拆解单词，再合起来理解：找到包含特定含义的单词部分
3.24	问问自己："我该把重音放在哪里？"
3.25	确定单词的拼读方式
3.26	将因换行而被拆开的单词合在一起读

3.1　将目光集中在单词上

策略描述　遇到不认识的单词时，你要提醒自己运用学到的知识来解码和拼读。试着将目光集中在你要解码的单词上。

策略使用小贴士　有时，解码遇到困难的阅读者会将目光从单词上移开（比如去看图、看老师、环顾教室等），本策略或许可以帮助他们保持对文本的专注。要想帮助阅读者保持专注，除了教他们使用策略之外，还要考虑文本是否适合他们，难度是否过大，是否要用到还没学过的拼读技巧。例如，初级模型读物（lower-level patterned books）通常包含只能通过上下文或图片来弄清含义的单词，因此，在孩子能够持续地准确解码和关注单词中所有字母的形式和发音之前，转而使用可解码的文本可能会有所帮助。与孩子一起阅读时，当他们已经运用自己掌握的知识尝试解码了一两次后，我通常会说："我看到你用你所学到的很努力地尝试解码！现在让我来帮助你，来看看我是怎么做的。"然后我会为孩子解码，并指着字母发出对应的音。这样孩子就不会浪费精力、降低阅读参与度，对文本的理解也不会打折扣。

这样给孩子提示

- 没错！你通过仔细观察字母和把字母的发音拼合到一起，弄明白了这个单词的含义。
- 你需要帮助吗？我们一起回过头看一下这个单词。
- 你刚刚看这一页上的单词时特别专注！现在重读这一句，确保意思讲得通。
- （孩子尝试读单词，但是很明显他无法读出来，因为他没见过这个单词，或者还没有掌握解码所需的自然拼读知识。）我帮你读出来。试着读出你知道的字母的发音，我会帮你读其他字母的发音，然后我们将这些发音连起来读出来。

技能进展

在用眼睛追踪文字、认真研究每个单词、从左到右观察组成单词的每个字母以及运用掌握的音形对应的知识进行解码方面需要帮助。

● ○ ○ ○ ○

相关研究

在一系列研究中，贾斯蒂斯及其同事通过眼动分析发现，在建立起对印刷品的概念和掌握解码技能之前，阅读初学者的目光在文本上停留的时间不足7%，而成年人的明确指导可以延长他们的目光停留在文本上的时间（Justice et al., 2005）。

3.2　观察单词的开头、中间和结尾部分

目标技能
- 解码
- 拼读
- 自我监控

技能进展

在用眼睛追踪文字、认真研究每个单词、从左到右观察组成单词的每个字母以及运用掌握的音形对应的知识进行解码方面需要帮助。

● ○ ○ ○

相关研究

研究表明，即使在我们自动识别和读单词时，我们仍会看完整个单词（Rayner，1998）。然而，初级阅读者经常跳过字母，仅凭单词的开头部分或大致特征来推测（Gough，1993；Gough & Juel，1991；Rayner，1988；Rayner et al.，2001）。除非孩子掌握了单词中所有字母的发音和字母的正字法对应规则，否则他们可能将阅读当作一种视觉识别任务，并不能真正理解音形对应关系（Ehri，2020）。

策略描述　观察单词的开头部分，把字母的发音连到一起。观察单词的中间部分，把字母的发音连到一起。观察单词的结尾部分，把字母的发音连到一起。将开头、中间和结尾拼合，拼读出整个单词。检查一下，确保你所读的单词意思明确，发音正确。

这样给孩子讲解　重点是要仔细观察每个单词的所有部分。如果你改变或遗漏了一个字母，这个单词可能就完全不同了！想象一下我把 splitting 误读成 spitting！它们是两个完全不同的单词。阅读速度要适当，要看清每个单词，不要心急。当遇到一个不认识的单词时，你一定要读完整个单词——开头、中间和结尾部分都要读，然后去弄清它的意思。

这样给孩子提示
- 观察单词的开头部分。
- 你说对了单词的开头和中间部分，但不要仅凭这些来猜测，还要看看结尾部分。
- 我没听清中间部分的发音。你能清楚地读出每个音吗？
- 你的发音与字母是匹配的！

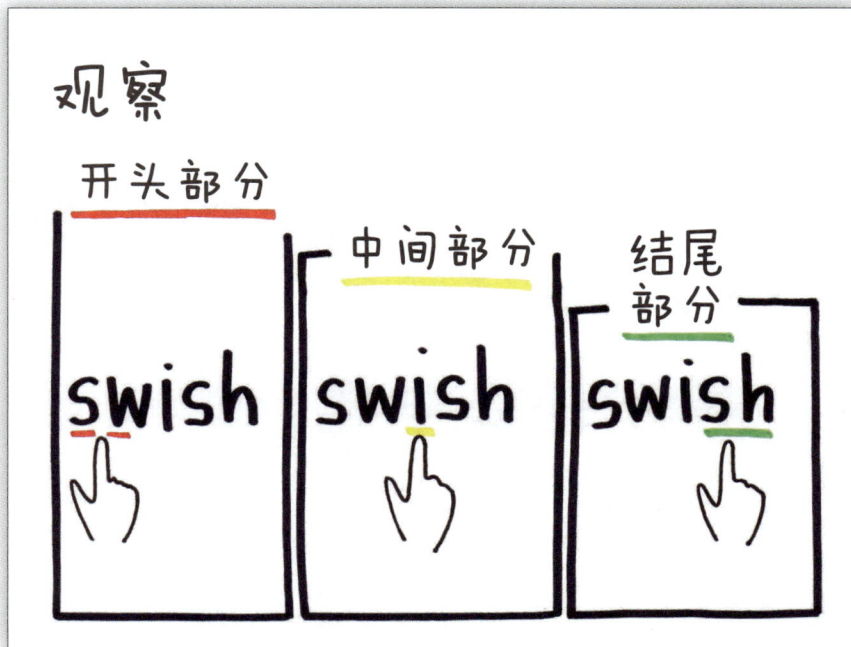

3.3　选择拼读方式

策略描述　有两种拼读方式可供你选择。第一种方式：从左到右拼读，依次读出每个字母（或字母组合）的发音，从一个字母滑读到下一个字母。第二种方式：先读出第一部分，再将第二部分添加进来一起拼读，然后继续添加第三部分一起拼读，依此类推，直到读出整个单词。

策略使用小贴士　根据孩子的短期记忆能力和要解码的单词长度的不同，他们可以选择不同的拼读方式。本策略中的第一种拼读方式是顺序拼读，即从左到右拼读；第二种是累积拼读，即先读出第一部分，然后依次叠加后面的部分一起拼读，直至读出整个单词（Beck & Beck，2013）。例如 incidental，用顺序拼读的方式它读为 in-ci-den-tal (inncciideenntal)，而用累积拼读的方式它读为 in-inci-inciden-incidental。

这样给孩子提示

- 试着依次读出每一部分。
- 我注意到你将前两部分连起来拼读了。现在回过头来重读这两部分，并添加下一个部分一起拼读。
- 读到单词最后时你似乎忘记了单词的开头部分。试试通过回过头重读并依次添加下一个部分来拼读单词。
- 你会采用哪种方式拼读这个单词？

拼读 perplexing 的两种方式

① 依次读出每个部分
per-plex-ing

② 回过头重读，并添加下一个部分一起拼读
P
per
perplex
perplexing

技能进展

在用眼睛追踪文字、认真研究每个单词、从左到右观察组成单词的每个字母以及运用掌握的音形对应的知识进行解码方面需要帮助。

●○○○

延伸阅读

Making Sense of Phonics: The Hows and Whys, second edition (Beck & Beck, 2013)

相关研究

在一项研究中，研究人员根据埃里和贝克的研究成果（Ehri, 1995, 2002, 2005; Beck, 1989; Beck & Hamilton, 2000），针对那些阅读有困难的一年级以上的孩子进行了研究。这些孩子之所以阅读有困难，是因为他们未能应用音形对应知识来读单词。在对孩子进行指导，提醒他们关注单词各部分的字素后，孩子不仅解码能力有所增强，而且理解力和语音意识也有所提升（McCandliss et al., 2003）。

目标技能
- 解码
- 拼读

技能进展

在用眼睛追踪文字、认真研究每个单词、从左到右观察组成单词的每个字母以及运用掌握的音形对应的知识进行解码方面需要帮助。

● ○ ○ ○

延伸阅读

"When Young Readers Get Stuck"（Duke, 2020）

相关研究

研究表明，对年幼的阅读者来说，至少在学习含有响音和延长音的单词时，教授连续发音要优于教授分段发音（Gonzalez-Frey & Ehri，2021）。

策略描述 按照从左到右的顺序，用手依次指着每个字母（或字母组合）来拼读单词。在读每个音时不要额外添加不属于它的元音。将这些音连起来拼读。

策略使用小贴士 在对那些还没有成为视觉词的单词进行解码时，阅读者需要将字素（字母或字母组合）转化为音素（字母所代表的发音），然后将这些音素连起来拼读成有意义的单词。本策略旨在帮助孩子理解拼读的关键：注意在辅音后面不要额外添加 uh（或任何其他元音）。例如，读字母 t 的发音时，不要读成 tuh；读字母 b 的发音时，不要读成 buh。这种额外的元音会干扰拼读和发音。如果对孩子来说，不在辅音后增音比较困难，你可以指导他们连续发音（延长发音至下一个音，如 crrraaash、ffffaaannn），这种方法最适合教授含有连续音（/m/、/s/、/f/、/l/、/r/、/n/、/v/、/z/）和元音的单词。

这样给孩子提示
- 不要增音——读辅音的时候，不要在它后面添加元音。
- 当你看到那个字母（或字母组合）时，你会发什么音？
- 延长发音至下一个音。
- 你读的是什么单词？

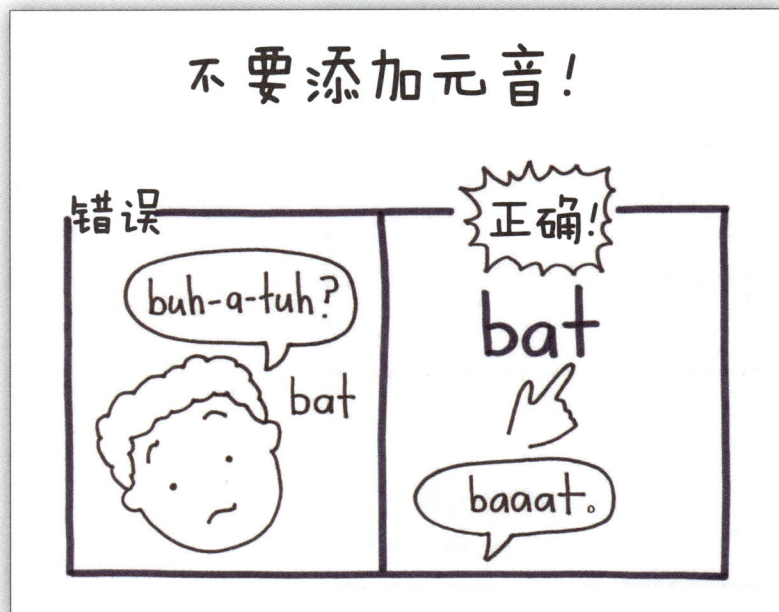

3.5 每个音只读一次

策略描述 用手指指着单词，按照从左到右的顺序，每个字母或字母组合的音只读一次。然后回到单词的开头，连起来读。

这样给孩子讲解 我听到你把单独的字母（或字母组合）的发音连续读了几遍，这会让拼读变得更困难。当我拼读 cat 时，我会发出三个音。在这个单词中，每个字母对应一个发音。听我读：/k/ ... /a/ ... /t/，而不是 /k/ /k/ /k/ /a/ /a/ /a/ /t/ /t/ /t/。再试一次，这次记住每个字母只发一次音，不要重复发音。

策略使用小贴士 在教授孩子音形对应知识的时候，以及在阅读和写作（比如自然拼读、互动式写作、分享式阅读或分享式写作）练习中应用这一知识的时候，注意不要向孩子示范重复发音。教孩子每个音只读一次，这有助于避免拼读单词时出现额外的音。对有阅读障碍的孩子来说，单词拼读可能非常具有挑战性。如果你注意到孩子将所有的音连起来读有困难，可以提示他们"滑读"（Duke，2020），或让他们在指尖划过每个字母或字母组合下方时将其发音"融合"起来读。

这样给孩子提示
- 我觉得那个字母你发了两次音，每个字母应该只发一次音。
- 认真一点儿，每个音只读一次。
- 将所有的音连起来读。
- 让手指在单词下方滑动，将单词所有的音连起来从头至尾读。

目标技能
- 解码
- 拼读

技能进展

在用眼睛追踪文字、认真研究每个单词、从左到右观察组成单词的每个字母以及运用掌握的音形对应的知识进行解码方面需要帮助。

●○○○○

延伸阅读

"When Young Readers Get Stuck"（Duke, 2020）

相关研究

研究人员探索了明确的发音教学方式，其中包括指着字母，延长发音进行拼读，从而快速读出整个单词。与对照组中的同龄人相比，接受了额外指导的孩子在阅读准确性、阅读效率、阅读流利度、发展性拼写方面都有所提高，并且音素意识和字母知识也有所增长（Vadasy & Sanders，2008；Vadasy，Sanders，& Peyton，2006）。

读出字母发的音而非字母的名称

目标技能
解码

技能进展

在用眼睛追踪文字、认真研究每个单词、从左到右观察组成单词的每个字母以及运用掌握的音形对应的知识进行解码方面需要帮助。

● ○ ○ ○

相关研究

孩子可能在学习字母的名字时遇到困难,因为字母的名字和字母的发音之间的关系并不总是很明确(Block & Duke, 2015; Ehri & McCormick, 1998)。

策略描述 记住,字母有特定的发音。当你读单词时,要读出字母发的音而不是字母的名称。

这样给孩子讲解 你知道字母 s,它弯弯曲曲的,看起来像一条小蛇。这个弯弯曲曲的字母读作 ess,发音为 /s/。你还知道字母 t,它是十字形的。这个十字形的字母读作 tee,发音为 /t/。记住,当你读单词时,你要读出字母发的音而非字母的名称。例如,看这个单词——dog(展示单词 dog)。如果我把字母的名称连在一起读出来,听起来就像 dee-oh-gee。知道字母的名称固然是一件好事,但当我们读单词时,我们需要读出那些字母发的音。所以,如果我读出 dog 中每个字母发的音(分别是 /d/、/aw/ 和 /g/)并将它们连在一起读,我就能读出这个单词了!

策略使用小贴士 无论字母是什么字体,无论是大写还是小写,知道字母的名称有助于学习字母表、按照字母表给字母排序和识别字母。然而,知道字母的发音对于学习单词是必不可少的。有些字母学起来比较容易,因为它们的发音与名称音的开头对应。例如,字母 b(读作 bee)的名称音以 /b/ 开头,字母 k(读作 kay)的名称音以 /k/ 开头。而名称音以元音开头或者字母名称中没有对应发音的字母学起来比较困难。例如,字母 h(在美国方言中读作 aych)的名称音中没有 /h/ 这个音,字母 m(读作 em)名称音以元音 /ĕ/ 开头。

这样给孩子提示

● _____ 发什么音?
● 那是字母的名字。这个字母发什么音?
● 用手指指向每个字母(或字母组合)的下方,读出它的发音。
● 很好,你读出了所有字母的发音!现在把它们连在一起读。

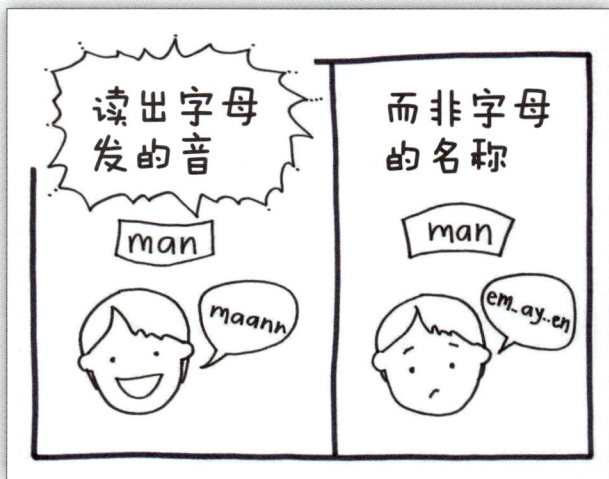

3.7　检查每个字母，纠正错误

策略描述　当你试着读单词但它听起来不像你所知道的单词，或者它在句子中的意思讲不通时，你要试着找到需要改正的地方。指向字母下方，从左到右移动手指，依次检查每个字母。不要跳过任何一个字母，因为每个字母都可能关系到你能否正确读出这个单词。

策略使用小贴士　在自然拼读和词汇教学中，用外形相似的单词做配对游戏有助于孩子认真关注每个字母。例如，你可以用几个字母（例如 h、o、a、i、t、p）组成不同的单词（可以组成 hot、hop、hat、hip 等），让孩子读出这些单词，并将有相同字母的卡片进行配对。

这样给孩子提示
- 很接近了！滑动手指，指向每个字母，看看能否找到错误。
- 依次检查每个字母，确保每个字母的发音都正确。
- 在手指缓慢地滑过单词的同时，专注地读每个字母。
- 用正确的发音进行拼读。现在这个单词的意思讲得通了吗？

仔细查看，
纠正错误！

came
cane
care
cave

用手指
指出你的
错误！

目标技能
- 解码
- 自我监控

技能进展
已经学会解码，并为学习自我监控和自我纠正技能做好了准备。

● ● ○ ○

相关研究
一个专家小组在为美国有效教育策略数据中心（What Works Clearinghouse，简称 WWC，美国教育科学研究院的下属机构）做研究回顾时指出，大约十几项研究都提供了有力证据，证明明确地教授孩子解码技巧是有效的，包括让孩子在解码时学会自我监控和自我纠正。WWC 专家小组建议孩子检查他们拼读的单词意思是否讲得通，或者它是不是一个真正的单词（Foorman et al., 2016, p.25）。

目标技能
- 视觉追踪
- 自我监控

技能进展

已经学会解码，并为学习自我监控和自我纠正技能做好了准备。

● ● ○ ○ ○

策略描述　如果你发现自己跳读了或者找不到读到哪里了，那你就要放慢阅读速度，使用工具（比如手指、便签、书签）帮助自己追踪正在阅读的内容，确保你读了页面上的每一个单词。要认真听自己阅读的声音，确保你所读的讲得通。如果讲不通，说明你可能读错了某个单词或者读的时候跳过了一个或多个单词。

策略使用小贴士　跳词阅读或跳行阅读会影响对内容的理解。有时，即使是跳过或读错像 not、at、in、on、if 这样的词，也会改变整句话（或整个段落）的意思。注意，有些孩子会因为页面上文字较多或字体较小感到不知所措，此时你要为他们提供有助于阅读的工具。例如，可以将书签放在要读的那行文字的下方并不断移动来追踪所读内容。对刚开始学习如何阅读的孩子来说，指着单词一个一个读当然没有问题，但若过于依赖这种方法，会导致他们在连贯阅读时断句不当和缺乏韵律感。(有关阅读流利度的更多信息见第四章。)

这样给孩子提示
- 把这一句再大声读一遍。
- 你听到有可能漏读的单词了吗？
- 阅读的时候，将这枚书签放在你要读的那行文字的下方，这有助于你集中注意力，知道自己正在读什么。

相关研究

年幼的学习者不会自动理解"单词"的概念，因为口语中单词之间的停顿和印刷文字中的并不总是相同。因此，孩子在阅读连贯的文本时，帮助他们将口语与书面语对应起来是发展其语音意识的关键（Flanigan，2007；Morris，1993）。

用手指 或 书签
沿着街道
帮助你仔细阅读！

3.9 检查，重读，纠正

策略描述 在阅读过程中进行自我检查，确保所读内容意思讲得通，否则就要回过头重读。找出读错的单词，然后使用解码策略来纠正。

策略使用小贴士 给孩子示范如何正确读句子，读完后对他们说："检查一下我读的句子。是的，整句话的意思是讲得通的。"然后示范读一个单词拼读有错误并且意思讲不通的句子，读完后告诉他们："嗯，那里有问题。"（例如，你可能会将"She hoped to make cookies with her mom tonight"错读为"She hopped to make cookies with her mom tonight"。）给孩子示范如何认真重读，找出读错的单词，然后示范如何用孩子所熟悉的解码策略进行纠正。

这样给孩子提示

- 自己检查一下。
- 意思讲得通吗？
- 是的，你发现自己读错了！回过头重读，找出错误。
- 你说得对，那个单词不是_____。你可以用什么策略来纠正错误？

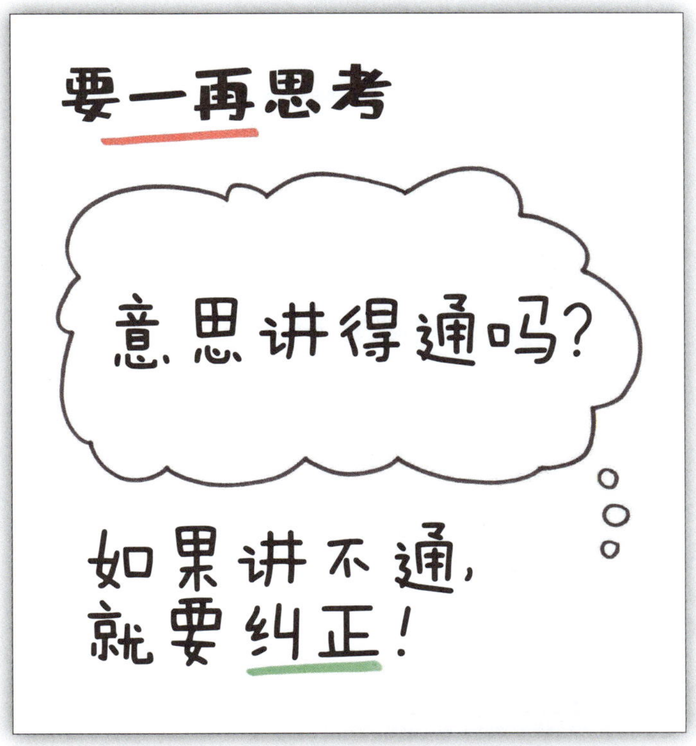

目标技能

- 自我监控
- 解码

技能进展

已经学会解码，并为学习自我监控和自我纠正技能做好了准备。

● ● ○ ○

相关研究

登顿及其同事做了一项随机对照试验，在试验中对二年级学生采取了三级干预措施，包括指导孩子利用上下文进行自我监控和自我纠正。与对照组的同龄人相比，接受指导的孩子在词汇识别、音素解码和阅读流利度方面取得了明显的进步（Denton et al.，2013）。

> **要一再思考**
>
> 意思讲得通吗？
>
> 如果讲不通，就要纠正！

技能进展

已经学会解码，并为学习自我监控和自我纠正技能做好了准备。

● ● ○ ○

相关研究

孩子需要放慢阅读速度，积极解码，而不能为了保持阅读速度而含糊应付或跳过不熟悉的单词。对页面上的每个单词进行解码让孩子有机会重复接触单词，这有助于他们更准确、流利地阅读（Chard, Vaughn, & Tyler, 2002; Hudson et al., 2020; Padeliadu & Giazitzidou, 2018; Stevens, Walker, & Vaughn, 2017）。

策略描述　在阅读中遇到不认识的单词时，很重要的一点是要放慢速度，使用合适的策略进行解码。之后，回过头重读这个单词所在的句子，确保它在整个句子中的意思讲得通。

策略使用小贴士　流利阅读有三个要素：准确性、速度和韵律。当阅读者需要调整自己的速度来更加专注地研究一个单词以便准确地将它读出来时，鼓励他们重读以使阅读更加流畅。重读已经解码的单词还有助于培养阅读者对这些单词的自动识别能力，因为将它们作为视觉词存储在记忆中同样有助于流利阅读。（如果你想了解更多关于阅读速度和韵律的内容，请参见第四章。）但要注意，如果孩子需要多次放慢阅读速度来解码，那么他们可能会因为不理解所读内容而感到沮丧，这不仅会影响他们享受阅读，也不利于他们发现错误和自我纠正。在这种情况下，要为孩子提供更容易理解的文本，其中大部分单词应该是孩子已经掌握的视觉词，这样他们就不需要频繁地解码了。

这样给孩子提示
- 我看到你读这个单词时放慢了速度，并把它分成了好几个部分。现在你已经知道了这个单词的意思，请回过头重读一遍。
- 将注意力集中在一个单词上意味着你要在它身上花点儿时间，然后再返回文本继续阅读。现在你已经知道了这个单词的意思，重读这一部分，看看它的意思在文本中是否讲得通。
- 现在你已经弄明白了单词的意思，接下来打算做什么？

3.11　暂停阅读，放慢阅读速度，继续阅读

策略描述　当你对一个生词进行解码时，想一想你之前是否听过这个单词并知道它的意思。如果你不确定它的意思，也不确定自己的发音是否正确，那就暂停阅读，问问别人它怎么发音以及它的意思是什么（或查阅工具书）。如果你觉得自己之前听过这个单词而且可能知道它的意思，但不太确定，那就放慢速度把它大声读几遍，并重读句子来确定它的意思。如果你知道这个单词的发音和意思，那就继续阅读！

策略使用小贴士　语音长期记忆（Phonological long-term memory）是将口语中正确的发音顺序对应到代表它们发音的字母上的三种关键技能之一。当孩子读到一个单词，即使他们不知道这个单词是什么意思，但若觉得它是之前听过的单词，便用到了语音长期记忆这项技能。本策略鼓励孩子弄明白单词的意思和正确发音。（如果你想了解更多关于如何帮助孩子理解单词意思的策略，请参见第十一章。）

这样给孩子提示

- 你认识那个单词吗？
- 我注意到你的发音是正确的，你之前听过那个单词吗？
- 自己大声多读几遍，感觉熟悉吗？
- 你如果之前没有听过那个单词，可以去寻求帮助，了解它的正确发音和意思。

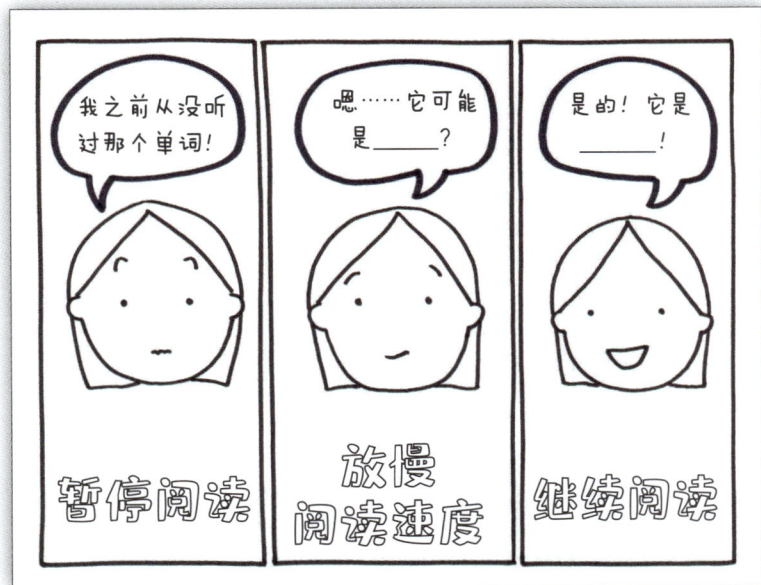

目标技能

自我监控

技能进展

已经学会解码，并为学习自我监控和自我纠正技能做好了准备。

● ● ○ ○

相关研究

虽然你可能很想纠正孩子的错误，但这可能会导致他们期望依靠他人来找出自己的错误。研究表明，让孩子学会自我监控（Anderson & Kaye, 2017）对他们更有帮助。自我监控是一种元认知技能，并非所有孩子都能通过自己的努力掌握这种技能（Martin & Kragler, 2011），有些孩子需要外界的帮助（Anderson & Kaye, 2017）。

目标技能
解码

技能进展
能够通过从左到右逐个字母（或字母组合）拼读来解码，并为以下几个方面的学习做好了准备：更加灵活地处理字母的发音，更加注意字母组合，以及通过类比进行解码。

● ● ● ○

相关研究
研究表明，只有那些已经具备一定语音解码知识的孩子（即明白单词由不同的部分组成，能够听出单词各部分的发音，并能够有韵律地读出听到的单词）才能进行"类比解码"（Ehri & Robbins, 1992; Gaskins et al., 1988; Johnston, 1999; Peterson & Haines, 1992）。对初学者来说，最容易进行类比的是单词的结尾部分（Goswami, 1986, 1998; Goswami & Bryant, 2016）。

策略描述　当尝试解码时，你要想一想："我在词汇学习或自然拼读学习中见过类似的单词或字母组合吗？"如果见过，利用你所掌握的知识来帮助你读这个单词。

策略使用小贴士　当孩子努力提高自己的解码能力时，明确的自然拼读指导对他们来说至关重要。例如，学习词族、词根、前缀和后缀等对阅读者发展自身能力非常有帮助。根据孩子所知道的单词特征调整本策略，明确指出他们在阅读过程中应该牢记和应用哪些自然拼读知识。注意，策略3.13~3.19提供了一些选择，用于明确提醒孩子将具体的自然拼读知识应用于阅读中。

这样给孩子提示

● 你在自然拼读学习中学过 ____ 和 ____，运用这些知识来帮助你读出这个词吧！

● 我们学过这个常见的字母组合！你可以试试哪些发音？

● 利用你所知道的来帮助你读出那个词吧！

● 是的！我们在自然拼读学习中练习过，你记起来了吧？阅读时，记得要关联我们学的自然拼读知识，这很重要。

策略描述 现在你已经知道，有些辅音字母有不止一个发音。在解码遇到困难时，你要检查一下这个单词是否包含发音不止一个的辅音字母。如果是，尝试用这个字母的其他发音来修正解码结果。

策略使用小贴士 根据辅音字母在单词中的位置以及前后字母的影响，一些辅音字母有不止一个发音。例如，c 和 g 的发音分为软音和硬音，x 和 y 既可以作为辅音音素（如 xylophone 中的 x 和 yellow 中的 y），又可以作为元音音素（如 fox 中的 x 和 cry 中的 y）。对一些孩子来说，可以通过联想他们知道的在同一位置有相同辅音字母的其他单词（例如，会读 happy 可以帮助他们读 funny）或记住辅音字母在特定字母旁边时的发音规则（例如，c 后面接 e 和 o 的情况）来帮助他们正确发音。孩子如果在记忆发音规则或者类比解码方面有困难，或者还没有学习特定的发音规则，也可以将辅音字母可能发的音都试一试，看哪个听起来正确并且讲得通（Block & Duke, 2015; Scanlon, Anderson, & Sweeney, 2010）。

这样给孩子提示
- 尝试发出这个字母的另一个音。
- 这个辅音字母还有其他的发音吗？
- c 的发音可以是 /s/ 或 /k/，试着发这两个音，看哪个听起来正确并且讲得通。
- x 的发音可以是 /z/ 或 /cks/，在这里要发哪个音？

尝试辅音字母的不同发音

c 听起来是像 cake 还是 ceiling 中的发音？

g 听起来是像 giraffe 还是 game 中的发音？

y 听起来是像 yellow 还是 sky 中的发音？

目标技能
解码

技能进展
能够通过从左到右逐个字母（或字母组合）拼读来解码，并为以下几个方面的学习做好了准备：更加灵活地处理字母的发音，更加注意字母组合，以及通过类比进行解码。

● ● ● ○

相关研究
与元音字母相比，辅音字母的音形对应关系更加明了（Gates & Yale, 2011; Johnston, 2001），因此，学习辅音字母的发音对初学者来说不太具有挑战性。但通过正字法对应来拼读单词时，需要知道单词中所有字母的发音。

目标技能
解码

技能进展

能够通过从左到右逐个字母（或字母组合）拼读来解码，并为以下几个方面的学习做好了准备：更加灵活地处理字母的发音，更加注意字母组合，以及通过类比进行解码。

●●●○

相关研究

无论是单个辅音字母还是由两个或三个辅音字母组成的字母组合，它们通常只有一个发音（Gates & Yale, 2011; Johnston, 2001）。此外，即便辅音字母或字母组合有不同的发音，这些发音在同一个单词中也是不变的。例如，在 chin 和 chemist 中，ch 的发音有所不同，但它在 chin 这个单词中的发音是不变的，它从来不会发 /k/ 的音（Block & Duke, 2015）。

策略描述　你要知道，辅音字母组合中的所有字母均不单独发音，而是合在一起发一个音。在拼读单词时，从左到右读，当遇到辅音字母组合时，只发一个音，而不是分别发出每个字母的音。记住，辅音字母组合可能出现在单词的开头、中间或结尾！

策略使用小贴士　二合辅音（consonant digraph）是指组合在一起只发一个音的两个辅音字母的组合，包括 ch、sh、ph、wh、th（例如在 these 中发浊音，在 think 中发清音）。三合辅音（consonant trigraph）不太常见，它指组合在一起只发一个音的三个辅音字母的组合，比如 hatch 中的 tch。孩子需要了解英语中的许多音形对应规则，而不仅仅是字母表的26个字母（字形）应该如何发音（音素）。对于初次接触辅音字母组合的孩子，你可以先教他们以辅音字母组合开头的单词（如 phrase、shape、chip），然后过渡到以辅音字母组合结尾的单词（如 bath、click、graph、match），最后教中间含有辅音字母组合的单词（如 toothless、wrecked、reaching、kitchen）。当孩子遇到困难时，首先确保他们能够拆分单词的发音（音素），然后用拼读卡或声音盒向他们展示每个发音与单个字母或字母组合的对应关系。你应该在教授孩子自然拼读和词汇知识的时候，让他们练习单词拆分和音形对应技能，并提醒他们在阅读中使用本策略。

这样给孩子提示

● 这个单词中的两个字母是否应该组合在一起发一个音？
● 发出这三个字母组合在一起时的音。
● 现在，读出这个单词，确保这两个字母在单词中组合在一起发一个音。

3.15　发元音字母的音时要灵活

策略描述　遇到元音字母时，发音要灵活：先试一个音，再试另一个，直到你读出的单词听起来像你以前听过的某个单词，并且在当前的句子里讲得通。

这样给孩子讲解　我们知道元音字母很难学，因为它们有很多发音。遇到不认识的单词时，可以试着把元音字母发成不同的音，要尝试、尝试、再尝试。例如，如果我遇到了单词 wear，其中的 ea 我可以尝试发 /ē/ 音，就像单词 ear 中 ea 的发音一样；我也可以尝试将 wear 中的字母 ea 发 /ā/ 音。现在我需要看看 /ē/ 和 /ā/ 哪个发音在句子和上下文中讲得通。这句话是"她妈妈说：'你今天要穿这个吗？'"，所以 /wār/ 讲得通，因为她在谈论穿衣服。

策略使用小贴士　本策略只是初级策略，它可以在阅读者学习更多元音字母或字母组合的具体知识之前提供简单的指导（策略 3.16~3.18 是有关元音字母发音的更具体的策略）。还要注意的是，元音字母的发音可能因地区、说话者的母语和其他因素而有所不同，所以你的发音与孩子的发音可能有所不同。你要对孩子发音的多样性保持敏感，并对他们的不同发音持认可的态度（Motha，2014）。

这样给孩子提示

- 试试这个元音字母的另一个发音。
- 用这个字母的其他发音再试一次。
- 这个字母也可以发 /_/ 音。
- 注意这个元音字母旁边还有另一个元音字母，你知道这两个字母组合在一起发什么音吗？

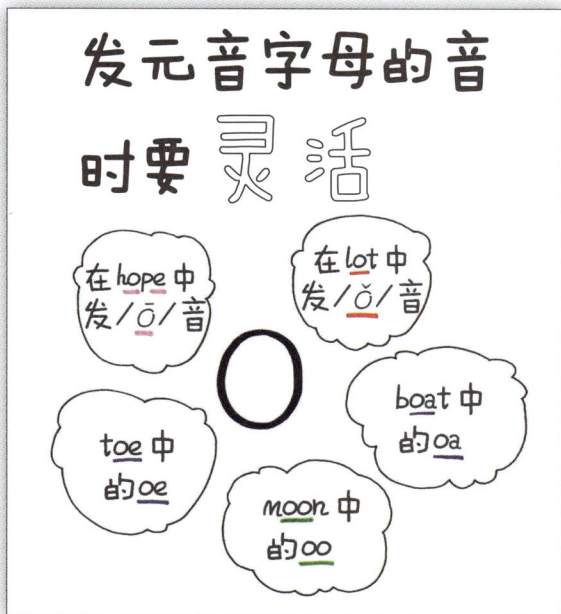

发元音字母的音时要灵活

在 hope 中发 /ō/ 音
在 lot 中发 /ŏ/ 音
O
boat 中的 oa
toe 中的 oe
moon 中的 oo

技能进展

能够通过从左到右逐个字母（或字母组合）拼读来解码，并为以下几个方面的学习做好了准备：更加灵活地处理字母的发音，更加注意字母组合，以及通过类比进行解码。

●●●●○

延伸阅读

Letter Lessons and First Words: Phonics Foundations That Work（Mesmer，2019）

相关研究

尽管英语书面语中只有 5 个元音字母（y 是半元音字母，既可以做元音，也可以做辅音），但是英语口语中有 20 个不同的元音音素（由单个字母或几个字母的组合表示），并且元音字母的发音可能因方言而异。尽管很复杂，但约翰斯顿发现，元音字母的发音遵循特定的规律（Johnston，2001）。因此，帮助孩子掌握发音规则比教给他们宽泛的通则更有用。

目标技能

解码

技能进展

能够通过从左到右逐个字母（或字母组合）拼读来解码，并为以下几个方面的学习做好了准备：更加灵活地处理字母的发音，更加注意字母组合，以及通过类比进行解码。

●●●○

相关研究

在一项关于词汇识别的大型研究中，研究人员总结了英语正字法对应的八个特征。他们发现，二合字母和不发音的字母让孩子识别词汇变得更加困难。然而，有趣的是，对高年级学生而言，知道元音字母后面紧跟 r 时怎么读有助于他们识别词汇，也就是说，了解英语正字法对应的这个特征有助于解码（Willson & Rupley，1993）。

策略描述　跳过你要解码的元音字母。你看到了哪个（哪些）字母？问问自己："这个（这些）字母是如何影响这个元音的发音的？"

这样给孩子讲解　在确定元音字母的发音时要记住，跟在元音字母后面的字母会影响这个元音字母的发音。在解码时，不要只看元音字母，而要先看整个单词，然后再回过头来看元音字母怎么发音，这会对你有帮助。例如，看到单词 bar 时，一定要看到 a 后面的 r，也就是说，因为有 r，所以这个单词的发音为 /bar/。在单词 base 中，e 会影响 a 的发音，因此这个单词的发音为 /bās/。而在单词 bat 中，a 后面只有一个辅音字母，所以 a 要发 /ǎ/ 音，因此这个单词的发音为 /bǎt/。这三个单词都以 ba 开头，但其中的元音字母 a 受后面字母的影响而有不同的发音。

策略使用小贴士　本策略的使用要求孩子记住以下几点：元音字母后面出现 r 时怎么发音，元音字母组合（包括二合字母和双元音）怎么发音，元音字母后面出现不发音的 e 时怎么发音，以及关于非中央元音（schwa）的知识。如果你还没有在自然拼读教学中讲解英语正字法对应的特征，那么你要先讲解，然后再使用本策略帮助孩子阅读。此外，你要对孩子发音的多样性保持敏感，并对他们的不同发音持认可的态度（Motha，2014）。例如，在美国的许多地区，/r/ 的发音与世界上的大部分地区完全不同。在新英格兰地区，许多母语非英语的人甚至包括本土人，有时会省略 /r/ 音或发音较轻。此外，说其他语言的人，尤其是说西班牙语和一些南非语的人，有时也会卷舌发 /r/ 音。

这样给孩子提示

- 你在这个元音字母后面看到了 r、不发音的 e 还是其他元音字母？
- 这个元音字母在此处发的音是非中央元音吗？
- 这个元音字母还可以发什么音？
- 哪个字母影响了这个元音字母的发音？请读出这个元音字母的发音。

3.17 试着发非中央元音

策略描述 在尝试元音字母的发音时，如果你尝试了发短元音和长元音，但发现都不合适，你可以尝试发非中央元音。

策略使用小贴士 任何元音字母在多音节单词的非重读音节中的发音都可以是非中央元音（Block & Duke，2015；Venezky，1999）。非中央元音发 /ə/ 音。正如你在教授自然拼读知识时教给孩子的那样，非中央元音可能是任何元音字母发出的。下图中的几个概括性规则将帮助孩子记住元音字母何时发非中央元音。

这样给孩子提示

- （指向元音字母）这个元音字母在这里的发音是非中央元音吗？
- 你尝试了发长元音和短元音，但发现都不合适。你还可以尝试其他发音吗？
- 那个元音字母后紧跟字母 l，它该怎么读？
- 那个元音字母后紧跟字母 n，它该怎么读？

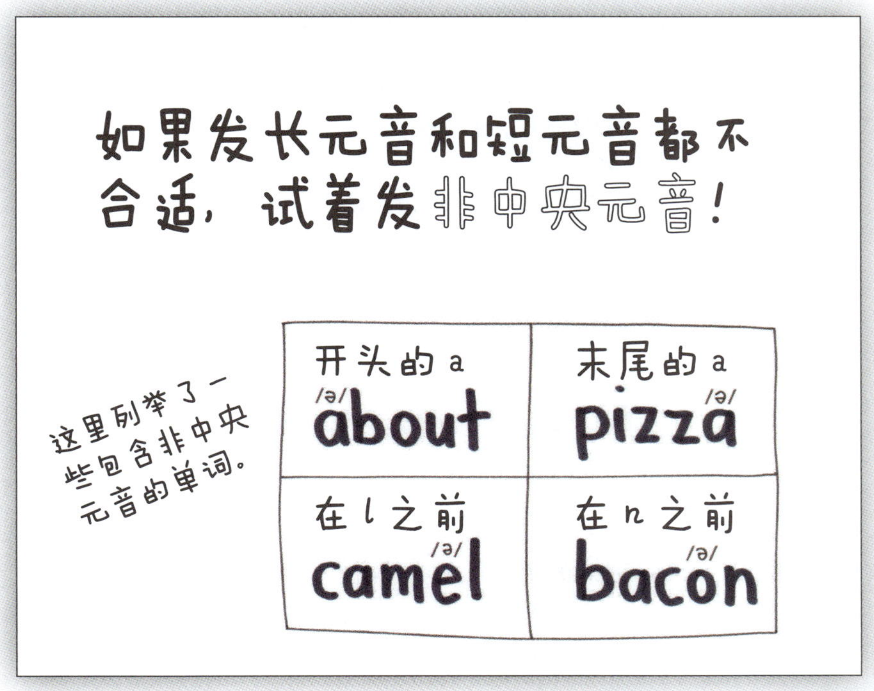

目标技能

解码

技能进展

能够通过从左到右逐个字母（或字母组合）拼读来解码，并为以下几个方面的学习做好了准备：更加灵活地处理字母的发音，更加注意字母组合，以及通过类比进行解码。

● ● ● ○

如果发长元音和短元音都不合适，试着发非中央元音！

这里列举了一些包含非中央元音的单词。

| 开头的 a /ə/ about | 末尾的 a /ə/ pizza |
| 在 l 之前 /ə/ camel | 在 n 之前 /ə/ bacon |

相关研究

由于非中央元音是英语中最常见的元音，在几乎所有三音节或更多音节的单词中都能找到，因此掌握非中央元音对于准确读出单词（尤其是术语表中常见的多音节单词）非常重要。由于非中央元音的发音取决于重读音节和非重读音节的韵律，所以孩子需要注意听这种韵律的规律，即使在默读时也要如此（Weber，2018）。

3.18　寻找挨在一起的元音字母

目标技能

解码

策略描述　在一部分一部分读单词时，你可能会看到两个或三个元音字母挨在一起。回想一下你所掌握的知识：这些元音字母合在一起仅发第一个字母的音吗？还是它们合在一起形成一个新的读音？这些读音是否连在一起？应该根据这些元音字母划分单词的音节吗？如果不确定，你可以根据你掌握的知识尝试多种发音方式，看哪种方式有用。

策略使用小贴士　在某些情况下，挨着的两个元音字母组合在一起发的音听起来像两个字母单独发的音连在了一起（例如 coin 中的 oi 或 mouse 中的 ou）。在另外一些情况下，连续出现的两个元音字母形成一个新的读音（例如 book 中的 oo），而相同的字母组合有时可以代表不同的发音（例如，too 和 look 中的 oo）。还有一些情况，两个元音字母之间有音节划分，每个元音字母都有自己的发音（例如 tedious 中 i 和 o 之间的音节划分）。因此，当孩子遇到两个或三个元音字母挨在一起的单词时，他们需要在解码时灵活一些（Duke，2014a；Johnston，2001）。你可以让孩子阅读单词分类表来练习寻找元音字母组合，然后为孩子提供书或其他真实的文本，让他们运用学到的技能。

技能进展

能够通过从左到右逐个字母（或字母组合）拼读来解码，并为以下几个方面的学习做好了准备：更加灵活地处理字母的发音，更加注意字母组合，以及通过类比进行解码。

●●●○

相关研究

你可能听说过"两个元音字母组合在一起只发第一个元音字母的音"这种说法，但实际上，只有不到一半的情况下是这样的（Carroll, Davies & Richman, 1971; Johnston, 2001）!

挨在一起的两个或三个元音字母

发第一个元音字母的音	不发第一个元音字母的音	两个音组合在一起	元音间划分音节
coat /ō/	friend /ĕ/	boy /oi/	lion (li-on)
toe /ō/	bear /ār/	coin /oi/	diary (di-a-ry)
green /ē/	beauty /ū/	mouse /ou/	piano (pi-an-o)
peach /ē/	great /ā/		hilarious (hil-ar-i-ous)
cue /ū/			usual (u-su-al)
			video (vid-e-o)

这样给孩子提示

- 你注意到这个单词中挨在一起的元音字母了吗？
- 尝试多种发音方式，比如在元音字母之间划分音节，发出两个连在一起的音，发元音字母组合中第一个字母的音，看哪种方式是正确的。
- 你把这两个字母组合在一起发一个音，你就能读出这个单词了！

策略描述 当你读单词时，你可能会看到字母组合，这些字母组合可能在你认识的其他单词中出现过。记住你所知道的字母组合的发音，将字母组合整体的发音读出来，而不是把每个字母的发音逐一读出来。

策略使用小贴士 在对更复杂的单词进行解码时，阅读者需要识别包含三个字母（例如 ous、eau）和四个字母（例如 eigh、ough 和 augh）的字母组合，这些字母连在一起发一个音。如果孩子在拼读这类单词时每个字母都单独发音，那么在自然拼读教学中，老师需要花些时间教授他们字母组合的知识：为他们编写含有相同拼写模式单词的单词表，让他们重复朗读含有相同拼写模式单词的诗歌，给他们提供能够解码的读物，让他们有机会运用所学。

这样给孩子提示

● 你注意到这个单词中的字母组合了吗？

● 记住，ous 是一个字母组合，其中的三个字母连在一起发一个音，即 /us/ 音。

● 不要每个字母都发出一个音，记住，这三个（或四个）字母一起发 ＿＿＿ 音。

目标技能

解码

技能进展

能够通过从左到右逐个字母（或字母组合）拼读来解码，并为以下几个方面的学习做好了准备：更加灵活地处理字母的发音，更加注意字母组合，以及通过类比进行解码。

● ● ● ● ○

相关研究

在分析了18000个单词来确定23个常用的语音规则的实用性之后，考德威尔及其同事发现，其中很多规则的使用率不到50%（Caldwell, Roth, & Turner, 1978）。但他们同时发现，特定的语音规则（比如 ine 和 ake 这样的字母组合的发音规则）使用率更高，因此，他们建议教授孩子特定的规则而非宽泛的通则。这一发现在约翰斯顿（Johnston, 2001）分析英语书面表达中最常见的3000个单词后得到了证实。

寻找字母组合

might（可能） fair（公平的） weigh（称重）
sight（视力） hair（头发） sleigh（雪橇）
tight（紧的） stair（楼梯） eight（八）

3.20 遮住和滑动

目标技能
- 解码
- 拼读

技能进展

已经准备好识别和正确读出更复杂的单词，应用音节和词素方面的知识，以及将字母连起来拼读，从而对更长的多音节单词进行解码。也许还需要进一步掌握如何找出单词中需要重读的部分，以改进发音。

● ● ● ●

策略描述 当你尝试读一个较长的单词时，你可以先用手指遮住单词，然后向右慢慢滑动手指，依次露出单词的字母。一边读，一边露出更多的字母，同时将这些字母的发音连在一起读。

策略使用小贴士 本策略有助于培养孩子的连续拼读能力。在给孩子示范如何使用本策略时，你可以每次露出一个字母，同时拉长发音（例如，plastic 会被拉长成 pllllllaaasssstiiic）。对那些学习了更多有关单词构成知识的阅读者来说，根据他们对音节或词法的了解，你可以教他们一个部分接一个部分地露出单词。例如，在 plastic 中，他们可能会先露出 pl，然后是 as，最后是 tic，并将单词分成三个部分来读：pl-as-tic，plastic。（策略3.22有助于你教授如何划分音节，策略3.23有助于你教授有关单词含义／词法方面的知识）。无论是一次只读一个字母还是一次读一个字母组合，本策略的关键是帮助孩子减少对较长的陌生单词的焦虑感，让孩子放慢阅读速度，从头到尾仔细观察整个单词。

这样给孩子提示

- 用手指遮住这个单词，然后向右滑动手指。
- 在露出更多字母之前，先将已经露出的这些字母连在一起读。
- 在你拼读的时候，要一个音接着一个音读。
- 我注意到你一个部分接一个部分地读单词，这对你有帮助吗？

相关研究

从20世纪70年代开始，学者们倡导采用连续拼读法来读单词。采用这种方法时，阅读者每次只需在记忆中储存较少的发音单元。这种方法减轻了工作记忆的负担，阅读者可以将注意力集中在为了解码必须完成的任务上，例如仔细查看二合字母、双元音或其他合在一起发一个音的两个或多个字母的组合（Resnick & Beck, 1976）。

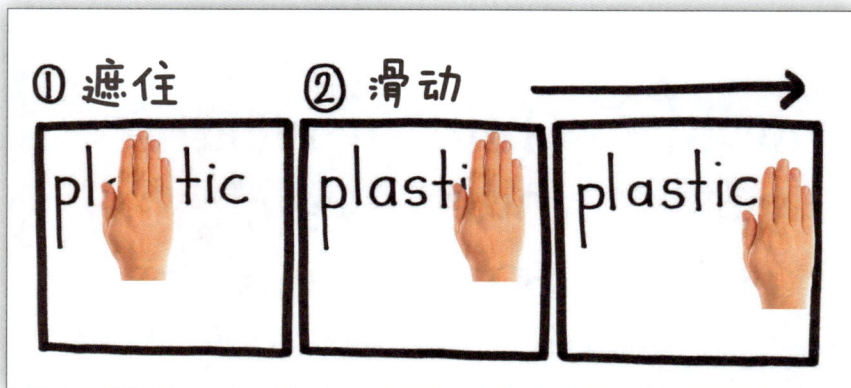

3.21 写下来，读出来

策略描述 写下你试着去读的单词。在写的过程中，读出每个字母或字母组合的发音，然后将整个单词拼读出来。利用你所掌握的解码策略，读出写在纸上或白板上的这个单词，然后再回过头读一读包含这个单词的句子。

这样给孩子讲解 遇到一个难以解码的单词时，你可以试着将这个单词写在一张纸或一块白板上。例如，当我遇到这个单词（指向书里一个较长、较复杂的单词，如 encyclopedia）时，我知道我需要放慢速度阅读。请仔细观察我写这个单词的过程，我会边写边读出每个字母或字母组合的发音。我首先看到的是 en（写下时要发 /en/ 音，而不是读字母的名称 e 和 n），接下来是 cy（写下时要发 /sy/ 音，而不是读字母的名称 c 和 y），依此类推。（一个部分接一个部分写下整个单词后）我现在要回过头来将各个部分拼合在一起读这个单词："En-cy-clo-pe-di-a。Encyclopedia！"

策略使用小贴士 本策略可以帮助孩子关注单词中的每一个字母，这是解码所必需的（Beck & Beck，2013）。"这样给孩子讲解"中的示例展示了如何运用已掌握的常见单词部分的知识来帮助阅读者读较长的单词，但本策略也适用于更短、更简单的单词，比如 play。阅读者可以将单词的每个字母或字母组合依次写下来，边写边读出每个字母或字母组合的音，然后将这些音连在一起读。

这样给孩子提示

- 你要写的第一个字母或字母组合是什么？
- 在写下单词的过程中，要读出字母的发音而非字母的名称。
- 你把这个单词写了出来，同时将每个字母的发音读了出来。现在，请回到单词的开头，将这些发音连在一起读。

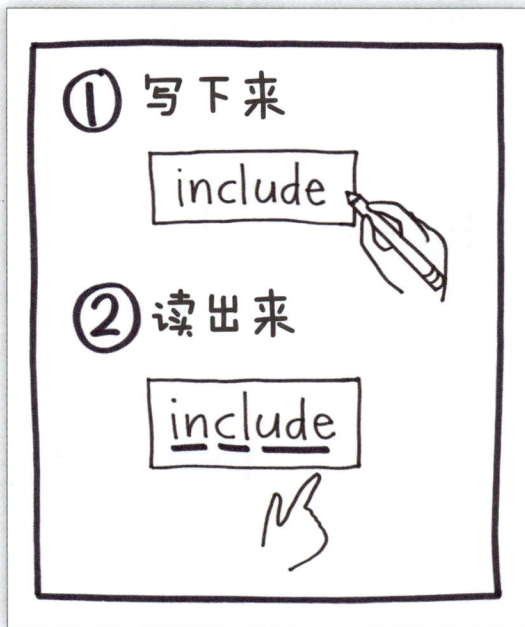

① 写下来
include

② 读出来
include

技能进展

已经准备好识别和正确读出更复杂的单词，应用音节和词素方面的知识，以及将字母连起来拼读，从而对更长的多音节单词进行解码。也许还需要进一步掌握如何找出单词中需要重读的部分，以改进发音。

●●●●

相关研究

在一项关于词汇学习的研究中，德雷克和埃里将四年级学生分成了实验组和对照组。他们展示了实验组学生正确拼写的单词，然后为这些单词划分了音节。接下来，他们引导实验组学生在写每个单词之前仔细读出每个音节，以优化学生对字母和发音的匹配。与对照组学生相比，实验组学生正确拼写出的单词更多，并且更准确地记住了不发音的字母和发非中央元音的字母（Drake & Ehri，1984）。

把单词按音节拆开，再合起来

目标技能
- 解码
- 拼读

技能进展

已经准备好识别和正确读出更复杂的单词，应用音节和词素方面的知识，以及将字母连起来拼读，从而对更长的多音节单词进行解码。也许还需要进一步掌握如何找出单词中需要重读的部分，以改进发音。

●●●●

延伸阅读

A Fresh Look at Phonics: Common Causes of Failure and 7 Ingredients for Success（Blevins, 2016）

相关研究

多音节单词的解码总体上与三项技能有关：分析、发音和整合（Beck & Beck, 2013）。分析是为了知道在哪里拆分单词。孩子是根据他们的词法知识和他们对音节类型的认识来把单词拆分成多个音节的（Bhattacharya, 2006; Bhattacharya & Ehri, 2004; Knight-McKenna, 2008）。

策略描述 在读较长的单词时，找到音节间的分隔处，一个音节接一个音节地读。记住，一个音节至少有一个元音（见下图），所以要先找出每个元音，接下来按照音节拆分单词，然后读出每个音节，最后把它们合在一起读出来。

这样给孩子提示

- 你是一个音节接一个音节地读的，并且这样做起效了！
- 回忆一下你知道哪些音节拼写规则。
- 每个音节至少有一个元音。你觉得这个单词的第一个音节分隔处在哪里？
- 记住，字母组合应作为一个整体划入同一个音节。

音节能帮助你拼读单词

（元音字母用 v 表示，辅音字母用 c 表示）

v c c v doctor 在中间的两个辅音之间拆分	**v c v** visit 如果第一个元音是短元音，那就在辅音之后拆分	**v c v** paper 如果第一个元音是长元音，那就在辅音之前拆分
c · le turtle 在"辅音 +le"组合之前拆分	**v c c c v** extra 有三个连在一起的辅音时，通常在第一个辅音之后拆分	**v c c c c v** instruct 有四个连在一起的辅音时，通常在第一个辅音之后拆分
	（但要让二合字母按在一起！）	
v v sunshine 对于复合词，在两个词中间拆分	**v v** lion 若两个元音字母按在一起，但它们不构成字母组合，那就在这两个元音字母之间拆分	**v v** unhappily 在前缀之后和后缀之前拆分

美国学生阅读技能训练：第2版

3.23　先拆解单词，再合起来理解：找到包含特定含义的单词部分

策略描述　遇到一个较长的单词时，你需要花点儿时间分析单词各部分。一种方法是寻找你熟悉的、带有特定含义的单词部分，比如你已经学过的词基、词根和词缀。在分析这个单词时，你可以不按顺序来，但之后你要回过头从左到右依次将各部分连在一起拼读。

这样给孩子讲解　较长的单词通常是由一些看起来很熟悉的部分组成的。有些开头部分是常见的前缀，比如 re-、de-、un- 等；有些结尾部分是常见的后缀，比如 -ing、-ed、-er 等；中间部分通常也是我们在其他许多单词中见过的，比如你已经学过的单词的一部分以及词基或词根。你可以把较长的单词拆开，找到你认识的较小的部分，然后将它们拼合起来，组成一个完整的单词。例如，如果我遇到拼写为 i-n-d-e-p-e-n-d-e-n-t 的单词，我可以先看看我是否认识其中的一些部分。我知道 in- 和 -ent，而且在单词中间我看到一个我熟悉的词，depend。现在我可以把它们拼合起来，in-depend-ent，那就是 independent（独立的）！

策略使用小贴士　关于如何帮助孩子基于词法理解单词的更多信息见策略 11.12 和 11.13。

这样给孩子提示

- 你看到前缀或后缀了吗？
- 试着把这个单词拆开。你看到的第一个部分是什么？
- 将单词的结尾部分遮住，然后试着读一读剩下的部分。现在，将单词的结尾部分露出来。
- 将各部分连在一起拼读。

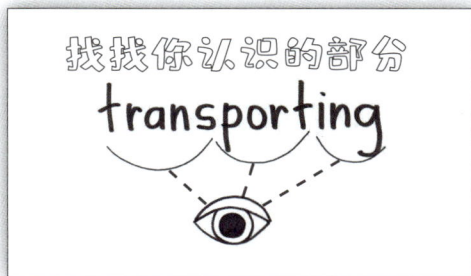

找找你认识的部分
transporting

自由词素（单词）

实词
包括名词、动词、形容词、副词、代词，如 run、table、it

虚词
包括介词、连词、冠词、助动词，如 in、with、a

黏着词素（单词的组成部分）

前缀
如 pre-、un-

黏着词根
如 trans-、spect-

后缀

屈折
如 -ing、-ed

派生
如 -ly

(Mesmer, 2019)

目标技能

- 解码
- 拼读

技能进展

已经准备好识别和正确读出更复杂的单词，应用音节和词素方面的知识，以及将字母连起来拼读，从而对更长的多音节单词进行解码。也许还需要进一步掌握如何找出单词中需要重读的部分，以改进发音。

● ● ● ●

延伸阅读

A Fresh Look at Phonics: Common Causes of Failure and 7 Ingredients for Success (Blevins, 2016); *Letter Lessons and First Words: Phonics Foundations That Work* (Mesmer, 2019)

相关研究

熟悉大量单词和单词的组成部分（如 -ing、ence、ip）有助于学习视觉词。系统的词汇学习，包括了解词根的词源、各种前缀的含义以及后缀和时态之间的联系，有助于提高孩子对单词的熟悉度（Archer, Gleason, & Vachon, 2003; Ehri & McCormick, 1998; Nation & Cocksey, 2009）。

3.24　问问自己："我该把重音放在哪里？"

目标技能
- 解码
- 拼读

技能进展

已经准备好识别和正确读出更复杂的单词，应用音节和词素方面的知识，以及将字母连起来拼读，从而对更长的多音节单词进行解码。也许还需要进一步掌握如何找出单词中需要重读的部分，以改进发音。

●●●●○

相关研究

对有语音处理障碍的孩子来说，即使他们说话的语调模式是标准的，但识别或意识到单词中的重音可能还是很有挑战性。此外，不同地区的语言重音的位置可能会有一些不同（想一想你会如何读research；Goswami et al.，2013）。

策略描述　在拼读单词时，如果你读出的单词没有意义——要么你从未听过这个单词，要么这个单词在上下文中讲不通——可能是因为重音放在了错误的音节上。思考这个单词适用于下图中罗列的哪种情况。如果你不确定，可以每种情况都试一下，看哪一种是正确的。

这样给孩子讲解　我们来看 lesson 这个单词，它有两个音节：les-son，可以读成 les-SON 或 LES-son。哪一个听起来像你所熟悉的单词？英语中有些单词拼写相同，但由于重音的位置不同，所以有不同的意思——你需要考虑单词的词性并利用上下文来帮助你正确读出单词。来看一个例句：I need to desert my post.（我需要离开我的岗位。）下面我将试着拼读其中的 desert。我会先划分音节：des-ert。接下来，我会思考这个单词的词性。根据它在句子中的位置，我知道它是一个动词，表示说话者需要做的事情。所以，重音应该放在第二个音节上——des-ERT。以这种方式发音表示这个单词的意思是"舍弃、放弃"，而不是"沙漠"。

策略使用小贴士　更多有关帮助孩子弄清楚拼写相同但发音不同的单词的意思的内容见策略11.2和11.6。

这样给孩子提示
- 你能说出这个单词的词性吗？
- 既然你知道它是一个动词，那就试着将重音放在第二个音节上。
- 我听到你试着将重音放在两个不同的音节上。哪一个是正确的？

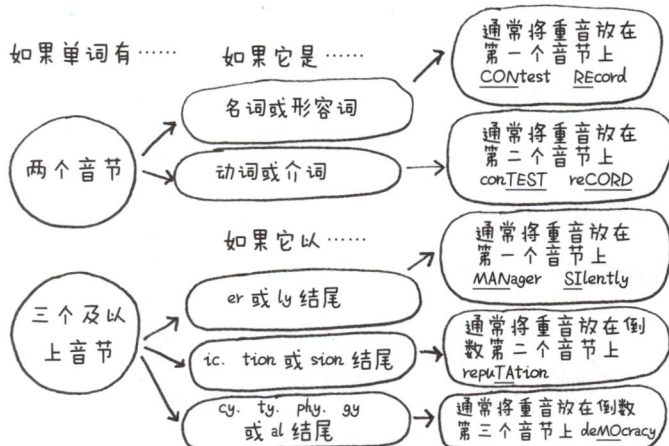

美国学生阅读技能训练：第2版

3.25　确定单词的拼读方式

策略描述　当你遇到一个不认识的单词时，你可以选择如何理解单词的各部分，然后将它们组合在一起进行拼读。想一想：是从左到右一个部分接一个部分地读，还是先不按顺序观察一下单词各部分，之后再按照从左到右的顺序读？

策略使用小贴士　大多数时候，阅读者会从左到右一个部分接一个部分地读单词，并将这些部分连在一起进行拼读。分层解码（即先不按顺序观察单词各部分，之后再按顺序拼读）需要阅读者了解一些较为复杂的规则，比如单词中的其他字母会影响元音字母的发音（例如 tape，你必须注意到末尾的 e，它会影响 a 的发音。更多相关内容见策略 3.16），以及双辅音字母组合如何影响元音字母的发音（例如，latter 中有双辅音字母组合 tt，因此 a 的发音和 later 中的不同；Mesmer，2019）。对于很长或拼写不规则的复杂单词，本策略有助于孩子专注于自己能够确定的部分（后缀、词根等），然后灵活处理不确定的部分。

这样给孩子提示

- 你会如何处理这个单词？
- 单词末尾有个 e，它会改变元音字母的发音吗？
- 观察单词各部分。现在回到开头读这个单词。
- 既然你已经知道元音字母如何发音，那就将所有的音连起来读吧。

目标技能

- 解码
- 拼读

技能进展

已经准备好识别和正确读出更复杂的单词，应用音节和词素方面的知识，以及将字母连起来拼读，从而对更长的多音节单词进行解码。也许还需要进一步掌握如何找出单词中需要重读的部分，以改进发音。

●●●●

延伸阅读

Letter Lessons and First Words: Phonics Foundations That Work (Mesmer, 2019)

相关研究

从合并字母阶段（阅读发展的其中一个阶段）开始，一些阅读者可能会逐渐采用分层解码的方式进行解码，因为他们逐渐掌握了单词中某一部分的字素影响其他部分的字素发音的隐性知识（Ehri & McCormick, 1998; Resnick & Beck, 1976）。

目标技能

解码

技能进展

能够识别和正确读出更复杂的单词，能够很好地应用音节和词素方面的知识，以及将字母连起来拼读，从而为更长的多音节单词的解码做好了准备。还能找出单词的哪一部分需要重读以改进发音。

● ● ● ●

相关研究

研究表明，当改变句子结构，使得每行以短语结尾时，文本读起来更加容易（LeVasseur et al.，2006）。由于阅读初学者倾向于在每行的结尾停顿，所以他们需要清楚地知道连字符的出现表明单词转到了下一行。

策略描述　当看到一个单词因换行而被拆开时，你要将这个单词合在一起拼读。先读上一行末尾的部分，然后读下一行开头的部分，最后将这两部分合在一起拼读。

这样给孩子讲解　在我们读过的书里，经常会出现单词在行尾被拆开的情况。它看起来是这样的。（在投影仪上展示最近读的一本书里的一个例子——doc-ument。）刚开始的时候，你可能觉得这样的单词很难解码，因为它被拆开了。但实际上，在某种程度上，这样的单词反而更容易解码——它被划分了音节，这会使得长单词的解码变得稍微容易一些。我们可以先读上一行末尾的 doc，然后读下一行开头的 ument，最后将它们组合在一起读出这个单词——document。

这样给孩子提示

- 你有没有看到一个单词因换行被拆开了？
- 那不是一个完整的单词，那是单词的一部分。你看到行尾的连字符了吗？这个单词还有一部分在下一行。
- 你会使用什么策略一部分接一部分地读这个单词？
- 你读出了上一行末尾的部分，现在将它与下一行开头的部分合在一起读出来。

如何读因换行被拆开的单词

Then I came upon such an **unfa-miliar** sight that I stopped instantly.

（我突然看到了陌生的景象，立刻停下了脚步。）

① 读出上一行末尾的部分。

② 将两个部分合在一起读出来。

"非此即彼"的教学模式——要么仅仅让孩子大量拼读单词，导致他们没有时间阅读； 要么让他们大量阅读，只是偶尔或少量地拼读单词——无法满足所有孩子的需求。

——珍妮佛·塞拉瓦洛

提高阅读流利度

◎ 这个目标为什么很重要？

当一个孩子阅读时能够做到准确、自动化、速度适当、有韵律（即断句、情感表现和重音都适当），就意味着他能理解文本，且他是在用自己的力量理解文本（Klauda & Guthrie，2008；Kuhn，2008；Rasinski，2010）。然而，并非所有的阅读者都能通过自身的努力获得流利阅读的能力，一些阅读者在练习时需要老师的指导和策略的帮助。

流利阅读是词汇识别和内容理解之间的桥梁，"它既存在于朗读中，也存在于默读中，它能限制或支持孩子对内容的理解"（Kuhn，Schwanenflugel，& Meisinger，2010，p. 240）。试试断断续续、逐词逐句、声音单调地朗读一段文本，你可能会发现你理解并记住的词汇非常少，甚至一个都没有记住。许多学者认为，提高阅读流利度往往也能提高阅读理解力（Hudson et al.，2020；Lai et al.，2014）。

话虽如此，但也有这样一种可能，孩子虽然能流利阅读，却并不能理解所读内容。你是否遇到过那种读文本时就像在百老汇试镜时念台词一样的孩子？当你问他一个关于刚刚所读内容的简单问题时，他却告诉你他什么都不记得了。在教孩子如何流利地朗读时，我们要告诉孩子的很重要的一点是，朗读不是为了表演（Applegate，Applegate，& Modla，2009；Cartwright，2010）。

情感表现
韵律的维度之一，涉及阅读时能够正确理解文意和文本表达的情感，根据标点符号改变音高，以及在读对话时能改变语调。

推断
能够结合背景知识和文本细节推测文意，这关系到如何把握韵律（如有感情地朗读人物对话、关注重要词语等）。

断句
韵律的维度之一，也称语法分析，包括能够根据意思将句子分为几部分并在每部分后停顿和关注句中标点。

为了达成本章目标，阅读者需要掌握的技能

自我监控
（朗读或默读时）能够有意识地关注流利度，如有必要，会回过头再读一遍。

强调性重读
韵律的维度之一，包括能够读出句中某些词的重音以正确理解作者要表达的意思，并注意文本特征（如粗体字、斜体字或大写字母）。

把握阅读速度
能够使阅读速度与平时说话的速度相匹配。

练习本章策略时可以使用哪些文本？

任何类型的文本孩子都可以（也应该！）流利阅读。然而，在本章中，我也会推荐一些特定类型的文本，在练习某些策略时，这些文本能够帮助孩子提高阅读流利度。

剧本。研究表明，"读者剧场①"可以鼓励孩子重复阅读，帮助孩子全面提升阅读流利度。由于剧本以对话为主，它还可以鼓励孩子有感情地朗读。

诗歌和歌曲。这些文本中的韵律可以帮助孩子把握阅读速度，分行则有助于提升孩子的断句能力。此外，诗歌和歌曲篇幅短小，你可以鼓励孩子反复阅读。

桥梁书。在许多面向小读者的畅销的系列图书中，较长的句子会被拆分成短句，这有助于提升阅读者的断句能力。

版式独特的文本。像莫·威廉斯（Mo Willems）的"小猪小象"（Elephant and Piggie）系列、克里斯·拉施卡（Chris Raschka）的《哟！嗯？》（Yo! Yes?）和B. J.诺瓦克（B. J. Novak）的《没有图片的书》（The Book with No Pictures）这样的书，书中包含了粗体字和其他文本特征、各种标点符号以及对话气泡等，这些元素能够引导孩子使用合适的语调来朗读和表达。

---

①读者剧场（Reader's Theatre）：一种在英语教学中应用广泛的教学方式，通过把故事改编成短剧并让孩子大声朗读的形式，生动地给孩子讲述故事。——编者注

◎ 这个目标是否适合孩子?

　　我发现，要想了解孩子在阅读流利度方面的长处和需要的支持，最好的方法就是听他们朗读并做记录。首先，选择一篇对孩子来说阅读准确性较高的文本。然后，在他们朗读时，记下他们何时在何处停顿以及如何改变声音来表现文意。这样的定性评估有助于你为孩子提供合适的策略。我发现，用定量的方法来评估阅读流利度，例如用秒表计时来得出每分钟能阅读多少字（WPM），在确定哪些策略对孩子最有用时并不是很有帮助。在 WPM 评估中，孩子可能会把朗读视为一场与时间的赛跑，读得匆匆忙忙，从而放过自我纠正的机会；或者他们可能会感到紧张、有压力，最后会导致读得不准确。

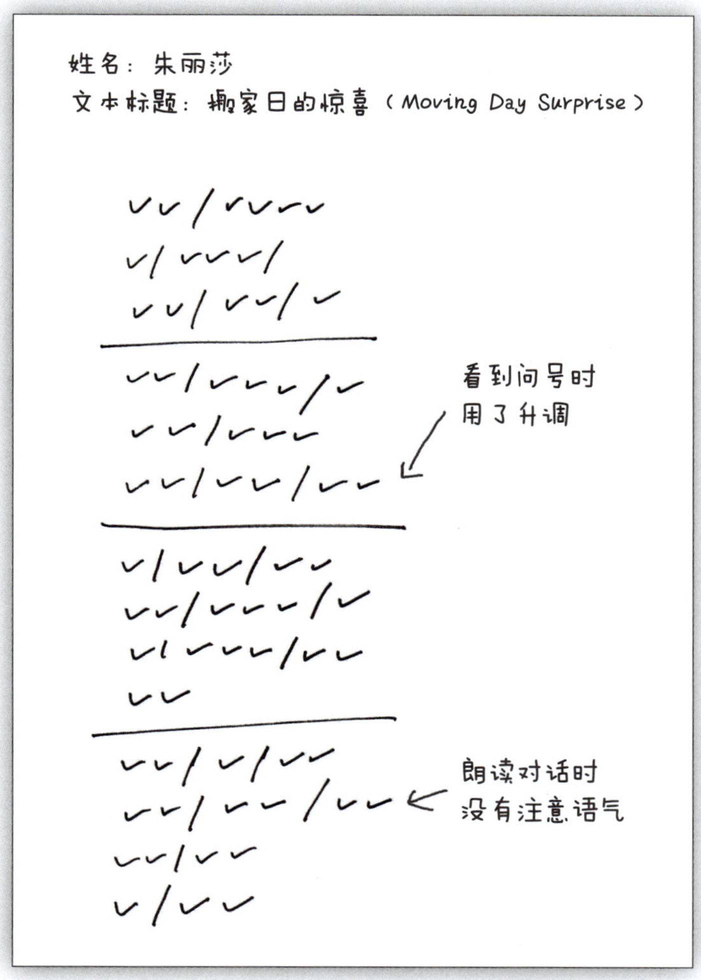

姓名：朱丽莎
文本标题：搬家日的惊喜（Moving Day Surprise）

看到问号时用了升调

朗读对话时没有注意语气

这是一份阅读流利度记录，斜线 (/) 表示停顿，关于语气和语调的记录标注在空白处。从这份记录我们可以看出，这个孩子应该试着减少停顿，且应该更加关注句末标点，以便使用恰当的语气和语调来表达情感（见策略4.8~4.13）。

◎ 如何帮助孩子提高阅读流利度?

在对孩子的阅读流利度情况进行评估后,你可以选择一些阅读策略来提高他们这方面的技能。对于这些策略,你可以给孩子示范如何使用,也可以让他们跟你一起练习,或者让他们独立使用。

"技能进展"部分可以帮助我们确定孩子现在处于什么水平,以及接下来可能会如何发展。你可以使用下页的"技能进展及对应策略一览表:提高阅读流利度"评估孩子的阅读情况,并找到能帮助他们取得进步的策略。

本章的"技能进展及对应策略一览表"改编自美国国家教育进步阅读流利度评价体系框架(NAEP Oral Reading Fluency Scale,2018)和祖特尔和拉辛斯基的多维流利度评价体系框架(Multidimensional Fluency Scale,Zutell & Rasinski,1991)。

技能进展及对应策略一览表：
提高阅读流利度

如果孩子……

在任何阶段都需要一些常规的帮助才能流利阅读。

目前只能一词一顿地读，但已经为阅读更长的短语做好了准备。

能够阅读短语，已经为关注句末标点做好了准备。

能够关注句末标点，已经为关注句内标点和文本特征做好了准备。

能够阅读含有更长短语的句子，熟悉句中和句末标点，已经为基于上下文理解文意和进行强调性重读做好了准备。

你可以教他们……

4.1　通过再次阅读来提升流利度

4.2　先热身，再迁移

4.3　帮助自己的搭档流利朗读

4.4　用表演的方式来提升阅读流利度

4.5　注意听自己的声音，找出读得不连贯的地方，再读一遍

4.6　用适当的速度阅读：流利不等于快速

4.7　像朗读一样默读

4.8　将单词连成短语来读

4.9　用短语来热身

4.10　一口气读到行末

4.11　跟着节拍朗读诗歌

4.12　注意句子结尾处的标点符号

4.13　将目光快速移到下一行

4.14　注意句子中间的标点符号

4.15　关注额外信息：括号和破折号

4.16　强调性重读：注意粗体、斜体、下划线和大写

4.17　强调性重读：从上下文推断

4.18　使用让人觉得有趣的语调来读

4.19　使用人物的语气来读对话

4.20　按作者的意思来读

4.21　让自己的语气与人物的感受相符

4.22　让自己的语气与文本的类型和主题相符

4.23　像导演那样读剧本

4.24　寻找诗歌中的停顿点

4.25　借助韵律阅读诗歌

4.1 通过再次阅读来提升流利度

策略描述 有时，你需要放慢阅读速度（比如，在发现自己读的句子不通顺时，你需要停下来弄明白单词含义并检查你的理解情况），然后回到句子的开头再读一遍。这一次要流利地读出单词，在合适的地方停顿，且语气和语调要能体现文意。

这样给孩子讲解 有许多原因会导致你需要在阅读中暂停片刻来理清问题：可能是因为你需要放慢阅读速度，使用解码策略来弄明白单词的意思；可能是因为你发现自己读错了，或者是因为句子又长又复杂，需要你放慢阅读速度确保自己理解了句子的意思。无论是哪种原因，请回到句子开头再读一遍。当你再次阅读时，要流利地读出那些你放慢阅读速度来解码的单词。确保你的语气和语调与标点符号匹配，在重读句子时要积极思考。再次阅读既有助于提升流利度，也有助于理解所读内容。

策略使用小贴士 研究表明，让孩子读3~5次可以帮助他们达到最佳阅读流利度（Kuhn，Schwanenflugel，& Meisinger，2010）。

这样给孩子提示

- 我注意到你为了弄明白那个单词的意思而停了下来。记得在弄明白之后回过头再读一遍整个句子。
- 现在你已经弄明白这个单词的意思了，回过头再读一遍吧。
- 你觉得应该把那一部分再读一遍吗？
- 听起来你有几次放慢了阅读速度，再读一遍，确保你的理解是正确的。

目标技能
- 自我监控
- 把握阅读速度
- 断句
- 情感表现

技能进展

在任何阶段都需要一些常规的帮助才能流利阅读。

● ○ ○ ○ ○

延伸阅读

The Fluent Reader: Oral and Silent Reading Strategies for Building Fluency, Word Recognition, and Comprehension, second edition (Rasinski, 2010)

相关研究

重复阅读是最古老且被研究最多的针对流利度的干预措施之一。数百项研究表明，这一措施在不同年龄的阅读者和不同的语境中都能达到中等到高等的效应量（Padeliadu & Giazitzidou，2018）。鼓励孩子按照平时说话的速度重复阅读，这不仅可以帮助他们提高阅读流利度，还可以帮助他们提高阅读理解力。

4.2 先热身，再迁移

目标技能

- 自我监控
- 断句
- 情感表现
- 强调性重读
- 把握阅读速度

技能进展

在任何阶段都需要一些常规的帮助才能流利阅读。

● ○ ○ ○ ○

相关研究

多项综合性研究证实了反复阅读作为针对阅读流利度的干预措施的好处，无论反复阅读时是否有示范和反馈（Chard, Vaughn, & Tyler, 2002; Hudson et al., 2020; Stevens, Walker, & Vaughn, 2017）。

策略描述　你可以通过再次阅读自己熟悉的文本来热身，找到流利阅读的感觉。当你感觉读得轻松顺畅时，再去读未读过的文本。在读未读过的文本时，无论你是大声朗读还是默读，都要尽量让自己像读已经读过多次的文本时一样流利。

这样给孩子讲解　在运动员上场比赛之前，他们需要花一些时间来热身。热身通常指做一些比较简单的运动，让肌肉准备好进行更艰难的运动。阅读也是如此。为此，你可以选择一篇对你来说比较容易的文本（一本故事书、一首诗或歌曲），一篇你认识其中所有的词，可以不费太多力气轻松流利地阅读的文本。阅读时，要注意你的速度，留意自己是如何按照意思将几个单词分到一组的，以及如何边读边思考文意的。读一分钟左右，你应该会找到流利阅读的感觉。接下来去读未读过的文本，试着读得同样流利且富有表现力。

策略使用小贴士　你可以鼓励孩子用你们反复共读过的文本来热身，你的示范会给他们额外的帮助。

这样给孩子提示

- （针对熟悉的文本）听起来很流利。
- （针对熟悉的文本）我注意到你在看到标点符号时停顿了，很好！
- （针对未读过的文本）还记得你读熟悉的文本时的速度吗？以同样的速度读这篇未读过的文本。
- （针对未读过的文本）这些词要连读。

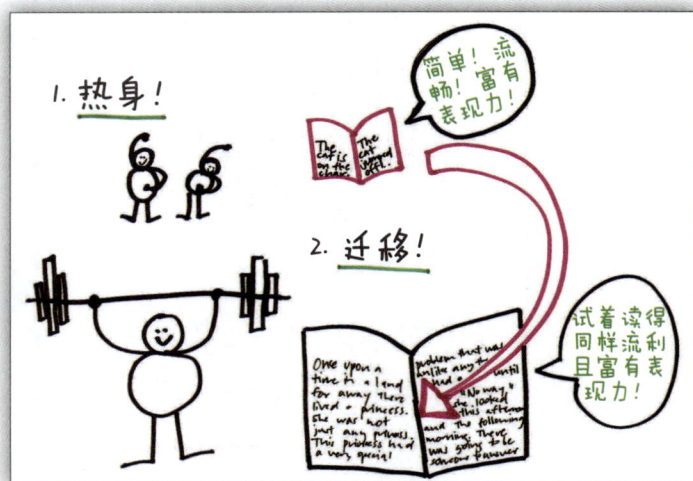

美国学生阅读技能训练：第2版

4.3　帮助自己的搭档流利朗读

策略描述　你和你的搭档要扮演不同的角色。决定谁来朗读，谁来指导。朗读者要有感情地流利朗读，指导者要给予赞美，提供帮助。

这样给孩子讲解　你和你的搭档可以通过聆听和指导来互相帮助。当其中一人大声朗读时，另一人可以给予赞美和提供帮助，让朗读变得更加流利和富有表现力。例如，如果搭档读得断断续续或声音平平，你可以说"回过头再读一遍吧""让你的语气与情感相符"或者"流利地重新朗读一遍吧"。如果你的搭档读得很流利而且富有表现力，你可以用赞美的方式指出，比如说："听起来就像你在说话一样！"

策略使用小贴士　你可以在扮演指导者的孩子耳边轻声提示，比如说出下面"这样给孩子提示"中的提示语，让他们练习将这些提示语说给他们的搭档听。很快，他们就能够自主地使用这些提示语，不再需要你提示。本策略的额外好处是，扮演指导者的孩子将会记住他们指导搭档时使用的种种技巧，甚至自己在阅读文本时也能运用这些技巧。

这样给孩子提示
- 让你的语气与情感相符。
- 你读得很流利！
- 听起来就像你在说话一样。
- 我觉得你刚才读得有点儿不连贯，再试一次吧。

目标技能
- 断句
- 情感表现
- 强调性重读
- 把握阅读速度

技能进展
在任何阶段都需要一些常规的帮助才能流利阅读。

●○○○○

相关研究
研究表明，各个年龄段的孩子都可以有效地帮助同龄人提升阅读流利度（Dufrene et al., 2010; Fuchs et al., 2001; Hofstadter-Duke & Daly, 2011; Josephs & Jolivette, 2016; Marr et al., 2011），而针对阅读表现给出什么样的反馈将影响流利度各方面的提升（Ardoin et al., 2013）。

和搭档一起 提高阅读流利度

你和你的搭档可以通过聆听和指导来互相帮助。两人轮流扮演朗读者和指导者。

朗读者	指导者
▲朗读给搭档听。	■为搭档提供反馈。
▲记住要有感情地朗读。	■称赞搭档做得好的地方。
▲要读准确。	■指出搭档需要改进的地方。
▲尽量让朗读听起来像说话一样。	提示语： • 回过头再读一遍吧！ • 把这个流利地读一遍！ • 让你的语气与情感相符！

目标技能

- 自我监控
- 断句
- 情感表现
- 强调性重读

技能进展

在任何阶段都需要一些常规的帮助才能流利阅读。

● ○ ○ ○ ○

相关研究

多项研究表明，鼓励用表演的方式来阅读的教学方式（如"读者剧场"）对孩子的阅读流利度有积极影响，因为它将真实、反复的阅读与文意的表达结合在了一起（Corcoran & Davis, 2005; Mraz et al., 2013; Young & Rasinski, 2018; Young, Valadez, & Gandara, 2016）。

策略描述 选择一本书（或一部戏剧）与你的搭档一起朗读，书中要有两个人物的对话。决定谁来扮演哪个人物。运用你们所学到的知识让你们的朗读流利且富有表现力，让你们的声音和行为符合你们所扮演的人物。像演员一样反复排练，提高表演水平！

策略使用小贴士 莫·威廉斯的"小猪和小象"系列图书是练习本策略的绝佳选择。这套书有两个主要人物，大部分内容以对话形式呈现。此外，像萨阿迪亚·法鲁奇（Saadia Faruqi）的"娅斯敏"（Yasmin）系列（对话在少量人物之间展开）这样的桥梁书也是练习本策略的不错的选择。如果你的教室图书角中没有剧本，你可以考虑补充这类读物！你也可以上网搜索相关资源。策略4.23是有关"读者剧场"的更高级的策略。

这样给孩子提示

- 回过头再读一遍。
- 让你的声音听起来像书中人物的声音。
- 这个人物你已经扮演过一次了，想一想下次扮演时可能有什么变化。
- 听你朗读就像在听书中人物说话一样！

用表演的方式来流利地朗读

4.5　注意听自己的声音，找出读得不连贯的地方，再读一遍

策略描述　阅读时要注意听自己的声音。（你可以在不会打扰到任何人的地方安静阅读，或使用一种特殊的"电话"来辅助阅读。）如果发现自己的声音听起来很平淡或不连贯，你可以再读一遍，让自己的声音听起来更像平时说话的声音。

策略使用小贴士　本策略中提到的这种特殊的电话被称为"流利度电话"（有时也被称为"轻声电话"或"自读电话"），它是一种辅助阅读的工具。这样的工具你可以购买成品，也可以用一段塑料管自制。它的原理是：弯管可以在孩子朗读时为他们提供即时反馈，让他们更好地监控和调整自己的阅读方式。如果没有这个工具，你可以让孩子分散在房间里，这样他们在轻声阅读时可以听到自己的声音。

这样给孩子提示

- 阅读时要注意听自己的声音。
- 你觉得你读得流利吗？你想回过头再读一遍吗？
- 你听自己阅读的声音听得很认真！我注意到你回过头再读后读得更加流利了。
- 轻声读并注意听自己的声音。

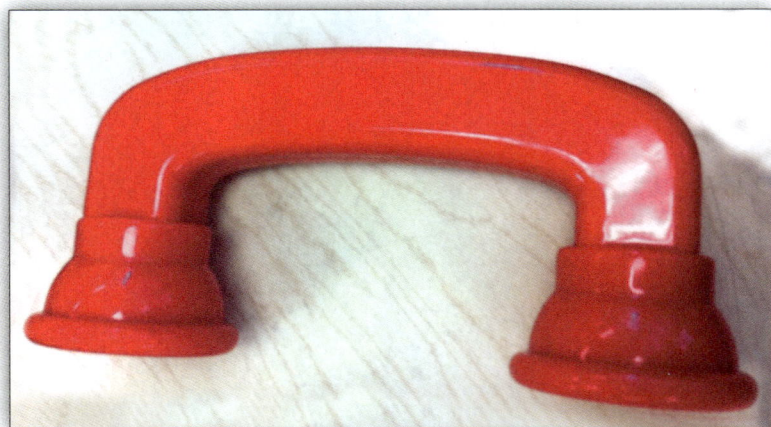

技能进展

在任何阶段都需要一些常规的帮助才能流利阅读。

● ○ ○ ○ ○

相关研究

孩子通过在阅读时听自己的声音来获得即时反馈，这可以帮助他们进行自我监控，并且对于提升基本的解码技能（例如音形对应）、改善韵律和增强理解力都有益处（Stouffer，2011）。

用适当的速度阅读：流利不等于快速

目标技能
- 把握阅读速度
- 自我监控

技能进展

在任何阶段都需要一些常规的帮助才能流利阅读。

● ○ ○ ○ ○

策略描述 无论是朗读还是默读，都要注意听自己的声音。如果不理解文意，就放慢阅读速度。要通顺地阅读，注意在标点处停顿，而不是一口气读完一大段。

这样给孩子讲解 有时为了通顺地读出来，你可能会发现自己加快了阅读速度，甚至读得上气不接下气。注意，不要读得太快，以致无法理解所读内容。最合适的阅读速度能够帮助你读懂内容，这样的速度通常与你平时说话的速度相当。

策略使用小贴士 对那些流利度有待提升的阅读者来说，本策略是一种很好的策略。当然，随着阅读者心智的发展和经验的累积，他们会根据阅读目的来调整阅读速度——有时只是为了获得乐趣，因此会加快阅读速度；有时需要仔细分析所读内容，则会放慢阅读速度。

这样给孩子提示
- 以你目前的速度阅读，你能理解所读内容吗？
- 感觉你读得太快了。放慢速度，通顺阅读，确保理解所读内容。
- 这个速度感觉很自然，跟你平时说话的速度差不多。
- 这个速度感觉如何？太快、太慢还是刚刚好？

相关研究

快速阅读与流利阅读是不同的，快速阅读可能会导致阅读者不理解所读内容。所以，阅读速度应适中，既不能太慢也不能太快（Applegate，Applegate，& Modla，2009）。给孩子示范如何流利地阅读有助于孩子了解阅读时如何调整语速和语调。

用适当的速度阅读：
流利不等于快速

✓ 你读得通顺吗？

✓ 你读得富有表现力吗？

✓ 你理解所读内容吗？

4.7　像朗读一样默读

策略描述　当你朗读时，你的语速、断句和情感表现都会影响你的理解。当你默读时，确保你能听到自己脑海中的声音（语速适中，读得流利且富有表现力）。你如果发现听不到自己脑海中的声音，可以在默读前先朗读一小段，然后再回到默读状态。

策略使用小贴士　无论是在关于阅读的一对一指导中、小组练习中、阅读分享课上，还是与同伴搭档练习，孩子最有可能在朗读时练习本章的大多数策略。朗读让孩子有机会听到自己的声音，调整自己的语速和语调。你要明确告诉孩子，他们在朗读练习中使用的策略，在默读中同样可以使用。正如拉辛斯基及其同事所说："尽管流利度通常被认为是针对朗读而言的，但默读流利度也是阅读中的一个重要概念。"（Rasinski et al.，2011）

这样给孩子提示
- 默读下一部分，要注意听自己脑海中的声音。
- 我在你旁边听不到你的声音，但你自己要能听到自己脑海中的声音。
- 如果遇到精彩的片段，请暂停默读，把这一段朗读出来。
- 如果你听不到自己脑海中的声音了，那就朗读一小段。

目标技能
自我监控

技能进展
在任何阶段都需要一些常规的帮助才能流利阅读。

● ○ ○ ○ ○

相关研究
眼动研究（追踪阅读者的注视点）显示，熟练的阅读者即使在默读时也会注意语速、语调和哪里需要读出重音，这有助于理解所读内容（Ashby，2006）。

目标技能

断句

技能进展

目前只能一词一顿地读，但已经为阅读更长的短语做好了准备。

●●○○○

延伸阅读

Comprehension from the Ground Up: Simplified, Sensible Instruction for the K-3 Reading Workshop (Taberski, 2011)

相关研究

一项研究显示，当孩子反复阅读用视觉线索将短语分隔开的文本（即短语提示文本）时，他们的词组阅读能力（阅读流利度的重要组成部分）能够显著提升（LeVasseur, Macaruso, & Shankweiler, 2008）。

策略描述 不要一词一顿地读，试着一次连着读几个单词。在停顿之前，将连成短语的几个单词一次性读完，然后再继续读。

这样给孩子讲解 不要一词一顿地读（这可能听起来像机器人说话），试着将几个单词连在一起读，不要在读完每个单词之后都停顿一下。你可以用手指划过几个单词，将它们连成一组来读。暂停一下，然后再继续将后面的单词连成一组来读。所以，不是像这样读："This... is... a... dog... he... likes... to... play... ball."（这是一只小狗，它喜欢玩球。）而是像这样读："This is... a dog... he likes... to play ball."你可以给孩子示范这两种不同的读法：先依次指向每个单词，一词一顿地读；之后用手指划过几个单词，将它们连成短语来读。

策略使用小贴士 阅读短语间有停顿标记的文本（在研究中被称为短语提示文本）可能对一些孩子有益。你可以复印一份文本，在应该停顿的地方画斜杠或者在一组词下面画曲线，并指导孩子读到斜杠处或曲线的末端时停顿一下。（见本页的"相关研究"部分。）

这样给孩子提示

● 你会将哪些词连起来读？
● 刚才你读的听起来像一词一顿，现在试着将单词连成短语来读。
● 我给你示范一下哪里需要停顿（画曲线或斜杠），然后你自己读出这些单词。
● 我读完后你重复一遍。（以短语为单位读，让孩子重复你刚才读过的内容。）

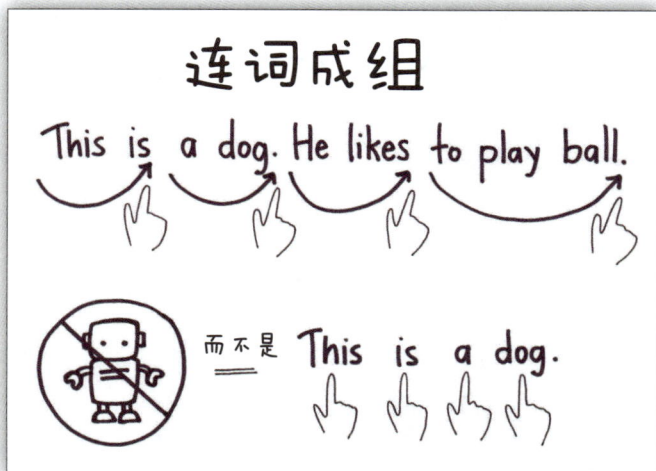

4.9 用短语来热身

策略描述 用常用短语表或书中的短语来热身。注意，要连读，并且要读得流利。

策略使用小贴士 本策略对需要提升短语阅读流利度的阅读者和需要帮助来理解如何将几个单词连成句法正确的短语的阅读者来说非常有用。上网搜索"Fry's phrases"或者"Dolch's phrases"，查找常用短语表，选择与孩子阅读时会遇到的难度相当的短语。为低年级孩子选择短小简单的短语，为高年级孩子选择更复杂的短语。

这样给孩子提示

- 现在让我们用这些短语来热身，接下来试着阅读书中的内容。
- （非语言提示：将手指放在短语下面滑动，表示应该一口气读完。）
- 那个词是 ___（例如 in、at、with），那么，来看看接下来的几个词能否放在一起读。如果可以，那就把它们作为一个短语来读。

用于热身的短语

a long time（很长一段时间）
all day along（一整天）
she said to go（她说要去）
there was an old man（有一位老人）
a number of people（许多人）
over the river（穿过河流）
It turned out well.（结果很好。）
most of the animals（大多数动物）
try your best（尽力而为）
tell the truth（说实话）
Where in the world?（在世界的哪里？）
the tall mountains（高高的山）
a few children（一些孩子）
a long life（长寿）

目标技能
断句

技能进展
目前只能一词一顿地读，但已经为阅读更长的短语做好了准备。

● ● ○ ○ ○

延伸阅读
The Fluent Reader: Oral and Silent Reading Strategies for Building Fluency, Word Recognition, and Comprehension, second edition (Rasinski, 2010)

相关研究
在一项对四年级学生的研究中，研究人员发现，理解口语中的简单句子与理解在文本中遇到的复杂句子具有相关性（Sorenson Duncan et al., 2021）。此外，一项针对青少年阅读者的研究发现，短语阅读能力与句法理解力有关联，后者会影响阅读理解力（Nomvete & Easterbrooks, 2020）。

4.10　一口气读到行末

目标技能
断句

技能进展

目前只能一词一顿地读，但已经为阅读更长的短语做好了准备。

● ● ○ ○ ○

相关研究

早在20世纪40年代就有研究表明，帮助孩子按照意思将文本分解成几个部分（先对较短的文本进行分解，逐渐过渡到较长的文本），可以提升孩子的阅读流利度和阅读理解力（Rasinski，1990）。

策略描述　一口气读完一行中的所有单词，只在有标点符号的地方停顿，然后继续读下一行。

这样给孩子讲解　你之前读的书中每页可能只有很短的一句话，而且是排成一行的。现在你读的书中句子变长了，可能会分行。不过有时候，你会发现书中已经为你断好句了，当你读这些书时，关注换行处可以帮助你断句。单词在一行内意味着它们是连在一起的，所以阅读时尽量不要停顿，一直要读到末尾的标点处为止。

策略使用小贴士　在一些适合初级阅读者的系列章节书，比如赖兰特的"小猪波普尔顿"系列（Poppleton series，Lylant，1997—2001）、"亨利和玛奇"系列（Henry and Mudge series，Lylant，1987—2007）和洛贝尔的"青蛙和蟾蜍"系列（Frog and Toad series，Lobel，1970—1979）以及一些信息类文本中，较长的句子被分成了较短的几行，每行之间有较多的空白，一行之内单词也较少，这些书可以为孩子练习断句提供额外的帮助。经过一段时间的练习后，你会注意到孩子能够以含有3~5个词的短语为单位阅读，能够合理断句，并且你可以在此基础上教授他们"将目光快速移到下一行"这一策略（策略4.13），这样他们就不用在行末停顿了，可以接着读下一行。本策略起临时脚手架的作用。

这样给孩子提示

● 在行末稍做停顿后，继续读下一行，你还没有读到句子结尾。
● 让我看看你打算在哪里停顿。
● 我听到你在那一行停顿了两次。再试一次，这次要读到行末再停下来。
● 这样朗读。（示范朗读一行，然后让孩子重复。）

一口气读到行末

※小贴士：注意句子在哪里换行，这有助于断句！

4.11 跟着节拍朗读诗歌

策略描述 先读一遍这首诗，同时通过用手指在桌上敲打或者拍手的方式来打节拍，或者通过说唱的方式唱出节拍。然后把这首诗再读一遍，这次跟着节拍读。

策略使用小贴士 让孩子了解诗歌中的韵律可能有助于他们阅读短语和理解句法，从而提高阅读流利度和阅读理解力。可以让孩子阅读韵律可预测的诗歌、儿歌、说唱音乐或者容易找到"鼓点"的歌曲，例如，埃洛伊塞·格林菲尔德（Eloise Greenfield）的诗歌《绳子之韵》（*Rope Rhyme*）就是一个很好的选择。给孩子示范如何打节拍（邦、邦、邦，滴，咚，邦、邦、邦……），和他们一起练习几次，然后让孩子自己跟着节拍朗读一首未读过的诗。

这样给孩子提示

- 你能用手指在桌子上打出节拍吗？
- 我给你打节拍，你来朗读这首诗。
- 我来朗读这首诗，你来打节拍。现在你可以试着自己边打节拍边朗读。

跟着节拍朗读诗歌

拍手　敲打　说唱

目标技能
- 断句
- 把握阅读速度

技能进展

目前只能一词一顿地读，但已经为阅读更长的短语做好了准备。

●●○○○

相关研究

一项针对150名学前儿童的研究发现，那些在节拍同步任务上表现良好的孩子，在所有前识字（preliteracy）能力测试中的表现都优于同龄人（Bonacina et al.，2021）。在另一项研究中，对一年级孩子而言，韵律感既与语音意识呈正相关，又与命名速度（用于衡量快速检索符号名称的能力）呈正相关，同时韵律感也是预测他们五年级阅读能力的要素之一（David et al.，2007）。

目标技能

情感表现

策略描述　阅读时，要注意句子结尾处的标点符号。提前看看句子的结尾处，看清楚那里用的是感叹号、问号还是句号。让你的语调与标点符号相符。

这样给孩子讲解　我们之前说过，阅读者要做的不仅仅是读出字词，还要用与书上的标点符号对应的语调读。句子结尾处的标点符号会给我们很多提示，告诉我们这句话应该怎么读。大多数句子以句号结尾，表示停顿和降调。但如果句子以问号结尾，你应该将它读成像在问问题一样。如果你看到一个感叹号，那意味着句子表达了强烈的情感，比如开心、愤怒、惊讶等，你的语气应该传达出这种情感。如果我们读句子时情感表现错误，可能会改变句子的意思，使我们对故事里发生的事情感到困惑。

技能进展

能够阅读短语，已经为关注句末标点做好了准备。

●●●○○

策略使用小贴士　在本策略的基础上，孩子可以根据句子的意思以及句子中要读重音的单词进行探索，从而决定要使用什么样的语调。例如，你可以思考一下如何以不同的方式读"Is that yours?"（那是你的吗？）这个简单的问句。注意，当你将重音分别放在这三个单词上时，看看这个问句是否略微有些不同。

相关研究

针对不同年级阅读者进行的频谱分析表明，随着时间的推移，一年级时在阅读中不当停顿较少的孩子，在二年级末往往更能像成人一样把握韵律（例如在句子结尾处升调或降调），并且会在三年级拥有更好的理解力（Miller & Schwanenflugel, 2008）。

这样给孩子提示

● 瞥一眼句子的结尾处。你看到了什么标点符号？

● 很好！你的语调与标点符号相符。

● 那是问号（或感叹号、句号）。你应该用升调（或降调）来读。

注意句子结尾处的标点符号

你好吗 ?

我去了公园。

小心 !

＊ 让你的语调符合句子要表达的意思。

策略描述　句子的结尾恰好在行末的情况并不多。如果你在行末没有看到句末标点（句号、感叹号、问号等），你需要快速将目光移向下一行。在从行末的文字读到下一行文字的时候尽量不要停顿，只在看到标点符号的时候才停顿。

这样给孩子讲解　你现在读的是章节书，一页上有很多很多字，没有太多空白的地方。在这些文字密集的书中，一句话可能从一行的任意位置开始，然后在下一行的中间结束。当你阅读时，如果没有句末标点提示你停顿，你需要将目光快速移到下一行。即使句子换行了，你也应该将整个句子一起读完。例如，应该这样读。（示范如何连贯地阅读因换行拆开的句子。）

策略使用小贴士　本策略适用于能够熟练地阅读较长短语和适当断句，至少能够一口气读到行末的阅读者（见策略4.10）。

这样给孩子提示

- 换行时请不要停顿。
- 你看到这个句子结尾处的标点符号了吗？
- 我可以看出你将目光快速移到了下一行。
- 你只在看到标点符号的时候停顿了，真棒！

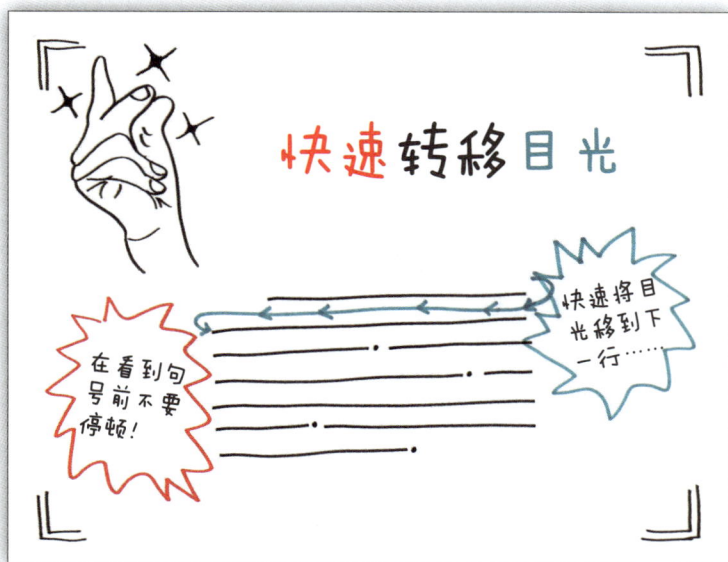

快速转移目光

快速将目光移到下一行……

在看到句号前不要停顿！

目标技能

断句

技能进展

能够阅读短语，已经为关注句末标点做好了准备。

●●●○○

相关研究

许多句子除了句末的标点符号外，没有其他关于韵律的信息，因此，要根据句中信息进行正确的断句会比较难（Schreiber, 1991）。研究表明，如果排版时在每个短语后换行，孩子的阅读流利度就能得到提高，读错的情况也会减少（LeVasseur et al., 2006）。但是，并不是所有的文本都是这样排版的，因此，要告诉孩子，短语常常会跨行。

技能进展

能够关注句末标点，已经为关注句内标点和文本特征做好了准备。

●●●●○

相关研究

研究人员注意到，熟练的阅读者为了读出韵律，不仅仅会关注句末标点，也会关注上下文以及逗号的使用情况（Miller & Schwanenflugel, 2006）。

策略描述　一句话中间的标点符号可以帮助你读句子，这些标点符号告诉了你哪些词是连在一起读的。当你遇到逗号等句子中间的标点符号时，将标点前的词句视为一组，将标点后的词句视为另一组，你读的时候应该体现出这两组词句之间的分隔——通常是通过一个非常短暂的停顿和轻微的音调变化来体现。

这样给孩子讲解　琳内·特拉斯的绘本《熊猫吃射走》（*Eats, Shoots and Leaves*, Truss, 2006）包含成对出现的句子——用词不变，但标点符号发生了变化。例如，前两页分别展示了"Slow, children crossing"和"Slow children crossing"这两个句子，并附有插图。在有逗号的那一页上，我们可以看到一名交警正在提醒司机小心慢行，因为孩子们正在学校前过马路。而在没有逗号的那一页上，句子的意思就是孩子们在慢慢地过马路。你现在读的书比之前的更复杂，要留意句内标点是如何将文本分隔成多块的，这样的分隔能够帮助你更好地理解句子，并知道要在哪里稍微调整你的音调。标点符号前、后或之间的词要连在一起读。每当你在句中看到标点符号时，你的声音都应该表现出你读完了一组词句，正要继续读下一组词句。

策略使用小贴士　对于刚开始关注逗号的阅读者，指导他们注意逗号并稍做停顿可能就够了。然而，熟练的阅读者能够分辨一句话中逗号的多种作用（列举、用在引导性从句之后、标示插入语等）——逗号不仅影响断句，还影响情感表现。因此，对于熟练的阅读者，你可以调整本策略，探索逗号对音调的影响（本页的"相关研究"部分提供了更多信息）。

这样给孩子提示
- 一口气读完这个逗号（或冒号、破折号）前的所有词。
- 你会将哪些词连在一起读？
- 我能听得出，你读完了一组词句，正要继续读下一组。我注意到你在读到逗号的时候停顿了一下。
- 你能听出自己在逗号处改变了音调吗？

逗号意味着停顿

我晚饭吃了烤鸡，还吃了土豆泥和青豆。

策略描述　注意括号或破折号标示的额外信息。想一想上下文和作者的目的，有感情地阅读额外的信息，以准确理解文意。

这样给孩子讲解　就像逗号和句号一样，括号和破折号也表示停顿，但它们还有一个非常重要的作用——提示你如何理解文意。作者通常用这些标点符号为文本提供一些额外信息，我们在同他人交谈时有时也会这样做。我们会在谈论某件事情的时候停顿一下，加入一些细节，使这件事情更清楚，而括号和破折号是作者用来在写作中带来同交谈一样的效果的工具。当你看到这些标点符号时，思考一下在此之前你从文本中读到了什么，是怎么理解的，以及这些标点符号是如何引导你理解文意的。如果你的理解不是很到位，你可以再读一遍。

来看下面的例子。遇到这样的句子时，你会怎么读？

- "今天你真让我恼火——你进了我的房间，拿走了我的东西，还弄坏了我的玩具——请你马上离开！"在读两个破折号中间的那三件事时，我可能会逐渐加重语气，因为感觉每提及一个行为，说话者的愤怒都在增加。
- "坎托先生——一个新手——总是犯错误。"我觉得"一个新手"是额外的信息，所以我会像读旁白一样压低声音读出来。
- "她对参观国家公园（在森林中穿行、爬山、呼吸新鲜空气）乐此不疲，所以每次一有机会她都会去参观。"在这种情况下，括号中的内容是她喜欢做的一些事情，所以我会放慢语速，读完每件事情后都停顿一下，好像在享受一样。

这样给孩子提示

- 你觉得括号里的内容是旁白吗？还是你觉得它需要加重语气来读？
- 请再读一遍，但这次低声读出括号里的内容。
- 该怎么读由破折号引出的内容？
- 想一想作者用括号和破折号提供额外信息的目的是什么。

目标技能

- 情感表现
- 强调性重读

技能进展

能够关注句末标点，已经为关注句内标点和文本特征做好了准备。

●●●●○

相关研究

在一项针对三年级阅读者的研究中，研究人员发现，孩子阅读括号中的信息时停顿并不适当。研究人员据此推测，这些孩子缺乏阅读括号中信息的经验，并且不理解括号的作用（Schwanenflugel, Westmoreland, & Benjamin, 2015）。

> **在阅读中关注额外信息！**
>
> 括号和破折号　　可能表示要轻声读或加重语气读
>
> 例如：下周二（我的生日）会很美妙。
>
> 今天早上糟透了——我被绊倒了，错过了公交，还忘了带午餐。

目标技能

- 情感表现
- 强调性重读
- 自我监控

技能进展

能够关注句末标点，已经为关注句内标点和文本特征做好了准备。

●●●●○

相关研究

在一项关于一年级孩子使用具有多模态（multimodal）特征的绘本的研究中，研究人员发现，孩子并不像依赖标点符号或插图那样依赖排版设计，但他们仍然会根据排版特征的变化而改变阅读行为（Kachorsky et al.，2017）。

策略描述　当你看到某些词以粗体、斜体、下划线或大写等形式突出显示时，表示读的时候要强调这些词。你可以根据你对当下所读内容的理解情况来决定如何进行强调性重读。

策略使用小贴士　B. J. 诺瓦克的《没有图片的书》和莫·威廉斯的"小猪小象"系列中有许多有趣的内容可供孩子练习本策略。在阅读不同内容时，可以改变强调性重读的方式（如重音、语气甚至音量）。

这样给孩子提示

- 把那个词读得重一些，看看意思是如何发生改变的。
- 我会听着你读出来，把那个词读得重一些。
- 我看到了粗体（或斜体、大写等）。你看到了吗？告诉我在哪里。
- 我听到你把用斜体标示的词读得重了一些，太棒了！

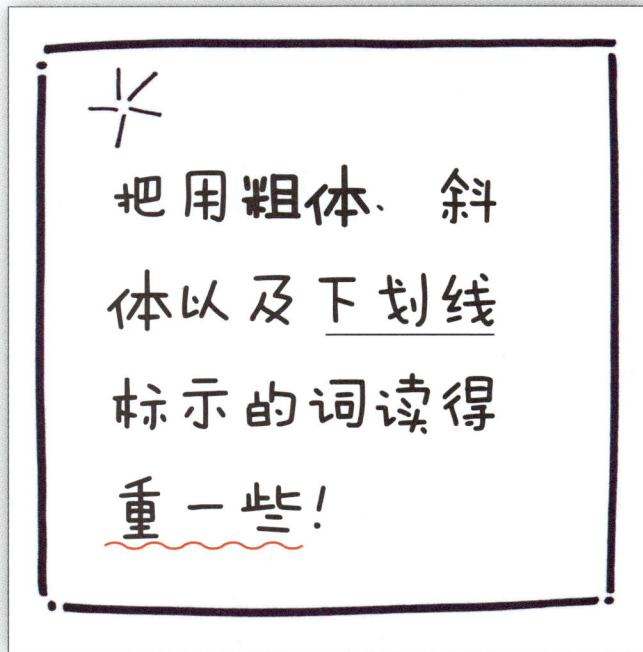

把用**粗体**、*斜体*以及<u>下划线</u>标示的词读得重一些！

4.17　强调性重读：从上下文推断

策略描述　如果一句话中没有特殊的标记来告诉你应该把哪个词或哪些词读得重一些，那就看看上下文。文本中是否有要进行强调性重读的暗示？如果有，想一想重读的内容如何影响句意或文意。如果你推断出的需要进行强调性重读的部分读出来的意思与句意或文意不符，那就再读一遍，强调不同的词（或词组）。

这样给孩子讲解　句中是否有需要进行强调性重读的词会影响句子的意思。来看看"这是我的房子。"这个句子，用不同的方式来读，它有不同的意思。

　　"这是我的房子。"（一个简单的陈述句，没有强调）
　　"**这**是我的房子。"（是这一个，而不是那一个）
　　"这是**我的**房子。"（是我的，不是你的或其他人的）
　　"这是我的**房子**。"（我不是在说其他地方）

　　有时候，即使没有特殊的标记，你也可以基于上下文判断强调哪个词是讲得通的。如何知道何时需要强调性重读？你要从文意上寻找线索。例如，如果你在下面这段话中看到了"这是我的房子。"这个句子，你会如何读它？

　　当我们走在街上时，我告诉我的新朋友，我迫不及待想让她参观我的房子。"就是这里！这是我的房子。"

　　你会进行强调性重读吗？如果是的话，你要强调哪个词？如果你第一次的阅读方式无法体现到目前为止你对文本内容的理解，尝试强调不同的词。

这样给孩子提示

- 你认为这句话中有需要进行强调性重读的词吗？
- 当你强调句子中那个词时，它是如何影响句子意思的？
- 根据上下文，在这句话中你应该强调哪个词？
- 当你强调那个词时，你要表达的意思是 ＿＿＿。你认为这是否与上下文相符？

思考
我应该强调哪些部分，来使这句话的意思讲得通？

这是我的房子.
这是我的房子.
这是我的房子.

目标技能

- 情感表现
- 强调性重读
- 自我监控
- 推断

技能进展

能够阅读含有更长短语的句子，熟悉句中和句末标点，已经为基于上下文理解文意和进行强调性重读做好了准备。

● ● ● ● ●

相关研究

正如许多学者所强调的，书面语往往缺乏韵律方面的提示，所以阅读者需要依靠上下文和自己的理解来决定音高、重音和停顿是否恰当（Miller & Schwanenflugel, 2008; Schreiber, 1991）

4.18　使用让人觉得有趣的语调来读

目标技能
- 情感表现
- 强调性重读
- 把握阅读速度
- 自我监控

技能进展

能够阅读含有更长短语的句子，熟悉句中和句末标点，已经为基于上下文理解文意和进行强调性重读做好了准备。

● ● ● ● ●

相关研究　一些研究人员认为，在朗读信息类文本时，关注语调（语音的高低、轻重、快慢）比关注表现力（作者通过文字传达的感染力）更重要（Kuhn, Schwanenflugel, & Meisinger, 2010）。还有一些人认为，信息类文本要用一种独特的方式来朗读（Carlson et al., 2009; Shattuck-Hufnagel, Ostendorf, & Ross, 1994）。

策略描述　使用一种能够表达惊叹之情的语调来读信息类文本。放慢阅读速度，注意把句子中最有趣或最令人惊讶的部分读得重一些。在读到疑问句的时候把声音提高一些。

这样给孩子讲解　在读信息类文本时，如果你用单调、平淡的语调来读，那么你很难保持阅读参与度，更难理解所读内容。不妨试着使用让人觉得有趣的语调来读那些令你感到兴奋和惊讶的信息。当你用这样的语调阅读时，会给人一种"哇！我从来都不知道这个！"的感觉，并且这样读有助于你理解所读信息。来听听用两种不同语调来读同一句话的差异。（示范用单调、平淡的语调读一句话，然后换一种表现力强、好像这是你听过的最棒的事情一样的语调来读。）问问你的同伴："你觉得这两句话有何不同？哪句话更好理解？"

这样给孩子提示

- 你的语调听起来有些平淡，试着让它听起来像是你知道了令人惊讶的信息！
- 你刚刚读得让信息听起来很有趣！
- 这句中哪部分内容令人惊叹？你能再读一遍吗？这次试着把那部分读得重一些。

策略描述　在故事中，引号内的文字通常是对话的内容，阅读时要让它听起来像文中人物说的话一样。遇到对话提示词（告诉我们说话人的身份以及他是怎么说的，比如"他说"）时，要从叙述者的语气转换为文中人物的语气来读。

这样给孩子讲解　注意，阅读时不仅要关注文字，还要关注标点符号。例如，在读故事时，知道人物何时说话非常重要——作者通过引号来告诉我们人物何时开始说话。（展示从经典著作中找到的引号或手绘的大引号）。看到前引号时，你可以想象文中的人物张开了嘴，表示他要开始说话了。因此，在阅读时，你的语气必须变成文中人物的语气。然后，你会看到后引号，就像这个（指向例子），此时你可以想象文中的人物闭上了嘴，表示他不再说话了。前引号，张开嘴；后引号，闭上嘴。看到前引号时，你要开始用文中人物的语气说话；看到后引号时，你要停止用人物一样说话。我们来试试吧。

这样给孩子提示

- 这里有引号！该换语气了。
- 我能看出你注意到了引号，因为我听得出你从叙述者的语气转换成了文中人物的语气。
- 这是对话提示词，它提醒你要用文中人物的语气来读。
- 你读对话内容和叙述时的语气听起来是一样的，再试一次吧。

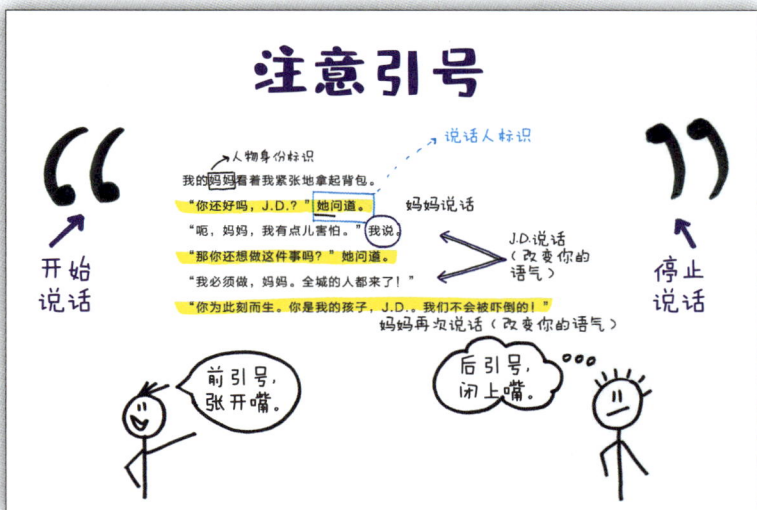

文本摘自《J.D. 和伟大的理发师之战》（*J.D. and the Great Barber Battle*，Dillard，2019）。

目标技能

情感表现

技能进展

能够阅读含有更长短语的句子，熟悉句中和句末标点，已经为基于上下文理解文意和进行强调性重读做好了准备。

● ● ● ● ●

相关研究

在一项针对三年级阅读者的研究中，研究人员发现，流利的阅读者在有节奏地朗读时，在关注句子信息的同时，会留意文本中的一些重要特征，比如表示直接引语的对话提示词（Schwanenflugel，Westmoreland，& Benjamin，2015）。

4.20 按作者的意思来读

目标技能
情感表现

技能进展
能够阅读含有更长短语的句子，熟悉句中和句末标点，已经为基于上下文理解文意和进行强调性重读做好了准备。

● ● ● ● ● ●

相关研究
一项针对三年级学生的小型研究发现，尽管读文本中的对话会导致阅读速度变慢且准确性降低，但孩子读对话时记住的内容比读叙事部分时记住的内容要多。孩子在模仿文中人物说话时，更加关注语音、语调和停顿，这样可能更容易记住对话内容，但认知负担也会增大（Cohen, Krustedt, & May, 2009）。

策略描述 当你看到故事中的对话时，不仅要注意人物说了什么，还要注意人物是怎么说的。有时候，作者只会简单地写一个"说"字。但如果作者写了人物是怎么说的（如"轻声说""喊道""恳求道"），你就应该让自己的语气与作者的描写相符。

这样给孩子讲解 有一天，我给我女儿读了一本书。那是一本我们没有读过的书，所以我不知道故事情节。读着读着，我看到一段对话。我当时想，根据到目前为止故事的发展，我觉得人物应该是在呼救，所以我就用这样的语气读（大声读）："你能帮帮忙吗？"但后来我注意到，在后引号后面，作者告诉了我该怎么读这句话——对话提示词是"乔纳斯轻声说"。于是我跟女儿道歉："抱歉，我读错了！"然后我回过头用这样的语气重新读了一遍（轻声读）："你能帮帮忙吗？"这个小小的语气变化让我开始对这个人物、他的感受以及故事中发生的事情有了不同的看法。他不是大喊着求救——大喊意味着不耐烦，甚至可能是恼怒。而低声的乞求听起来很绝望。对话提示词非常重要，能够帮助我们理解人物是怎样说话的，从而更好地理解故事。

这样给孩子提示

● 看看对话提示词。现在按作者的意思来读。
● 好，你注意到对话提示词了。那么，你现在对这个人物有什么看法？
● 对话提示词说的是 ____，但你读起来却是 ____。再试一次吧。
● 给我展示一下你会怎么读。

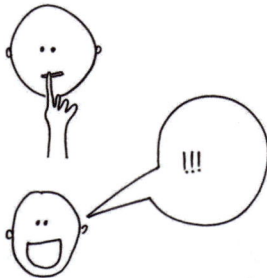

注意人物是怎么说话的

轻声说

大声说   喊道

"你能帮帮忙吗？"她恳求道.
"你能帮帮忙吗？"她大喊道.   有什么不同？

4.21 让自己的语气与人物的感受相符

策略描述 想一想文中人物的感受。想象一下当你有相同感受时你的语气会是怎样的。阅读书中的对话或叙述部分，让你的语气与人物的情感相符。

策略使用小贴士 你可以根据阅读者的水平调整本策略。如果孩子阅读的是有大量图画的书，你可以提示孩子查看图画，观察人物的面部表情，然后让他们的语气与人物的感受相符。如果孩子阅读的是没有插图的书，你可以提示他们根据人物说的话或做的事来推断人物的感受。孩子首先需要进行推理，然后才能调整自己的语气。（如果你想了解更多有关如何教孩子推断人物感受的内容，请参见第六章。）

这样给孩子提示

- 这个人物有什么感受？
- 这个人物说话时听起来是怎样的？
- 你的声音听起来很____（伤心／开心／生气）。
- 看看对话提示词，它能帮助你理解人物的感受吗？现在让你的语气听起来像文中人物的语气。

让你的语气与人物的感受相符

卢卡生病了，大家都为此感到难过。

他们交谈时，艾莉意识到自己真的不再害怕了。

技能进展

能够阅读含有更长短语的句子，熟悉句中和句末标点，已经为基于上下文理解文意和进行强调性重读做好了准备。

●●●●●●

延伸阅读

Comprehension from the Ground Up: Simplified, Sensible Instruction for the K-3 Reading Workshop (Taberski, 2011)

相关研究

在接受了有关引语的用法的明确指导后，一组二年级学生掌握了更多恰当表达文中人物感受的策略，包括关注插图、故事情节、"吸引人眼球的词语"、文字的特殊格式（如粗体、斜体、大写）和标点符号，以及个别句子的语法（French，2012）。

4.22 让自己的语气与文本的类型和主题相符

目标技能

- 自我监控
- 情感表现
- 把握阅读速度

技能进展

能够阅读含有更长短语的句子，熟悉句中和句末标点，已经为基于上下文理解文意和进行强调性重读做好了准备。

● ● ● ● ● ●

相关研究

在一项针对二年级阅读者的研究中，研究人员发现，良好的韵律感能够促进阅读理解。不同水平的阅读者都利用韵律感来帮助他们理解更难的文本（Benjamin & Schwanenflugel，2010）。不同类型的文本需要不同的语调和情感表现方式（Kuhn，Schwanenflugel，& Meisinger，2010）。

策略描述 在练习提高阅读流利度时，你要关注书中发生了什么、你从中学到了什么，或者作者想要表达什么。注意文本的类型，以及你对如何朗读这种文本了解多少。确保你的语气与文本的类型和主题相符。

这样给孩子讲解 阅读时，关注你所阅读的文本的类型以及作者要表达什么，这一点很重要。让你的语气与文意相符。我们来练习阅读几种不同的文本。第一种是朱诺·狄亚兹写的故事书《岛国的孩子》（*Islandborn*，Díza，2018）。书里有这样一句话："你知道，劳拉喜欢画画，但她在还是个婴儿的时候就离开了岛屿，所以她什么也不记得。"读到这句话时，我会想下她身处异国他乡的感受。因为这是叙事类文本，我将用电影旁白的语气描述正在发生的事情，但是我会用一种悲伤的语调来表现劳拉的感受。下面来看另一种文本——马丁·詹金斯的《我们能救老虎吗？》（*Can We Save the Tiger?*，Jenkins，2011）。这是信息类文本，作者呼吁人们采取行动保护动物。来看第一页的最后两句话："事实上，有些动物受到的伤害太严重，它们已经不存在了。它们已经灭绝了。"我该用什么样的语气来读这两句话？我想表达作者和我对濒危动物的担忧。此外，我会慢慢地读最后一句话，并把"灭绝"这个词读得重一些，让自己的语气与作者通过短小精悍的句子传达的情感相符。

这样给孩子提示

- 这是什么类型的文本？展示一下你会怎么读。
- 你的语气与故事内容相符吗？
- 我看得出来，你读的时候考虑了文本的类型。
- 你的语气与故事传达的情感相符！

美国学生阅读技能训练：第2版

4.23　像导演那样读剧本

策略描述　读剧本中的对话时，你在哪里停顿以及用什么样的语气来读，可能会影响你对文意或剧中人物的理解。将之前读过的剧本再读一遍，这次要密切关注人物和上下文（情节、背景），仔细阅读舞台指导，并考虑好在什么地方停顿以及带着什么表情来读。

这样给孩子讲解　在读剧本时，你要像导演一样思考，决定你将如何演绎你所扮演的人物，这一点非常重要。务必多读几次，密切关注情节、语气、标点符号和舞台指导等所有可以帮助你扮演好你的角色的信息，这样你才能真正理解故事内容，决定如何通过对话来演绎。例如，根据上下文，你可以判断出剧中人物说的话是带着讽刺意味的还是仅仅表达了字面意思；或者你可以解读出紧张气氛，并决定用急促的语气来读对话；如果剧中人物表现出了分心或疲倦，对话中可能会有很多额外的停顿，你甚至可以决定在哪里停顿以达到喜剧效果。

策略使用小贴士　对初级水平的双语学习者、有阅读障碍的孩子和其他需要额外帮助的孩子（Keehn，Harmon，& Shoho，2008）来说，如果教师或其他成年人能给他们示范如何朗读文本，可能会对他们有所帮助（Clark，Morrison，& Wilcox，2009；Lekwilai，2014）。

这样给孩子提示

- 你想展现这个角色的哪些方面？
- 在这个场景中要使用什么语气？你要如何改变读对话的方式来体现出相应语气？
- 尝试在另外一个地方停顿。你认为在哪里停顿与这个场景要表达的意境相符？

剧本　做自己的导演

人物有什么样的经历？

故事背景是什么？

这些是舞台指导吗？

技能进展

能够阅读含有更长短语的句子，熟悉句中和句末标点，已经为基于上下文理解文意和进行强调性重读做好了准备。

● ● ● ● ●

相关研究

一项关于孩子英语学习行为的研究（Liu，2000）以及另一项针对研究者称之为"阅读困难者"的孩子的研究（Tyler & Chard，2000）发现，"读者剧场"是一种具有激励作用的教学方式，既能促进阅读理解，又能提升阅读流利度，这是因为，在这种教学方式下，孩子必须努力解读文意，并基于自己的解读进行表演。

目标技能

- 自我监控
- 断句
- 把握阅读速度

技能进展

能够阅读含有更长短语的句子，熟悉句中和句末标点，已经为基于上下文理解文意和进行强调性重读做好了准备。

● ● ● ● ●

相关研究

课堂教学研究发现，阅读诗歌和歌曲有助于提升阅读流利度以及实现其他阅读目标，包括提高解码能力、阅读准确性、阅读参与度和理解力（Iwasaki et al., 2013; Nichols et al., 2018）。

策略描述 多次阅读一首诗，以理解它要表达的意思。根据行和节的分割、标点符号、文字的特殊格式，最重要的是根据诗歌要表达的意思，来确定在何处停顿比较合适。用不同方式大声朗读几次，直到听起来读得正确为止——朗读方式要与诗歌要表达的意思相符。

这样给孩子讲解 诗人所做的一切都是有意为之——布局、断句、标点符号（有些诗歌有，有些没有）。通常来说，阅读散文的方法并不适用于诗歌，因此，读诗歌时想要知道何时停顿需要更多的解释。有时候，在看到空白处（换行符、分节符）或者作者在行内留下的空格时，你需要停顿。有时候，你可能会看到大写字母或斜体字，表示有转折并暗示要停顿。还有时候，诗人可能会使用与其他文本中一样的标点符号。无论如何，你要利用诗歌要表达的意思来决定如何朗读。

策略使用小贴士 本策略最适用于自由诗。你可以将需要读者更多地体会和诠释作者要表达的意思的诗，如《没有风》（*There Was No Wind*，Nye，2008），与兰斯顿·休斯（Langston Hughes）的《四月雨歌》（*April Rain Song*）这样的诗进行比较。在《四月雨歌》中，每一行字都像一个句子（尽管没有句末标点），明确地告诉我们阅读时需要在行末停顿。要记住，有些诗人在分割行和节时更多考虑的是视觉效果，而不是为了帮助阅读者阅读，所以，在寻找有意义的停顿时，要首先考虑诗歌要表达的意思。

这样给孩子提示

- 寻找换行符、分节符或标点符号来帮助你决定在何处停顿。
- 这首诗是关于什么的？阅读时要记住这一点。
- 在哪里停顿是有意义的？
- 你的停顿是否与诗歌要表达的意思相符？

寻找诗歌中的停顿处

注意
◉ 换行符
◉ 分节符
◉ 标点符号

思考 ⋯

我的朗读方式与诗歌要表达的意思相符吗？

4.25 借助韵律阅读诗歌

策略描述 注意诗歌中的同韵词。利用韵律来帮助你找到节拍，然后决定你将如何阅读。你会在读到同韵词的时候停顿吗？还是在同韵词后面停顿？或是把同韵词读得重一些？多读几遍，直到听起来正确为止。

这样给孩子讲解 2017年，12岁的索利·拉斐尔（Solli Raphael）获得澳大利亚诗歌大赛冠军，成为该奖项最年轻的冠军获得者。当你听他朗诵他的诗歌时，你会注意到一种有助于提升他朗读表现的韵律和节拍。这种韵律在某种程度上与押韵有关——他会将同韵词读得慢一些或重一些，有时甚至会在同韵词及其后的第一个词后面停顿。（播放朗读视频，并提醒孩子注意听同韵词。）

Evolution/confusion/contribution/solution/evolution（进化 / 混乱 / 贡献 / 解答 / 进化）

Survive/alive（存活 / 活着）

Buyer/admire/desire/high wire（买家 / 钦佩 / 渴望 / 高空绳索）

接下来欣赏一下杰西·奥利弗（Jesse Oliver）的诗。他的诗中也有类似的押韵方式。你注意到如何借助同韵词有节奏地朗读，进而停顿、表达和强调了吗？（播放朗读视频，并提醒孩子注意听这些词是如何押韵的。）

Guys/high/why（家伙 / 高 / 为什么）

Diplomacy/potency（外交 / 影响力）

Silenced/seldom/seen/scene（沉默的 / 很少 / 看见 / 场景）

策略使用小贴士 上面列举的诗歌非常适合中小学阅读者。对于年龄较小的阅读者，可以考虑选一些较为熟悉的儿歌和歌曲。

这样给孩子提示
- 试着找找这首诗的韵律。
- 有节奏地朗读，注意同韵词。
- 遇到同韵词时，你会把它读得重一些吗？会读得慢一些吗？

注意 韵律

你会读得慢一些吗？

你会停/顿/吗？

你会读得重一些吗？

★ 试着多读几遍，直到听起来正确为止。

目标技能
- 自我监控
- 断句
- 情感表现
- 强调性重读
- 把握阅读速度

技能进展

能够阅读含有更长短语的句子，熟悉句中和句末标点，已经为基于上下文理解文意和进行强调性重读做好了准备。

相关研究

一些研究人员对一组小学低年级学生的语言韵律敏感度与其阅读能力发展之间的联系进行了探索，他们发现，通过孩子的语言韵律敏感度能够预测他们一年后在阅读流利度测试中单词识读和断句技能的差异（Holliman, Wood, & Sheehy, 2010）。

第五章

目标 5

理解情节和背景

◎ 这个目标为什么很重要?

要想帮助孩子全身心沉浸在书中、享受阅读带来的乐趣,就必须让他们了解书里发生了什么事情,理解这些事情是如何相互联系形成连贯的情节的;他们还需要知道事情发生在哪里,并基于所读内容在脑海中形成画面。

虚构的故事往往包含有关冲突及其解决方法的情节,且故事的情节逐渐推进(Burroway,2003)。即使是真实的故事,作者要讲述哪些事情、剔除哪些事情,也是经过深思熟虑的,以使叙述合乎逻辑,吸引读者。无论故事是完全虚构的还是基于现实的,当阅读者明确直观地学习了常见的故事结构和故事情节中存在的一些规律时,他们便能更好地预测、记忆和回忆故事中发生的事,从而理解故事(Dickson,Simmons,& Kameenui,1998;Fitzgerald & Teasley,1986;Pearson & Fielding,1991;Renz et al.,2003;Short & Ryan,1984)。这种明确的教学对那些在阅读理解方面有困难的孩子来说尤其重要(National Reading Panel,2000)。

故事背景，即故事发生的时间和地点，不仅仅是"重要事件发生的背景"，它还支撑着情节的发展（Burroway，2003，p.129）。阅读者必须在脑海中想象出背景的画面，才能明确故事走向。事实上，研究发现，能够理解故事内容的阅读者通常富有想象力，他们主动识别并将注意力集中到文本最重要的信息上，将文本中的信息与他们的背景知识联系起来，并在大脑中将信息组织起来（National Reading Panel，2000；Pressley，2002a；Sadoski & Quast，1990；Woolley，2010）。随着他们阅读的文本变得更加复杂，阅读者还应该思考故事背景的重要性以及它如何影响书中的人物和事件。

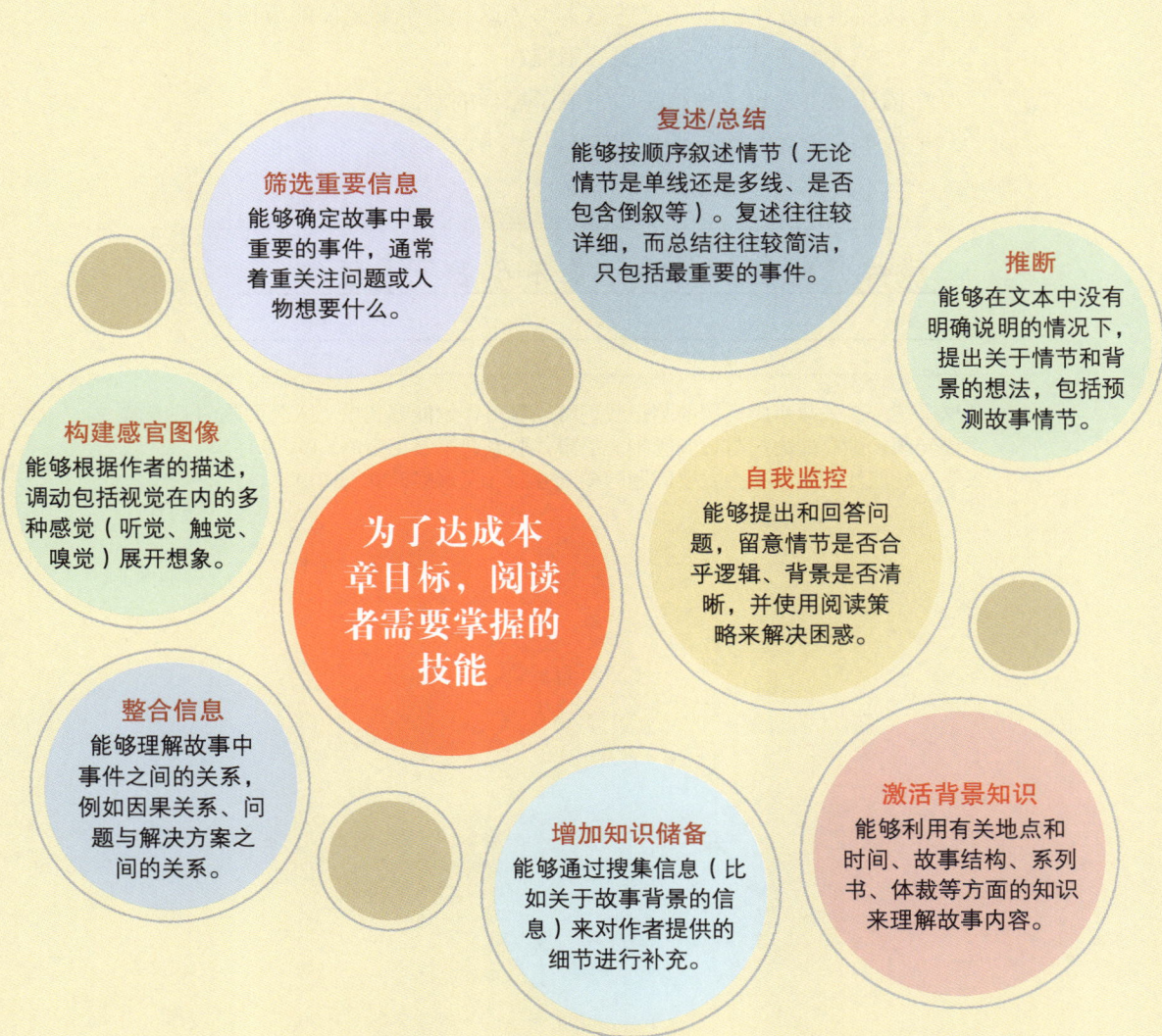

复述/总结
能够按顺序叙述情节（无论情节是单线还是多线、是否包含倒叙等）。复述往往较详细，而总结往往较简洁，只包括最重要的事件。

筛选重要信息
能够确定故事中最重要的事件，通常着重关注问题或人物想要什么。

推断
能够在文本中没有明确说明的情况下，提出关于情节和背景的想法，包括预测故事情节。

构建感官图像
能够根据作者的描述，调动包括视觉在内的多种感觉（听觉、触觉、嗅觉）展开想象。

自我监控
能够提出和回答问题，留意情节是否合乎逻辑、背景是否清晰，并使用阅读策略来解决困惑。

为了达成本章目标，阅读者需要掌握的技能

整合信息
能够理解故事中事件之间的关系，例如因果关系、问题与解决方案之间的关系。

增加知识储备
能够通过搜集信息（比如关于故事背景的信息）来对作者提供的细节进行补充。

激活背景知识
能够利用有关地点和时间、故事结构、系列书、体裁等方面的知识来理解故事内容。

◎ 这个目标是否适合孩子?

为了评估孩子对情节和背景的了解情况，可以让孩子回应与文本相关的提示语和问题，然后评估他们的回应质量。文本可以是短篇文本（如短篇故事、小绘本、儿童杂志中的一篇文章），也可以是长篇文本（如章节书）；可以是你选择的或孩子选择的文本；可以由你朗读或者由孩子自主阅读。你可以在故事的关键点上设置问题让孩子回答，或者要求他们读完整个故事后，用做笔记或口述的形式回应。

以下是为了达成本章的目标你可以使用的一些提示语和问题。

- 按照事情发生的顺序复述这本书 / 这一章中最重要的事情。
- 文中人物遇到了什么问题 / 困难?
- 描述故事背景。你脑海中生成了怎样的画面?
- 故事背景对人物有什么影响?

> 蟾蜍想独处的时候，是不会丢下青蛙的。

从这个孩子有关故事中问题的笔记我们可以看出，她能够找出主人公面临的主要问题。她有能力把与该问题相关的事件联系起来（见策略5.16、5.18），最终，她能注意到故事中主要问题的多个方面（见策略5.20、5.21）。

日本真的炎热又潮湿，但是太阳下山时，夕阳真的很美。大畑川有很多灯笼，烛光很明亮。

读了这个孩子针对背景做的笔记，我注意到他能够确定故事的地点（日本的大畑川）和时间（日落时分），并提供一些细节（"炎热又潮湿"），这表明他可以根据所读内容想象画面。他已经有能力根据背景进行推断，例如背景如何影响基调、人物或情节（见策略5.27~5.32）。

练习本章策略时可以使用哪些文本？

　　本章的阅读策略能帮助孩子阅读各种类型、各种形式的有情节和背景的叙事类文本，无论是虚构的（如历史小说、推理小说、现实主义章节小说、图像小说），还是非虚构的（如传记、史书）。当孩子刚开始朝着以上目标努力时，应该从阅读较短的叙事类文本（如虚构绘本、传记绘本、适合初级阅读者的章节书等）开始，这些文本情节比较简单； 从有插图的文本（如绘本、图像小说等）开始也是不错的选择，这些文本有助于阅读者根据所读内容想象画面。当要练习更复杂的策略（从策略5.23开始）时，孩子就需要阅读情节和背景更复杂的叙事类文本了。

◎ 如何帮助孩子理解情节和背景？

在评估了孩子对文本情节和背景的口头或书面回应后，你可以选择一些阅读策略来提高他们这方面的技能。对于这些策略，你可以给孩子示范如何使用，也可以让他们跟你一起练习，或者让他们独立使用。

"技能进展"部分可以帮助我们确定孩子现在处于什么水平，以及接下来可能会如何发展。你可以使用下页的"技能进展及对应策略一览表：理解情节和背景"评估孩子的阅读情况，并找到能帮助他们取得进步的策略。

技能进展及对应策略一览表：
理解情节和背景

如果孩子……	你可以教他们……
需要外界帮助来讲述和想象故事背景、理解某一页上或故事的某一时刻发生了什么以及情节是如何展开的。已经准备好对情节简单的故事进行复述或总结。	5.1 浏览，观察，复述 5.2 总结重要内容 5.3 想一想：谁在说话? 5.4 问问自己："我在哪里?" 5.5 绘制故事背景地图 5.6 调动感官 5.7 了解更多关于故事背景的信息
能够按照事情发生的顺序复述故事，但讲述的细节可能过少或过多。已经为确定故事中人物要解决的主要问题或做事动机以及与之相关的最重要的情节做好了准备。	5.8 了解书的结构：书里有一个故事还是多个故事? 5.9 发挥标题的作用 5.10 从封底简介中获得帮助 5.11 先浏览，后预测 5.12 预测系列书的情节 5.13 根据体裁预测情节 5.14 通过故事要素找出人物面临的问题 5.15 通过人物的反应找出人物面临的问题 5.16 用"故事山"模型进行总结 5.17 根据人物的愿望进行总结 5.18 用"人物……想要……但是……于是……最后……"的句式来总结 5.19 记录每一章的主要事件
能够发现故事中的问题，已经准备好深入思考故事中的问题（包括内在问题和外部问题），并追踪在故事结尾它们是如何得到解决的。	5.20 关注内在问题和外部问题 5.21 追踪问题的发展过程 5.22 关注问题是解决了还是被接受了
能够按顺序复述故事，已经准备好复述或总结情节更复杂的故事（比如时间跨度大的故事、运用了铺垫和倒叙等手法的故事），或者通过推断来确定主题或复述故事。	5.23 根据主题进行总结 5.24 标出倒叙和插叙内容 5.25 制作双线（或多线）"故事山" 5.26 追踪情节的起伏变化
能够想象并描述故事背景，已经准备好基于故事背景做出推断，比如故事背景是如何对故事的基调、人物或情节产生影响的。	5.27 思考故事背景对情节的重要性 5.28 思考故事背景对人物的影响 5.29 注意关于故事背景的知识缺口 5.30 借助附加信息深入理解文本 5.31 分析历史背景 5.32 考虑背景的层级：微观、中观、宏观
已经准备好凭借自己有关故事类型的背景知识来分析故事情节是如何遵循某些文学传统的，或者作者对情节的选择是如何与经典故事的风格对应的。	5.33 借助基本的故事类型思考故事情节 5.34 在对比情节时考虑文学传统

5.1 浏览，观察，复述

策略描述 当你读完一本书想要回过头复述时，你可以找到最初有重要事情发生的那一页，用手指指着并浏览这一页，观察这一页上的图片，复述发生了什么。然后翻页，直到找到接下来有重要事情发生的那一页，重复以上步骤：浏览，观察，复述。以此类推，直到复述完整本书。

策略使用小贴士 如书中所写，本策略最适合那些只能阅读并复述绘本或短篇初级读物的孩子。对于能够阅读桥梁书或页数更多的章节书的孩子，你可以调整一下，教他们（在阅读中或阅读后）用便利贴"标记"发生重要事情的页面，然后用手指指着并浏览带有便利贴的页面，按顺序复述书中的重要事件。同时，务必查看本章后面的策略，它们能帮助孩子应对更具挑战性的情节结构（策略5.24~5.26）。

这样给孩子提示

- 用手指指着浏览这一页。最先发生了什么事情？
- 观察图片，想一想这里发生了什么。
- 找到有重要事情发生的那一页。
- 记住，不需要浏览每一页，只需浏览有重要事情发生的那一页。

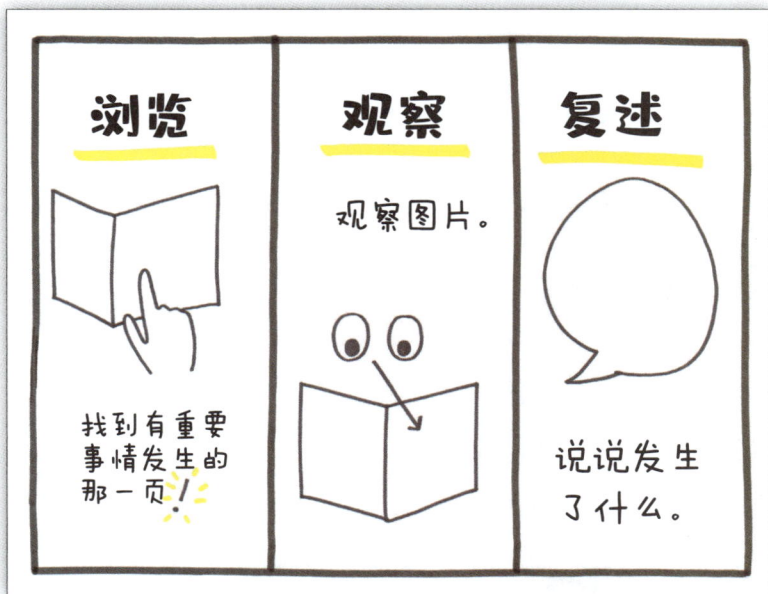

目标技能

- 筛选重要信息
- 复述

技能进展

需要外界帮助来讲述和想象故事背景、理解某一页上或故事的某一时刻发生了什么以及情节是如何展开的。已经准备好对情节简单的故事进行复述或总结。

相关研究

把图书当作一种"触觉脚手架"可以让幼儿更专注地记忆关键事件、按时间顺序复述，从而提高复述质量（Reed & Vaughn, 2012）。

5.2 总结重要内容

目标技能
- 筛选重要信息
- 总结

策略描述 说一说主要人物是谁、故事发生在哪里。分别用一句话讲一讲故事的开头、中间和结尾。

这样给孩子讲解 我们来复述一下《爸爸有辆摩托车》（*My Papi Has a Motorcycle*，Quintero，2019）这个故事。先从人物开始："这是关于一个小女孩和她的木匠爸爸的故事。"现在复述故事的背景。在这个故事中，随着时间的推移，背景发生了一些变化，所以我会这样说："他们从家出发，然后骑着摩托车在城市中穿行。"现在讲一讲故事的开头："在故事的开头，她的爸爸下班回家，他们骑上摩托车去兜风。"现在讲一讲故事的中间部分。中间有很多页，最重要的是什么呢？也许我们可以总结一下中间发生的事情："在中间部分，他们骑着摩托车经过了很多熟悉的地方，比如市场、刨冰店、她的祖父母家等。"现在讲一讲故事的结尾。整个故事是如何结束的呢？"他们骑车回到家，一起享用了一份刨冰。"

技能进展

需要外界帮助来讲述和想象故事背景、理解某一页上或故事的某一时刻发生了什么以及情节是如何展开的。已经准备好对情节简单的故事进行复述或总结。

●○○○○○

策略使用小贴士 本策略既适合阅读较短篇幅文本（如绘本、初级读物）的孩子——帮助他们复述整本书的内容，也适合阅读较长篇幅文本（如章节书或传记）的孩子——帮助他们复述某一章节的内容。

这样给孩子提示
- 从人物和背景开始讲起。
- 用一句话讲一讲开头发生的最重要的事情。
- 你能讲得更简短一些吗？
- 中间发生的最重要的事情是什么？

相关研究

研究表明，一年级孩子若接受过明确的指导，知道如何在真实文本中找到关键的故事要素（如人物、背景和情节），那么相较于对照组中的同龄人，他们在筛选重要信息、按时间顺序复述更长的故事时会表现得更出色，他们还更有可能认识到寻找关键要素在阅读叙事类文本时的重要性（Baumann & Bergeron，1993）。

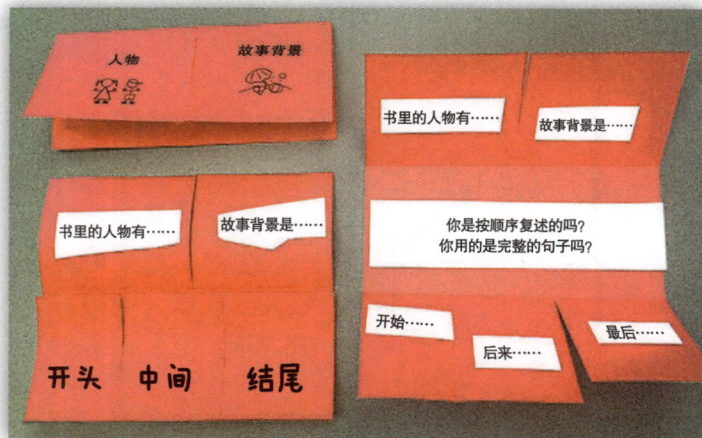

美国学生阅读技能训练：第2版

5.3 想一想：谁在说话？

策略描述 试着想象故事场景中的人物形象。在阅读对话时，想象一下是谁在说话。当看到另起一行、跟在一个新的前引号后面的对话时——你要留意，此时说话的人已经换了——想象一下这个场景中另一个说话的人物的形象。

策略使用小贴士 追踪故事场景中谁在说话对于理解书中发生的事情至关重要。在一些故事中，作者并非总是明确指出谁在说话，这使得理解故事情节变得更具挑战性。能够推断出是谁在说话，并在没有对话提示词（例如"她说""他轻声说"）的情况下跟着对话走，这有助于阅读者追踪故事情节。

这样给孩子提示

- 你怎么知道这里是谁在说话呢？
- 描述一下你脑海中的画面。你能看到两个人在说话吗？你觉得这句话是谁说的？
- 我们往前找找，找到最后出现对话提示词的地方。从那里读起，你认为现在是谁在说话？
- 两个人会交替说话。那么，现在是谁在说话？

文本摘自《我的跑道》（*Ghost*，Reynolds，2016）。

技能进展

需要外界帮助来讲述和想象故事背景、理解某一页上或故事的某一时刻发生了什么以及情节是如何展开的。已经准备好对情节简单的故事进行复述或总结。

● ○ ○ ○ ○ ○

相关研究

研究表明，理解困难通常源于阅读者无法在脑海中构建感官图像，有学习障碍的阅读者更是如此（Bishop & Adams，1992）。然而，并非所有的阅读者都能自动构建感官图像，需要通过示范和提问来帮助他们在脑海中"看到"人物和其他故事要素（Algozzine & Douville，2004；McTigue，2010）。

目标技能

- 构建感官图像
- 推断

技能进展

需要外界帮助来讲述和想象故事背景、理解某一页上或故事的某一时刻发生了什么以及情节是如何展开的。已经准备好对情节简单的故事进行复述或总结。

●○○○○○

相关研究

研究发现，指导不太熟练的阅读者从文本中寻找线索，从而找出（隐含的）特定的地点和事件，这一做法有助于他们做出更多的推断（Yuill & Joscelyne，1988）。

策略描述　阅读章节书时，要注意每一章开头的一句或几句话以及插图，它们可能会透露有关故事背景的信息。确保自己清楚地知道这一章里的事情发生在什么地方。开始读新的一章时，思考一下人物是如何从上一章所设定的背景来到这一章的背景中的。

这样给孩子讲解　阅读章节书时，你可能需要在每一章的开头或翻页的时候放慢速度，仔细观察插图（如果有的话），仔细揣摩语句，以便了解人物在什么地方、到达那里的时间以及他是如何到达那里的。我们来看看图像小说《美生中国人》（*American Born Chinese*，Yang，2006）的作者是如何通过图片和文字告诉我们故事背景（地点和时间）的变化的。我注意到在第36页他们在教室里，而在第37页他们在教室外。书中没有叙述或对话告诉我故事背景发生了变化，所以我需要自己去推断——想象他们是如何从一个地方到另一个地方的。在这种情况下，我猜是铃声响了，他们吃了午饭，现在是课间休息时间。此外，我在书中右上角的方框中看到一些说明文字。第36页的说明文字是"两个月后……"，这可以帮助我理解第35页和第36页讲述的故事之间隔了多长时间。

策略使用小贴士　确保向孩子介绍章与章之间表示场景转换的标记，比如表示时间流逝的一连串星号或其他装饰性符号。对于阅读图像小说的孩子，为他们指出包含时间信息的提示框和对话气泡之间的区别。

这样给孩子提示

- 重读第一页。上面有没有关于这一章中重要事件发生的地点和时间的说明？
- 你觉得人物是怎么从那里到这里的？
- 你能找到说明故事场景的句子吗？
- 我注意到你认真看了这一章开头的一些线索，以此来推测新的故事背景。

美国学生阅读技能训练：第2版

5.5　绘制故事背景地图

策略描述　根据作者描写的细节和你想象的画面绘制故事背景地图。当人物从一个地点移动到另一个地点时，你可以借助地图来追踪人物的行动轨迹。每当人物到了新的地点，你可以在地图上把那个地点画出来。

策略使用小贴士　孩子在阅读故事背景复杂或陌生的书，比如奇幻小说或历史小说时，中途停下来花一些时间绘制地图对他们很有帮助。在一些书中，尤其是在奇幻小说中，作者可能会放一张故事世界的地图。对于阅读此类图书的孩子，你要引导他们关注地图，鼓励他们在阅读前先研究地图，并在阅读过程中参考地图，从而对故事背景和背景的变化了然于胸。

这样给孩子提示
- 回忆你在故事中读到的地点。画一幅地图，把这些地点画出来。
- 以这个地点为参考，另一个地点在哪里？
- 借助你的地图说一说人物在这个场景中的位置。
- 借助你的地图说一说，从这一章到那一章，人物是怎样从一个地点移动到另一个地点的。

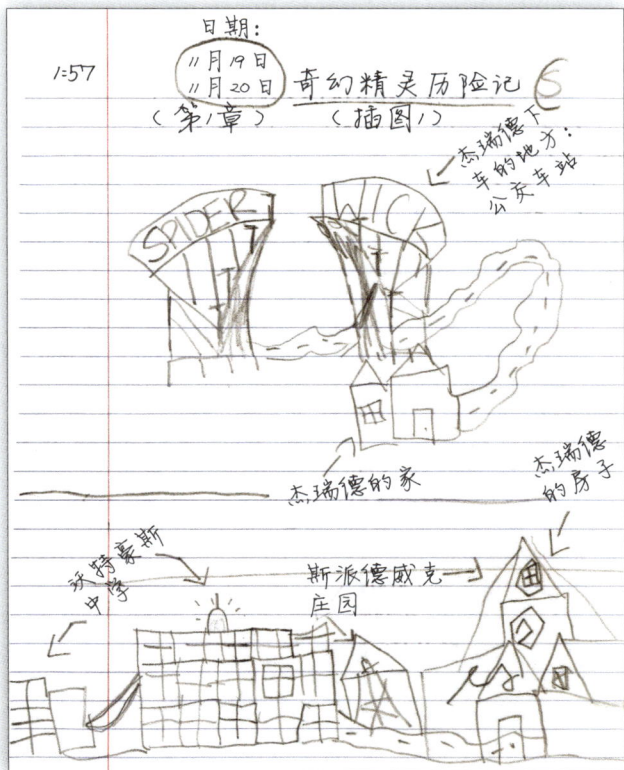

技能进展

需要外界帮助来讲述和想象故事背景、理解某一页上或故事的某一时刻发生了什么以及情节是如何展开的。已经准备好对情节简单的故事进行复述或总结。

● ○ ○ ○ ○ ○ ○

相关研究

绘制叙事类文本的背景地图是指用图示的方法展现文字所描述的空间布局（Ryan，2020）。背景地图可以帮助阅读者将文本的"语言编码"与心理图像的"非语言编码"联系起来，从而帮助阅读者深入理解所读内容与其心理表征之间的关联（Kintsch，1988；Sadoski & Paivio，2012）。

5.6 调动感官

目标技能
构建感官图像

技能进展
需要外界帮助来讲述和想象故事背景、理解某一页上或故事的某一时刻发生了什么以及情节是如何展开的。已经准备好对情节简单的故事进行复述或总结。

●○○○○○

相关研究
在一项研究中，研究人员教给了五年级学生构建感官图像的方法，指导他们在读故事时调动五种感官来想象。相比于只会运用视觉想象力的同龄人，他们能够想象出更丰富的画面，这可以从他们的书面作业看出来（Algozzine & Douville, 2004）。

策略描述 你要在阅读过程中进一步丰富你的阅读体验，不要仅仅满足于文字描述的内容。发挥你的想象力，让插图或脑海中的画面动起来。然后问问自己："在这个地方，我能听到什么？闻到什么？感受到什么？"

这样给孩子讲解 在《新生》（*New Kid*，Craft，2019）这本书的开头，我们可以看到乔丹在自己家里，他住在城里的黑人区公寓中。这些细节从插图中都能看出来。但我们可以发挥想象力让我们看到的插图或脑海中的画面像电影一样动起来。不限于用眼睛看，还可以调动其他的感官。我可以想象听到车辆行驶的声音、邻居打扫门前台阶的声音、狗叫声，想象闻到汽车尾气的味道。当乔丹去往位于里弗代尔的新学校时，我需要改变自己想象的画面。新学校所在地似乎比城里更加开阔、宽敞。我可以想象听到鸟儿叽叽喳喳的叫声、孩子的笑声和聊天声以及储物柜砰地关上的声音。我可以想象闻到新修剪的草坪的气味，感受到九月早晨温暖的阳光和微风。

这样给孩子提示
- 你看到了什么？你能让脑海中的画面动起来吗？
- 发挥你的想象力。你听到了什么？感受到了什么？
- 想象自己身处那个地方。调动你所有的感觉来描述那里的样子。
- 调动其他的感官来丰富你脑海中的画面。

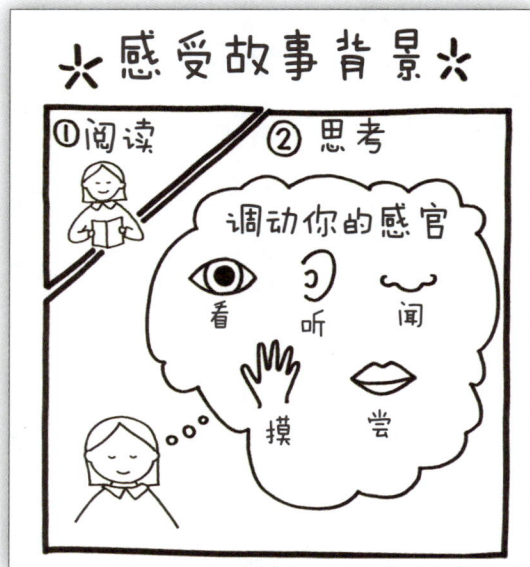

5.7　了解更多关于故事背景的信息

策略描述　试着了解你正在读的书中的故事背景（时间、地点）。你可以从其他文本、视频或图片中，或通过采访对书中的时间和地点熟悉的人来获得相关信息。增加你的背景知识储备，这样在阅读时，你就不用局限于作者的描述，可以使你脑海中的画面更加丰富多彩。

策略使用小贴士　阅读者对一个话题的背景知识储备与他们的阅读理解能力之间有很强的相关性。在出色的故事中，作者会（通过正文的叙述、注释或序言等）巧妙地设定一些背景。然而，阅读者自身的背景知识储备可能不足以使他们能够想象或理解故事背景的重要性以及故事背景对人物的影响。在孩子选择课外阅读材料时，你可以指导他们上网搜索图片和视频、寻找绘本或采访有相关经历的人，以便更好地理解和想象故事背景。

这样给孩子提示

- 你在搜索时会使用与故事背景相关的什么关键词？
- 在你的生活中谁能够描述当时／那里的情况？
- 回顾一下你了解到的有关故事背景的信息。在阅读时，你将如何利用这些信息来完善你对故事背景的想象？

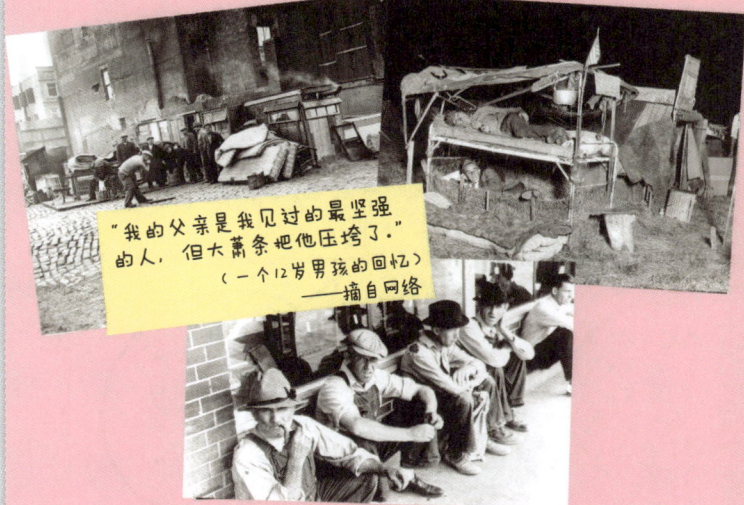

大 萧 条

"我的父亲是我见过的最坚强的人，但大萧条把他压垮了。"
（一个12岁男孩的回忆）
——摘自网络

目标技能

- 增加知识储备
- 构建感官图像

技能进展

需要外界帮助来讲述和想象故事背景、理解某一页上或故事的某一时刻发生了什么以及情节是如何展开的。已经准备好对情节简单的故事进行复述或总结。

● ○ ○ ○ ○ ○

相关研究

在一项关于年龄对推断能力影响的研究中，研究人员发现，在理解文本的过程中，易于提取的知识被调用的概率是其他知识的两倍（Barnes，Dennis，& Haefele-Kalvaitis，1996）。有研究表明，了解有关故事背景的信息可以提高阅读者复述故事的能力，使阅读者更容易理解故事内容（Harris et al.，1980）。

目标技能
整合信息

技能进展
能够按照事情发生的顺序复述故事，但讲述的细节可能过少或过多。已经为确定故事中人物要解决的主要问题或做事动机以及与之相关的最重要的情节做好了准备。

● ● ○ ○ ○ ○

相关研究
在典型的叙事类文本中，文中人物需要先解决贯穿于情节中的多个问题，这样最终的问题才能得以解决，或者他们的愿望才能得以实现。研究表明，年幼的孩子通常很难看出这些情节之间的因果关系（van den Broek, 1989）。因此，指导孩子如何对故事情节有更多的了解可能对他们有所帮助。

策略描述　读完第一章之后想一想："这一章的主要问题解决了吗？如果主要问题解决了，那么下一章应该是关于同一个人物的新故事，会有新的问题和解决方法；如果主要问题没有解决，那么故事可能会在下一章继续展开，问题直到最后才会得到解决。

- -

这样给孩子讲解　你已经开始阅读章节书了！你看，"普特先生和虎斑猫"系列（Mr. Putter and Tabby series，Rylant，1994—2016）、"青蛙和蟾蜍"系列、"亨利和玛奇"系列、《乔乔·马库恩斯：曾经最好的朋友》（*Jo Jo Makoons*：*The used-to-be best friend*，Quigley，2021）、"米妮和哞哞"系列（Minnie and Moo series，Cazet，1998—2007）和"娅斯敏"系列……有这么多好书等着你！在你准备读这些书时，我想提醒你，有时你可能会遇到一些棘手的问题。这些书的结构有所不同：有些章节书是由一系列故事组成的，有些是把一个长长的故事分成好几个部分。而且，同一系列中的书有时结构也不同。

- -

这样给孩子提示

● 这个故事的主要问题是什么？
● 你读完这一章了。问题解决了吗？
● 你开始读新的一章了。这一章是在讲一个新故事还是继续围绕原来的故事展开？
● 是的，新问题意味着新故事。

书里有一个故事还是多个故事？

《青蛙和蟾蜍：好朋友》

1. 春天到了
2. 讲故事
3. 一颗遗失的扣子
4. 那天他们去游泳
5. 等信

《亨利和玛奇：可怕的夜晚》

1. 去祖母家
2. "你好，宝贝"
3. 许多美景
4. 可怕的夜晚

你是怎么知道的？

每一章讲的都是不同的故事，如"讲故事""一颗遗失的扣子"等，因此，要解决的问题也不同。
——梅拉妮

所有章节都在讲一个主要问题——去祖母家，他们要在一个新的地方过夜。
——乔纳斯

5.9　发挥标题的作用

策略描述　在阅读过程中要牢记书名或章节标题，要特别关注与标题相关的事件。

这样给孩子讲解　不管什么书，标题都是作者精心拟定的。在一些章节书中，标题可能非常明确地讲了主要问题，或与主要问题密切相关。例如，"娅斯敏"系列中的《建筑师娅斯敏》（*Yasmin the Builder*）这本书讲述了娅斯敏在学校需要为一个建筑项目贡献自己的想法，但她遇到了很多困难，书中最重要的事都与她解决这个问题相关。《富有》（*Rich*）是"戴雅蒙德·丹尼尔"系列（Dyamonde Daniel series，Grimes，2009—2012）中的一本书，讲述了戴雅蒙德想通过参加图书馆举办的诗歌比赛赢得100美元奖金让自己变得富有，但当她得知她的同学住在收容所里时，她的金钱观发生了变化。你还可以从章节标题中获得提示。来看《一定是多明吉塔：披风骑士》（*Definitely Dominguita: Knight of the Cape*，Jennings，2021）这本书。第一章的标题是"一个挑战"，读完这一章后，你应该会知道这个挑战是什么；第二章的标题是"一个问题"，读完这一章后，你要看看自己是否知道是什么问题。

策略使用小贴士　注意，适合初级阅读者的章节书的书名通常是人名或绰号。随着所读文本的内容变得复杂，阅读者可能会疑惑"书名为什么是这样的？"，直至读到最后才能将疑惑解开。在较复杂的章节书中，章节往往只是简单地用数字或字母编号而不使用标题；如果有章节标题，它们可能更具象征意义或与主题相关，如《风中的玫瑰》（*Esperanza Rising*，Ryan，2000）的章节标题。

这样给孩子提示

- 你能从标题看出要解决的问题是什么吗？
- 人物遇到的问题是如何与标题联系起来的？
- 你在书中的什么地方找到了这个问题？我们来看看它是否与标题相符。
- 牢记标题。这一章最重要的部分是哪部分？

目标技能
筛选重要信息

技能进展

能够按照事情发生的顺序复述故事，但讲述的细节可能过少或过多。已经为确定故事中人物要解决的主要问题或做事动机以及与之相关的最重要的情节做好了准备。

● ● ○ ○ ○ ○

相关研究

通过标题（Title，简写为T）寻找关于故事情节的线索是一种名为"分辨是真实的还是虚构的"（TELLS Fact or Fiction，Idol-Maestas，1985）的预读方法的第一步。后面几步依次是查看（Examine，简写为E）和浏览页面去寻找（Look for，简写为L）线索，寻找（Look for，简写为L）重要词语和比较难理解的词，思考故事背景（Setting，简写为S）。如果解码能力较强的阅读者在教师指导下按以上步骤预读，那么他们的理解能力将有所提高。

从标题中获得提示

娅斯敏在学校要为一个建筑项目贡献自己的想法，但她遇到了困难。《建筑师娅斯敏》

戴雅蒙德想通过参加图书馆举办的诗歌比赛赢得100美元奖金让自己变得富有，但当她得知她的同学住在收容所里时，她的金钱观发生了变化。"戴雅蒙德·丹尼尔"系列《富有》

《一定是多明吉塔：披风骑士》

第一章 一个挑战　读完这一章后，你应该会知道这个挑战是什么。

第二章 一个问题　读完这一章后，你要看看自己是否知道是什么问题。

5.10 从封底简介中获得帮助

目标技能
- 筛选重要信息
- 激活背景知识

技能进展

能够按照事情发生的顺序复述故事，但讲述的细节可能过少或过多。已经为确定故事中人物要解决的主要问题或做事动机以及与之相关的最重要的情节做好了准备。

● ● ○ ○ ○ ○

相关研究

阅读简介能让孩子对文本中的重要概念、术语和概念性框架有一个大概的了解，可以帮助他们理解没有接触过的阅读材料。在一项针对五年级学生的研究中，研究人员在对比了各种预读策略后发现，当教师为孩子提供能够帮助他们理解文本的信息时，孩子的理解力会得到提高（Dole et al., 1991）。

策略描述 读一读这本书封底（或勒口上）的简介，问问自己："这段文字中是否有关于这本书的体裁或结构的线索？有关于这个故事中最重要的问题的提示吗？主要人物可能会面临的问题是什么？"

策略使用小贴士 一本书的简介不可能包含下表中所有的信息类型。与孩子一起研究各种书的封底简介，帮助他们留意并说出在封底简介中经常出现的信息类型。

文本结构或编排形式	弄清楚你读的书是怎么编排的。例如，如果简介上写着"五个精彩的故事……"，你就知道这本书包含了几个不同的故事。你还可以获得其他有关这本书结构独特性的信息，比如书中是否有旁白，或者这本书是不是一本图像小说。
文本类型	找一找与文本类型相关的词句，比如"在这本扣人心弦的推理小说中……"或者"最优秀的历史小说……"，激活有关这种文本类型的背景知识。
主要问题	找一找关键句，比如"看一看（人物）在必须处理……时发生了什么"或者"（人物）因为……而很不开心"，它们都强调了书中的主要问题。
主题	有时候书的封底简介（或推荐语）会直接告诉你书的主题，比如"这是一个温暖人心的故事，告诉我们对他人友善的重要性"。

这样给孩子提示
- 封底简介中的信息对你有什么帮助？
- 根据你读的封底简介，这本书采用了什么样的结构？
- 你知道人物将要面临的主要问题是什么吗？
- 根据封底简介，我们来讨论一下这本书主要讲的是什么。

5.11　先浏览，后预测

策略描述　先浏览一下这本书——读一读书名、封面上的其他信息、封底简介、书的前几页。然后回忆一下你知道的关于这本书讨论的话题、体裁、系列等方面的知识，它们可以帮助你理解书里发生的事。最后对情节的发展进行预测。

这样给孩子讲解　即使你从来没有读过这本书，但你知道的可能比你想象的要多！看一看书名和封面上的图片，读一读封底的简介和书的前几页。想一想：书里是否写到你曾经去过或知道的地方？书里是否写到你的爱好或者其他你喜欢做的事情？这本书是否让你想起以前读过的书？你对这种体裁的书了解多少？如果你读的是某个系列书中的一本，那么你是否读过同系列的其他书？运用你所掌握的相关知识，思考这类书的内容可能会如何展开，对情节进行预测。

策略使用小贴士　阅读者在阅读时并不是一张白纸，他们的个人经历、文化背景以及在阅读方面积累的经验能够丰富他们的阅读体验。帮助阅读者激活背景知识有助于他们更好地理解所读文本。

这样给孩子提示

- 先浏览这本书。你读这本书时会用到哪些背景知识？
- 你之前读过这个系列的其他书，知道其他书的情节是如何发展的有助于你预测这本书的情节吗？
- 你已经知道了这本书的体裁，现在，运用你掌握的有关这种体裁的知识来预测接下来会发生什么。

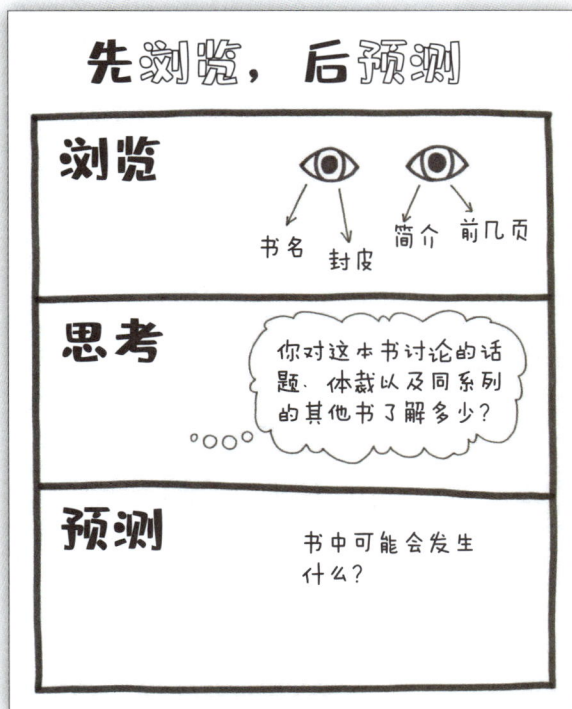

目标技能

- 激活背景知识
- 推断

技能进展

能够按照事情发生的顺序复述故事，但讲述的细节可能过少或过多。已经为确定故事中人物要解决的主要问题或做事动机以及与之相关的最重要的情节做好了准备。

●●○○○○

相关研究

在一项小型经典研究中，汉森通过视觉隐喻让二年级学生意识到，他们的背景知识是理解以前未接触过的文本的有效工具，从而帮助他们进行推断。研究人员先询问孩子有什么先验知识，然后提醒他们在故事中可能会发生类似的事情，引导他们猜测。与对照组的孩子相比，实验组的孩子在阅读理解能力评估中有更好的表现（Hansen, 1981）。

目标技能
- 激活背景知识
- 推断

技能进展

能够按照事情发生的顺序复述故事，但讲述的细节可能过少或过多。已经为确定故事中人物要解决的主要问题或做事动机以及与之相关的最重要的情节做好了准备。

● ● ○ ○ ○ ○

相关研究

研究表明，桥梁书包含难度与孩子的能力水平相符的词汇和插图（这有助于孩子理解），情节单一，篇幅短小，读这类书对刚开始自主阅读的孩子来说有很多好处（Liang & Lowe, 2018; McGill-Franzen & Ward, 2018）。此外，尽管桥梁书中公式化的情节使其易于理解和记忆，但孩子仍然可以用这类书来练习推断和其他可以提升理解力的重要技能（Greenlee, Monson, & Taylor, 1996; McGill-Franzen & Ward, 2018）。

策略描述　当你开始阅读系列书中的一本没有读过的书时，想一想："我已经读了这个系列的其他书，那现在读的这本书中可能会发生什么呢？"想一想书中人物会遇到什么样的问题，或者会如何解决那些问题。预测一下你要读的这本书中的故事会如何展开。

这样给孩子讲解　同一个系列的书有很多相似之处，因此，读同系列中的一本没读过的书会让人感到熟悉，就像看到老朋友一样。在系列书中，许多人物都是相同的，情节的展开方式通常也相似。在读系列书时，当你已经读了其中几本，准备开始读一本新书时，你应该利用读其他几本时积累的经验来帮助自己阅读。例如，如果你正在读"我的动物寄养家庭"系列（My Furry Foster Family series, Florence, 2019—2020）中的一本书，你应该想到在每本书中，凯塔将会寄养不同的动物，她需要解决与之相关的不同的问题，帮助它们找到永久的家。了解同系列其他书的情节如何展开有助于你理解自己当前所读故事的情节的发展，从而帮助你总结重要内容和复述读过的部分，以及预测接下来可能会发生什么。

这样给孩子提示
- 根据你对这个系列其他书的了解，你觉得这本书的情节会如何发展？
- 说一说你读过的这个系列中其他书的情节要点。
- 这个系列中的书有什么相似之处？
- 现在，你已经知道这个系列中的其他书往往 ＿＿＿，这对你预测你正在读的这本书的情节有什么帮助呢？

"露西·罗斯"系列

情节是这样展开的：
- 在每本书中，露西都会谈到"从分离到离婚"的话题。
- 作者会在每本书的开头和结尾处加上日期。
- 作者总是在上一本书中提到一些下一本书中的内容。
- 前后两本书中事件发生的时间有连续性。

露西·罗斯

第1册
开始：9月
结束：次年3月

第2册
开始：6月
结束：8月

玛雅　达拉　亚历克西斯

5.13　根据体裁预测情节

策略描述　根据书名、封底简介、读者评论等来确定你读的书的体裁。问问自己："我对这种体裁的书的情节发展有多少了解？"阅读时，将你正在读的这个故事中发生的事与你根据体裁做出的大体的预测联系起来。

策略使用小贴士　本策略有助于阅读者基于自己掌握的常见体裁的知识做好阅读准备，在阅读过程中追踪情节的发展，读完后总结最重要的事件。

这样给孩子提示

- 封底简介说这是一本 ＿＿＿ 书。你对这种故事的情节发展了解多少？
- 你可以这样说："这是一本 ＿＿＿（在横线上写出书的体裁），所以我猜……"
- 利用你的背景知识来预测故事情节。

目标技能

- 激活背景知识
- 推断

技能进展

能够按照事情发生的顺序复述故事，但讲述的细节可能过少或过多。已经为确定故事中人物要解决的主要问题或做事动机以及与之相关的最重要的情节做好了准备。

●●○○○○

因为我知道这本书的体裁，所以我知道书中的情节会如何展开。

推理小说	·书中有一位侦探，肩负着解开谜团的任务。 ·他收集线索，与嫌疑人交谈，最终让事情真相大白……
奇幻小说	·书中有一位虚构的英雄，他踏上了探险之旅。 ·书中经常出现神奇生物或另一个世界，书中人物在努力寻找回家的路。
历史小说	·这本书有一个正在面临挑战和阻碍的人物，这些困难往往与他所处的时代相关。
传记	·这本书讲述了一位名人的故事。 ·开头通常描写人物童年时期的经历，这些经历给他带来重重挑战或者激励他日后成为成功人士。

相关研究

在一项针对幼儿园至二年级孩子的研究中，研究人员发现，即使是非常年幼的孩子也对体裁有基本的了解，特别是对叙事类文本的特征了解得更多。观察发现，随着时间的推移，各年龄段的孩子都积累了更多有关体裁的知识（Kamberelis, 1999; Kamberelis & Bovino, 1999）。

策略描述 仔细想想这本书里的故事要素，利用故事要素来找出人物面临的问题。问问自己："问题是由两个人物之间的关系引发的吗？是由故事背景引发的吗？是否因为人物想实现心愿但却不能如愿而产生了问题？问题是否与故事主题或社会问题有关？"

策略使用小贴士 你可以根据文本的难度来调整本策略：在简单的章节书中，人物面临的问题通常比较简单；在难度较大的章节书中，人物面临的问题通常是复杂且多面的。下面的思维导图是一个孩子在读《风中的玫瑰》时做的（孩子通常在五年级末、六年级初读这本书）。

技能进展

能够按照事情发生的顺序复述故事，但讲述的细节可能过少或过多。已经为确定故事中人物要解决的主要问题或做事动机以及与之相关的最重要的情节做好了准备。

● ● ○ ○ ○ ○

这样给孩子提示

● 故事发生的时间和地点是什么？这导致人物遇到了更多的问题吗？
● 故事的主题是什么？人物面临的问题是否与主题相关？
● 说出一个人物的名字。这个人物是否导致了问题的发生？
● 书中是否存在多个问题？从故事背景、人物、主题方面找找线索。

相关研究

认识故事要素能让阅读者掌握常见的故事语法（story grammar），他们可以据此进行更精确的讨论，深入了解这些要素在故事中是如何相互影响的（Dymock，2007）。

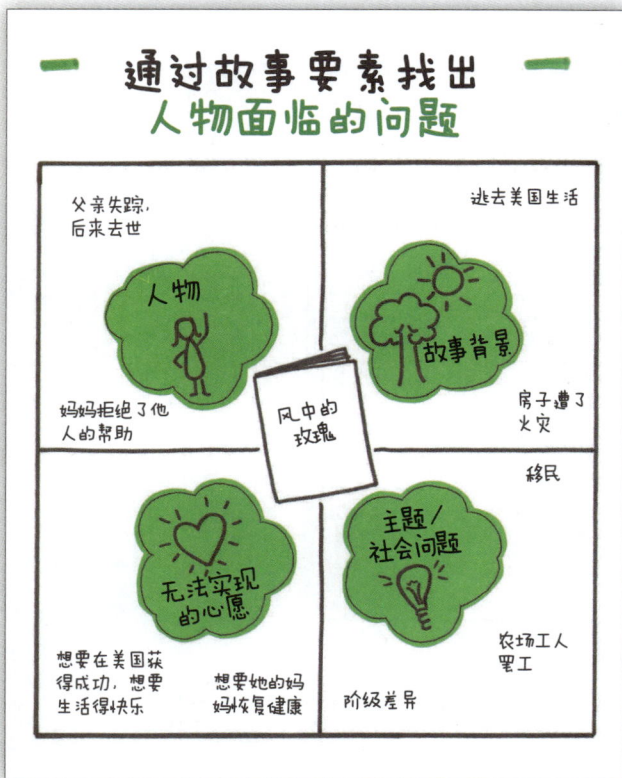

通过故事要素找出人物面临的问题

父亲失踪，后来去世

人物

妈妈拒绝了他人的帮助

逃去美国生活

故事背景

房子着了火灾

移民

风中的玫瑰

无法实现的心愿

想要在美国获得成功，想要生活得快乐

想要她的妈妈恢复健康

主题/社会问题

农场工人罢工

阶级差异

5.15 通过人物的反应找出人物面临的问题

策略描述 为了找出人物面临的问题，可以观察人物在行动、表达感受或做出反应时是否存在问题。重新阅读关于场景的描写，以便更好地理解问题产生的原因。

这样给孩子讲解 问题有助于聚焦故事情节，帮助你复述最重要的内容。如果仔细观察，你会从插图和文字中看出人物在什么时候遇到了问题。他们可能看起来很难过（或悲伤、担忧）。旁白可能会描述人物的感受（“她很难过”或“他简直不敢相信自己这么倒霉”），或者人物可能会说一些话告诉你他遇到的问题。例如，在《泰的旅行：实验室的魔法》（*Ty's Travels: Lab Magic*，Lyons，2022）一书中，我们看到主人公泰因为不能进入科学博物馆的实验室而感到失望。插图中他皱着眉头，闭着眼睛，他的妈妈在安慰他。书上写道：“噢，不！妈妈看到了指示牌。泰年龄太小了。妈妈抱住了他。”图片和文字（特别是“噢，不！”）都可以帮助我们理解这个时候泰遇到了问题。

这样给孩子提示

- 人物有什么反应？
- 观察一下图中人物的面部表情。
- 人物是否说了些什么话来表达自己的感受？
- 是的，这是人物说的话。这句话告诉了你他有什么感受？

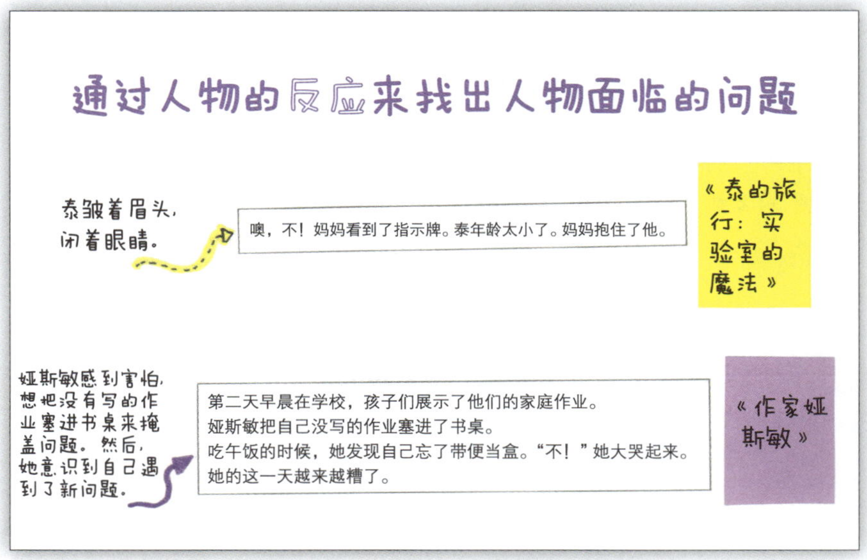

通过人物的反应来找出人物面临的问题
泰皱着眉头，闭着眼睛。
噢，不！妈妈看到了指示牌。泰年龄太小了。妈妈抱住了他。
《泰的旅行：实验室的魔法》
娅斯敏感到害怕，想把没有写的作业塞进书桌来掩盖问题。然后，她意识到自己遇到了新问题。
第二天早晨在学校，孩子们展示了他们的家庭作业。
娅斯敏把自己没写的作业塞进了书桌。
吃午饭的时候，她发现自己忘了带便当盒。“不！”她大哭起来。
她的这一天越来越糟了。
《作家娅斯敏》

目标技能

筛选重要信息

技能进展

能够按照事情发生的顺序复述故事，但讲述的细节可能过少或过多。已经为确定故事中人物要解决的主要问题或做事动机以及与之相关的最重要的情节做好了准备。

●●○○○○

相关研究

年幼的阅读者往往会关注故事中发生了什么，而不关注为什么发生（Stein & Levine，1990）。研究表明，关注人物的观点有助于阅读者更好地确定故事的核心问题（Emery，1996）。

目标技能
- 筛选重要信息
- 总结
- 整合信息

技能进展

能够按照事情发生的顺序复述故事，但讲述的细节可能过少或过多。已经为确定故事中人物要解决的主要问题或做事动机以及与之相关的最重要的情节做好了准备。

●●○○○○

相关研究

在一项关于故事结构的经典研究中，曼德勒和约翰逊发现，阅读者在阅读复杂的故事时能够理解其曲折的情节，但他们在复述这个故事时，倾向于使用自己熟悉的故事结构简化它（Mandler & Johnson，1977）。这表明图形组织者，如展示故事情节的上升和回落的"故事山"模型，可以帮助阅读者记住故事的结构。

策略描述 你可以用"故事山"模型进行总结：先想一想出现的问题（哦？），接着想一想问题是如何变严重的（啊！），最后想一想问题是如何解决的（呼！）。在"故事山"上标出这些部分并复述故事，在复述过程中指着"故事山"上相应的位置。

这样给孩子讲解 如果我要总结真实故事《漂浮在水上的足球场》(*The Floating Field: How a Group of Thai Boys Built Their Own Soccer Field*，Riley，2021)，我可以从出现的问题（哦？）开始总结。这个故事讲的是泰国一个渔村里一群热爱足球的男孩只能在沙洲上训练，故事中出现的问题是，每当潮水上涨时，他们的"球场"就会被水淹没。他们决定自己建造一座球场，但他们遇到了麻烦（啊！）——很难收集到建筑材料，不知道怎么建造，没有可行的计划，使用的木板和钉子都是裂开和弯曲的，村民们说他们是疯子。但是，后来他们建好了一座漂浮在水上的球场，村民们开始为他们加油打气，他们还参加了比赛（呼！）

策略使用小贴士 在适合初级阅读者的章节书中，最常见的故事结构是"出现一个小问题→问题变得糟糕→问题得到解决"。随着文本越来越复杂，故事中会出现不同的问题，人物会面临多个问题，而且问题可能涉及多个方面。作者可能会倒叙和埋伏笔（甚至用到闪回叙述法），文中可能会有多条情节线，这些都会使阅读者更难把握故事走向。

这样给孩子提示
- 从"哦？"开始复述。出现的问题是什么？
- 说一说问题是怎么变得越来越糟糕的。
- 故事是怎么结尾的？问题是怎么解决的？

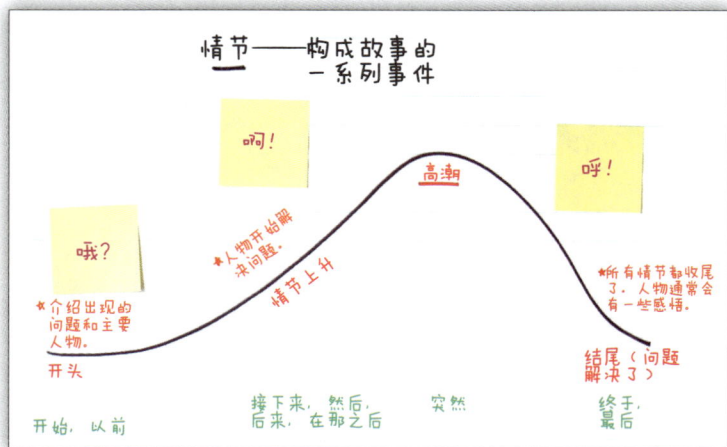

5.17 根据人物的愿望进行总结

策略描述 先想一想人物真正想要的是什么，然后想一想与此相关的最重要的事是什么。按照事情发生的顺序说出这些事并进行总结。

这样给孩子讲解 有时候，我们很难总结出最重要的事，因为发生的事太多了！将人物的愿望看作推动情节发展的因素，这样做可以帮助你更有重点地进行总结。例如，在刚开始读《福贾·辛格用生命在奔跑：世界上最年长的马拉松选手的真实故事》（*Fauja Singh Keeps Going: The True Story of the Oldest Person to Ever Run a Marathon*，Singh，2020）时，我们了解到福贾渴望与朋友们一起奔跑、跳跃，一起玩耍，但他太虚弱了。现在我们知道他最大的愿望就是变得强壮有活力，这样我们便能从事件中筛选出与此相关的内容，比如他5岁时为此迈出了第一步，从那时开始他就一直在农场里劳动和练习步行，到15岁时他终于可以走1.6千米路了。我们了解到，81岁时他搬到了英国，感到有点儿孤独和无聊，看到电视上有人在跑步，决定试一试。他热爱户外跑步，喜欢在新的居住地探索和结交朋友。他在89岁时成为有史以来完成伦敦马拉松比赛的年龄最大的人。之后，他在93岁时跑完了纽约马拉松比赛，在100岁时跑完了多伦多马拉松比赛！文中还有其他事件有助于你讲述故事，比如他晚饭吃扁豆，或者他遇到教练的事情。但是，总结最重要的事时，你要选择与人物的愿望关系最密切的事。

这样给孩子提示

- 这个人物想要的是什么？
- 你把每件事都讲了，但是，哪一件是最重要的？
- 你已经确定了人物想要的是什么，现在，请按照事情发生的顺序把与此相关的事进行排序。
- 这件事与人物的愿望相关吗？

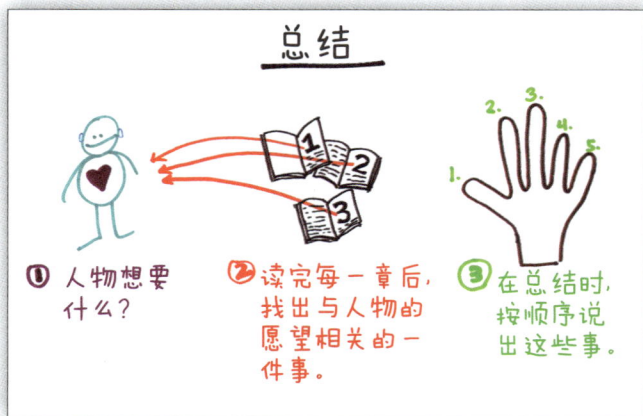

目标技能

- 筛选重要信息
- 总结
- 整合信息

技能进展

能够按照事情发生的顺序复述故事，但讲述的细节可能过少或过多。已经为确定故事中人物要解决的主要问题或做事动机以及与之相关的最重要的情节做好了准备。

相关研究

许多学者将记叙文定义为有人物、背景和事件的故事，文中每件事的发展都是由人物想要实现的愿望或目标来推动的（Bower & Rinck，1999；Mandler & Johnson，1977；Richards & Singer，2001；van den Broek et al.，2003）。阅读者如果清楚地了解故事事件与人物的愿望或目标之间的联系，就能更轻松地构建感官图像，更好地理解和记住故事内容（Bower & Rinck，1999）。

用"人物……想要……但是……于是……最后……"的句式来总结

目标技能

- 筛选重要信息
- 总结
- 整合信息

技能进展

能够按照事情发生的顺序复述故事，但讲述的细节可能过少或过多。已经为确定故事中人物要解决的主要问题或做事动机以及与之相关的最重要的情节做好了准备。

● ● ○ ○ ○ ○

相关研究

在叙事类文本中，主要人物通常有一个要完成的主要目标，但通常还会涉及一个或多个子目标（van den Broek & Trabasso，1986）。一项针对三年级和五年级学生的研究表明，孩子往往会记住主要目标，这是因为他们会复述故事中与主要目标相关的其他事件，并且对主要人物的外在行为的记忆会比对内在动机的记忆更牢固（Goldman & Vamhagan，1986）。

策略描述 阅读时先想一想："主要人物是谁？"再想一想："他想要什么？"接着想一想："他遇到了什么问题？"最后想一想："故事的结局是什么？"你要确保这个结局在某种程度上与人物面临的问题相关。

这样给孩子讲解 你还记得《岛国的孩子》这本书吗？看看我如何用"人物……想要……但是……于是……最后……"这样的句式总结这个故事。人物在这里指主人公劳拉。她想要做什么呢？她想要给同学们介绍她的国家。但是，她遇到了什么问题呢？同学们似乎都很兴奋，都想要介绍他们自己的国家，而劳拉在很小的时候就离开了自己出生的岛国，她什么都记不起来了。于是，她要怎么应对这个问题呢？结局如何呢？我需要确保我总结的结局与劳拉想要做的事情（介绍自己的国家）和她面临的问题（她不记得自己的国家）相关。于是，她去采访她的邻居和家人。通过他们讲述的事，劳拉记起并想象出了自己出生的岛国，能够给同学们介绍一些关于岛国的情况。

策略使用小贴士 你可能已经注意到本策略在某种程度上结合了策略5.16和5.17。我特意讲解了三种与总结相关的策略，因为不同的孩子需要不同的支持，而且不同的故事可能需要不同的总结方法。我还特意在这三种策略的讲解示例中纳入了各种体裁的故事，包括小说、传记和史书，这三种策略适用于所有这些体裁。

这样给孩子提示

- 这个人物想要什么？
- 什么阻碍了人物实现自己的愿望？
- 讲一讲故事的结局，并将它与人物的愿望联系起来。
- 这个结局与人物的愿望有明显的关联，真棒！

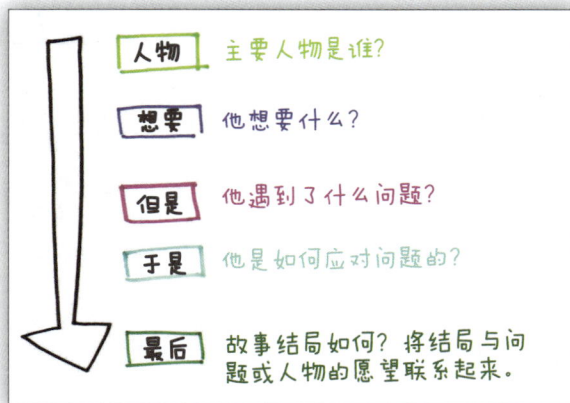

5.19 记录每一章的主要事件

策略描述 每一章至少有一个与人物面临的问题相关的重要事件。为了记住这个事件，你可以停下来做一些记录，或者每读完一章在便利贴上写下事件梗概（有时可以借助章节标题来记录）。在继续阅读时，你可以浏览一下你做的记录或写的梗概，提醒自己读了些什么。

策略使用小贴士 在教授本策略时，你可以给孩子提供便利贴、笔记本或者一张留有空白的纸，让孩子在读完每章后做记录（如下图所示）。有些教师喜欢用便利贴，因为可以把它贴在文中引发思考的地方，你或者孩子可以在读到那一页时快速阅读便利贴上的内容。有些教师更喜欢让孩子用纸记录，因为方便收集和回顾，以备下次上课时使用。还有一些教师喜欢让孩子使用笔记本，这样他们的记录都整齐地写在一个地方，方便回顾。你可以根据自己的喜好来调整教学形式。

这样给孩子提示

- 看看这一章的标题。
- 这一章发生的最重要的事是什么？
- 如果用一句话来描述这一章发生的最重要的事，你要怎么说？
- 再读一遍你记在便利贴上的内容，记住每一章发生的最重要的事。

姓名：埃米莉　　日期：5月13日
书名：《蕾蒙娜和姐姐》
在写着“停”的标牌后面记录每一章发生的事。
停　第1章：蕾蒙娜给几位女士看了她的疤，碧泽丝对此很不高兴。这告诉我们，蕾蒙娜不知道自己在做什么。
停　第2章：碧泽丝能够幻想出一个动物，罗宾斯小姐为此而高兴。
停　第3章：蕾蒙娜把利博西锁在浴室里了，而且他们没法放他出来。最后，妈妈用指甲锉设法让他出来了。
停　第4章：蕾蒙娜把一箱苹果里的每一个都咬了一口。因为妈妈去购物的时候把管理权交给了碧泽丝，碧泽丝非常生气。

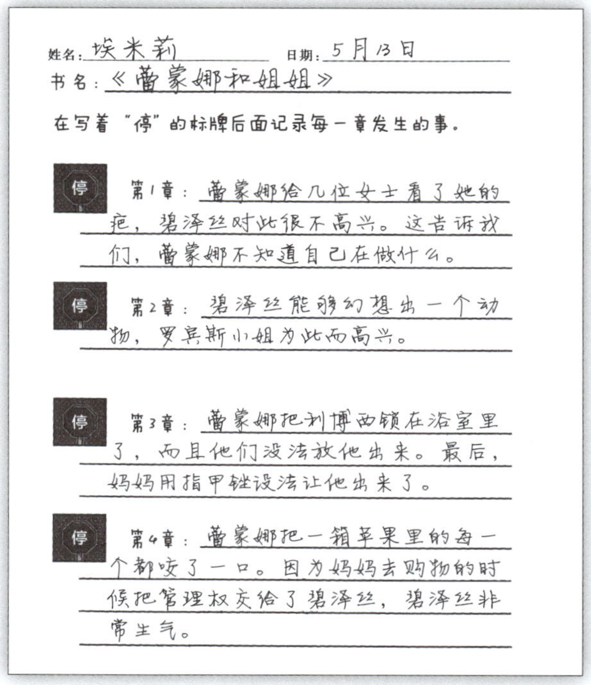

目标技能

筛选重要信息

技能进展

能够按照事情发生的顺序复述故事，但讲述的细节可能过少或过多。已经为确定故事中人物要解决的主要问题或做事动机以及与之相关的最重要的情节做好了准备。

●●○○○○

相关研究

在一篇关于中心思想和主要事件的研究综述中，威廉斯指出，孩子通常不会得到具体的“相关性信号”（van Dijk，1979）来提醒他们关注文本的某些方面；年幼的阅读者可能更容易被有个性的或有趣的细节吸引，因此他们需要额外的帮助来关注主要事件（Williams，1988）。

目标技能
- 筛选重要信息
- 整合信息

技能进展

能够发现故事中的问题，已经准备好深入思考故事中的问题（包括内在问题和外部问题），并追踪在故事结尾它们是如何得到解决的。

●●●○○○○

相关研究

在一篇引用了多项研究成果的综述中，费瑟斯指出，幼儿倾向于只复述故事中人物的行为，通常会忽略行为背后的动机和人物的内心状态（Feathers, 2002）。不过，虽然幼儿在复述故事时不会主动提及人物内心的想法，但若直接问他们与此相关的问题，他们能够做出回答（Stein & Glenn, 1979）。

策略描述　注意人物内心的问题（内在问题）和外部环境给人物带来的问题（外部问题）。把这些问题记录下来，思考它们之间的联系。

这样给孩子讲解　在《梅西·苏阿瑞兹的改变》一书中，梅西要面对很多外部问题和障碍（其他人物的影响、她的处境、她无法控制的事件、故事背景带来的挑战），作者帮助我们理解这些外部问题是如何与梅西的内在问题（她的感受、担忧或者矛盾的思想）联系在一起的。例如，在学校里，她感觉自己是个局外人，因为她靠奖学金上学，而她的同学都很富有且拥有丰富的社会资源。没有同学富有——这是她无法控制的——是一个外部障碍，而她感觉到自己被边缘化是内心的感受。梅西还承受着巨大的压力（内在问题）——在她有那么多其他事情要做时（运动、工作、照顾身体不适的祖父），还要将成绩保持在 B+ 以上，这样她才能拿到奖学金（外部问题）。这些问题都与故事中的其他事件相关。密切关注内在问题和外部问题可以帮助你追踪故事中的所有重要事件。

这样给孩子提示

- 找出主人公面临的外部问题，思考其他人物对这些问题产生的影响，或者他们无法控制的情况。
- 找出人物的内在问题，思考一下人物的行为、反应、想法或感受。
- 这些问题是如何相互关联的？
- 内在问题是 ＿＿＿。外部问题是 ＿＿＿。

苏美拉

内在问题	外部问题
她觉得自己占的地方太多了。	她觉得自己占的地方太多了是因为那有人，尤其是她的妈妈，不停地告诉她变小一点儿。
她对妈妈感到生气和失望。	她感到生气和失望是因为妈妈对她的束缚太多了。
她感觉很愧疚。	她感觉很愧疚是因为她不是她妈妈想让她成为的那种女孩。
她感到难过和沮丧。	她感到难过和沮丧是因为妈妈把她写的诗全都烧掉了，因为妈妈觉得她不听话。

5.21　追踪问题的发展过程

策略描述　注意人物解决的一个主要问题，追踪其他问题是如何与主要问题叠加或关联在一起的。

这样给孩子讲解　当一个行为或事件引发许多其他相似的行为或事件时，我们称为"滚雪球"。在书中，随着细节和事件不断叠加，人物面临的问题往往像雪球一样越滚越大。例如，在读《梅西·苏阿瑞兹的改变》一书时，我们早早知道了梅西遇到的问题：梅西在学校受到埃德娜·桑托斯的欺凌。当我们继续阅读时，我们可以追踪与这个问题相关的细节和事件：埃德娜和梅西之间的社会阶层差异；埃德娜嫉妒梅西，因为埃德娜喜欢的男孩开始关注梅西；梅西没有时间应对欺凌所带来的干扰。这些细节和事件加剧了欺凌问题。

这样给孩子提示

- 人物要解决的主要问题是什么？（这个问题与另一个人物有关？与故事背景有关？）
- 这个人物在当前背景下是否还面临别的问题？
- 这个问题是如何与主要问题关联起来的？
- 在每个新场景中，看看是否有与主要问题相关的新问题发生。

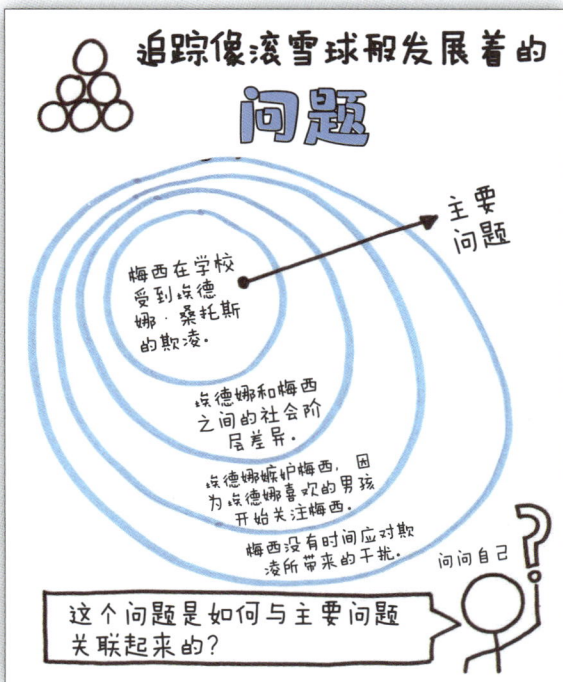

目标技能

- 筛选重要信息
- 整合信息

技能进展

能够发现故事中的问题，已经准备好深入思考故事中的问题（包括内在问题和外部问题），并追踪在故事结尾它们是如何得到解决的。

●●●○○○

相关研究

为了从整体上理解故事，阅读者必须清楚将关键事件关联起来的"因果网"（van den Broek & Trabasso，1986）。有学习障碍的孩子可能需要额外的帮助来找出这些关联。与同龄人相比，在这些孩子的复述中，与人物的目标相关的事件通常较少（Renz et al.，2003）。

目标技能
- 筛选重要信息
- 整合信息

技能进展

能够发现故事中的问题，已经准备好深入思考故事中的问题（包括内在问题和外部问题），并追踪在故事结尾它们是如何得到解决的。

● ● ● ○ ○ ○ ○

相关研究

在阅读中，反向预测（即回顾读过的内容来检查自己的预测与故事结局是否相符）对理解情况和愉悦感都有很大的影响。一项针对大学生的研究发现，如果预测的问题得到解决，他们会觉得出乎意料的结局很有趣，但若结局是可预测的或者问题只是被接受了而没能解决，他们则不会这样认为（Iran-Nejad，1987）。

策略描述　读到故事的结尾时，回想一下人物面临的主要问题是什么。思考一下故事结尾的事件是如何与主要问题关联起来的。想一想：最后问题是完全解决了还是被接受了？

策略使用小贴士　在适合初级阅读者的章节书中，通常在故事结尾问题会完全得到解决。但是，随着孩子读的书内容越来越复杂，人物面临的问题也越来越复杂，可能会有一些问题是被接受了而不是解决了（下图中给出了一些例子）。

这样给孩子提示
- 最后，故事中的主要问题是解决了还是被接受了？
- 你觉得在故事结尾，故事中的问题是完全解决了（找到了解决问题的方法）还是被接受了（以某种方式结束了问题）？
- 列出人物面临的所有问题。在故事结尾，作者是如何以某种方式结束这些问题的？
- 要记住，接受问题可能是人物内心反应的表现：人物因为这件事成长了、接受了一些东西，或者做出了改变。

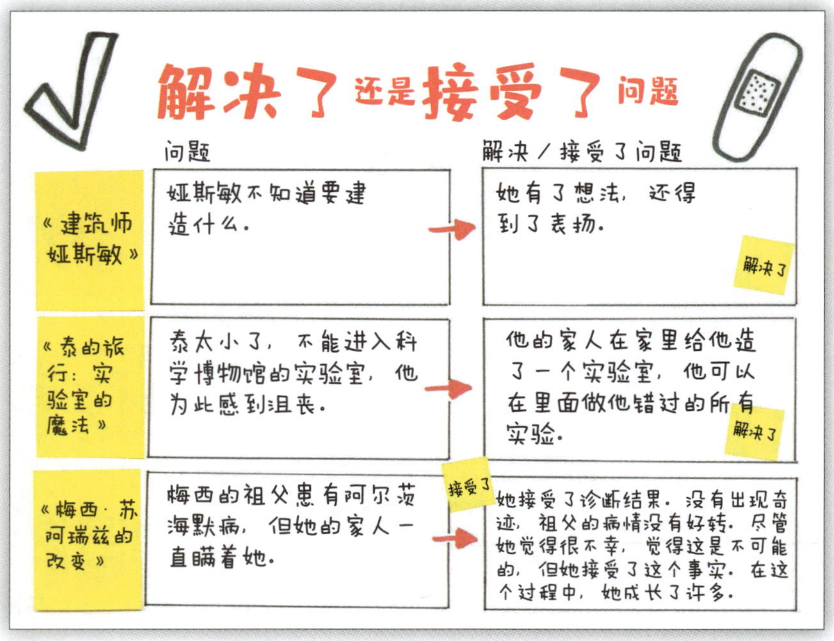

解决了还是接受了问题

问题	解决／接受了问题
《建筑师娅斯敏》 娅斯敏不知道要建造什么。	她有了想法，还得到了表扬。 **解决了**
《泰的旅行：实验室的魔法》 泰太小了，不能进入科学博物馆的实验室，他为此感到沮丧。	他的家人在家里给他造了一个实验室，他可以在里面做他错过的所有实验。 **解决了**
《梅西·苏阿瑞兹的改变》 梅西的祖父患有阿尔茨海默病，但她的家人一直瞒着她。 **接受了**	她接受了诊断结果，没有出现奇迹，祖父的病情没有好转。尽管她觉得很不幸，觉得这是不可能的，但她接受了这个事实。在这个过程中，她成长了许多。

5.23　根据主题进行总结

策略描述　在阅读过程中停下来问问自己："这个故事到底是关于什么的？"将你对这个问题的回答作为你总结的第一句话。接下来，只写出最能支持这句话的事件。最后，加上一个总结陈述，说明这些事件是如何与最重要的内容关联起来的。

策略使用小贴士　你可以在课堂上给孩子展示一份带注释的总结，如下图所示。这是一份关于《蛋先生摔下去以后》（*After the Fall*，Santat，2017）的主题的总结。要想有效使用本策略，孩子需要知道故事讲了什么道理或主题是什么。关于如何帮助孩子在阅读不同难度级别的文本时总结道理或主题，请参见第七章。

这样给孩子提示

- 这个故事到底是关于什么的？请总结一下。
- 故事的哪些部分能最好地支持你的总结？按顺序说一说。
- 这里发生了这件事，不过这和你的总结有关吗？
- 说出故事中与你的总结相关的部分。

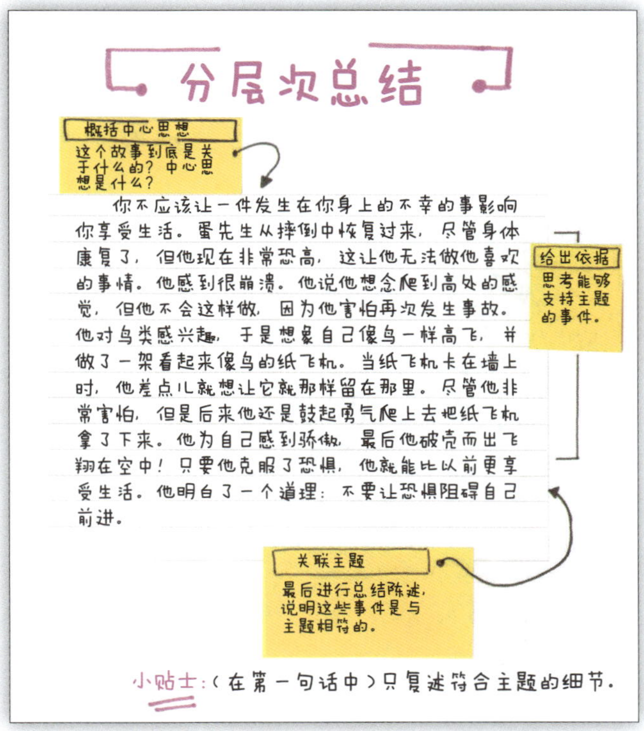

目标技能
- 总结
- 筛选重要信息
- 整合信息
- 推断

技能进展

能够按顺序复述故事，已经准备好复述或总结情节更复杂的故事（比如时间跨度大的故事、运用了铺垫和倒叙等手法的故事），或者通过推断来确定主题或复述故事。

● ● ● ● ○ ○

相关研究

对孩子来说，确定故事主题可能很有挑战性，部分原因是主题的定义常常模糊不清。要想让定义变得清晰起来，我们可以给孩子提供一个与故事语法相关的结构框架（Williams，1988）。在一项历时多年的研究中，威廉斯和他的同事发现，"主题猜想法"（theme scheme，一种用公式或框架来梳理和概括故事主题的方法）可以帮助不同年龄段和不同能力的孩子关注文本中的重要内容（Williams，2005）。

标出倒叙和插叙内容

目标技能

● 推断
● 筛选重要信息

技能进展

能够按顺序复述故事，已经准备好复述或总结情节更复杂的故事（比如时间跨度大的故事、运用了铺垫和倒叙等手法的故事），或者通过推断来确定主题或复述故事。

●●●●○○

相关研究

研究表明，阅读者并不会按照作者创作故事的顺序来记忆故事，而会将事件按照线性发展重新排序（Prouty, 1986）。然而，一项研究发现，随着时间的推移，这种能力会逐渐提高（Stein, 1978）。这可能表明高年级学生更加了解非线性叙事技巧，因此能够更好地识别和处理它们（Stein & Glenn, 1979）。

策略描述 要注意，有时候作者会将故事中后面发生的事提到前面来讲（倒叙），或者在讲述主体内容时插入背景故事（插叙）。阅读时，用便利贴在书中标出倒叙或插叙内容。思考（或者记录）这时作者给出了什么信息，或者你从中对人物有了什么了解，或者作者为什么会写这部分内容。

策略使用小贴士 倒叙改变了故事的时间线，有些孩子可能需要额外的帮助才能注意到场景因时间的改变而发生了转换。要向孩子指出，有些作者会通过年份的变化或章节分隔符来告诉我们哪里是倒叙，有些作者在倒叙时会使用与叙述主体内容时不同的时态、字体，还有一些作者会以旁白的形式（比如"我记得当时……"这样的句式）开始倒叙。有时，阅读者需要注意每个场景中人物的年龄，当人物的年龄小于其在主体内容中的年龄时，可以推断出这是倒叙。背景故事通常是叙述者为了给读者提供一些额外的信息而讲述的故事。

这样给孩子提示

● 说一说作者是从哪里开始倒叙的。
● 找一找日期、年龄的变化，以及回忆或梦境片段。
● 在这一部分，作者是在按照时间顺序推进故事，还是在穿插讲述背景故事？
● 想一想倒叙或插叙内容让你对人物有了什么了解。它们是如何让你以一种新的视角思考这个故事的？

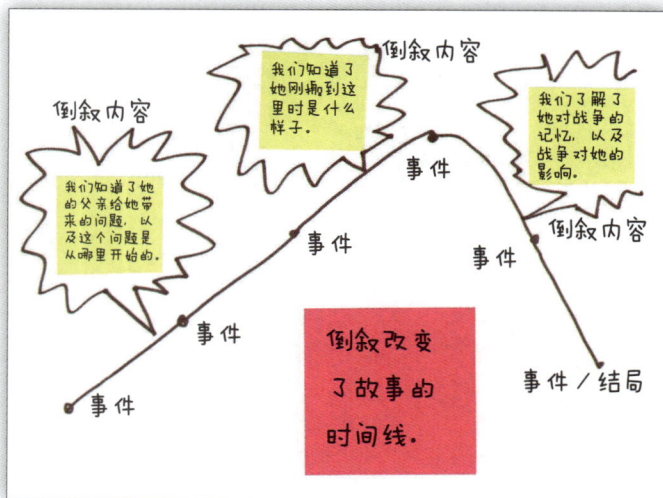

5.25 制作双线（或多线）"故事山"

策略描述 阅读时在面前放一张有两条（或更多）情节线的"故事山"。读到新的重要事件时，想一想这件事属于哪条情节线，然后将它写到"故事山"的相应位置上。使用"故事山"来帮助你复述故事。

策略使用小贴士 向孩子介绍作者如何在书中跟进两条（或更多）情节线。有时候，他们可能会注意到人物会经过不同的地方 [见下图中《吞钥匙的男孩》（*Joey Pigza Swallowed the key*，Gantos，1998）的示例]。有时候，书中可能会有两条（或更多）时间线，比如《漫漫求水路》（*A Long Walk to Water*，Park，2010）中每章都讲了2008年和1985年发生的事，标题、字体颜色和讲述风格的清晰的差异可以帮助阅读者进行追踪。还有些故事书前后两章叙述视角交替变化，情节通常随着时间的推进而向前发展，但故事是从不同人物的视角来讲述的。

这样给孩子提示

● 注意每章开头的时间。这对你追踪故事情节有什么帮助？
● 想一想刚刚发生的事与哪件事相关。
● 把这件事加到你的"故事山"中。
● 按照事情发生的顺序来复述。

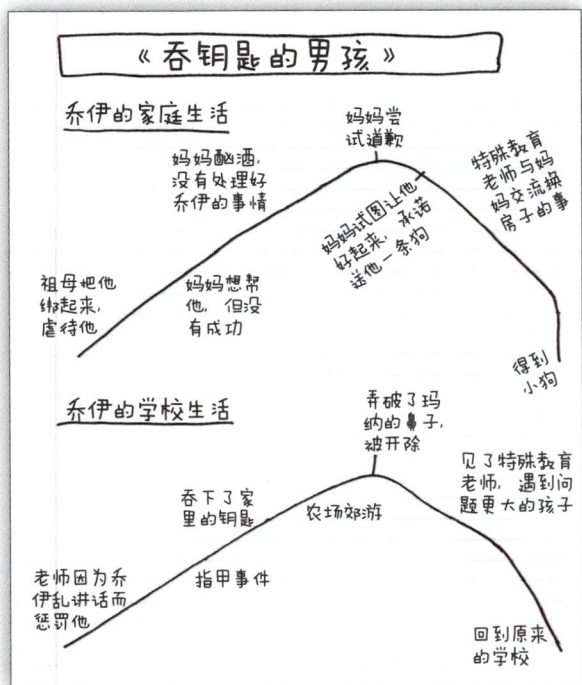

技能进展

能够按顺序复述故事，已经准备好复述或总结情节更复杂的故事（比如时间跨度大的故事、运用了铺垫和倒叙等手法的故事），或者通过推断来确定主题或复述故事。

●●●●○○

相关研究

有研究表明，与对照组的同龄人相比，使用图形组织者直观地呈现叙事类文本的关键要素的五年级学生能够回忆起更多的文本要素（Reutzel，1985）。

追踪情节的起伏变化

目标技能

- 筛选重要信息
- 复述

技能进展

能够按顺序复述故事，已经准备好复述或总结情节更复杂的故事（比如时间跨度大的故事、运用了铺垫和倒叙等手法的故事），或者通过推断来确定主题或复述故事。

●●●●○○

相关研究

在一篇关于故事地图的综述中，戴维斯和麦克弗森列举了多条证据，证明用图示法呈现故事要素及其关系对阅读理解有积极作用（Davis & McPherson,1989）。

策略描述 关注情节的上升（努力达成目标，试图解决问题）和回落（出现新问题或障碍，或是逐渐展开事件或解决方案）并绘制情节发展图，使用你绘制的情节发展图来帮助你记住情节的起伏变化，进而复述故事。

这样给孩子讲解 有些故事的结构比较简单，可以用"故事山"来呈现。当我们知道人物面临的问题或他们想要什么时，我们就可以开始画"故事山"了。先画向上的线条表示情节的上升，因为随之而来的事件和障碍让情节越来越复杂；然后，当情节发展到一个转折点或高潮（峰顶）时，开始画向下的线条，表示情节开始回落直至故事结束。然而，有些故事的情节在发展过程中起伏多变，有时每一章都是这样的情况。我们可以用情节发展图来追踪这种起伏变化，就是每当人物遇到问题时画向下的线条，每当人物通过努力解决了问题或得到他们想要的时画向上的线条，每当人物接受问题时画向下的线条。你可以简单记录与每个"峰顶"或"谷底"相对应的事件，这可以帮助你回顾、记忆和复述故事。

这样给孩子提示

- 我注意到你发现了一个新问题，你要如何在你的情节发展图上呈现出来呢？
- 这里该画上升的还是下降的线条？
- 现在你画好了一幅情节发展图，利用这幅图来记忆和复述故事吧。

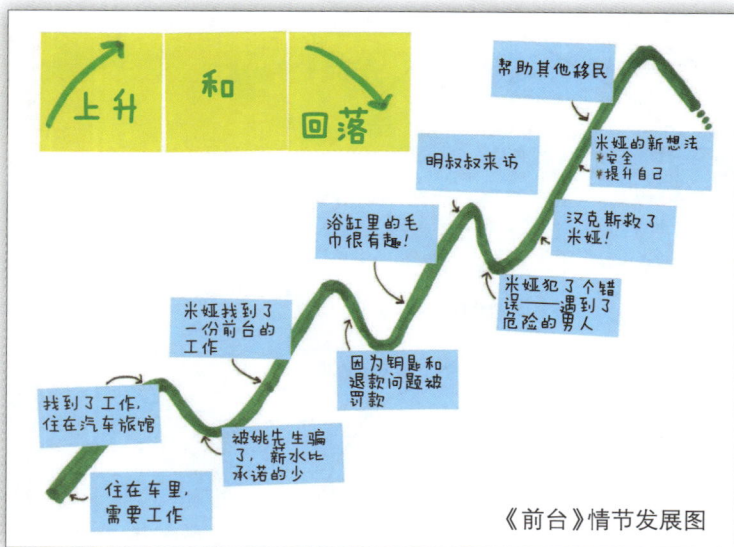

《前台》情节发展图

美国学生阅读技能训练：第2版

5.27 思考故事背景对情节的重要性

策略描述 想一想故事的背景设定。问问自己："这种背景设定在故事中发挥了重要作用吗？如果故事的背景设定在其他地方或其他时间，故事是否会有不同？"

这样给孩子讲解 在凯利·扬的《前台》（*Front Desk*，Yang，2018）一书中，米娅和她的家人是从中国来到美国加利福尼亚州的新移民。他们生活在20世纪80年代的美国，这个特定的时间和地点影响着他们生活的很多方面。他们要在坚守中国文化和语言的同时适应美国的生活，应对作为移民面临的经济挑战和种族歧视。他们居住和工作的汽车旅馆也有它的象征意义——象征着机会、家、社区，对他们产生了很大的影响。这个背景是故事中发生的所有事情的重要组成部分。现在，把这本书与我们教室图书角中很多以学校为背景的故事书进行对比，比如把它和《建筑师娅斯敏》进行对比。是的，这本书以学校为背景，这对我们来说很重要。但实际上，这里的学校可以是任何地方的任何一所学校。在这个意义上，故事背景对情节的展开并不是特别重要。

这样给孩子提示

- 故事背景有多重要？
- 描述一下这个故事的背景。它是如何影响故事的？
- 想象一下，这个故事如果发生在其他地方，情节会发生变化吗？
- 你能举出一个具体的例子来说明背景的设定对故事很重要吗？

故事背景有多重要？

想一想……

故事背景包括什么？
背景的设定对情节的发展有影响吗？
这个故事如果发生在其他地方或其他时间，会有什么不同？
你能举出一个具体的例子来说明背景的设定对故事很重要吗？

目标技能
- 构建感官图像
- 推断
- 筛选重要信息

技能进展

能够想象并描述故事背景，已经准备好基于故事背景做出推断，比如故事背景是如何对故事的基调、人物或情节产生影响的。

●●●●●○

相关研究

在一项针对六年级学生的大型研究中，研究人员让孩子阅读了不同背景的故事，从而探究它们是否影响阅读理解。研究发现，与故事背景设定在国外或者没有具体地点相比，故事背景设定在当地时，孩子的阅读理解得分更高（Craddock，1981）。

目标技能
- 构建感官图像
- 推断

技能进展

能够想象并描述故事背景，已经准备好基于故事背景做出推断，比如故事背景是如何对故事的基调、人物或情节产生影响的。

●●●●●○

相关研究

根据双重编码理论（Sadoski & Paivio，2012），文本的心理表征包含来自五种感官的口语信息和非口语信息。与静态图像不同，心理表征会随着新信息的添加而不断变化，例如当人物从一个地方到另一个地方时。

策略描述　当读到描述故事背景的部分时，你要放慢阅读速度。想象一下作者描写的关于时间和地点的细节。密切关注当时当地发生的事情，以及人物的想法和感受。想一想：故事背景会对人物产生什么影响？

这样给孩子讲解　在《漫漫求水路》一书中，作者写了很多关于南苏丹人民的生活以及地理环境方面的细节，而许多美国孩子对这个地方知之甚少。例如，"只有炎热，太阳把空气烤得发烫""尘土"以及"尖刺植物"和"荆棘"，这些描写都让我们更加理解主人公尼娅的旅程多么艰难，感受到她在旱季步行数小时寻找水源的痛苦和疲惫。而当她找到水源时，作者的描写与之前的形成鲜明对比。通过像"地平线变得鲜艳……从朦胧的灰色到橄榄绿""如此多的生命"以及"许多种鸟，它们扑棱着翅膀鸣叫"这样的描写，我们能感受到这个场景给她带来了些许安慰。

这样给孩子提示

- 说一说作者在哪里详细描写了故事背景。
- 回忆一下你从故事背景中了解到的细节，说一说故事背景是如何影响人物的。
- 故事背景为什么很重要？

文本摘自《梅西·苏阿瑞兹的改变》。

5.29　注意关于故事背景的知识缺口

策略描述　有时你会对故事背景感到疑惑或者好奇。出现这种情况时，你可以问问自己："我对故事发生的时间和地点知道多少？我有什么疑问？"做一些笔记，然后继续阅读并试着回答这些问题。

这样给孩子讲解　通常来说，在那些内容较为复杂的故事中，通常地点是虚构的，或者时间设定在某一历史时期，阅读这样的故事时，你会发现自己在理解上有缺口。有时候，作者会假定你已经知道了一些事实或其他信息，或者打算随着故事的展开慢慢给出更多信息。这意味着你无法预知全部的信息，而需要自行架构信息体系。你要清楚哪些信息是令你困惑的，哪些是你清楚知道的。随着阅读的深入，你就能根据新出现的信息来回答自己提出的问题了。

策略使用小贴士　本策略本质上是一种能够帮助孩子理解故事背景的KWL[①]策略。孩子可以使用本策略来监控自己的理解情况、提出问题以及解开对各种故事要素的困惑。

这样给孩子提示
- 你知道哪些关于故事发生的时间和地点的信息？
- 作者给你提供了哪些细节？你对哪些细节感到好奇？你有什么疑问？
- 想一想还有什么是你必须知道但你还不了解的。
- 我注意到你解决了一个疑问，这有助于你理解所读内容！

《一路走向巅峰》　　斯泰西
安妮特·贝·皮门特尔 著

已知信息	疑问	感想
珍妮弗天生患有脑瘫。	为什么人们对残疾人这么冷漠？	我觉得不管是否身患残疾，每个人都是平等的。
1987年，珍妮弗在亚利桑那州第一次参加了抗议活动。	为什么她的同学不让她和她的朋友在自助餐厅吃饭？	
她的学校称"珍妮弗不属于这里，因为她使用轮椅"。		
		当她转到新学校时，她的同学对她很好奇，因为她坐在轮椅上。
		她被同学欺负和排挤。
		这让我知道她从不放弃任何事。

目标技能
- 激活背景知识
- 筛选重要信息
- 推断
- 自我监控

技能进展

能够想象并描述故事背景，已经准备好基于故事背景做出推断，比如故事背景是如何对故事的基调、人物或情节产生影响的。

●●●●●○

[①] KWL：美国中小学阅读教学中常用的一种工具，K=What I know（已经知道的信息），W=What I want to know（想要知道的信息），L=What I learned（从阅读中了解到的信息）。
——编者注

相关研究

在一篇总结对故事结构的早期认知的文章中，鲍尔分享了一项研究成果，即故事情节越简单，记忆难度越低（Bower，1976）。由于复杂的故事回忆起来难度更大，所以，一些有外部辅助的记忆方法，比如做笔记，会对阅读者有所帮助。

5.30 借助附加信息深入理解文本

策略描述 在你读的书中找一找附加信息，比如历史背景介绍、地图或者后记，它们有时在开头，有时在结尾。阅读时不要跳过它们！根据它们所在的位置，在读故事之前或之后花时间读一读这些附加信息。

这样给孩子讲解 你如果对故事的时代背景了解得很少或者一点儿也不了解，可以在书中寻找附加信息来帮助自己了解背景信息。例如，在《漫漫求水路》一书中，作者在开头附了一张地图，供你在阅读时参考，引导你阅读。由于地图出现在故事之前，你应该在阅读开始之前先研究一下它。在书的结尾，作者写了一篇附记，详细解释了20世纪80年代的苏丹内战以及标志着该战争结束的和平协议，讲述了关于非洲其他军事冲突的信息，还介绍了书中主人公之一的萨尔瓦创立的"为苏丹供水"的非营利项目。这篇附记是在你已经读了有关事件的内容和了解了书中人物之后呈现给你的，而你肯定也希望了解更多的信息。

策略使用小贴士 虽然上述"这样给孩子讲解"中的示例是关于历史小说的，但你通常也会在现实主义小说、传记、奇幻小说等作品中找到类似的附加信息。

技能进展

能够想象并描述故事背景，已经准备好基于故事背景做出推断，比如故事背景是如何对故事的基调、人物或情节产生影响的。

●●●●●○

这样给孩子提示

- 从附加信息中你知道了哪些有助于你理解故事背景的信息？
- 在读完故事后，你想知道什么？查看附加信息，看看你的问题能否得到解答。
- 回顾故事情节，想一想：附加信息中的细节有助于你更好地构建感官图像吗？

相关研究

在对183篇文献（包括图书、文章和研究报告）进行全面分析后写成的综述中，多希及其同事提出了充分的证据，证明了背景知识对学习成效（包括阅读理解）的重要性（Dochy, Segers, & Buehl, 1999）。如果孩子没有背景知识，书中的附加信息就成为他们的信息来源之一，方便他们了解与故事内容直接相关的知识。

> 《千纸鹤》根据一个小女孩的真实故事改编而成，她1943年至1955年生活在日本。
> 当时，她生活在广岛，而为了结束第二次世界大战，美国空军在广岛投下了一颗原子弹。十年后，她因核辐射而去世。
> 勇敢的祯子成了日本儿童心目中的女英雄。这就是祯子的故事。

交代故事背景——时间（年份）

交代历史是如何与现实关联起来的——她的故事流传至今

交代重大的历史背景——第二次世界大战

交代更具体的地点——日本的一个城市

历史背景介绍可以帮我们为阅读历史小说做好准备！

文本摘自《千纸鹤》（*Sadako and the Thousand Paper Cranes*, Coerr, 1977）。

5.31 分析历史背景

策略描述 思考一下故事的历史背景，包括时间和地点。想一想：在那样的时间和空间背景下，社会、经济和政治环境如何？那样的环境对人物有什么影响？

这样给孩子讲解 阅读历史小说时，理解书中的历史背景至关重要。例如，"1942年，美国东北部"，作者是要用这句话帮助你深入思考当时社会的方方面面，从而更好地理解人物，理解他们行为背后的原因，以及环境是如何影响他们的。你应该考虑一下当时的社会环境，比如当时存在什么样的社会问题？还要考虑一下经济环境，比如社会上有什么样的工作机会？在那个时代，身处不同社会阶层意味着什么？还要考虑一下当时的政治环境，比如谁掌握着权力？他们有什么主张？当时有哪些法律？这些法律可能对人物产生什么样的影响？作者在写历史小说时会从各个方面仔细考虑历史背景。作为阅读者，这对你来说也很重要，你也需要做到这一点！

这样给孩子提示
- 你对故事的时间和地点有什么了解？
- 你能从正文、历史背景介绍和序言中获得一些信息吗？
- 想一想有什么社会问题。这里发生了什么？
- 你对当时的经济和政治环境有什么了解？

技能进展

能够想象并描述故事背景，已经准备好基于故事背景做出推断，比如故事背景是如何对故事的基调、人物或情节产生影响的。

●●●●●○

延伸阅读

Teaching Interpretation: Using Text-Based Evidence to Construct Meaning (Cherry-Paul & Johansen, 2014)

相关研究

在一项研究中，参与者被分成了两组，一组是背景知识欠缺但理解力强的人，一组是背景知识丰富但理解力弱的人，他们被要求阅读同一个关于棒球的故事。研究发现，两组参与者复述故事的能力基本没有差异——知识弥补了他们之间的差距（Recht & Leslie, 1988）。观看视频、阅读新闻报道和信息类文本有助于阅读者积累背景知识（Lupo et al., 2018）。

目标技能

目标技能
- 筛选重要信息
- 推断

技能进展
能够想象并描述故事背景，已经准备好基于故事背景做出推断，比如故事背景是如何对故事的基调、人物或情节产生影响的。

● ● ● ● ● ○

延伸阅读
Fresh Takes on Teaching Literary Elements: How to Teach What Really Matters About Character, Setting, Point of View, and Theme (Smith & Wilhelm, 2010)

相关研究
孩子在培养从多个视角分析作品背景的能力时需要具备一些相关的技能：激活背景知识，浏览新文本，然后通过收集证据、分析和评估来增加历史知识储备，在各种信息源与目标文本之间建立联系，整合信息，从而尝试理解事件为什么会以某种特定的方式展开（Downey & Long，2015）。

策略描述　留意并说出人物所处背景的各个方面。你可以基于作者提供的信息或者根据文本细节而做出的推断来完成这项任务。然后想一想：就人物正在经历的冲突而言，环境中的哪些因素比较重要？

这样给孩子讲解　对人物产生影响的背景分为微观、中观、宏观三个层级。在读《前台》这本书时，我会思考米娅所处背景的层级，以及每个层级的背景对于理解她和她所面临的困境的重要性。微观背景（也称直接背景）包括汽车旅馆和里面的人——他们就像她的家人一样，还有使事情变得更具挑战性的汽车旅馆老板。中观背景是20世纪80年代的美国加利福尼亚州，在一个新的国家里，他们这些移民要生活下去面临着许多方面的挑战。宏观背景是中国，这是米娅和她的家人希望留下来过上更好生活的地方，也是她（没有选择移民）的大家庭仍然居住的地方。

这样给孩子提示
- 描述一下人物所处的微观背景——家庭、学校、社区。
- 你对这个背景有什么看法？
- 让我们从宏大的角度来思考。描述一下宏观背景。
- 你对故事所处的国际环境有什么了解？

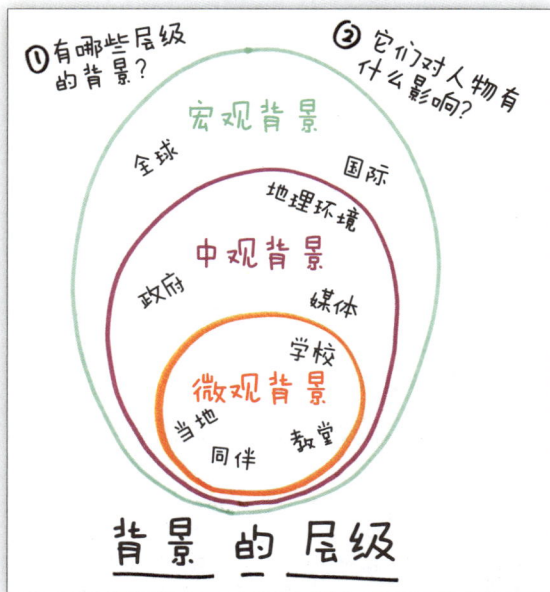

策略描述　故事的类型就是抽象出来的故事结构。想一想你知道哪些故事类型，看看哪种故事类型与你正在读的故事最相符。根据故事类型的情节发展走向来复述你所读故事中最重要的事件。

这样给孩子讲解　关于基本的故事类型有几种有不同的说法，有人认为有3种，有人认为有7种，还有人认为有12种。了解故事类型可以帮助我们在故事内或故事之间建立联系，进行比较，思考作者为什么会选择这些情节。了解故事类型也可以帮助我们总结故事的重要事件。例如，把电影《铃儿响叮当》（*Jingle Jangle：A christmas Journey*）中的故事看作关于重生的故事可以帮助你关注人物在开始时的变化（快乐的玩具制造商杰罗尼库斯的重要设计被偷走，生意毁于一旦，女儿搬走，他失去了创造的激情），人物的境遇在中间发生了什么变化（当他的孙女朱尼来访并带来灵感时），以及故事结尾如何与前面的情节关联起来（杰罗尼库斯恢复了制造玩具的激情并修复了与女儿的关系）。

这样给孩子提示

- 你知道哪些故事类型？
- 告诉我哪种故事类型与你读的故事最相符。
- 你可以这样说："我了解这种故事类型，它是 _____。在我读的故事中……"
- 根据你对那种故事类型的了解来复述故事。

借助故事类型……

7种基本的故事类型

- 战胜怪物
- 从贫困到富有
- 探险之旅
- 航行和归来
- 喜剧
- 悲剧
- 重生

在不同故事之间建立联系

进行比较

预测故事情节

为什么？思考作者对情节的选择

目标技能

- 激活背景知识
- 复述
- 筛选重要信息

技能进展

已经准备好凭借自己有关故事类型的背景知识来分析故事情节是如何遵循某些文学传统的，或者作者对情节的选择是如何与经典故事的风格对应的。

● ● ● ● ● ● ●

相关研究

虽然反复阅读故事能让阅读者总结出故事图式——与文化背景中常见的故事类型相对应，但是他们通常不理解这些图式。如果有人明确分析了故事类型的共有要素，也就是图式，它们就会变得更容易理解和记忆（Morrow，1985；Stein & Glenn，1979）。

目标技能

- 激活背景知识
- 整合信息

技能进展

已经准备好凭借自己有关故事类型的背景知识来分析故事情节是如何遵循某些文学传统的，或者作者对情节的选择是如何与经典故事的风格对应的。

相关研究

曼德勒和约翰逊在他们关于故事图式理论的经典著作中指出，阅读者是从民间故事、寓言和神话中知道故事的基本组成部分的（Mandler & Johnson，1977）。为了记住这些口口相传的传统故事，人们将它们简化，只保留了最基本的故事要素。

策略描述 想一想你知道哪些传统故事，你正在读的书是否让你想起了其中的某个故事？对比一下这些故事的情节。

这样给孩子讲解 如今，有些儿童文学故事借鉴了各种文化中的经典故事，如神话故事、童话故事、寓言故事和宗教故事。当你能够将正在读的这本书的故事情节与传统故事关联起来时，你可以找一找它们的相同之处和不同之处，这种对比有助于你思考哪些事件是最重要的，从而形成自己的想法。例如，林珮思（Grace Lin）曾经说她的《月夜仙踪》（*Where the Mountain Meets the Moon*，Lin，2009）讲的是中国传统故事，与《绿野仙踪》（*The Wonderful Wizard of Oz*，Baum，1990）一脉相承。这两个故事有一些相似之处：你可能会注意到，这两个故事讲的都是女主人公开启了探险之旅，在途中遇到了神奇的生物，并意识到家园的重要性。同时，关注它们的不同之处也可以帮助你留意正在阅读的现代故事中的重要事件、细节和观点。例如，你可以密切关注故事背景对人物的影响，想一想作者林珮思是如何在整个故事中运用中国民间传说的，这对故事的展开有什么影响，并关注《月夜仙踪》和《绿野仙踪》这两个故事的主题之间的差异。

这样给孩子提示
- 这个故事有没有让你想起你知道的传统故事？
- 将这个故事和传统故事进行对比，列举二者的一些相似之处。
- 你可以这样说："在传统故事中……但在这个故事中……"

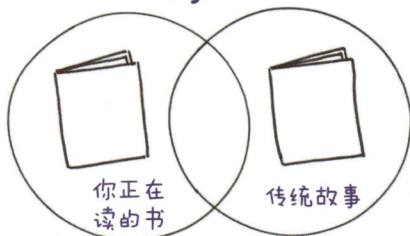

考虑文学传统
对比

你正在读的书　　传统故事

这个故事有没有让你想起你知道的传统故事？

列举二者的一些相似之处。

有哪些关键的不同之处？

你可以这样说

这个故事听起来像……

这两个故事讲的都是女主人公开启了探险之旅。

故事发生的时间和地点不同。

在传统故事中……但在这个故事中……

当阅读者明确直观地学习了常见的故事结构和故事情节中存在的一些规律时，他们便能更好地预测、记忆和回忆故事中发生的事，从而理解故事。

——珍妮佛·塞拉瓦洛

理解人物

◎ 这个目标为什么很重要?

在虚构类作品中,人物的发展通常与情节的发展交织在一起。人物是将故事中的事件串起来的"演员",而且,关注人物的发展可以让阅读者读得更投入。研究发现,书中的人物可以成为我们的朋友,可以反映我们的经历,让我们感觉自己被看见和被理解,让我们体验自身生活之外的不同的生活,让我们从不同的角度更好地理解我们在生活中遇到的人(Bishop,1990;Emery,1996;Roser et al.,2007)。研究还发现,能够与人物感同身受的阅读者可以更好地理解故事(Bourg et al.,1993;Phillips,1988)。

文学故事中的人物通常是作者通过想象塑造出来的。虽然非虚构历史故事、人物传记或纪实文学中的人物是真实存在的人,但是作者可以选择描述他们生活中的哪些事件以及如何描述它们。无论体裁如何,阅读者都需要留意作者描写的细节,将所读内容与自己掌握的背景知识联系起来(Culpeper,1996,2014),努力理解故事中的人物。

作者可能会写到这样一些细节：

- 人物的外貌、衣着和他拥有的东西；
- 人物说了什么话以及说话的方式；
- 人物想说却没有说出来的话；
- 由故事的叙述者揭示的人物的想法；
- 人物的情绪和情感；
- 人物的行为表现；
- 人物对事件的反应，以及与其他人物的互动；
- 人物的背景故事和信仰；
- 人物对彼此的看法。

激活背景知识
能够借助对现实生活中人们的了解或者关于文本（系列、体裁等）的知识去理解人物。

自我监控
知道有哪些人物、他们之间的关系以及自己对他们的了解，必要时可以通过重新阅读来修正理解不准确的地方。

筛选重要信息
知道故事中有哪些人物，知道哪些细节能帮助自己理解人物，并留意这些细节。

整合信息
能够将文本中与人物有关的信息整合在一起，提出自己的观点或做出解释，明确说出人物发生的变化，理解因果关系和人物的动机。

为了达成本章目标，阅读者需要掌握的技能

推断
能够利用文本中的信息和自身的背景知识来思考主要人物、次要人物和背景人物的感受、性格特点、动机和他们之间的关系，对文本内容进行预测。

分析
能够根据人物具体的性格特点或人物塑造所涉及的其他方面进行比较，或者思考作者的写作手法。

构建感官图像
能够根据故事中的细节想象出人物的行为和表情。

当然，阅读者的年龄和成熟度，以及他们在现实生活中理解人类情感和行为特征的能力，都会影响他们解读书中人物（Emery & Milhalevich，1992；Shannon，Kame'enui，& Baumann，1988）。不过，当我们运用明确的阅读策略来指导和帮助阅读者时，他们理解人物的能力将有所提高（McTigue et al.，2015）。

◎ 这个目标是否适合孩子？

为了评估孩子对人物的感受、性格特点、关系、做出的改变等方面的理解情况，可以让孩子回应与文本相关的提示语和问题，然后评估他们的回应质量。文本可以是短篇文本（如短篇故事、绘本、儿童杂志中的内容），也可以是长篇文本（如章节书）；可以是你选择的或孩子选择的文本；可以由你朗读或者由孩子自主阅读。你可以在故事的关键点上设置问题让孩子回答，或者要求他们读完整个故事后，用做笔记或口述的形式回应。

以下是为了达成本章的目标你可以使用的一些提示语和问题。

- 主要人物是谁？
- 是谁在讲述这个故事？
- 描述一下书中人物是什么样的人。
- 人物有什么感受？
- 人物是如何做出改变的？
- 描述一下人物之间的关系。
- 在整合你所知道的信息后，你对人物有什么看法？

> 林肯是一个非常善良和体贴的人。我知道这一点是因为文中提到，林肯为他以前的学校感到难过，因为他的新学校在各个方面都胜过他以前的学校。

从这个孩子的笔记可以看出，她能够用形容词描述主要人物的两个性格特点，并能找出相应的内容来证明她为什么使用这些形容词。然而我知道，她读的这本书中的主人公比她想的更加复杂。因此，她已经为思考人物的动机、比较人物，或者注意人物的变化做好了准备（见策略6.10~6.13），从而思考为何书中的人物是复杂的（见策略6.14~6.17）。

> 科雅想成为快乐的人，因为她想让别人快乐。她生气时不会表现出来，而是会掩饰她的情绪，假装很快乐。

这个孩子的笔记展示了她是如何注意到人物（科雅）内在的复杂性和细微之处的——科雅的动机（想要快乐并使他人快乐）使得她假装快乐和隐藏真实感受。这个孩子可能会从其他可以帮助她思考人物复杂性的阅读策略中受益，知道这种复杂性不仅仅指人物感受的复杂性（见策略6.14~6.17），最终结合人物的性格特点提出关于人物的观点，并对人物做出解读（见策略6.18~6.21）。

> **练习本章策略时可以使用哪些文本？**

　　本章的阅读策略能帮助孩子阅读任何叙事类文本或包含人物的文本，无论人物是人还是动物，无论是虚构类文本（如历史小说、推理小说、现实主义章节小说、图像小说）还是非虚构类文本（如传记、史书）。

◎ 如何帮助孩子理解人物？

　　在评估了孩子对书中人物的口头或书面回应后，你可以选择一些阅读策略来提高他们这方面的技能。对于这些策略，你可以给孩子示范如何使用，也可以让他们跟你一起练习，或者让他们独立使用。

　　"技能进展"部分可以帮助我们确定孩子现在处于什么水平，以及接下来可能会如何发展。你可以使用下页的"技能进展及对应策略一览表：理解人物"评估孩子的阅读情况，并找到能帮助他们取得进步的策略。

如果孩子……

你可以教他们……

需要外界帮助来识别叙述者和人物，以及从文字和插图中筛选有关人物的重要信息。

| 6.1 | 借助插图和名字来识别人物 |
| 6.2 | 想一想：讲故事的是谁？ |

能够识别人物，直接从文本中提取重要细节，已经为推断人物的想法和感受，并从文本中找出证据来支持自己的推论做好了准备。

6.3	通过角色扮演来理解人物
6.4	说出气泡中的内容
6.5	思考人物的感受
6.6	做出人物的表情
6.7	借助文本线索和背景知识形成对人物的看法
6.8	通过语言和行为来揭示人物的性格特点和感受
6.9	用证据来支持自己对人物的看法

能够根据文本提供的特定线索推断人物的想法和感受，已经为寻找固定模式、推断人物行为的动机、比较人物以及理解人物的改变做好了准备。

6.10	寻找固定模式
6.11	追踪人物感受的变化
6.12	通过共情理解人物的动机
6.13	比较人物

能够对人物做出推断，整合文本中的信息，并为通过更加细致入微的思考来分析人物是如何变得复杂的（人物的动机或性格特点是多样的、矛盾的）做好了准备。

6.14	关注人物的多面性
6.15	注意与人物个性不符的特点
6.16	通过冲突理解人物的复杂性
6.17	找出相互冲突的动机

能够结合人物性格的多面性提出对人物的看法或做出解释，描述人物之间的关系，并指出一个人物对另一个人物的影响。

6.18	通过留意人物间的互动进行推断
6.19	回顾笔记，形成观点
6.20	留意人物内心状态和外在表现不一致的地方
6.21	留意自己知道而人物不知道的事情

能够针对人物形成自己的观点，开始理解人物之间的关系。已经准备好分析人物之间的关系，并在分析时考虑作者的视角和人物的观点，以及它们对故事的影响。也许还能根据掌握的有关人物类型和讽喻手法的知识对人物进行分析。

6.22	分析人物之间的关系
6.23	分析作者的选择：观点和视角
6.24	识别人物类型
6.25	思考人物的象征意义

6.1　借助插图和名字来识别人物

策略描述　读书时，要提醒自己书中的人物是谁。观察插图，看看上面有哪些人物。在故事中找找人物的名字。将你从书中了解到的与人物有关的信息列出来（可以大声念出来或写在便利贴上）。

这样给孩子讲解　我们来回顾一下《建筑师娅斯敏》的第一章。先来看看第一页的插图。那是娅斯敏！她是人物之一。我们知道她是这个班上的一名学生，她在涂涂画画，却不知道要画什么。还有哪些人物？我们来看看正文文字。看到了谁的名字？亚历克斯女士！我们知道她是老师。注意，叙述者还提到了"班级"，然后在下一页的插图中我们看到了一群学生。你知道他们的名字吗？我看到了一个名叫阿里的人，对页的插图上有他。他说他想开始做这个项目，但老师要求他们先画草图，为此他感到很无聊。清楚知道书中人物都是谁并能追踪对人物的了解情况，这对于理解故事是至关重要的。

这样给孩子提示

- 观察插图，你从图中看到了谁？
- 来读读文字。你读到了哪些名字？
- 是的，_____是其中一个人物。现在，列出你知道的关于人物的信息。
- 你可以这样说："这个人物是_____，从故事中我知道……"

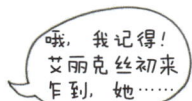
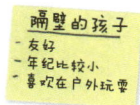

目标技能

- 筛选重要信息
- 自我监控

技能进展

需要外界帮助来识别叙述者和人物，以及从文字和插图中筛选有关人物的重要信息。

●○○○○○

相关研究

在一项小型定性研究中，研究人员要求一年级学生在每天朗读章节书之前，针对人物进行具体思考。研究结果显示，在读这本书的过程中，这些学生越来越擅长识别人物的性格特点而不是行为，更加关注作者对人物的想法和感受而不是对外貌的描写（Roser et al., 2007）。

6.2 想一想：讲故事的是谁？

目标技能
- 自我监控
- 筛选重要信息

技能进展

需要外界帮助来识别叙述者和人物，以及从文字和插图中筛选有关人物的重要信息。

● ○ ○ ○ ○ ○ ○

相关研究

根据布鲁斯的《阅读的社会互动模型》(*A Social Interaction Model of Reading*, Bruce, 1981), 作者和读者之间的互动可能会因叙述者的介入而变得复杂。叙述者由作者创造，但并不一定以作者的语气说话。为了理解这种复杂性，初级阅读者往往需要外界的帮助来识别讲故事的人是谁。

策略描述 阅读者应该问问自己："讲故事的是谁？是故事中的某个人物还是故事外的叙述者？"认真读故事，留意对话提示词。如果是某个人物在讲故事，你可能会看到"我""我们""我的"等字眼。

这样给孩子讲解 讲故事的人是谁对我们来说很重要，他可以通过描述人物为我们提供关于人物的信息。如果讲故事的是故事中的某个人物，我们还能了解到这个人物的想法和感受。我们来看几个例子，看看能否判断出讲故事的人是不是书中的某个人物（如果是，是哪个人物）。《J.D. 和伟大的理发师之战》是这样开头的："'坐直，看着镜子。'我的妈妈边说边打开一把剃须刀。"我看到了"我的"这个词，所以讲故事的是主要人物之一（很可能是书名和封面上的 J.D.）。我们再看看另一本书——《索娜·夏尔马，最好的姐姐？》(*Sona Sharma, Very Best Big Sister?*, Soundar, 2021)。以下是故事开头的几句话："索娜和埃莉芬特经常在花园里玩……她们读书，编故事，看松鼠嘶嘶叫着打架。"从书名我们知道索娜是主要人物，那么是她在讲故事吗？并不是。人们通常不会用自己的名字来称呼自己，我还看到文中用"她们"这个词来描写索娜和埃莉芬特，说明这个故事是由故事之外的叙述者来讲述的。

这样给孩子提示
- 你能分清讲故事的人是谁吗？
- 仔细找找人称代词。你看到"我""我的"这些字眼了吗？
- 看看对话提示词，确认是谁在说话，看看正在说话的人是不是讲故事的人。
- 没错，"他""她""他们"这些字眼都表明讲故事的人不是主要人物。

故事外的叙述者	故事中的人物
"他"	"我"
"她"	"本人"
"他们"	"我们"
人名	"我的"

6.3 通过角色扮演来理解人物

策略描述 找个搭档，选择一个场景。扮演场景中的人物（可以使用玩偶）。尽量用人物的语气说话，像人物一样做动作。表演完一幕后，可以讨论一下对这个人物的看法。

策略使用小贴士 有时候，若想了解一个人物，最好的方式就是假装成为他——做他所做的事，说他所说的话，做他所做的动作。许多作家——比如达夫·皮尔基（Dav Pilkey）和莫·威廉斯——的个人网站上都有可供打印的资料，这些资料记录了书（有亲子共读的书，也有孩子自主阅读的书）中关于人物的信息。你可以利用这些资料方便快速地制作玩偶，也可以让孩子在自由活动时间自己制作玩偶。关于如何利用自由活动时间帮助孩子理解故事和享受阅读的更多信息，可以参考《从幼儿园到二年级，在自由活动时间提升英语语言能力的快速指南》。

这样给孩子提示

- 你要如何表现这个人物呢？
- 用书中人物的语气为玩偶配音。
- 现在这个玩偶表现得和这个人物一样，你认为他有什么感受？
- 对于人物所做的事或所说的话，你有什么想法？

相关研究

"读者剧场"有益于提高阅读流利度（见策略4.4和4.23），对非常年幼的阅读者来说也是如此（Moran，2006），但它也要求阅读者对人物有深入的理解。研究人员描述了用玩偶扮演人物是如何帮助学生提高阅读理解能力的（Peck & Virkler，2006；Zuljevic，2005）。

说出气泡中的内容

目标技能
- 推断
- 构建感官图像

技能进展

能够识别人物，直接从文本中提取重要细节，已经为推断人物的想法和感受，并从文本中找出证据来支持自己的推论做好了准备。

● ● ○ ○ ○ ○

相关研究

在一项调查研究中，研究人员调查了讨论人物持有的观点对孩子推测人物动机能力的影响。结果显示，讨论人物持有的观点显著提高了六年级学生代入他人视角的能力，但对四年级和五年级学生没有影响（Emery & Milhalevich，1992）。随着年龄的增长，学生理解他人观点的能力会提高（Shannon, Kame'enui, & Baumann, 1988）；低年级学生可能需要更多的指导。

策略描述 在阅读过程中你可以停下来想一想："人物此时在想什么？他可能在说什么？"即使故事没有告诉你，你也可以想象和推断。如果有插图，你可以在图中人物上方画一个思考气泡或对话气泡，指着气泡说出（或者记下）人物可能在想什么或可能在说什么。

策略使用小贴士 对于初级阅读者，我尽量减少停下来记录的次数，而是引导他们简单地用空白便利贴或速记的方法来记录自己的想法。你还可以自制工具：在纸上画出对话气泡和思考气泡并剪下来，把它们固定在雪糕棍或压舌板上。孩子可以独立或与同伴一起使用这些工具。对于已经能够停下来记录短语或句子的孩子，你可以给他们上面画有气泡的便利贴（或让他们在空白便利贴上自己画气泡），让他们把便利贴贴在相应的书页上，在上面记录人物可能在想什么或说什么。孩子在阅读没有插图的书时仍然可以使用本策略——对话气泡或思考气泡可以提醒他们停下来思考。下图展示了本策略的两种应用方法。

这样给孩子提示

- 刚刚发生了什么？人物在想什么呢？
- 这个人物可能会默默地（或大声地）说些什么呢？
- 在翻页之前，停下来想一想他们可能在想什么。
- 把你刚才填写的思考气泡贴在这一页上，说说人物可能在想什么。

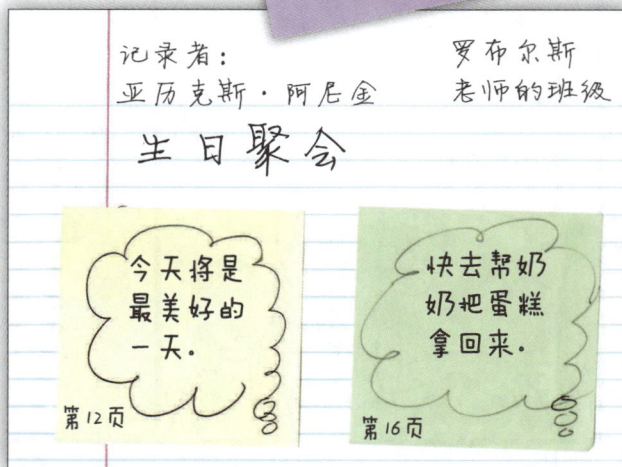

记录者：亚历克斯·阿尼金　罗布尔斯老师的班级

生日聚会

今天将是最美好的一天。（第12页）

快去帮奶奶把蛋糕拿回来。（第16页）

6.5　思考人物的感受

策略描述　想象一下自己身处和故事中人物相同的境况时会有什么感受，或者回忆一下自己身处类似境况的感受。然后，用一个词来描述那种感受。

这样给孩子讲解　故事中的人物也有情感，就像我们生活中的人一样。我们可以用具体的词语来描述这些感受，比如快乐、兴奋、惊讶、紧张、悲伤或担忧。我们来看《索娜·夏尔马，最好的姐姐？》中的一个场景：索娜和她的朋友——大象埃莉芬特在说自己将要成为姐姐的消息。想一想：此时的索娜有什么感受？也许你们当中有些人有过这样的经历，而那些没有真实经历的人则需要想象一下。我们来看看她说了什么、做了什么。埃莉芬特问她："那是件好事，对吗？"她回答说："我不知道。"然后，她说她"不想分享"她的家人。哪些词可以描述她现在的感受？也许是紧张？或者是不确定？或者可能有点儿担心？作者没有使用这些词，但我们可以根据她说了什么和做了什么来思考她的感受，然后用自己的话来描述。

这样给孩子提示
- 注意人物的说话方式。你认为他有什么感受？
- 用一个词来描述这种感受。
- 把关于这个场景的内容再读一遍。人物在做什么和说什么？
- 你可以这样说："如果我是_____（人物），在这种境况下，我会感到……"

思考人物的感受

- **想象**自己身处和人物相同的境况中（或者回忆一下自己身处类似境况的情形）
- **思考**自己会有什么感受（或者回忆一下当时的感受）
- **描述**那种感受（用一个词来描述）

*你可以用图表帮助自己表达！

技能进展

能够识别人物，直接从文本中提取重要细节，已经为推断人物的想法和感受，并从文本中找出证据来支持自己的推论做好了准备。

●●○○○○

相关研究

研究人员发现，接受指导的低年级学生（Elardo & Caldwell, 1979; Emery, 1996; Hodges et al., 2018）和青少年（Chandler, 1973; Thein, Beach, & Parks, 2007）都能够提高识别和理解他人观点的能力，这一结论不限于读写领域（Emery & Milhalevich, 1992）。在学生试图理解来自不同文化的观点时，这种指导尤为重要（Thein, Beach, & Parks, 2007）。

6.6 做出人物的表情

目标技能

- 筛选重要信息
- 推断

技能进展

能够识别人物，直接从文本中提取重要细节，已经为推断人物的想法和感受，并从文本中找出证据来支持自己的推论做好了准备。

● ● ○ ○ ○ ○

相关研究

在一项小型研究中，研究人员调查了二年级学生利用插图推断人物感受的能力，结果发现，无论是在特定时间点还是在人物内心发生变化时，学生都能通过人物的面部表情和身体姿势来解读他们的感受和想法（Willson，Falcon，& Martinez，2014）。

策略描述 仔细观察插图，看看人物的表情，然后试着做出同样的表情。想一想：这个人物有什么感受？

这样给孩子讲解 有时候当你想要尝试理解和体会人物的感受时，你可能会听到别人说要"换位思考"。但是，"感受"并不在于要去"换位"理解！感受会体现在你的脸上和身体上。当你快乐时，你会微笑——和我一起微笑吧。当你伤心时，你会皱眉——让我看看你伤心的样子。书中的人物也一样。如果你无法马上理解人物的感受，你可以做出与人物脸上一样的表情。你可以体会一下自己做出那个表情时是什么感受，从而更好地理解人物的感受。你可以参考下面的表情图，看看谁的表情和你的最接近，从而知道应该用什么词语来描述这种感受。

这样给孩子提示

- 看看图中人物的面部表情。
- 当你做出那个表情时，你有什么感受？
- 我看到你的表情变了。什么感受与这种表情相符？
- 查看一下表情图，找到与这种感受对应的词。

他们有什么感受？

开心　伤心　震惊　害怕

惊讶　困倦　失望　厌恶

担心　生气　疑惑　紧张

孤独　无聊　嫉妒　恼怒

6.7 借助文本线索和背景知识形成对人物的看法

策略描述 留意文本中与人物相关的线索，然后想一想："生活中我知道的人谁与这个人物相似？"这就是你的背景知识。最后，将文中的线索与你的背景知识结合起来，形成对人物的看法。

这样给孩子讲解 当我读《谢谢您，阿嬷！》（*Thank you, Omu!*，Mora，2018）这本书时，我想起了我的奶奶。就像书中的阿嬷一样，我的奶奶喜欢烹饪，最喜欢将她做的食物与别人分享。她为自己的厨艺感到自豪，在我们的大家庭中，她以一道她称之为"比萨薯条"的菜而闻名，这道菜对我们来说意义非凡，就像阿嬷炖的红色的肉汤对她居住的整个社区来说意义重大一样。在这本书中，每当有人敲开阿嬷的门并赞美她炖的汤很香时，她都会送给他们一些！就像我的奶奶会让每个来看望她的人都吃饱喝足一样。你有没有发现我是如何将背景知识中有关人物的具体细节与故事中有关人物的具体细节关联起来的？现在我要思考一些书里没有讲到的内容，根据我前面所做的关联说一说自己对阿嬷的看法。我觉得阿嬷是个善良的人，她能把大家都团结在一起。她很慷慨，不断付出，到最后自己几乎一无所有！但是在结尾的时候，每个接受过她馈赠的人都回报了她，这让我觉得她也是别人的榜样，帮助他人变得更友好、更慷慨。

这样给孩子提示

- 作者给你介绍了关于这个人物的哪些细节？
- 这让你想起了现实生活中的谁？
- 你对这个人物有什么看法？
- 那是作者的看法。你对这个人物有什么看法？

目标技能

- 推断
- 激活背景知识
- 筛选重要信息

技能进展

能够识别人物，直接从文本中提取重要细节，已经为推断人物的想法和感受，并从文本中找出证据来支持自己的推论做好了准备。

● ● ○ ○ ○ ○

阅读者可以通过以下步骤进行推断

1. 留意文本中与人物相关的线索（文本线索）。
2. 把文本中的线索与自己在现实生活中对与文中人物类似的人的了解（背景知识）结合起来。
3. 陈述自己对人物的看法（推论）。

文本线索 + 背景知识 = 推论

文中说…… 我知道…… 所以我认为……

相关研究

在阅读过程中，我们会将现实世界与故事世界联系起来。能够将自己对人际关系的了解带入文本中（Matthews & Cobb，2005）的孩子，他们的社会想象力能够得到双向发展：孩子对现实世界中人们互动方式的了解影响着他们对故事中人物的理解，反之亦然（Lysaker et al.，2011）。

目标技能

- 筛选重要信息
- 推断

技能进展

能够识别人物，直接从文本中提取重要细节，已经为推断人物的想法和感受，并从文本中找出证据来支持自己的推论做好了准备。

● ● ○ ○ ○ ○ ○

相关研究

卡尔佩珀提出，可以将归因理论作为一个框架来解释阅读者是如何用行为线索来理解文学作品中人物的想法和感受的（Culpeper, 1996，2014）。就像我们在现实世界中通过收集信息对他人做出推断一样，在故事中我们会收集类似的信息来理解人物。

策略描述 要留意人物说了什么以及是怎么说的（关注对话提示词、对人物行为的描写和所有的插图）。问问自己："我会用什么词来描述这样说话和有这样行为的人物呢？"

这样给孩子讲解 我们来回顾一下《新生》这本书中的第一个场景。对话提示词和相应的行为告诉了我们有关人物的很多信息，我们来看看可以由此推断出他们的哪些性格特点和感受。来看看第2页和第3页，这里乔丹的妈妈一直在说她为乔丹安排私立学校的事。例如，她说："你怎么就看不到这里有多棒呢？"或者"这是整个州最好的学校之一！看起来就像哈佛之类的学校。"我们来看看她的行为——她面带微笑，背对着乔丹转向电脑，而乔丹则似乎在嘟囔、翻白眼，蜷缩在椅子上，他看起来很沮丧和紧张！我们该如何描述他妈妈的性格特点和感受呢？我会说她很兴奋，对这所学校很有兴趣。她真的很爱他的儿子，并希望给他最好的。但是我注意到，她说这些话时甚至没有看着乔丹，她有点儿忽略乔丹的想法和感受。所以我们可以说，不管乔丹有什么意见，她都下定决心让他去这所学校上学。

这样给孩子提示

- 你能指出一个对话提示词吗？它让你想到了什么？
- 这个人物在说什么？
- 那个词确实与人物的对话和行为相符。
- 那是一个重要的对话提示词——它揭示了人物是怎样说话的。

6.9　用证据来支持自己对人物的看法

策略描述　阅读时，关注自己对人物的看法。可以想一想或在便利贴上写下来。通过重读找到与人物说了什么或者做了什么相关的内容，并把这些内容与你的看法关联起来。解释一下你找到的内容是如何支持你的看法的。

这样给孩子讲解　在读《爸爸有辆摩托车》这本书时，我对黛西的爸爸形成了这样一个看法：他很爱黛西，能够保护她。我要在便利贴上记下这个看法，并把便利贴拿在手中，这样当我从一页翻到另一页寻找证据时，我可以反复阅读并牢记我写在便利贴上的看法。首先发生的事情是黛西的爸爸下班回到家，让我看看在这页上是否有支持我看法的证据。（朗读便利贴上的内容。）当爸爸回到家时，黛西立刻跑向他。她很兴奋——你只有对你爱的人和乐于见到的人才会这样做。但是等一下，我想要证明的是（看向便利贴）爸爸很爱她，所以我要继续寻找证据。在下一页，我看到他给了黛西一个大大的拥抱，表达了对她的爱。然后，爸爸给她戴上了头盔。书中还提到，爸爸很小心地对待她的马尾辫，他手上的动作"就像他难以言表的爱一样"。这只是前几页上的例子，书中还有很多例子。你现在知道我是如何将对人物的看法写在便利贴上并将便利贴拿在手中，仔细查看文字和图中的细节来寻找证据的了吧？

这样给孩子提示

- 你对人物有什么看法？
- 再读一遍，找到让你形成这个看法的内容。
- 解释一下故事中那部分内容是如何与你的看法联系起来的。
- 这个证据确实很有用，我明白那部分内容为什么会让你形成这样的看法了。

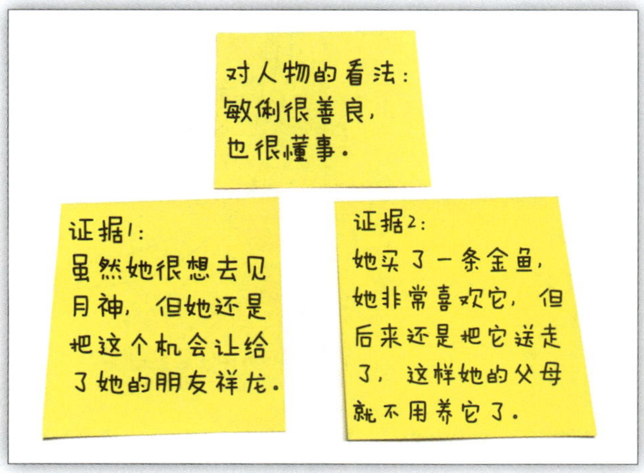

对人物的看法：
敏俐很善良，
也很懂事。

证据1：
虽然她很想去见
月神，但她还是
把这个机会让给
了她的朋友祥龙。

证据2：
她买了一条金鱼，
她非常喜欢它，但
后来还是把它送走
了，这样她的父母
就不用养它了。

目标技能

筛选重要信息

技能进展

能够识别人物，直接从文本中提取重要细节，已经为推断人物的想法和感受，并从文本中找出证据来支持自己的推论做好了准备。

● ● ○ ○ ○ ○

相关研究

在一项研究中，研究人员利用一种名为多维分析图（Chart for Multiple Perspectives，缩写为CHAMP）的图形组织者，帮助孩子根据文字和插图中的线索推断人物的想法和感受。当孩子不仅知道人物有怎样的情感，而且能够用证据来证明时，他们对故事的理解会更深入（McTigue et al.，2015）。

目标技能

- 推断
- 整合信息
- 筛选重要信息

技能进展

能够根据文本提供的特定线索推断人物的想法和感受，已经为寻找固定模式、推断人物行为的动机、比较人物以及理解人物的改变做好了准备。

●●●○○○

相关研究

基于先前关于在阅读过程中进行推断的研究，佩拉基和奥布赖恩发现，大学生在阅读过程中会根据他们从文本中了解到的关于某个人物的信息想象人物的形象，然后利用想象出的人物的性格特点预测人物接下来会做什么（Peracchi & O'Brien, 2004）。然而，如果文本中给出的信息与阅读者想象的人物形象有冲突，阅读者就需要做出修正。

策略描述　通常情况下，人物反复做出的行为可以揭示其性格特点。试着多读几部分内容来观察人物。想一想：人物的哪些行为、想法或对话是反复出现的？有没有遵循固定的模式？如果有，利用这种固定模式来归纳人物的性格特点。

策略使用小贴士　适合初级阅读者的文本通常被用来教孩子如何区分人物的性格特点和人物的感受，两者很容易混淆。你可以告诉孩子，人物的感受会发生变化，但人物的性格特点通常是不变的。例如，在"青蛙和蟾蜍"系列中，虽然青蛙有时候快乐，有时候不快乐（感受），但他总是很有耐心，很友好（性格特点）。然而，随着孩子阅读的文本越来越复杂，人物也变得越来越复杂。故事中的人物可能会展现出新的性格特点，并且有些性格特点可能会发生改变。例如，在《前台》一书中，米娅的妈妈展示了一种表明她非常关心家庭的固定模式。然而，当她阻止米娅投入自己热爱的事情——写作时，你可以看到这对米娅产生了负面影响。没错，她妈妈仍然关心家庭，但我们也开始看到她的一些缺点。因此，当孩子阅读的文本中的人物没有那么复杂时，本策略最为适用。本章后面介绍了更多可以帮助阅读者推断复杂文本中人物的性格特点和感受的策略。

这样给孩子提示

- 查看一下人物性格特点列表，看看哪些词可以用来描述这个人物。
- 你有没有发现某种固定模式？
- 这个人物反复做出了什么样的行为？
- 不同页面之间，或者书的不同部分之间，有哪些地方保持不变？

6.11 追踪人物感受的变化

策略描述 想一想故事中的某个时刻人物的感受，以及导致他们有这种感受的原因。用一个词或简单地画一幅画来描述这种感受。接下来看看人物在后来的场景中的感受，在便利贴上简单记录一下或者描绘一下新的感受和事件。看着自己的便利贴，说一说人物的感受发生了什么变化，以及是什么原因导致了这些变化。

这样给孩子讲解 当你遇到开心的事，比如你要举办生日聚会，或者妈妈给你买了冰激凌，或者你学会了骑自行车，此时你可能会很开心，会大笑和欢呼。但是，当你遇到一些糟心事，比如你完成了作业但却忘在了家里，或者你生病了，或者有人取笑你，此时你可能会很沮丧。你读的故事中的人物也会遇到开心的事和糟心事，他们也会做出不同的反应。你可以追踪他们的感受以及是什么让他们有这种感受的。

策略使用小贴士 策略5.26让阅读者使用情节发展图来追踪情节的起伏变化。你可以把情节发展图修改一下，在线条下面添加情绪状态，在线条上面添加情节事件，这样阅读者就可以追踪整个故事中的事件和人物感受的变化。

这样给孩子提示

- 他在这时可能会有什么感受？
- 这种感受与之前的感受一样吗？
- 你已经理解了故事开头时人物的感受。在结尾部分，人物有怎样的感受？
- 我注意到你仔细研究了文字和插图，并据此推断出了人物的感受。

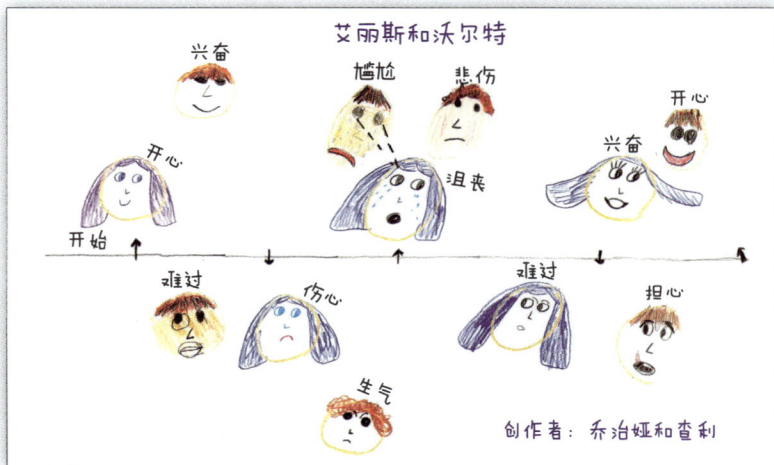

目标技能

- 推断
- 筛选重要信息
- 整合信息

技能进展

能够根据文本提供的特定线索推断人物的想法和感受，已经为寻找固定模式、推断人物行为的动机、比较人物以及理解人物的改变做好了准备。

●●●○○○○

相关研究

在针对大学生进行的一系列实验中，拉普和肯迪欧发现，阅读者对人物的最初看法往往不能随着人物的成长和变化而改变（Rapp & Kendeou，2007，2009）。实际上，当人物的行为与他之前的行为一致时，阅读者往往读得比较快；而当人物的行为出人意料时，他们的阅读速度则会减慢。

目标技能

- 推断
- 构建感官图像
- 整合信息

技能进展

能够根据文本提供的特定线索推断人物的想法和感受，已经为寻找固定模式、推断人物行为的动机、比较人物以及理解人物的改变做好了准备。

●●●○○○

相关研究

具有共情能力的阅读者既能更好地理解人物的感受，也能更好地理解整个故事（Bourg et al., 1993; Bourg, 1996）。在一项针对六年级学生的研究中，菲利普斯发现，是否具有共情能力是造成学生阅读理解能力差异的原因之一（Phillips, 1988）。

策略描述 阅读时要留意书中人物所面临的情况（比如书中其他人物是如何对待这个人物的，他遇到了什么好事或坏事）。找出人物说了什么、做了什么，想一想他为什么会那么说、那么做。然后想一想：如果你是书中的人物，你会说什么、做什么？思考这个问题是否有助于你理解人物的动机？

这样给孩子讲解 如果你上前给你妈妈一个大大的拥抱，肯定是有原因的，对吧？如果你停止和朋友玩游戏，你应该也不会无缘无故这么做。如果你在学校很努力地做一项专题研究，当我问你"为什么这样做？"时，你肯定可以给我一个答案，对吧？书中人物也和现实生活中的人一样，他们做事情都是有原因的。我们的一个任务就是不仅仅要说出人物做了什么，还要试着说出他为什么那么做。难点在于，书中人物通常不会直接说"我这么做的原因是……"，就像我们在现实生活中，并不总是不经提示地解释我们的推理过程一样。因此，我们必须把故事中的一条条信息拼接起来。有时候，把自己想象成书中的人物可以帮助我们进行推断。

这样给孩子提示

- 说一说人物做了什么或者说了什么。现在想一想：他为什么这么做或者这么说？
- 记住人物想要什么。他为什么会那么做或者那么说？
- 你可以这样说："在这种情况下，如果是我，我会感到 ____，所以我觉得书中人物之所以这样做可能是因为 ____。"
- 用"或许""因为"这样的词来解释人物可能的动机。

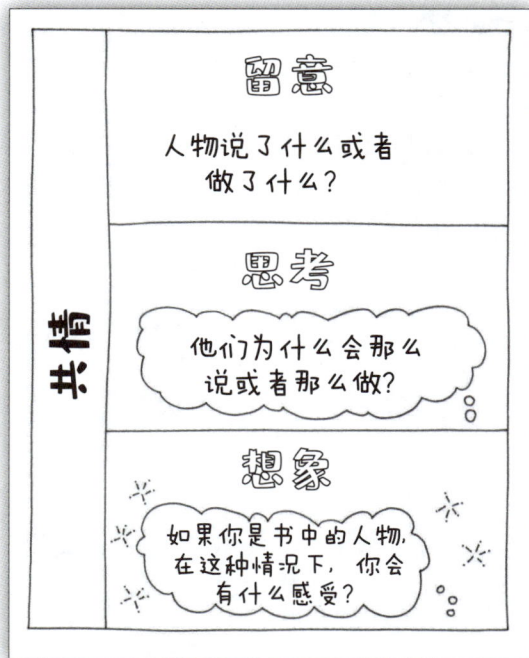

留意
人物说了什么或者做了什么？

思考
他们为什么会那么说或者那么做？

想象
如果你是书中的人物，在这种情况下，你会有什么感受？

共情

美国学生阅读技能训练：第2版

6.13　比较人物

策略描述 从不同方面比较一下同一本书或不同书中两个相似的人物。你可以比较他们的性格特点、应对挑战的方式、喜欢什么和讨厌什么、兴趣爱好、前后的变化、学到的道理等。说说他们在每个方面有什么相似之处和不同之处。

这样给孩子讲解 从多方面分析可以帮助我们比较两个相似的人物。例如，《新生》中的乔丹和《梅西·苏阿瑞兹的改变》中的梅西有一些相似之处：他们都是获得经济援助／奖学金（阶层）的中学生（年龄段）；在学校里（故事背景），他们受到困扰（问题），包括要努力适应一个陌生的环境。他们都感觉自己是局外人，要面对欺凌和误解，还要面对与同龄人不同的种族和身份。但是，这两个人物也有一些重要的差异：他们的特别兴趣和才能（乔丹：艺术；梅西：运动）以及这些兴趣和才能对他们的意义，故事背景（纽约州华盛顿高地；佛罗里达州）对他们的影响，他们的家庭生活和支持他们的人，他们应对困难的方式（退缩、为自己发声或者顺其自然），以及他们在整本书中发生的改变（或者没有发生改变）。从多方面思考人物的相似之处和不同之处有助于我们更全面地关注人物，更深入地了解他们。

这样给孩子提示

- 想一想你可以从哪些方面进行比较。
- 这两个人物的身份、兴趣爱好和性格特点有哪些相似之处和不同之处？
- 比较一下人物应对问题的方式。有什么相似之处？有什么不同之处？
- 回顾一下你所比较的各个方面，描述一下两个人物有什么相似之处和不同之处。

目标技能

- 分析
- 推断
- 筛选重要信息
- 整合信息

技能进展

能够根据文本提供的特定线索推断人物的想法和感受，已经为寻找固定模式、推断人物行为的动机、比较人物以及理解人物的改变做好了准备。

●●●○○○

延伸阅读

The Common Core Lesson Book, K-5: Working with Increasingly Complex Literature, Informational Text, and Foundational Reading Skills (Owocki, 2012)

相关研究

在一项涉及3000多名二年级和三年级学生的研究中，教师们参加了一项以提升在教学中提出高阶问题的能力为主要目的的培训（Peterson，2019）。教师提出的关于人物解读的问题是能够启发学生做出高阶回答的三类高阶问题之一，包括将人物进行对比，并在文中找到依据，这给了学生进行换位思考的机会（Peterson & Taylor, 2012）。

目标技能

- 整合信息
- 分析
- 推断

技能进展

能够对人物做出推断，整合文本中的信息，并为通过更加细致入微的思考来分析人物是如何变得复杂的（人物的动机或性格特点是多样的、矛盾的）做好了准备。

●●●●○○

相关研究

幼儿知道的关于情绪的词往往比较有限，通常仅知道开心、生气、悲伤等（McTigue et al., 2015）。有意教授阅读者用来描述情绪的词——一种有效的方法是将文字和插图结合起来（Nikolajeva, 2013）——可以让他们更准确地表达对人物的看法（Kucan, 2012）。

策略描述　试着列出人物在整个故事中展现的各种性格特点，特别是在不同情况下展现的不同的性格特点（人物性格特点列表可以帮到你）。将人物的性格特点分成两类，一类是"好的"，一类是"坏的"。用完整的句子来描述书中的人物，展示他们的不同方面。

策略使用小贴士　你可以在教室中找一面墙，把之前朗读过的图书的封面复印下来挂在墙上，并在下面画出人物关系网或者列出人物性格特点。鼓励孩子们展开讨论，帮助他们从多个角度对人物进行分析，并制作一张表，列出人物的不同方面，解释一下他们为什么以及是如何做出那样的行为的。这些内容不仅可以提醒孩子人物是复杂的，而且可以放在单词墙上供孩子参考，帮助他们在自主阅读时描述书中人物。

这样给孩子提示

- 你刚刚说的性格特点是 _____。那样的性格会不会造成更多的问题？
- 你觉得自己看到这个人物的多个方面了吗？
- 你可以这样说："有时书中的人物会 _____，但当 _____ 时，他们会表现得 _____。"
- 你可以这样说："通常书中的人物似乎会 _____，但有时候 _____。"

6.15　注意与人物个性不符的特点

策略描述　阅读时，留意人物的异常行为。记下他们的言行举止与平常不同或让你觉得惊讶的地方。继续阅读，判断这种行为出现的原因：只是简单地展现了人物不同的一面（他们随后恢复原来的行为方式），还是代表了一种明显的变化（从此开始以新的方式行事）？在此基础上形成你对人物的看法或观点。

这样给孩子讲解　在读《前台》这本书时，我们一开始就看到米娅是一个积极乐观、非常尊重和崇拜父母的人。她沉默寡言，在汽车旅馆帮忙做各种事。当她感到难过或受挫时，她会把自己的感受深埋心底。但是，读到书的中间部分，我们看到米娅开始更多地表达自己。她在课堂上与贾森进行激烈的辩论；她给那些不怀好意取笑她的女孩写信；尽管她的语文学得不好，她的妈妈告诉她应该专注于数学，但她还是参加了作文比赛。她还为被诬告偷车的汉克讨回了公道。她不再将一切都埋在心底了！我第一次看到她勇于自我表达时很惊讶，但是，当我看到她多次这样做时，我知道我正在见证她的改变。另一方面，当我看到米娅的妈妈打击米娅，还说在写作方面米娅是"自行车，而其他孩子是汽车"时，我感到很震惊，因为妈妈通常非常支持米娅，一心希望米娅成功。但是后来，妈妈还是一如既往地支持和关心米娅，所以我意识到她可能是因为不愿意看到米娅失败或者失望才这样说的。米娅的妈妈没有改变，我们只是看到了她的另一面。

这样给孩子提示

- 在这一部分中，人物行为有什么异常？
- 你认为这个人物是有所改变还是只是展现了他的另一面？
- 说一说为什么你觉得他变了。
- 根据你到目前为止了解的信息提出一个观点。

技能进展

能够对人物做出推断，整合文本中的信息，并为通过更加细致入微的思考来分析人物是如何变得复杂的（人物的动机或性格特点是多样的、矛盾的）做好了准备。

●●●●○○

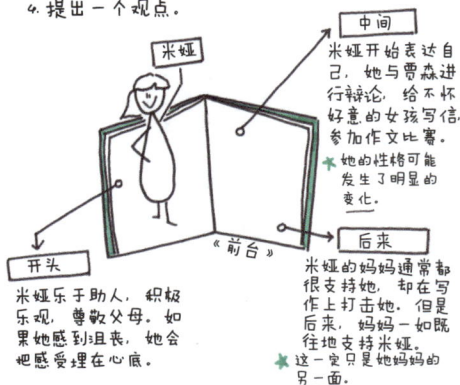

注意与人物个性不符的特点

1. 留意人物的异常行为。
2. 记下让你觉得意外的地方。
3. 问问自己：这个人物只是展现了自己的另一面还是真的有所改变？
4. 提出一个观点。

米娅

中间
米娅开始表达自己，她与贾森进行辩论，给不怀好意的女孩写信，参加作文比赛。
★ 她的性格可能发生了明显的变化。

开头
米娅乐于助人，积极乐观，尊敬父母。如果她感到沮丧，她会把感受埋在心底。

《前台》

后来
米娅的妈妈通常都很支持她，却在写作上打击她。但是后来，妈妈一如既往地支持米娅。
★ 这一定只是她妈妈的另一面。

相关研究

即便书中出现相互矛盾的信息，阅读者也往往不会轻易改变对某个人物的第一印象（Guéraud, Harmon, & Peracchi, 2005; O'Brien et al., 1998）。因此，孩子需要大量支持来修正对人物的心理表征，从而理解人物的改变或前后矛盾的行为（Rapp & Kendeou, 2007, 2009）。

通过冲突理解人物的复杂性

目标技能

- 筛选重要信息
- 推断
- 分析
- 整合信息

技能进展

能够对人物做出推断，整合文本中的信息，并为通过更加细致入微的思考来分析人物是如何变得复杂的（人物的动机或性格特点是多样的、矛盾的）做好了准备。

●●●●○○

相关研究

汉考克发现，六年级学生选择在哪里暂停阅读并做书面反馈时，通常会围绕人物展开，会为人物克服障碍和冲突提供"实时"建议（Hancock, 1993a, 1993b）。

策略描述 读到故事的冲突点时暂停一下，留意人物在冲突发生之前、冲突发生时和冲突发生之后的表现。描述一下人物，展现人物的复杂性或性格的多面性。

这样给孩子讲解 在现实生活中，我们总是会面临冲突和障碍的考验，我们读的故事中的人物也是如此。有时候人们会在这些时刻展现出另一面——有时积极，有时不那么积极。在《索娜·夏尔马，最好的姐姐？》这本书中，索娜的妈妈想跟她玩一个关于她即将出生的兄弟姐妹的猜谜游戏，此时索娜内心起了冲突。实际上，她根本不想当姐姐——她很享受做家里的宝贝。在此之前，索娜感到紧张，但她没有吵闹，只和她的朋友——大象埃莉芬特分享她的感受。不过，后来她哭了，大发脾气，一头扑进妈妈的怀里寻求安慰。在那之后，她和爷爷待在一起，玩闹嬉笑，她感到很开心。在冲突发生的时刻，她情绪很激动，行为很夸张，但是我们在那之前和之后看到了她不同的一面。

这样给孩子提示

- 重读故事中出现冲突的部分。
- 发生冲突之前，人物是什么样的？现在人物是什么样的？
- 发生冲突之后，人物是什么样的？
- 描述一下人物，要展示他两个方面的性格特点。

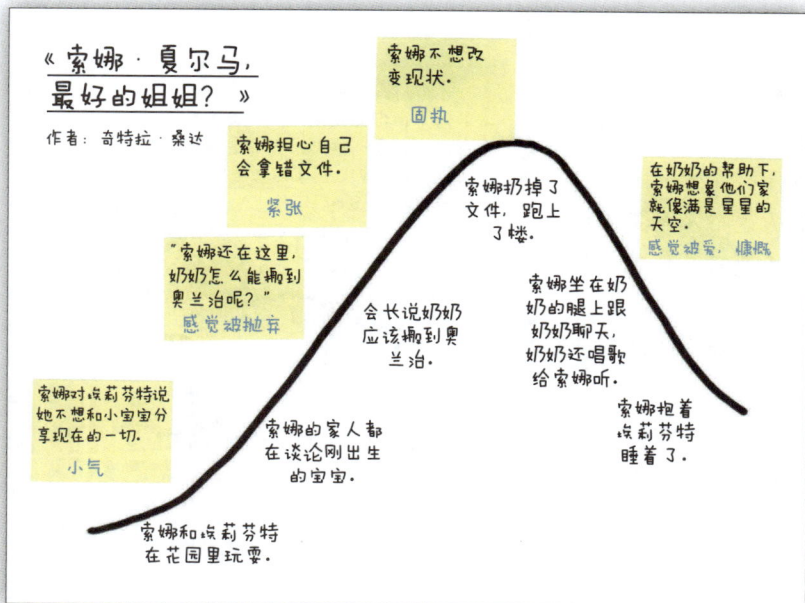

美国学生阅读技能训练：第2版

策略描述　确定人物的动机——他们有不同的愿望，或者想要实现不同的目标。想一想这些动机是前后一致的还是相互矛盾的。基于你对人物动机的思考揭示人物的复杂性。

这样给孩子讲解　在《月夜仙踪》这本书中，敏俐为了挽救她所在的村庄——无果山村和她的家人而开始了她的冒险之旅——她要让无果山再次繁荣起来并让村民都过上好日子。当她离开家时，她开始怀念家乡，想要回去，这与她最初的目标相矛盾，但她因为对家人的爱而继续前行。她还遇到一只祥龙，他们成了朋友。后来她爱上了这只祥龙，并希望能帮助他。祥龙想加入她的旅程，去问问月下老人为什么他不能飞。当敏俐见到月下老人时，她相信他有能力改变她家人的境遇并回答祥龙的问题，但是她只被允许问一个问题。她的两个动机——帮助家人和帮助祥龙——是相互冲突的。注意她在不同动机碰撞时的行为和选择，这有助于我们更好地理解她。我们可以得出这样的结论：她聪明、勇敢、善良。

这样给孩子提示

- 说出人物其中一个动机。另一个动机是什么？
- 这些动机与人物想要的一致吗？还是相互矛盾？
- 根据人物在努力实现他的目标时做了什么，用几个词来描述一下他。

目标技能

- 筛选重要信息
- 推断
- 分析
- 整合信息

技能进展

能够对人物做出推断，整合文本中的信息，并为通过更加细致入微的思考来分析人物是如何变得复杂的（人物的动机或性格特点是多样的、矛盾的）做好了准备。

● ● ● ● ○ ○

相关研究

幼儿通常很难理解故事中相互冲突的动机和想法——它们通常对情节发展起着关键作用，尤其是故事中有多个人物时（Stein & Trabasso, 1982）。用与动机相关的问题引导孩子，包括思考不同人物的想法，可能有助于孩子推断故事中复杂或难以理解的内心活动（Carnine et al., 1982）。

目标技能

- 筛选重要信息
- 推断
- 整合信息

技能进展

能够结合人物性格的多面性提出对人物的看法或做出解释，描述人物之间的关系，并指出一个人物对另一个人物的影响。

●●●●●○

相关研究

年幼的阅读者通常难以同时考虑多个人物的观点（Stein & Trabasso, 1982），他们往往只关注主要人物（Emery, 1996; Emery & Milhalevich, 1992）。邓宁的一项小型研究显示，通过向孩子提具体的问题来提示孩子思考人物的动机和感受，可以提高他们描述和理解这些内心状态的能力（Dunning, 1992）。

策略描述 阅读时，留意故事中次要人物与主要人物的互动。通过观察主要人物的感受、想法和行为，思考一下次要人物的行为是如何影响主要人物的。然后换个角度，思考一下主要人物的行为和语言使次要人物产生了什么样的感受、想法和行为。你对他们以及他们之间的关系有什么看法？

这样给孩子讲解 我们来看一下《新生》这本书中的一个场景，当乔丹遇到新学校橄榄球队的四分卫安迪时，他感到不知所措，有点儿紧张，只能试着接受这一切。安迪走过来拍拍乔丹的头，说乔丹个子矮，接着安迪对学校里几乎每个学生都做出了负面评价，比如"自以为是""笨拙"等，并告诉乔丹要远离他们。我们先从乔丹的角度来看看。我认为安迪所做的一切只会让乔丹感到自己不受欢迎，乔丹可能觉得自己很难融入这个新学校，甚至觉得来这里是个错误。好了，现在我们从安迪的角度来看看。我认为他对"新生"有一点儿"着迷"，或者说感兴趣。他可能试图破坏乔丹在新学校的时光，让乔丹觉得没有人值得交往，或者他也许因为乔丹很有可能得到关注而嫉妒乔丹。或者他希望成为乔丹的朋友，所以才让其他人看起来不受欢迎。无论他想要干什么，从乔丹对他的反应来看，我觉得他们不太可能成为朋友。

这样给孩子提示

- 找到人物互动的地方。
- ____（人物）是怎样对待 ____（另一个人物）的？
- 那是你对这个人物的看法。你对他们之间的关系有什么看法？
- 解释一下 ____（人物）是如何让 ____（另一个人物）有这种感受的。

注意人物间的互动

注意
A说了什么？做了什么？ → B有什么感受？
B说了什么？做了什么？ → A有什么感受？

推断
你对他们两个人有什么看法？
你觉得他们的关系怎么样？

策略描述　把你做的关于某个人物的性格特点、感受、愿望和动机的笔记整理出来，找找它们之间的联系。思考一下人物什么时候或者为什么会有相似或不同的行为。这个人物到底是一个什么样的人？他真正想要的是什么？陈述一下你的观点。

这样给孩子讲解　我们来回顾一下我们在《蛋先生摔下去以后》这个故事中记下来的几个想法，并将它们结合起来形成自己的观点。看这里，我们当时写的是："他不做自己喜欢的事情，因为他害怕。"再看这里，我们写的是："他想要飞翔和自由。"还有这里，我们写的是："他为自己敢于冒险而感到自豪。"为了将它们结合起来形成观点并说出来，我们可以问问自己："他是什么时候做出这种行为的？他又是什么时候做出另一种行为的？"也许我们可以这样说："蛋先生汉普蒂发生的意外和在那之后的感受都使他无法充分享受自己的生活，但是有一些对他来说真正重要的事他要专注地去做，这可以帮助他坚持下去。"

这样给孩子提示

- 整理你对同一个人物所做的所有记录，关于他们的性格特点、感受、愿望等。
- 确保你对人物的看法是基于书中不同部分的内容形成的。
- 是的，我认为这些性格特点展现了人物性格的多面性。把这些性格特点联系起来进行综合分析，你会得出什么结论呢？
- 你可以这样说："书中的人物有时很____，但有时似乎更____，因为____。"

人物

埃迪·文图拉

性格特点
充满活力
他和朋友们玩得很开心，而且他总是很高兴。

性格特点
意志坚定
做运动时，他能够集中精力做自己打算做的事。

性格特点
乐于助人
当他看到有人需要帮助时，他总是会伸出援手。

观点

我对埃迪的看法是：他看起来很坚强，但内心很柔软。当他和朋友们一起出去玩或吃比萨时，他一直充满活力；打棒球时，他很专注而且意志坚定。我想这跟他最开始的表现有鲜明的反差。运动改变了他，让他的意志变得更加坚定。

目标技能

- 推断
- 整合信息

技能进展

能够结合人物性格的多面性提出对人物的看法或做出解释，描述人物之间的关系，并指出一个人物对另一个人物的影响。

● ● ● ● ○

相关研究

研究表明，当阅读者将故事中的信息组织起来形成连贯的心理模式时，年龄较小的孩子可能会形成一个强调行为和外部事件的因果推理模式，而年龄较大的孩子可能会形成一个强调内心想法和感受的社会推理模式，这推动了故事中的动机和目标的形成，并随后反映在可以观察到的行为中（McConaughy, Fitzhenry-Coor, & Howell, 1983）。

目标技能

- 筛选重要信息
- 推断
- 分析
- 整合信息

技能进展

能够结合人物性格的多面性提出对人物的看法或做出解释，描述人物之间的关系，并指出一个人物对另一个人物的影响。

●●●●●○

相关研究

即使面对相互冲突的信息，阅读者对人物形成的最初印象也不会轻易改变（Rapp & Kendeou, 2007, 2009）。此外，阅读者往往会根据人物前后一致的性格特点而非前后不一致的性格特点进行预测（Rapp, Gerrig, & Prentice, 2001）。因此，在基本心理层面上，调和不一致的外在表现与内心状态很有挑战性，对年幼的阅读者来说更是如此。

策略描述　阅读时，留意人物的外在行为与人物的内心想法和感受不一致的地方。问问自己："其他人物是如何看待这个人物的？这个人物想成为怎样的人？"根据这些问题的答案推断人物的性格特点和动机。

这样给孩子讲解　梅格·梅迪纳（Meg Medina）是塑造人物的大师。我们来回顾一下她写的《梅西·苏阿瑞兹的改变》的第一章，看看她是如何帮助我们了解梅西的，看看我们能根据人物的外在表现（行为、话语）和内心状态（感受、想法）做出什么推断。从梅西的行为和语言中，我们看到一个想要领导他人和掌控局面的人。例如，她说服朋友们走捷径，要求他们跟着她，使用她一直在练习的"掌控式声音"。但是，也是在这一章，当我们留意她的想法和感受时，我们看到她为自己的头发感到难为情，为父母在班级合影留念日购买最便宜的套餐感到难为情，为自己的弱视感到难为情，也为自己的孩子气感到难为情——那些大孩子用一种对待小猫的语气说她和她的朋友们"可爱"。所以，她想让别人觉得她是一个有条不紊、自信、有出色领导才能的人。但是，在她的内心，她在与自己的自尊心做斗争。这只是第一章，当我们继续阅读时，我们要注意她外在的行为与她内心真实的想法和感受相冲突和一致的地方。

这样给孩子提示

- 你能找到人物说的话与人物的想法相冲突的地方吗？
- 同时留意人物内心的想法和他的行为。
- 我看得出来，你已经注意到了人物的想法和行为之间的不同。
- 你可以这样说："书中的人物在说／在做 ___，但他的想法／感受是 ___。所以，我认为……"

内心状态　与　外在表现

想法？
感受？

话语？
行为？

· 留意人物的内心状态和外在表现。

· 想一想：这反映了人物的什么？

留意自己知道而人物不知道的事情

策略描述 作为读者，关于故事中发生的事情，你知道的往往比故事中的人物知道的更多。你要留意并明确指出人物不知道的事情，想一想为什么人物不知道的内容很重要，以及它可能展示关于人物的什么，这会给他带来什么问题。

这样给孩子讲解 有时，阅读者知道书中人物不知道的事情。在用第三人称叙述的故事中，叙述者有时会直截了当地解释人物不知道的事情。例如，在《漫漫求水路》这本书中，萨尔瓦安全地穿过了满是鳄鱼的湍急河流后，叙述者解释道："至少有一千人在那天试图过河的时候死去了。"想象一下，如果萨尔瓦在那个时候知道他有多幸运，将是怎样的情景？这会改变他的什么吗？他会继续前行，还是会为无法过河的人感到悲伤？另外，当人物本身就是叙述者（第一人称）时，我们通常需要通过推断来了解一些人物不知道的事情。例如，《梅西·苏阿瑞兹的改变》这本书中的叙述者是梅西，在第3章和第4章中，我们作为读者清楚地知道罗罗（梅西的祖父）的阿尔茨海默病越来越严重，对梅西和她的家人来说将是一个很大的挑战，但梅西本人并没有意识到这一点。我们可以用"天真""单纯""孩子气"之类的词来描述她此时的状态，追踪她的状态是如何影响她在整个故事中的发展的。

这样给孩子提示

- 人物知道什么？不知道什么？
- 人物错过了什么？
- 是的，你确定了一些我们作为读者知道而人物不知道的事情。现在谈谈你对人物的看法。
- 对某件事不知情是如何影响人物的？

目标技能
- 推断
- 整合信息

技能进展

能够结合人物性格的多面性提出对人物的看法或做出解释，描述人物之间的关系，并指出一个人物对另一个人物的影响。

●●●●●○

相关研究

作者通过将各方（即故事中的人物、叙述者、读者）的知识状态（knowledge state）——即谁在何时知道什么——巧妙地整合起来，来让读者体验诸如惊讶、提心吊胆等心理状态。在一系列实验中，格雷泽和同事发现，阅读者必须整合和追踪多个人物的知识状态才能理解故事，体会作者要表达的情感（Graesser et al., 2001; Graesser & Klettke, 2001）。

留意你知道而人物不知道的事情

注意！

1. 注意你作为读者知道的比人物多的时候。

> 叙述者说："至少有一千人在那天试图过河的时候死去了。"
> 《漫漫求水路》第79页

2. 说出人物不知道的事情。

> 萨尔瓦不知道河里有多危险。
> 《漫漫求水路》

3. 想一想为什么人物对某件事不知情对故事的发展很重要，以及它可能展示了有关人物的什么。

> 展示了萨尔瓦那时很幸运。
> 《漫漫求水路》

4. 想一想：对某件事不知情是如何影响人物的？

> 萨尔瓦可能不会继续前行，或者他可能会为那些无法过河的人感到悲伤。
> 《漫漫求水路》

目标技能

- 推断
- 整合信息
- 分析
- 筛选重要信息

技能进展

能够针对人物形成自己的观点，开始理解人物之间的关系。已经准备好分析人物之间的关系，并在分析时考虑作者的视角和人物的观点，以及它们对故事的影响。也许还能根据掌握的有关人物类型和讽喻手法的知识对人物进行分析。

● ● ● ● ● ●

相关研究

在一组小型研究中，研究人员发现，人物行为地图（character story event maps，一种可以追踪人物的行为和这些行为的含义的图形组织者）可以帮助青少年理解长篇小说（Drill & Bellini, 2022; Williamson et al., 2015）。

策略描述　阅读时要留意特定人物在场景中的互动，并试着描述一下他们之间的关系。当这些人物再次同时出现的时候，再次描述一下他们之间的关系。将你对人物关系的想法整合起来形成自己的观点。

这样给孩子讲解　无论是在现实生活中还是在故事中，大多数关系都是连续存在的。我们需要知道的是，人物之间的关系就像"故事山"一样，有起有伏，有时会在冲突或变化的关键点发生转变。例如，我们来看看《新生》这本书中乔丹与他的妈妈（次要人物）在三个场景中的关系。在第一个场景中，我们看到她非常兴奋地把乔丹送去里弗代尔的新学校，但是她忽略了他无声的抗议和他的感受。在第二个场景中，当她给了乔丹一个大大的拥抱，称他为"宝贝"的时候，乔丹只是微笑着，似乎并不感到困扰（尽管他的爸爸指出她妈妈像对待小孩子一样对他）。在第三个场景中，当乔丹的爸爸妈妈争论乔丹是应该在学校好好学习还是应该保持对艺术的热爱时，乔丹坐在他们中间，无论是从字面意义上还是比喻意义上来看，他都夹在中间。此处的插图展示他缩小到了婴儿般大小。从这三个场景中，我可以说乔丹的妈妈像对待小孩子一样对他，试图控制他的生活，因为她希望给他最好的。而乔丹大部分时候都会配合她，或许是出于尊重，或许是因为对乔丹来说，家里的事情由妈妈做决定是很正常的事。

这样给孩子提示

- 在之前的场景中，你说他们之间的关系是 ＿＿＿＿。当你重新阅读关于这个场景的内容时，你有什么新的想法吗？
- 把在这几个场景中你对这些人物关系的想法整合到一起。你现在有什么观点？
- 他们之间的关系能告诉你有关他们各自的什么信息？

人物之间的关系

注意一个场景中同时出现的两个人物。　他们是如何互动的？　他们的关系怎么样？

找到另一个他们同时出现的场景。　他们是如何互动的？　他们的关系怎么样？

把你的想法整合到一起！

你觉得他们的关系怎么样？
你对他们每个人有什么了解？

6.23　分析作者的选择：观点和视角

策略描述　确定作者用什么人称（第一人称、第二人称还是第三人称）来讲故事。想一想作者为什么选择这个叙述者，这是否有助于你理解人物或者与人物产生共鸣。你对故事的体验如何被影响了？现在思考一下叙述者的视角。叙述者的身份是如何影响我们对故事的体验以及我们对人物的理解的？

策略使用小贴士　本策略是策略6.2的复杂版，因为它要求孩子不仅要确认叙述者，还要分析作者对叙述者的选择，以及这个叙述者的视角。叙述者的视角受叙述者身份的影响，包括叙述者的个性、社会经济地位、文化背景、语言等。人称和视角都会影响阅读者对故事要素的体验。作者借助叙述者来让我们与人物更亲近（第一人称）或者更疏远（第三人称）。你可以通过阅读一系列图书来探索不同的人称和视角，包括第一人称叙述者的转换，比如《拯救特鲁普特先生》(*Saving Mr. Terupt*，Buyea，2015)；第三人称叙述者的转换，比如《爆炸现场》(*Ground Zero*，Gratz，2021)；在图像小说中，转换叙述者时文字样式也随之改变，比如《隐形艾米》(*Invisible Emmie*，Libenson，2017)；一贯到底的第一人称（比如《新生》）和第三人称（比如《漫漫求水路》）。

这样给孩子提示

- 如果换一个人物来描述这个场景，你觉得会有什么不同？
- 作者选择的视角会改变我们对故事的体验吗？
- 你对第一人称叙述者的身份了解多少？他的身份是如何影响我们作为读者的体验的？
- 叙述视角是如何影响我们对人物的共情（我们支持谁、在乎谁，等等）的？

目标技能
- 推断
- 整合信息
- 分析

技能进展

能够针对人物形成自己的观点，开始理解人物之间的关系。已经准备好分析人物之间的关系，并在分析时考虑作者的视角和人物的观点，以及它们对故事的影响。也许还能根据掌握的有关人物类型和讽喻手法的知识对人物进行分析。

相关研究

格雷泽和他的同事指出，当文本以第一人称叙述时，叙述者、主人公和读者的视角会融合在一起；而以第三人称叙述时，叙述者和人物之间更疏离(Graesser & Klettke，2001)。在一项针对大学生的研究中，参与者能更好地回忆起以第一人称写作的故事，这表明读者与这种视角建立了强烈的情感联系(Graesser et al.，1999)。

目标技能

- 推断
- 分析
- 激活背景知识

技能进展

能够针对人物形成自己的观点，开始理解人物之间的关系。已经准备好分析人物之间的关系，并在分析时考虑作者的视角和人物的观点，以及它们对故事的影响。也许还能根据掌握的有关人物类型和讽喻手法的知识对人物进行分析。

● ● ● ● ● ● ●

相关研究

作者将人物类型作为一种呈现人物特质的简化方式，并且这些人物类型因文化传统而异。然而，如果读者无法建立一个完整、准确的心理模式来理解人物类型，他们就会对人物产生误解。如果作者和读者的文化背景不同，则更有可能引发这种误解（Adams & Bruce, 1982）。

策略描述　确认人物的类型，思考不同类型人物的典型优点和缺点。借助你对人物类型的了解来预测书中人物的行为，并将书中人物与其他相同类型的人物进行比较。

策略使用小贴士　人物类型是基于人类行为模式和文学中常见人物形象而形成的。人物类型可以帮助阅读者快速了解人物、理解故事。例如，《月夜仙踪》中的敏俐可以说是一个经典的英雄。无论是她的外貌（乌黑发亮的头发、红润的脸颊、闪闪发光的眼睛和富有特色的微笑）还是她的性格特点（富有冒险精神、反应迅速、足智多谋），敏俐与她所认识的每个人都不同。尽管有时她为离开家感到内疚，想念家乡，但是，她决心完成她的任务，拯救她的村庄和家人。如果阅读者了解其他故事中的这种人物类型，那么他们可以早早地预测到敏俐会完成任务，并进行一些分析，比如将她与其他英雄，例如《黑质三部曲》（*His Dark Materials*）中的莱拉或《饥饿游戏》（*The Hunger Games*）中的凯特尼斯进行比较。在这个故事中，你还可以探索其他人物类型，比如虎县令（反派）、牧童（孤儿）、祥龙（朋友）和巴（讲故事的人）。

这样给孩子提示

- 书中的人物与你知道的那些人物类型相符吗？
- 如果书中的人物属于某个人物类型，你希望他们有什么性格特点（优点和缺点）？
- 基于这个人物类型，你可以对人物的行为和成长经历做出哪些预测？
- 借助人物类型，将这个人物与不同故事中的其他人物进行比较。

识别人物类型

人物类型	示例
英雄	《黑豹》中的特查拉
小丑	《海底总动员》中的多莉，《李尔王》中的弄人
魔法师	《指环王》中的甘道夫
叛逆者	蝙蝠侠
探险家	哈克贝利·费恩、奥德修斯
圣人/导师	《海洋奇缘》中莫阿娜的祖母塔拉
天真无辜者	《圣诞颂歌》中的小蒂姆
照料者	《谢谢你，女士》中的卢埃拉·贝茨·华盛顿·琼斯夫人
横行霸道者	"哈利·波特"系列中的德拉科·马尔福
孤儿	白雪公主

书中的人物与你知道的人物类型相符吗？

你希望他们有什么性格特点？

你能预测他们的行为和成长经历吗？

策略描述　找出故事要传达的更深刻的观点——关于社会、宗教、政治和人性的观点。将注意力集中在故事中的某个具体人物上，思考一下在有更深刻意义的故事背景下，这个人物可能代表着什么。

策略使用小贴士　讽喻人物指故事中重要且具有象征意义的人物。通常情况下，这些人物代表着与宗教、政治或道德相关的东西。来看一些经典故事中的例子。《爱心树》（*The Giving Tree*，Silverstein，1964）中的树象征着一位不断给予，到最后所剩无几的母亲。《月夜仙踪》中的月下老人是一个无所不知的人物，他住在山顶，有一本《生死簿》，里面包含了开世以来世界上所有的智慧。想一想：一个讲述了信仰的重要性的故事会让你想起谁呢？（当然，各种信仰中都有一位智者。）

这样给孩子提示
- 这个故事中有哪些主题或者深刻的观点？
- 这个故事中是否有任何人物代表着与主题有关的人或事物？
- 文本中有哪些例子支持这种解释？
- 从社会、宗教、政治和人性等方面思考有助于你了解这个人物可能代表的是什么。

考虑人物的象征意义

→ 故事中重要且具有象征意义的人物。

深刻的观点
[人物的象征意义]
- 道德
- 政治
- 宗教
- 社会
- 人性
- 环境

示例
1. 《爱心树》
　 一位不断给予的母亲
2. 《月夜仙踪》
　 一位智者

目标技能
- 推断
- 分析
- 激活背景知识

技能进展

能够针对人物形成自己的观点，开始理解人物之间的关系。已经准备好分析人物之间的关系，并在分析时考虑作者的视角和人物的观点，以及它们对故事的影响。也许还能根据掌握的有关人物类型和讽喻手法的知识对人物进行分析。

● ● ● ● ● ● ●

相关研究

一位教师分享了他如何让自己带的四年级学生借助一本运用了讽喻手法的绘本围绕一个很复杂的话题展开讨论，这个话题就是美国的移民史——既包括历史，也包括现状。他将这本书用作过去和现在、故事和现实、不同的文本之间的桥梁（Cipparone，2014）。

理解主题

◎ 这个目标为什么很重要?

故事通常蕴含着丰富的深层含义,但这些深层含义不会直接呈现在阅读者面前。想要理解字里行间的意思以及言外之意,并跳出故事来思考,阅读者就需要具有抽象思维能力 (Seifert, Dyer, & Black, 1986)。这种思考方式——概括主题、思考社会问题以及解读象征意义——改变了阅读体验:此时,故事能够帮助我们理解这个世界及其中的事物,质疑我们自己的看法。如果没有这些理解,阅读者会对故事有错误的理解,或者至少不能很好地理解故事蕴含的意义 (Dimino et al., 1990; Gurney et al., 1990)。

任何年龄段的孩子都能够(也应该!)对文本的主题有自己的解读。这些解读应该以文本中的细节为根本依据,但在阅读同样的故事时,不同的阅读者可能会对主题有不同的解读,因为他们的背景知识、过往经历和身份都是独特的 (Rosenblatt, 1978)。孩子在推断故事主题时,刚开始可能会使用词语和短语来描述,随着时间的推移,他们将学会详细阐述自己的想法,找到与故事主题相关的象征意义。

在适合初级阅读者的读物中，故事主题（例如"融入"或"朋友很重要"）通常很容易理解，但是，随着孩子读的文本越来越复杂，故事主题往往更像是生活本身——多维、矛盾、复杂 (Applebee, Langer, & Mullis, 1987; Sweet & Snow, 2003)。当故事中出现象征意义时，孩子如果能思考一下人物、地点或物体是否代表着超越其物理意义的事物，那么他们就能更好地理解文本内容。

什么是主题？

在文献、从业者撰写的材料和相关课程中，人们用多种方式使用"主题"一词。在本章中，"主题"一词指能体现阅读者对故事真正含义的理解的一个词语、短语或一句话，因为这样的理解贯穿于整个故事中。主题不只是对事件的简单复述，它是概括性的，且经常可以应用于阅读者的生活中（如"我应该更勇敢"）。

当主题被陈述为一个词语或短语时，它通常是一个概念（如"勇气""善与恶"），可能与社会问题（如"贫困""残障歧视"）相关。

当我们用陈述的形式来表达主题时，通常会用一个完整的句子来表达，它可以对用某个词表达的主题进行详细阐述（或提供评论）。这些陈述可能包含价值判断，如"勇气很重要"；也可能不包含，如"有些人有勇气"（Williams, 2005; Williams et al., 1994; Williams et al., 2002）。

分析
能够通过思考知道作者是如何确定故事的主题或者构建象征意义的，或者能够将不同的文本结合起来，比较它们的主题或象征意义。

为了达成本章目标，阅读者需要掌握的技能

筛选重要信息
能够找出可以揭示故事主题的相关内容。

推断
能够借助文本信息和自己的背景知识来推断主题（如经验教训、道理、寓意）或象征意义。

激活背景知识
能够借助其他故事或现实生活中的主题和观点来理解故事。

整合信息
能够将文本中的信息和观点整合起来，从而解读故事的主题或象征意义。

◎ 这个目标是否适合孩子？

　　为了评估孩子对故事主题的理解情况，可以让孩子回应与文本相关的提示语和问题，然后评估他们的回应质量。文本可以是短篇文本（如短篇故事、绘本、儿童杂志中的内容），也可以是长篇文本（如章节书）；可以是你选择的或孩子选择的文本；可以由你朗读或者由孩子自主阅读。你可以在故事的关键点上设置问题让孩子回答，或者要求他们读完整个故事后，用做笔记或口述的形式回应。

以下是为了达成本章的目标你可以使用的一些提示语和问题。

- 我们可以从这个故事中学到什么道理？
- 这个故事教给你哪些道理（关于人类、生活、我们的世界）？
- 这本书的主题是什么？
- 读完这本书后，关于社会问题，你知道了什么？
- "象征意义"指什么？
- 这本书中有没有关于象征意义的例子？
- 解释一下这个主题在这本书中是如何呈现的。

> 从这本书中我学到的道理是：和最好的朋友
> 打架并不是好玩的事；伤心是难免的。

从这个示例我们可以看出，这个年幼的孩子能够用通用的（而非特定的书中使用的）语言表达出两个道理。由于他所读的书中没有用到象征手法，因此，关于主题的表达，他已经做得非常好了。我能帮他的是，引导他在读其他书时，也用类似的方法来表达主题（见策略7.16~7.21），或者为他设定一个不同的目标。

> 怪物可能代表了她想要释放出来的愤怒，
> 但是她在努力克制，因为她不喜欢生气。

在这个示例中，孩子阅读的是章节书。从这个孩子的回答可以看出，她知道具体的事物（她梦中的怪物）可以代表抽象的东西（她想要释放出来的愤怒）。她可以进一步结合故事主题来思考象征意义的重要性（见策略7.22~7.24）。

> 这本书的主题是你应该结交新朋友，同时也要和老朋友保持联系。这个主题与书名（"立场"）相关，因为在这本书中，林茨在之前和现在的学校里有两群不同的朋友。最后，林茨必须选择其中一群朋友。

这个孩子将书名与一个可能的主题或解读联系起来，并对她的想法进行了一些解释。她已经为学习可以帮助她推断出多个主题的策略做好了准备（见策略7.19~7.20）。

➤ 练习本章策略时可以使用哪些文本？

本章的阅读策略能帮助孩子阅读任何类型、任何形式的叙事类文本，无论是虚构的（如历史小说、推理小说、现实主义章节小说、图像小说）还是非虚构的（如传记、回忆录）。

◎ 如何帮助孩子理解主题？

在评估了孩子对他们所读书中主题的口头或书面回应后，你可以选择一些阅读策略来提高他们这方面的技能。对于这些策略，你可以给孩子示范如何使用，也可以让他们跟你一起练习，或者让他们独立使用。

"技能进展"部分可以帮助我们确定孩子现在处于什么水平，以及接下来可能会如何发展。你可以使用下页的"技能进展及对应策略一览表：理解主题"评估孩子的阅读情况，并找到能帮助他们取得进步的策略。

如果孩子……

你可以教他们……

能够理解故事的字面意思并使用书中特定的语言来阐述，已经准备好根据书中的相关内容推断出道理，或者理解作者明确告诉读者的寓意（如寓言故事的寓意）。

7.1　思考故事的寓意

7.2　给人物提建议

7.3　向人物学习

7.4　关注人物感受的变化

7.5　留意人物的回应方式

7.6　关注人物的顿悟时刻

7.7　留意有智慧的次要人物

7.8　将不同文本联系起来寻找道理

7.9　比较属于同一系列的书，找出不同的道理

7.10　从封底简介中寻找关于主题的线索

已经为理解主题做好了准备——主题是通过整合文本中的细节推断出来的概念或中心思想，可以用一个词语或短语（如"友谊""爱""融入"）来表达。

7.11　概括主题

7.12　区分情节和主题

7.13　通过关注人物来找出主题

7.14　从书名中寻找有关主题的线索

7.15　识别社会问题

能够推断出主题并用一个词语或短语来表达，已经准备好详细阐述或提供评论，以便用陈述句表达主题，并基于不同的情节线、视角等推断出多个主题。

7.16　针对主题展开说一说

7.17　针对社会问题展开说一说，并采取行动

7.18　思考故事的结尾

7.19　从不同的情节线中找到不同的主题

7.20　基于人物的身份思考主题

7.21　对故事中不公平的事情做出反应

已经为识别与主题相关的象征物和意象，并借助背景知识解读它们的含义做好了准备。

7.22　将某个事物看作象征物

7.23　从自己的"象征物库"中得到启发

7.24　寻找故事背景的象征意义

能够识别主题，已经为分析单个或多个文本中的主题要素做好了准备。

7.25　分析主题的发展

7.26　将不同文本关联起来分析主题

7.27　分析故事中的讽刺手法

7.1 思考故事的寓意

策略描述 阅读寓言故事中关于故事寓意的内容，然后用自己的话把寓意表达出来。思考故事中的核心行为是积极的还是消极的，结果是好的还是坏的。问问自己："这个故事与我的生活有何关联？它告诉了我什么道理？"

策略使用小贴士 寓言（比如伊索寓言）是非常简短的故事，作者会通过这些故事明确告诉读者一些道理，它们通常是读者应该遵循的一些美德（比如勇敢、友善、乐于助人、诚实）或者是读者不该做的一些事情。寓言是经典的文学体裁，寓言故事中的道理经常出现在当代儿童文学作品中。所以，在开展关于故事主题的教学时，使用寓言有两个明显的好处。其一，孩子可以直接在文本中读到道理是什么（无须推断），并思考故事中发生的事与道理之间的联系。其二，在阅读寓言故事时，阅读者可以学到各种道理以及如何用通用的语言表达它们，这样他们在阅读其他文学作品时就能留意类似的内容了。

这样给孩子提示

- 阅读寓言故事中关于故事寓意的内容，然后用你自己的话把寓意表达出来。
- 这个故事中发生的事是如何传达这个寓意的？
- 故事中的人物是如何学到这个道理的？作为阅读者，你是如何学到的？
- 重新阅读这个寓言故事，说一说与寓意相关的部分。

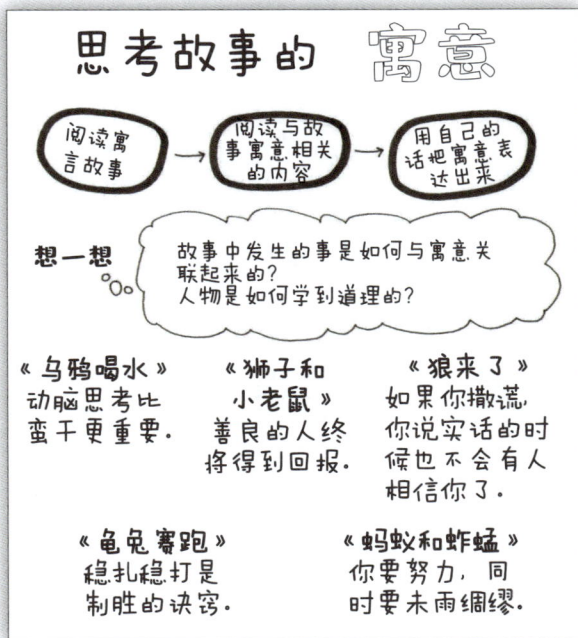

技能进展

能够理解故事的字面意思并使用书中特定的语言来阐述，已经准备好根据书中的相关内容推断出道理，或者理解作者明确告诉读者的寓意（如寓言故事的寓意）。

● ○ ○ ○ ○

相关研究

多夫曼提出了一个用于理解故事主题的模型，其中包括三个要素：（1）积极的或消极的核心行为；（2）好的或坏的结果；（3）以上两者之间合乎逻辑的、在道德上可以理解的联系。如果这三个要素中的任何一个不清晰或被误解，阅读者将很难把握故事的主旨（Dorfman,1988; Dorfman & Brewer,1994）。

目标技能
- 激活背景知识
- 筛选重要信息
- 推断

技能进展

能够理解故事的字面意思并使用书中特定的语言来阐述，已经准备好根据书中的相关内容推断出道理，或者理解作者明确告诉读者的寓意（如寓言故事的寓意）。

● ○ ○ ○ ○

相关研究

在阅读疗法中，阅读者会看到书中人物所面临的问题（Forgan, 2002），产生共鸣，并在这个过程中学习解决问题的方法和应对技巧（Lindeman & Kling, 1968; Pardeck & Markward, 1995）。然而，这个过程也可以逆转。孩子可以将自己的生活经验和背景知识与人物的经历联系起来，思考如何处理书中人物所面临的问题（Cook, Earles-Vollrath, & Ganz, 2006）。

策略描述 阅读时，当书中人物做出令你感到惊讶或担忧的行为时，留意这些时刻。想一想："他们应该这样做吗？我在生活中学到的哪些道理他们也可以学到？"你可以用"你应该／不应该____，因为____"的句式来给人物提建议。

策略使用小贴士 为了更多元化地运用本策略，你可以更具体地要求孩子关注人物行为的不同方面：人物反复做的事（固定模式），你认为人物所做的错误的行为，人物为了解决问题而做的事，或者一个人物对另一个人物做的事。

这样给孩子提示
- 在你所关注的这个场景中，人物在做什么？
- 注意人物反复犯的一个错误。
- 你可以这样说："当你____时，尝试（或不要）____。"
- 你可以使用"你应该／不应该____"这个句式。

策略描述　列出人物的优点。根据人物的行为，想一想人物是什么时候表现出这些优点的，以及为什么会表现出这些优点。然后再想一想："这个人物可以教给我什么道理？"

这样给孩子讲解　在你的生活中，肯定有一些你敬佩的人。你敬佩他，也许是因为他很勇敢，哪怕是在面对可怕的事情时；也许是因为他很善良，哪怕是在身陷困难时；也许是因为他很有耐心，哪怕是在沮丧时。像这样的人激励着我们，是我们的榜样。书中的人物也可以成为我们的榜样，我们可以学习他们的好品质。例如，在读《谢谢您，阿嬷！》这本书时，你肯定注意到了阿嬷分享她炖的汤的所有时刻，即使分享可能意味着失去。你可能会这么想："如果可以的话，分享是一件好事。我想我也应该多分享。"

这样给孩子提示
- 你会如何描述这个人物在这里的行为？
- 你从这个人物身上学到了什么？
- 你可以这样说："＿＿＿ 教会了我，如果 ＿＿＿，我们应该 ＿＿＿。"
- 你可以这样说："＿＿＿ 的表现很 ＿＿＿，让我明白 ＿＿＿。"

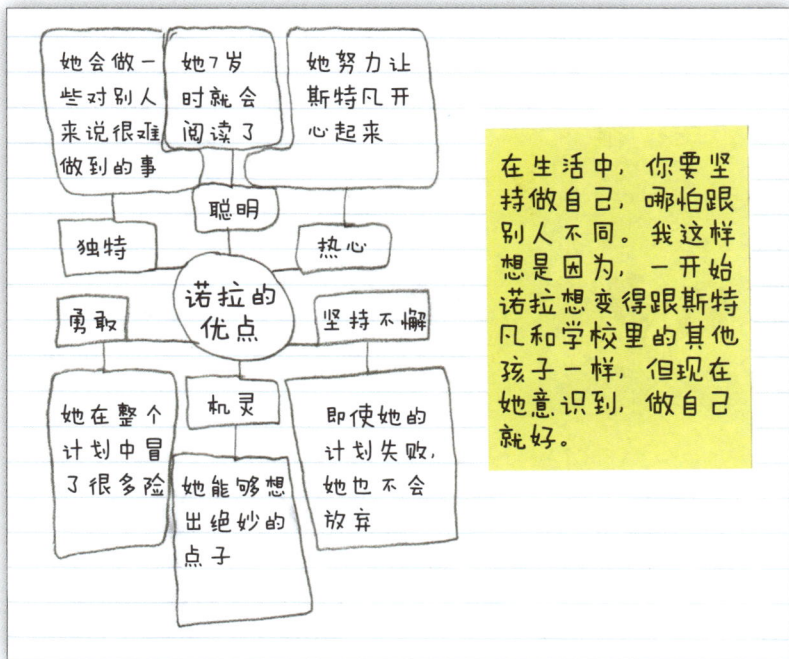

目标技能
- 推断
- 整合信息
- 筛选重要信息

技能进展

能够理解故事的字面意思并使用书中特定的语言来阐述，已经准备好根据书中的相关内容推断出道理，或者理解作者明确告诉读者的寓意（如寓言故事的寓意）。

● ○ ○ ○ ○

相关研究

在一项研究中，研究人员假设优秀的图书能够提供深度的情绪体验。基于这一假设，研究人员对76本获得纽伯瑞儿童文学奖的图书进行了分析，结果显示，书中的人物展现出了8种广泛认可的优点：有同情心、尊重他人、守纪律、忠诚、勇敢、有责任心、宽容和公正（Leal et al., 2000）。

目标技能
- 推断
- 整合信息
- 筛选重要信息

技能进展

能够理解故事的字面意思并使用书中特定的语言来阐述，已经准备好根据书中的相关内容推断出道理，或者理解作者明确告诉读者的寓意（如寓言故事的寓意）。

● ○ ○ ○ ○

相关研究

研究表明，推断能力会随着年龄的增长和练习的增加而提高。尽管如此，对低年级学生来说，抛开外在行为，仅从人物的内在动机理解故事内涵仍是一件特别具有挑战性的事情（Beach & Wendler，1987）。

策略描述 阅读时，在人物的感受或性格特点发生变化的地方暂停一下。思考引起人物变化的原因。想一想：在人物发生改变的那一刻，他学到了什么？

这样给孩子讲解 在《蛋先生摔下去以后》这本书中，一开始蛋先生汉普蒂感到伤心、害怕，他怀念在墙头上做自己喜欢的事情（观鸟）的日子。当他克服恐惧爬上墙的时候，他的感受发生了巨大的变化。他从自怜中走了出来，变得勇敢起来。我们可以想一想在那一刻他的感受为什么会改变——他抛开了恐惧，做了他真正想做也需要做的事情。他明白了追求自己的梦想、做真实的自己的重要性。他还懂得了一个道理：勇气可以让我们做出伟大的事情。

这样给孩子提示
- 开始的时候，你对这个人物有什么看法？你的看法何时发生了改变？
- 找到一处人物的感受或性格特点发生变化的地方。
- 在人物发生改变的那一刻，你觉得他学到了什么？
- 人物感受的改变揭示了什么？

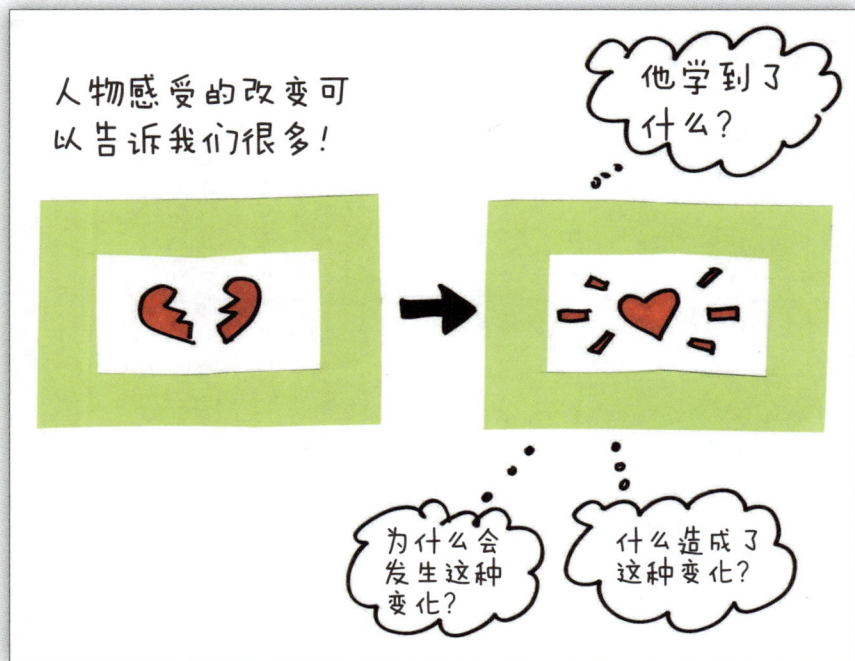

7.5　留意人物的回应方式

策略描述　思考一个人物的行为会对另一个人物产生什么影响。留意人物的回应方式。想一想："从他们的回应中我能学到什么？"

这样给孩子讲解　当我阅读《福贾·辛格用生命在奔跑》这个故事时，我注意到福贾是如何对其他人物对待他的方式做出回应的。例如，当他还是个孩子时，他的大多数家人会说"他太虚弱了"，但是，他的妈妈每天早上都会告诉他："福贾，你了解自己，你知道自己有能力做好。今天你也要尽全力。"福贾做了什么？他是如何回应的？他每天练习走路，变得越来越强壮，最后在五岁时他终于能够走路了！我们能从这种回应中学到什么呢？也许我们可以学到的是：鼓励的话可以让我们取得更大的成就；不懈努力就会有回报；我们应该专注于最重要的事情。

这样给孩子提示

- 说出两个互动的人物的名字。他们是如何影响彼此的？
- 说一说这个人物的行为。
- 从一个人物对待另一个人物的方式中，你学到了什么？有什么想法？
- 你可以这样说："＿＿＿（一个人物）对＿＿＿（另一个人物）做了＿＿＿（行为），这让我明白了＿＿＿。"

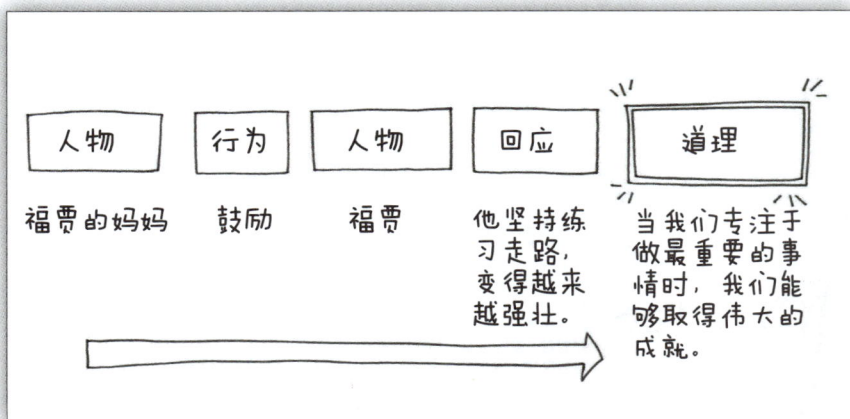

技能进展

能够理解故事的字面意思并使用书中特定的语言来阐述，已经准备好根据书中的相关内容推断出道理，或者理解作者明确告诉读者的寓意（如寓言故事的寓意）。

● ○ ○ ○ ○

相关研究

尽管我们可以从所有故事中学习社交 – 情感技能，但是研究表明，教授用于推断他人想法和感受的阅读策略，对那些在社交方面存在困难的孩子来说尤其有帮助（Lysaker et al., 2011）。

人物	行为	人物	回应	道理
福贾的妈妈	鼓励	福贾	他坚持练习走路，变得越来越强壮。	当我们专注于做最重要的事情时，我们能够取得伟大的成就。

关注人物的顿悟时刻

目标技能

- 推断
- 筛选重要信息

技能进展

能够理解故事的字面意思并使用书中特定的语言来阐述，已经准备好根据书中的相关内容推断出道理，或者理解作者明确告诉读者的寓意（如寓言故事的寓意）。

● ○ ○ ○ ○

延伸阅读

Notice and Note: Strategies for Close Reading (Beers & Probst, 2012)

相关研究

人物在接近文本结尾时的反思与作者的写作目的密切相关（Deane，2020）。然而，作者并不总是直接陈述他们的意图，甚至可能会有意模糊，因此，阅读者必须仔细阅读文本来推断作者在传达什么信息（Goldman，McCarthy，& Burkett，2014）。

策略描述　阅读故事时，找找人物对故事中发生的事情进行反思的段落，这样的段落通常出现在书的结尾。再次阅读这部分内容，问问自己："我能从这段文字中学到什么？"

这样给孩子讲解　当一个人意识到或理解了之前没有意识到或理解的事情时，我们称之为"顿悟时刻"。有时候，人物的顿悟会在对话中出现（尤其是在以第三人称讲述的故事中）。例如，在《岛国的孩子》这本书中，当劳拉与她的家人和邻居谈论她的岛国，希望以此来唤醒自己对岛国的记忆时，她对老师说："我意识到我没必要感到难过，因为即使我从来没有踏上那座岛屿也没关系，我仍然属于那里。"她还说："我意识到了！"她就在那一刻顿悟了，十分明显，值得我们关注和思考。当书中有第一人称叙述者时，顿悟时刻可能会出现在人物的叙述中，例如，在《梅西·苏阿瑞兹的改变》这本书中就是如此。这本书的最后几页讲的都是梅西的反思——她对自己前面讲述的故事有了某种理解，她顿悟了，所有的阅读者也能从中学习。一方面她希望一切都能保持不变，另一方面她意识到"……这意味着我永远不会长大。保持不变可能会和罗罗（梅西的祖父）的变化一样令人难过"。

这样给孩子提示

- 你能找到人物进行反思的地方吗？
- 对于人物的反思，你有什么想法？
- 人物的反思能让你学到什么？

7.7　留意有智慧的次要人物

策略描述　阅读时，在故事中寻找这样一幕：次要人物（通常是更年长、更有智慧的人）直接或间接地给主要人物提建议。想一想："次要人物教给了主要人物什么道理？"然后，试着用自己的话说一说你作为阅读者从中学到了什么。

这样给孩子讲解　在生活中，你可能会认识这样一个人，他比你年长，会给你提建议。这个人可能是你的父母、祖父母或老师。他们可能会直接给你提建议，比如"你考虑过……吗，也许你应该试着……"，或者间接提建议（比如讲述他们童年时的故事）。你读的书中的许多人物身边也有给他们提建议的人，当你读到相关内容时，你应该留意并从中学习。例如，在《月夜仙踪》这本书中，作者插入了一些故事，那是敏俐的爸爸妈妈为了解释或教她做一些事情而讲给她听的。这些故事教给了敏俐，同时也教给了读者一些道理。

这样给孩子提示
- 在这个故事中，谁是年长、有智慧的人物？
- 在这个故事中，有谁给其他人提过建议？
- 用自己的话说一说那个人物的建议。
- 你觉得从那些建议中你能学到什么？

技能进展

能够理解故事的字面意思并使用书中特定的语言来阐述，已经准备好根据书中的相关内容推断出道理，或者理解作者明确告诉读者的寓意（如寓言故事的寓意）。

●○○○○

延伸阅读

Notice and Note: Strategies for Close Reading（Beers & Probst, 2012）

相关研究

卡尔·荣格指出，充满智慧的老人是一种人物类型，是一种深深植根于集体无意识中的形象，他们出现在历史和文化故事中，传递着智慧和经验（Jung, 1959）。这类人物能够让主要人物，甚至让所有阅读者学到一些道理（Renga & Lewis, 2018）。

目标技能
- 激活背景知识
- 分析
- 推断

技能进展

能够理解故事的字面意思并使用书中特定的语言来阐述，已经准备好根据书中的相关内容推断出道理，或者理解作者明确告诉读者的寓意（如寓言故事的寓意）。

● ○ ○ ○ ○

相关研究

不同领域的学者都提到了"互文性"这个概念，即无论是在写作还是解读过程中，文本并不孤立存在，而是与其他文本相互关联（Deane，2020；Wilkie-Stibbs，2006）。阅读者会注意到，故事中有些地方与他们之前读的故事相似、相互呼应，或由之前的故事改编而来（Bloome & Egan-Robertson，1993；Deane，2020）。

策略描述　回忆一下你曾经读过的故事以及你从中学到的道理。思考一下你正在读的故事讲了什么道理。你从其他书中学到的道理是否适用于你正在读的这本书？

策略使用小贴士　当孩子们最初讨论学到的道理时，一些孩子常常过于关注故事的具体细节。例如，他们可能会说"如果你有一双多余的鞋子，你应该把它们送给需要的人"，而不是用通用的语言表达道理，如"感恩你所拥有的，在力所能及时，要懂得分享"。讨论讲述共同道理的书可以帮助孩子以更概念化的方式理解这些道理，并用更通用的语言来表达。为了促进讨论和交流，你可以在教室里找一面墙，在墙上写一个共通的道理，然后在下面写几本讲述这个道理的书。或者先写出书名（你们一起大声朗读过的那些书的名字），然后列出书中讲的道理。当孩子将有共同主题的多个文本联系起来时，他们就能不拘泥于文本的具体细节，看到这些文本传递的共同的思想。

这样给孩子提示

- 这本书让你想起了其他哪些书？为什么？
- 回忆一下你在其他故事中学到的道理。这本书中也讲了类似的道理吗？
- 那本书中有什么道理适用于这本书？它们有什么不同之处？
- 你能将这些道理联系起来吗？

将不同文本联系起来寻找道理

感恩你所拥有的，在力所能及时，要懂得分享。	努力上进，相信自己，下定决心，你就可以做好任何事情。	手足之情很重要。	仅凭第一印象就对别人做出评判是不公平的。每个人都有自己的故事。
·《那双鞋子》玛丽贝丝·博尔兹著 ·《十二月》伊夫·邦廷著 ·《战壕里的圣诞节》约翰·麦克卡森著	·《火鸟》米斯蒂·柯普兰著 ·《漂浮在水上的足球场》斯科特·赖利著 ·《那一年，学会了放飞想象》杰奎琳·伍德森著	·《无界》乔伊丝·斯科特著 ·《挑衅言论》金伯利·布貿贝克·布拉德利著	·《米洛畅想世界》马特·德拉培尼亚著 ·《垃圾场的奇遇》帕特里夏·波拉科著

7.9 比较属于同一系列的书，找出不同的道理

策略描述 同一系列的书中往往有不同的问题。找出这些问题，想一想人物在解决问题的过程中学到了什么。说一说每本书讲述的道理。

策略使用小贴士 在同一系列书中，有很多故事要素是相同的，比如人物、故事背景，有时甚至连故事结构也一样。但是，故事中发生的最重要的事在每本书中都会发生变化，因此，我们作为阅读者的感悟可能也不同。以"戴雅蒙德·丹尼尔"系列为例。在《几乎为零》(*Almost Zero*, Grimes, 2010) 中，戴雅蒙德学到的道理是：感恩自己所拥有的一切，在力所能及的时候分享给那些更需要帮助的人。而在《为戴雅蒙德·丹尼尔让路》(*Make Way for Dyamonde Daniel*, Grimes, 2009) 中，她学到的道理是：了解一个人很重要，但在了解他人的过程中，不对他们的行为做预设同样重要。

这样给孩子提示

- 在同一系列的每本书中，人物分别要应对什么问题？
- 说一说你从其中一本书中学到的与解决问题相关的道理。
- 人物从中学到了什么？将它总结为你作为阅读者可以学到的道理。
- 既然同一系列不同书中的问题和情节不同，那么它们讲述的道理应该也有所不同。

系列书 之间 的思考

人物学到了什么道理？

戴雅蒙德·丹尼尔

《几乎为零》
感恩你所拥有的，在力所能及时，要懂得分享。

《富有》
要成为值得信赖的人，要帮助他人。

《为戴雅蒙德·丹尼尔让路》
去了解别人，但不要做预设。

技能进展

能够理解故事的字面意思并使用书中特定的语言来阐述，已经准备好根据书中的相关内容推断出道理，或者理解作者明确告诉读者的寓意（如寓言故事的寓意）。

●○○○○

相关研究

在读单本故事书时，阅读者必须不断更新自己对人物和情节的认知（Donovan & Dapp, 2018）。但在读系列书时，更新的过程相对不那么重要，因为阅读者很熟悉那些反复出现的人物、故事背景和故事结构，这使得他们可以将注意力集中在系列书中有所不同的部分上，包括人物遇到的问题、解决方案和所学到的道理（McGill-Franzen & Ward, 2018）。

目标技能

- 推断
- 筛选重要信息

技能进展

能够理解故事的字面意思并使用书中特定的语言来阐述，已经准备好根据书中的相关内容推断出道理，或者理解作者明确告诉读者的寓意（如寓言故事的寓意）。

●○○○○

相关研究

研究人员在探索孩子对图书的选择的过程中发现，有一半的孩子会查看内容简介（Gerlach & Rinehart, 1992）。另一项针对中学生的研究表明，内容简介通常与故事中发生的事相关，可以为孩子提供必要的信息来预测故事的主题（Rinehart et al., 1998）。

策略描述　在开始读正文之前，先读一读封底的内容简介，看看你能否发现人物面临的问题。然后，基于人物面临的问题，预测一下这个人物在故事中会学到什么道理或故事的主题是什么。

这样给孩子讲解　在《J.D. 和伟大的理发师之战》的内容简介中，我们了解到 J.D. 在故事中将面临许多问题。首要的问题是，在开学前，他的妈妈给他剪了一个糟糕的发型。之后，他决定"自己解决问题"，他发现自己"与妈妈不同，是个理发天才"。他自己开了一家理发店，并引起了大家的关注。但是，当地唯一的官方理发店的店主意识到自己的顾客正在流失，想让 J.D. 把他的理发店关掉。所以，J.D. 面临的问题是：他因为感到尴尬而自己开了理发店（并成功了！），但是，之后他必须为继续经营自己的理发店而"战斗"。也许这本书想要告诉我们的道理是：当你真正想要得到某样东西时，你应该为之努力，不能放弃。

这样给孩子提示

- 读一读封底的内容简介，找出故事中的人物面临的一些问题。
- 想一想在解决这些问题的过程中人物能够学到什么。
- 你认为这个人物学到了什么？
- 你预测的道理是 ＿＿＿。
- 现在你已经读完这个故事了，你有什么想法？

文本摘自《红色、白色和全部》（*Red, White, and Whole*，LaRocca，2021）。

7.11 概括主题

策略描述 回想一下到现在为止你读的故事中的事件，简要陈述事件的要点。然后想一想：有什么词语或短语能概括这个故事的主题吗？"文学作品中常见的主题"列表可以帮到你。

这样给孩子讲解 我们可以把主题看作与故事所探索的生活或人物相关的概念或中心思想。主题可以帮助我们整理自己的想法并给它们打上标签，就像将相似的物体归并到一起一样。主题可以引导我们思考作品传达的思想和情感，并将不同的作品联系起来。例如，这两本书都是关于友谊的（展示提前准备好的书）。一些常见的主题会在不同的书中反复出现，你可以以这些主题为切入点，想一想你正在读的文本中是否探索过它们。

策略使用小贴士 上网搜索"文学作品中常见的主题"会得到很多结果，就像你在下图中看到的那样，其中包括那些你认为孩子最有可能理解并能在他们读的书中找到的主题。如果你逐个介绍它们并给出示例，孩子就更有可能在其他文本中发现这些主题。

这样给孩子提示

- 说一说故事的要点。现在再来说一说故事的主题是什么。
- 查看"文学作品中常见的主题"列表，想一想这些主题是否与你读的故事相关。
- 是的，一个故事可以有多个主题。
- 想一想：可以用哪个词语或短语来概括故事的主题？

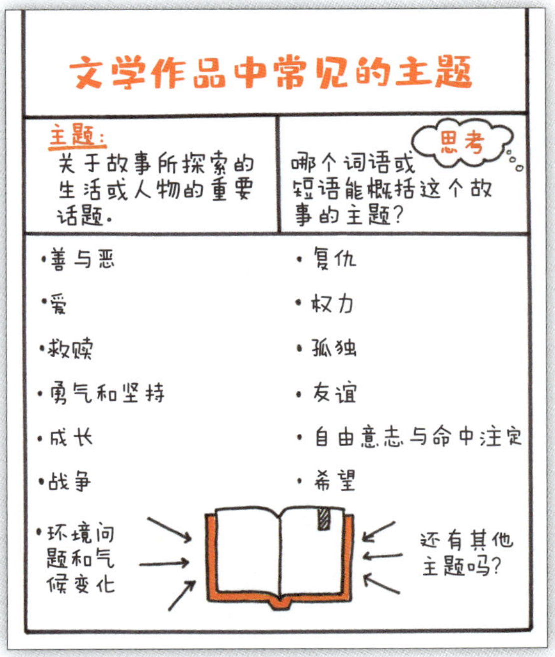

文学作品中常见的主题

主题：关于故事所探索的生活或人物的重要话题。

思考：哪个词语或短语能概括这个故事的主题？

- 善与恶
- 爱
- 救赎
- 勇气和坚持
- 成长
- 战争
- 环境问题和气候变化
- 复仇
- 权力
- 孤独
- 友谊
- 自由意志与命中注定
- 希望

还有其他主题吗？

目标技能

- 推断
- 筛选重要信息
- 整合信息

技能进展

已经为理解主题做好了准备——主题是通过整合文本中的细节推断出来的概念或中心思想，可以用一个词语或短语（如"友谊""爱""融入"）来表达。

● ● ○ ○ ○

相关研究

莱尔的研究表明，五六岁的孩子便能识别不同故事的主题（例如友谊、勇气），尽管此时他们还不能用具体的词语或短语来准确陈述主题（Lehr, 1988，1991）。随着年龄的增长，特别是接触的文学作品越来越多，孩子概括不同故事之间相似之处的能力会随之提高。

目标技能

- 推断
- 筛选重要信息
- 整合信息

技能进展

已经为理解主题做好了准备——主题是通过整合文本中的细节推断出来的概念或中心思想，可以用一个词语或短语（如"友谊""爱""融入"）来表达。

●●○○○○

相关研究

一项研究表明，对某些有学习障碍的孩子来说，找出故事主题尤其具有挑战性，通常是因为他们在推断时会不恰当地使用背景知识，或者将个人观点强加在主题上（Williams，1993）。基于这项研究，威廉斯和他的同事制订了一项有效的计划，以帮助有学习障碍的孩子理解主题的概念，找出主题，将主题与故事中的事件联系起来，从而提高字面理解能力，并将主题传达的道理应用到现实生活中（Williams et al., 1994）。

策略描述　想要弄清故事的主题，需要追踪故事中的重要事件，特别是与主要问题和解决方案有关的事件。然后，使用与重要事件或事件模式相关的词语或短语来陈述主题。

这样给孩子讲解　作者会精心编写细节来构建故事情节，我们可以根据这些细节来理解事件的顺序。但是，作为阅读者，我们不仅要读文字，还要思考！例如，《谢谢您，阿嬷！》这本书中发生的第一件事是阿嬷炖了一锅美味的汤。我对这件事进行了思考，并问自己："这件事与什么有关？也许和自豪、勤劳有关。"接下来，阿嬷与男孩分享她炖的汤，这让我想到了"慷慨""分享""助人为乐"，所以我在这件事旁边写下了这些词，然后继续阅读。我注意到每当阿嬷与别人分享时，他们都会说"谢谢"，所以我写下了"感激"这个词。你有没有发现，作者并没有明确地说出我写下的这些词语和短语，比如"自豪""慷慨""感激"？我从书中发生的具体事件想到了更抽象的主题词，而在生活中和我们读的书中可以经常看到这些主题词。

这样给孩子提示

- 用一句话简单总结一下这几页里发生的一件重要的事。
- 这件事与哪个主题有关？
- 你已经了解了事件模式，现在想一想与之相关的主题。
- 是的，在列出新的事件时，你也可以提取出与这些事件相关的新的主题。

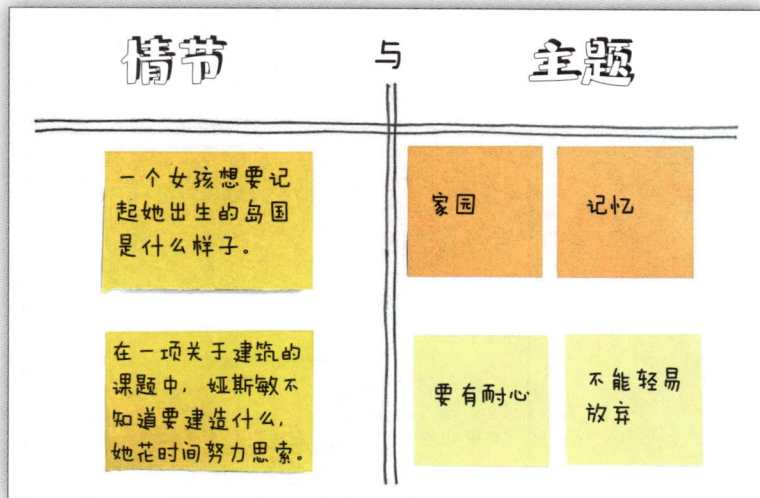

7.13　通过关注人物来找出主题

策略描述　基于人物在故事中的处事方式，描述一下人物的性格特点、感受、动机等。通过描述人物，你对主题有什么想法？用词语或短语来表达。

这样给孩子讲解　在读《漂浮在水上的足球场》这个故事时，我知道即使没有合适的足球场来练习，男孩们还是想要提高足球水平。我记得镇上的人们觉得他们很疯狂，因为他们要自己建造足球场。但是男孩们没有理会那些人，而是保持专注、相信自己，最终完成了他们的目标。如果用一个词语来描述这些男孩，我会说他们"意志坚定"。现在我要想一想："意志坚定这一性格特点意味着什么呢？"意味着努力上进和团队合作很重要，以及要专注于自己的目标。注意，我从用词语描述人物的性格特点过渡到了陈述与这一特点相关的主题。

这样给孩子提示

- 基于你对人物的思考，说出这个故事的一个主题。
- 你可以这样说："我认为主题可能是 ＿＿＿（用来描述主题的词语或短语），因为 ＿＿＿。"
- 想一想人物的性格特点或感受。基于你对人物的思考，你认为这个故事的主题是什么？

目标技能

- 推断
- 筛选重要信息

技能进展

已经为理解主题做好了准备——主题是通过整合文本中的细节推断出来的概念或中心思想，可以用一个词语或短语（如"友谊""爱""融入"）来表达。

● ● ○ ○ ○

相关研究

如果教师指导二年级和三年级的孩子将注意力集中在主要人物和故事的核心问题上，对故事的结果做出评价，找出主要人物学到了什么道理，并将这些道理应用到自己的生活中，那么他们能够更好地认识到主题是教学的重点（Williams et al., 2002）。

目标技能

- 推断
- 整合信息
- 筛选重要信息

技能进展

已经为理解主题做好了准备——主题是通过整合文本中的细节推断出来的概念或中心思想，可以用一个词语或短语（如"友谊""爱""融入"）来表达。

● ● ○ ○ ○

相关研究

在一项涉及七年级和八年级学生的研究中，研究人员向学生展示了10本书，要求他们探索并选出一些他们想读的书，同时运用有声思维。大部分学生说，他们将书名作为选择和获取图书信息的主要工具之一（Gerlach & Reinhart，1992）。

策略描述　再次读一读书名，想一想书名与书中内容之间的联系。说出一个贯穿全书且在书名中也有体现的主题。

这样给孩子讲解　书名通常暗示了书中最重要的事件或中心思想。下面是一些例子。在《梅西·苏阿瑞兹的改变》这本书中，改变起着重要的作用。一部分原因是，这是一个有关成长的故事，但是梅西也学会了适应和应对那些超出她控制范围的改变，比如她祖父患有的阿尔茨海默病。在《福贾·辛格用生命在奔跑》这个故事中，我们知道了坚持不懈对于追求梦想有多么重要，也知道了决心的重要性。《蛋先生摔下去以后》这本书告诉我们，只有在跌倒之后才能真正认清自己的能力，然后再重新站起来。

这样给孩子提示

- 你在书中发现的与书名相呼应的概念或中心思想是什么？
- 想一想为什么这本书叫这个名字。
- 书名是否含有任何可能揭示主题的关键词？
- 这个主题与故事相符！你觉得还有其他相符的主题吗？

书名与主题 是如何关联起来的？

浏览全书，寻找 主题

想一想：这些主题是如何与书名关联起来的？

7.15 识别社会问题

策略描述 阅读时，列出书中人物在故事中面临的所有问题。然后，确定哪些是个人问题，哪些是社会问题。思考这些社会问题。想一想：哪些（反复出现的）社会问题也是故事的主题？

这样给孩子讲解 作者在故事中设置的问题、障碍和冲突会增加故事的悬念，还可以帮助阅读者思考和学习。除了个人问题，书中人物还可能面临一些社会问题，这种问题存在于社会中，很多人都需要面对并努力解决，通常超出人物的控制范围。例如，在《前台》这本书中，米娅面临许多个人问题或困扰：她的妈妈不理解她对写作的热情，汽车旅馆老板会因为一些超出他们控制范围的事情扣除他们的工资，等等。社会问题也是这本书的一个重要组成部分——种族主义和歧视、对移民的不公以及贫困的影响等。它们在故事中反复出现，也是故事的主题。

这样给孩子提示

- 你读的故事中的社会问题是什么？
- 这听起来像是个人问题，它是影响人物个人的事情。
- 是什么使它成为社会问题而不是个人问题？
- 这个人物是否来自一个面临着某些共同挑战的群体？

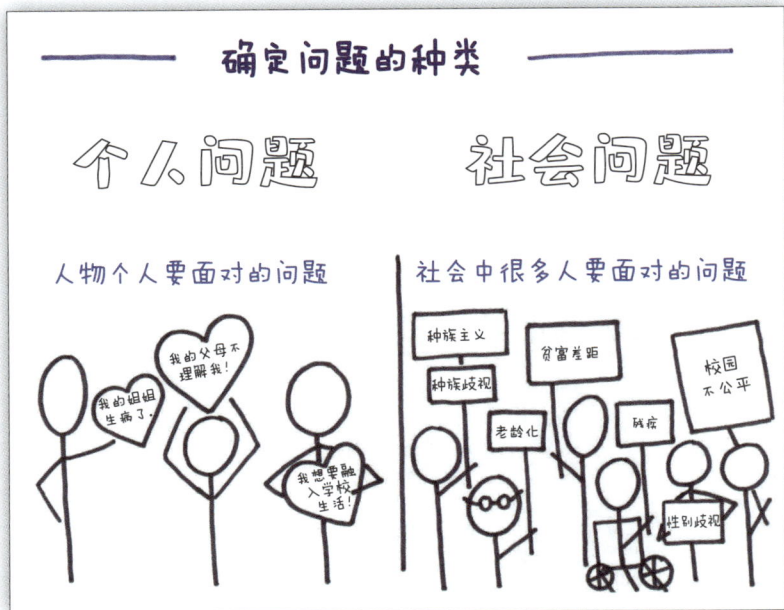

确定问题的种类

个人问题　　社会问题

人物个人要面对的问题　　社会中很多人要面对的问题

我的姐姐生病了；　我的父母不理解我！　我想要融入学校生活！

种族主义　种族歧视　贫富差距　老龄化　残疾　校园不公平　性别歧视

技能进展

已经为理解主题做好了准备——主题是通过整合文本中的细节推断出来的概念或中心思想，可以用一个词语或短语（如"友谊""爱""融入"）来表达。

●●○○○

相关研究

阅读者需要具备批判性文化素养来深入思考故事中讨论的问题，思考作者如何以及为什么用那种特定的方式处理这些问题（Luke，2012）。布劳内尔和拉希德做了一项研究，探讨了以移民为话题的跨学科单元学习对三年级学生的影响，提供了令人信服的证据，证明儿童有能力在单个或多个文本中探索重大的社会问题（Brownell & Rashid，2020）。

技能进展

能够推断出主题并用一个词语或短语来表达，已经准备好详细阐述或提供评论，以便用陈述句表达主题，并基于不同的情节线、视角等推断出多个主题。

● ● ● ○ ○

相关研究

在关于主题的研究中，威廉斯及其同事发现，小学生和中学生，包括那些有学习障碍的孩子，都可以从关于理解和识别主题的教学中受益（Wilder & Williams, 2001; Williams, 1993, 2005; Williams et al., 1994; Williams et al., 2002）。

策略描述　思考你已经找出的用一个词语或短语表达的主题，然后问自己："关于它，我还有更多想说的吗？"回想一下故事中与这个主题相关的事件，之后展开说一说。你的陈述可以是一般性的观察，也可以是价值判断。

这样给孩子讲解　任何一本书都可以有多个主题。例如，在读《爸爸有辆摩托车》这本书时，我想到的一些主题是"家庭""社区""父性""改变"和"爱"。这些词语只是一个切入点，我可以更深入地思考它们。例如，我可以思考一下故事中让我想到社区的相关内容——主要人物总是很高兴见到社区中的其他人，他们有着特殊的关系和共同的回忆。现在，我可以问问自己："那么社区怎么样呢？"然后再展开说一说。例如，"社区可以像一个大家庭一样"或者"社区让人们有家的感觉"。注意，我在谈论主题时不再涉及特定的人物名称和故事背景，而是使用普遍通用的陈述句，这样的陈述句可以用于描述其他图书的主题或者我的现实生活。

这样给孩子提示

● 列出你读的书中出现的一些主题。
● 问问自己："关于它，我还有更多想说的吗？"然后展开说一说。
● 回想一下故事中与这个主题相关的事件。
● 用一句话来表达这个主题，这句话应该是普遍通用的、不仅仅适用于这本书的陈述句。

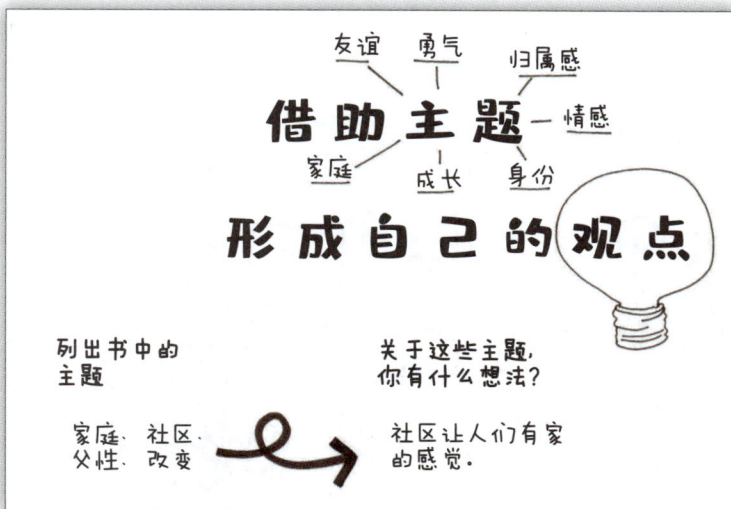

7.17 针对社会问题展开说一说，并采取行动

策略描述 观察人物是否正在应对你所了解的社会问题，然后想一想：
"人物从这个问题中学到了什么？我（或者其他人）可以学到什么？我
可以采取什么行动？"

这样给孩子讲解 和现实生活中的人一样，故事中的人物经常需要应
对社会问题，比如无家可归、性别歧视、种族歧视、贫困等。当书中出
现这些问题时，我们可以想一想从人物应对问题的经历中我们能学到什
么。我们的阅读体验可以激励我们在现实生活中采取行动。在《前台》
这本书中，米娅和她的家人面临着许多与移民有关的挑战：工作选择有
限，其他员工可能欺骗、利用和歧视他们。但她也知道，如果大家团结
一致、互相支持并抵制不公，他们就能改变现状。作为阅读者，我在想
自己从这本书中学到了什么，我在生活中可以做些什么。例如，我在思
考为反对不公发声是多么重要，还要注意抵制歧视或剥削劳工的企业。

策略使用小贴士 在教授本策略之前，要确保孩子知道什么是社会问
题（见策略7.15）。

这样给孩子提示

- 在书中你发现了哪些社会问题？
- 你已经了解了故事中发生的事，现在想一想：人物从中学到了什么？
- 基于你从书中了解到的与社会问题相关的内容，说一说你可能会采取
  什么行动。
- 就是这个问题。阅读这本书能否改变一个人关于这个问题的观点或
  行动？

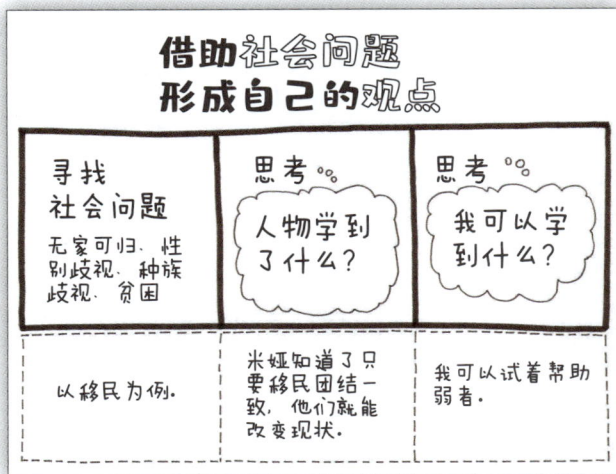

借助社会问题
形成自己的观点

寻找社会问题	思考… 人物学到了什么？	思考… 我可以学到什么？
无家可归、性别歧视、种族歧视、贫困		
以移民为例。	米娅知道了只要移民团结一致，他们就能改变现状。	我可以试着帮助弱者。

目标技能

- 推断
- 筛选重要信息
- 整合信息

技能进展

能够推断出主题并用一个
词语或短语来表达，已经
准备好详细阐述或提供评
论，以便用陈述句表达主
题，并基于不同的情节线、
视角等推断出多个主题。

●●●○○

延伸阅读

*For a Better World:
Reading and Writing for
Social Action*（Bomer &
Bomer, 2001）

相关研究

学者弗莱雷主张孩子在自主
学习中应该积极思考，努
力理解、解释个体和集体
的变化，并采取相应的行
动（Freire, 1970, 2005;
Freire & Macedo, 2001）。
参考弗莱雷的研究，奈德
描述了他带的高中生如何
将学校里的社会问题与他
们读的名人自传联系起来，
从而采取了相应的行动
（Naic, 2010）。

技能进展

能够推断出主题并用一个词语或短语来表达，已经准备好详细阐述或提供评论，以便用陈述句表达主题，并基于不同的情节线、视角等推断出多个主题。

● ● ● ● ○ ○

相关研究

在一篇经典的文章中，坎宁安和福斯特描述了六年级学生在阅读短篇故事是怎么做的：他们先用故事图表（Guthrie, 1977）确定了故事的主题和冲突的解决方案，然后才将故事情节拼接在一起，这与研究人员的预期不符（Cunningham & Foster, 1978）。也就是说，冲突的解决方案可以作为分析故事的锚点。

策略描述 重读故事结尾，思考叙述者或者人物最后说的话。想一想结尾的这些话意味着什么，它们与主题有什么联系。读完后，针对主题展开说一说。

这样给孩子讲解 从某种程度上说，一本书的结尾可以成为理解整个故事的关键。在这里，所有的问题都得到了解决，我们知道了人物身上发生了什么之后，大多数作者会写一个能引发你思考的结尾。例如，在《索娜·夏尔马，最好的姐姐？》这本书中，索娜一直都在努力接受她妈妈要再生一个孩子的事实，她的世界即将发生改变。因此，我想到的主题是"接受和改变"。故事以两姐妹（还有索娜信任的朋友——大象埃莉芬特）独自待在婴儿房结束。

"她爱我。"索娜说。

"她也爱我。"埃莉芬特说。

明米尼咯咯笑了起来。

"我们俩都爱她。"索娜说。

我是那种不会匆匆掠过故事结尾的阅读者，我会停下来思考和解读故事。例如，从这本书中我看到，索娜不仅仅接受了她的妹妹明米尼，而且她真的很爱明米尼。我对主题的拓展可以这样表达："我意识到，尽管改变可能很难，但也是有意义的。"

这样给孩子提示
- 再看一看故事的结尾。你有什么想法？
- 这个结尾与这本书的主题有什么联系？
- 读完这本书的结尾后，你有什么想法？
- 你学到了什么？

思考**故事的结尾**
- 看一看故事结尾。
- 你学到了什么？
- 你有什么想法？

策略描述　追踪故事中人物的成长历程——他们是如何改变的，他们遇到了什么问题，以及他们是如何解决问题的。你要知道，每个情节中可能至少有一个主题。从不同的情节线中找到不同的主题。

这样给孩子讲解　一本书中可能会有几个不同的主题：当人物遇到不同的问题并找到不同的解决方案时，他们可能会学到不同的道理。例如，在《梅西·苏阿瑞兹的改变》这本书中，从梅西作为奖学金获得者在学校所受到的对待我们可以了解到的是，当你比大多数同龄人贫穷时，你是什么感觉。而发生在她家里的事情可以让我们了解到的是，一个有阿尔茨海默病患者的家庭会面临什么样的挑战。

这样给孩子提示

- 找出不同的情节线。针对故事中的人物和故事背景展开思考。
- 在这条情节线中，你认为人物学到了什么？在那条情节线中呢？
- 讨论每个情节主要讲了什么，然后想一想：人物在每个情节中学到了什么？
- 总结一下这个故事中的情节。你能从每个情节中学到什么？

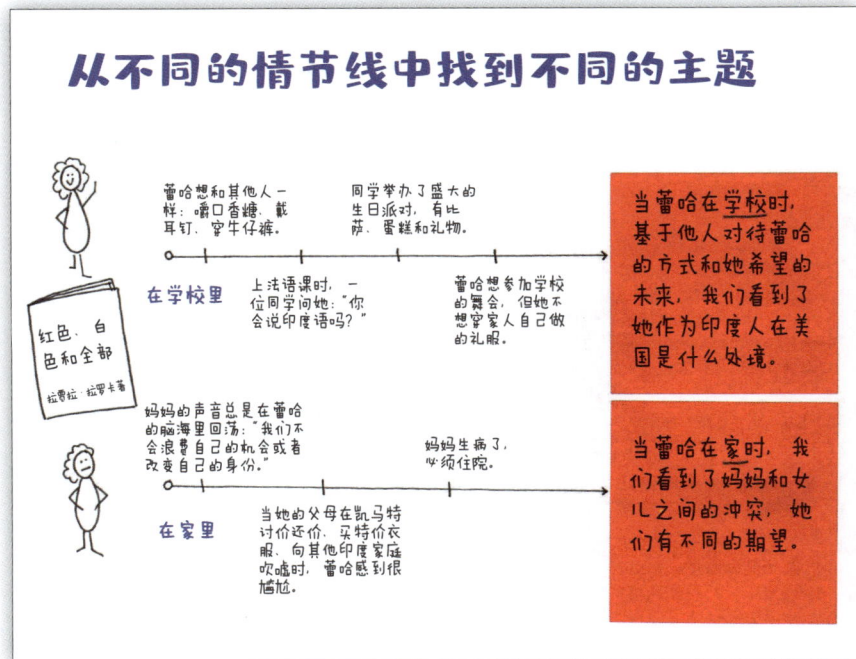

从不同的情节线中找到不同的主题

目标技能

- 推断
- 筛选重要信息
- 分析
- 整合信息

技能进展

能够推断出主题并用一个词语或短语来表达，已经准备好详细阐述或提供评论，以便用陈述句表达主题，并基于不同的情节线、视角等推断出多个主题。

●●●○○

相关研究

在一种名为"文学圈"的阅读活动中，一组四年级学生讨论了小说《拯救猫头鹰》（*Hoot*, Hiassen, 2002）。起初，他们主要关注故事的细节，比如对人物和事件的描写。随着时间的推移，他们开始做出更多的推断和更抽象的思考，这得益于所选小说的独特结构——两条截然不同的情节线最终交织在一起，并围绕共同的主题展开（Barone & Barone, 2019）。

7.20　基于人物的身份思考主题

目标技能

- 推断
- 筛选重要信息
- 分析
- 整合信息

技能进展

能够推断出主题并用一个词语或短语来表达，已经准备好详细阐述或提供评论，以便用陈述句表达主题，并基于不同的情节线、视角等推断出多个主题。

● ● ● ○ ○

相关研究

文学作品可以加强或打破阅读者对不同身份的看法，以及推断与这些身份相关的主题的方式（Bean & Moni, 2003）。例如，柯尔伍德研究了当代青少年小说中对能力的描写，结果显示，相比于经典文学，当代青少年小说中对有身体、精神和情感障碍的人物的描写更积极且歧视意味更轻，这是很大的进步（Curwood, 2013）。

策略描述　阅读时要留意人物的身份。人物的每一种身份在故事中都很重要，与以下几点密切相关：他们面临什么问题，如何应对这些问题，以及他们学到了什么。想一想：这个人物的多重身份与哪些主题相关？

这样给孩子讲解　故事中的任何一个人物或者你生活中的某个人，都属于多个不同的群体，有多种身份。我们来看看《索娜·夏尔马，最好的姐姐？》中的主要人物——索娜。你知道是什么让索娜成了一个独特、有多重身份的人物吗？索娜的这些身份中，哪些对她在故事中学到的道理起到重要作用？我们来看看身份的影响因素（下图）。索娜几岁了？在这个故事中，年龄很重要吗？它如何影响索娜面临的问题和她所学到的道理？家庭结构呢？它如何影响索娜面临的问题和她学到的道理？

这样给孩子提示

- 思考人物的各种身份。
- 这个特定身份是如何影响故事中人物面临的问题以及他学到了什么的？
- 你能否想到一个主题，这个主题是基于人物作为____（比如女性、篮球爱好者）的身份而呈现的？
- 这个主题是基于人物作为____（比如女性、篮球爱好者）的身份而呈现的。你能否说出另一个这样的主题？

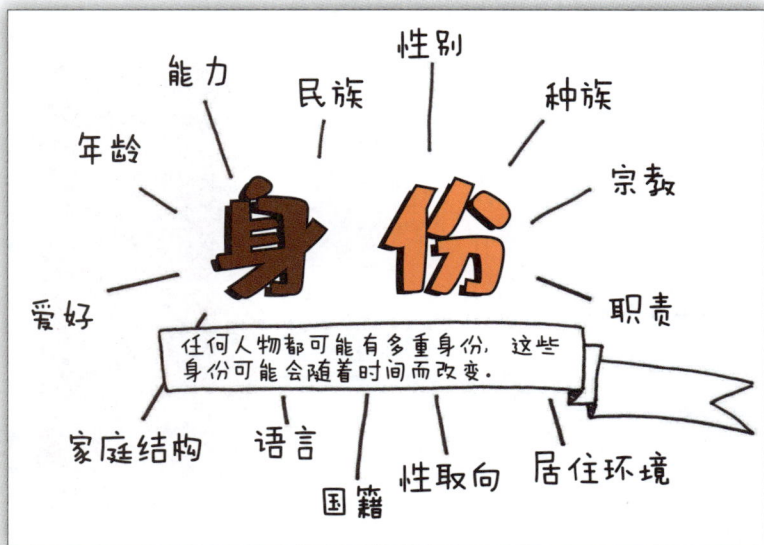

7.21　对故事中不公平的事情做出反应

策略描述　当故事中的人物受到不公平对待的时候，你有什么感受？问问自己："为什么我会有这种感受？在这个故事中，我对谁感到不满？问题的根源是什么？"这些问题的答案有助于你针对主题展开说一说。

这样给孩子讲解　当你觉得某件事不公平时，通常有很多原因导致你有这种感受，关注这种感受有助于你理解故事。例如，在《前台》这本书中，当汉克被诬告从汽车旅馆的停车场偷车时，我觉得非常不公平。更糟糕的是，他的雇主因为毫无根据的指控而解雇了他。于是，汉克接下来面临的问题便是没有足够的钱来支付房费。接二连三发生的不公平的事情让我想到，虚假指控的后果可能非常可怕，本来无罪的人却被指控有罪，尽管在现实生活中并非总是如此。更糟糕的是，汉克没钱请律师来使自己免受不公正对待，而且他需要这份工作，找新工作很不容易。这让我想到了贫富差距，有钱有权的人可以轻松摆脱困境，而没钱没权的人可能会陷入困境。

这样给孩子提示

- 你觉得这个故事中有不公平的事吗？你会做出什么反应？
- 你已经描述了这件不公平的事，说一说发生这种事的根源是什么。
- 你可以这样说："我看到的一个问题是……对此我的观点是……"
- 你对这个问题有什么看法？

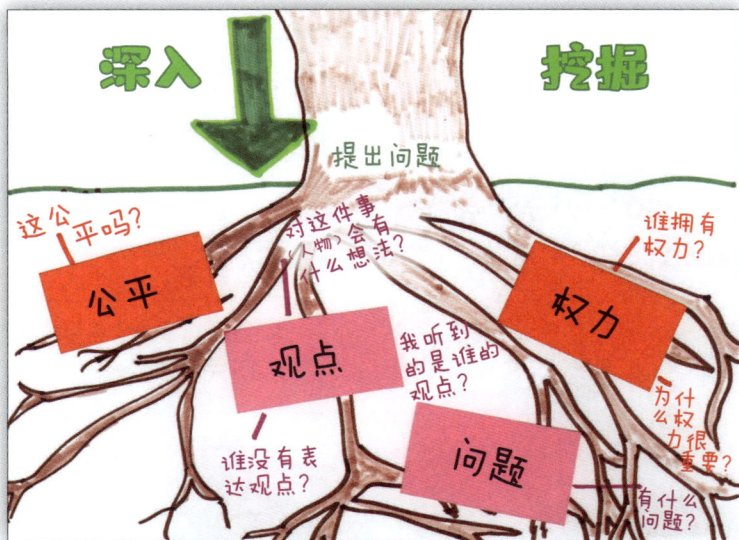

技能进展

能够推断出主题并用一个词语或短语来表达，已经准备好详细阐述或提供评论，以便用陈述句表达主题，并基于不同的情节线、视角等推断出多个主题。

●●●○○

相关研究

阅读者的审美反应（Rosenblatt, 1978）将他们的想法和感受与文本联系在一起。即使是非常年幼的孩子，当面对书中的不公平和苦难时，也会有强烈的反应。倘若条件允许，他们会分享自己的想法和感受（Chafel & Neitzel, 2005, 2012; Sychterz, 2002）。

7.22　将某个事物看作象征物

目标技能

- 推断
- 整合信息
- 筛选重要信息

技能进展

已经为识别与主题相关的象征物和意象[1]，并借助背景知识解读它们的含义做好了准备。

●●●●○

[1]意象：用来寄托主观情思的客观物象。——译者注

相关研究

在一项研究中，参与者阅读了两个故事，每个故事中都有一个明显的象征物。起初，只有不到1%的参与者对文本内容与含义进行了解释性推断；在明确要求他们找出书中的象征物后，超过70%的参与者对文本内容与含义进行了解释性推断；当告诉参与者象征物是什么并要求他们解释其含义时，这一比例上升至100%（Goldman, McCarthy, & Burkett, 2014）。

策略描述　阅读时，留意某个事物在故事中反复出现或者作者对它进行详细描写的段落。想一想这个事物有多重要，或者为什么它很重要。问问自己："它与故事的主题有关吗？它可能象征或代表着什么？"

这样给孩子讲解　在我们朗读《前台》这本书时，你是否注意到文中反复出现零钱罐？甚至封面上也有！我们可以思考一下为什么对米娅来说它很重要——她在努力存钱，为的是支付参加征文比赛的报名费。我们来看看书中是怎么描写的：她把零钱罐放在桌子中央，但她没有把这件事告诉瑶和她的父母。为什么零钱罐很重要？它可能代表了什么？也许这个罐子代表了她的希望和梦想：如果她从征文比赛中脱颖而出，这些钱将帮助她摆脱困境。米娅想成为作家，但妈妈不支持她写作，因此米娅的梦想成了一个秘密，就像她对零钱罐的事保密一样。当她不得不用辛苦积攒的钱支付妈妈的住院费时，她当时感到很绝望。

策略使用小贴士　记住，象征物可能是作者有意创造的事物，也可能是阅读者赋予了象征意义的事物。

这样给孩子提示

- 哪些事物在整个故事中一再出现？
- 你注意到故事叙述者或者人物详细描述了哪些事物？
- 列出事物可能代表的概念或者思想。
- 想一想这个事物有多重要，或者为什么它很重要，这可以帮助你理解它可能象征着什么。

事物	象征意义	为什么？
小鱼	幸运	她买了条金鱼，金鱼帮助她开启了旅程。
荒芜的大山	绝望	一切都变得死寂和阴郁，直到她为祥龙做了件好事。
冬天的陆龟	冬天	他倒下了，而冬天还没有过去。

7.23 从自己的"象征物库"中得到启发

策略描述 查看一下自己的"象征物库",看看文学作品中经常用什么事物(物体、颜色、动物等)来表达象征意义。想一想其中(是否有)哪些象征意义适用于你正在读的故事的语境,解释一下它是如何适用的。

这样给孩子讲解 "象征物库"是一个有用的工具,用于收集你发现的象征物及其释义。当你不断补充"象征物库"时,要记住,同一个象征物在不同的故事中甚至在同一故事的不同语境中可能有截然不同的意义。例如,红色可以代表爱与勇气,也可以代表愤怒和战争,这要取决于它在文本中出现的位置、时间和方式。水可能象征着洁净、生命或清澈,但如果是汹涌的海水,则可能象征着死亡或情绪波动。

策略使用小贴士 对于中学以上的孩子,在教学中可以加入来自经典文本(比如神话、宗教、寓言故事等)中的象征物。你可以参考下图中的例子。

这样给孩子提示

- 在这个故事中,_____(物体/颜色/动物)可能代表什么?
- 查看一下你的"象征物库",看看你的书中是否出现了一些常见的象征物。
- 是的,这是对这种象征物的一种解释。说一说其他可能的解释。
- 说出这个象征物的不同使用方式。在这本书中作者是如何使用的?

象征物库

颜色		动物	
红色	热爱、爱、愤怒	熊	力量
橙色	活力、快乐	鸽子	和平、爱、纯洁
黄色	幸福、希望	狐狸	智力、恶作剧
绿色	成长、和平、嫉妒	兔子	好运、自我提升
蓝色	冷静、忧郁	猫头鹰	智慧、直觉
紫色	王室、创意	蛇	邪恶
物体		**四季/天气**	
心	爱	春天	开始、重生
钥匙	答案、解决办法	夏天	成熟、知识
火	知识、热情	秋天	年老、衰落
王冠	财富、王室	冬天	死亡、沉睡、停滞
骷髅图	死亡、危险	暴风雨	愤怒、麻烦
水	诞生、重生	大风	改变
		满月	危险、离奇

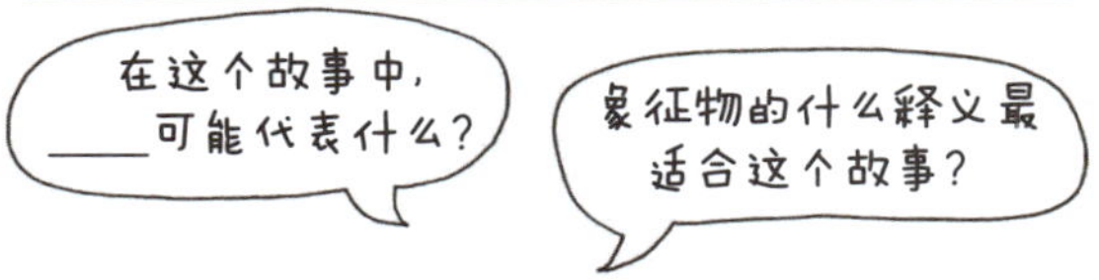

> 在这个故事中,_____可能代表什么?

> 象征物的什么释义最适合这个故事?

- 推断
- 激活背景知识
- 分析
- 整合信息

技能进展

已经为识别与主题相关的象征物和意象,并借助背景知识解读它们的含义做好了准备。

● ● ● ○ ○

相关研究

一系列研究表明,孩子在识别和解释文学作品中的象征物时经常遇到困难,基于这些研究结果,佩斯金和韦尔斯-乔普林研究了这一能力是否会随着年龄的增长和认知的发展而提高。当提供具体的指导时,六年级、九年级和十二年级的学生这一能力均有所提升,这表明识别和解释象征物的困难可能与缺乏相关知识和经验有很大的关系,与年龄关系不大(Peskin & Wells-Jopling, 2012)。

目标技能

- 推断
- 整合信息
- 筛选重要信息
- 激活背景知识

技能进展

已经为识别与主题相关的象征物和意象，并借助背景知识解读它们的含义做好了准备。

●●●●○

相关研究

托马斯通过分析指出，童话故事中最常见的四种背景是森林、城堡、塔楼和小屋（Thomas，1986）。由于童话故事是西方文学的根基，因此，这四种背景对现代故事产生了深远的影响，赋予了它们象征意义。

策略描述　阅读时，要考虑故事背景对情节发展的重要性，以及对人物的影响。现在，根据你（从生活和其他文学作品中）对故事背景的了解，以及背景与主题的契合度，想一想这个背景是否在某种程度上具有象征意义。

这样给孩子讲解　作者选择的故事背景可能既有字面意义，也有象征意义。在《岛国的孩子》这本书中，尽管故事发生在劳拉的学校的社区，但是劳拉出生的地方——加勒比海上的一座岛屿——对主人公和故事来说也是一个重要的背景。劳拉采访家人和邻居，想了解有关这座岛屿的具体细节，来完成她的绘画作业——画一画自己的出生地，书中大部分内容是不同人物间的对话和对岛屿的描述。但是，你也可以将这座岛屿看作象征物，例如，它象征着劳拉对自己身份的追寻和认同，也象征着她内心真正的归属。

策略使用小贴士　寓言故事（如《动物农场》）和其他经典文学作品（如《爱丽丝漫游奇境记》《白鲸》《了不起的盖茨比》）通常会赋予故事背景象征意义。阅读者也可以在当代的儿童文学、青少年文学以及绘本（如《岛国的孩子》）中找到类似的例子。此外，故事背景不是唯一一个既有字面意义又有象征意义的故事要素。在寓言故事中，人物也可能具有象征意义（与此相关的教学方法见策略6.25）。

这样给孩子提示

- 你可以这样说："背景对故事很重要，因为……此外，它可能象征着……"
- 想一想故事背景对人物的影响。
- 这就是故事背景的字面意义。现在想一想它可能与哪些更深层次的思想相关。
- 那个地方可能象征着什么？

寻找故事背景的象征意义

文本	故事背景	象征意义	主题
《爱丽丝漫游奇境记》	仙境	这片陌生土地上的奇遇——一个孩子在成人世界里漫游	成长
《了不起的盖茨比》	20世纪20年代喧嚣的美国	关于繁荣和浪漫的承诺	金钱买不来爱、快乐等
《摸彩》	风景如画的新英格兰小镇	维护和平与秩序	人们会想尽一切办法（甚至采用暴力方式）去维护秩序
《白鲸》	船长亚哈的航海船	孤立（海洋广阔，但似乎与世隔绝）	脱离社区

7.25 分析主题的发展

策略描述 选择一个在故事中有所发展的主题。按故事发展顺序（开头、中间、结尾，问题和解决方案）或文学要素（人物、情节、背景）将主题分解，从而分析它的发展。

这样给孩子讲解 在《漫漫求水路》这本书中，我们可以推断出故事的一个主题与家庭重要性或者家庭如何成为精神支柱有关。为了分析主题的发展，我可以按故事的发展顺序来思考（例如，萨尔瓦在故事开始时想念与兄弟们在一起，之后开始寻找他的家人，在与叔叔杰维尔会合后感到一丝宽慰，去难民营中寻找他的母亲），或者基于不同的人物进行思考（例如，不仅萨尔瓦的故事与家庭有关，尼娅的故事也与家庭有关），或者基于不同的故事背景进行思考（例如，对生活在苏丹的萨尔瓦来说家庭的重要性以及在美国家庭的重要性）。最后，当我们将尼娅和萨尔瓦的故事联系起来时，他们的家庭问题也得到了解决。

这样给孩子提示

- 在这个故事中，_____（物体／动物／颜色）可能代表什么？
- 查看一下你的"象征物库"，看看书中是否出现了一些常见的象征物。
- 是的，这是对这种象征物的一种解释。说一说其他可能的解释。
- 说出这个象征物的不同使用方式。在这本书中作者是如何使用的？

分析**故事主题的**发展

故事发展顺序 1→2→3	主题是如何在故事开头、中间和结尾体现的？
关注不同人物	每个人物是如何推动主题发展的？
关注故事背景	主题在不同的故事背景下是如何发展的？

技能进展

能够识别主题，已经为分析单个或多个文本中的主题要素做好了准备。

●●●●●

相关研究

具有讽刺意味的是，在关于主题教学的研究中，一个研究重点就是"为什么分析主题对阅读者来说那么难"（Sosa et al., 2016）。在一项对青少年英语学习者进行有效干预的研究中，研究人员及其教学搭档开发了一系列在阅读之前、阅读过程中和阅读之后使用的认知策略，共八种，包括使用特定句式、区分话题与主题等（Olson et al., 2010）。

目标技能

- 整合信息
- 分析

技能进展

能够识别主题，已经为分析单个或多个文本中的主题要素做好了准备。

● ● ● ● ●

相关研究

在一篇针对分析文学作品时出现的"多资源使用"情况的研究综述中，布卢姆和他的同事强调，阅读者必须构建准确的心理模式来比较两个故事。他们发现，使用多个文本可能会加深孩子对每个文本的理解（Bloome et al., 2018）。

策略描述　选择两本主题相似的书。问问自己："每本书中的主题是如何发展的？它们的发展方式有什么相似之处和不同之处？"

策略使用小贴士　策略7.8介绍了一种让孩子们将讲述相似道理的故事关联起来的方法，策略7.25可以帮助孩子分析单个故事的主题，你可以参考这两种策略。本策略更为复杂，要求阅读者既进行比较又进行分析。例如，你可以比较《新生》和《梅西·苏阿瑞兹的改变》这两本中的主题。在这两本书中，主要人物（乔丹和梅西）努力适应学校环境，他们感觉学校与他们的家庭和社区有着文化上的差异，并且他们必须应对两个不同的世界，努力保持真实的自我。然而，乔丹的挑战更多地涉及种族问题，而梅西的挑战更多地涉及阶级问题。你还可以思考每个人物的家庭环境如何帮助或阻碍他们应对两个世界。这种比较分析可以让阅读者更准确地阐述每本书中独特的观点，思考作者有关主题发展的写作手法。

这样给孩子提示

- 这本书让你想起了其他哪些书？为什么？
- 这本书中有几个主题？还有哪些书也探索了其中一个主题？
- 比较两本书的作者是如何以独特的方式探索这个主题的。
- 记住，当你分析一个主题的发展时，你是把它分解成不同的部分来分析，例如按时间顺序或故事要素分析。

将不同文本关联起来分析故事主题

新生　｜　梅西·苏阿瑞兹的改变

主题：要应对两个不同的世界，努力保持真实的自我。

杰里·克拉夫特著　｜　梅格·梅迪纳著

你需要做的事：

- 回想一下读过的哪两本书有相似的主题。
- 比较两本书中的主题。
  - 有什么相似之处吗？
  - 有什么不同之处吗？
- 想一想：这两本书的作者是如何将主题向前推进的？

7.27　分析故事中的讽刺手法

策略描述　读讽刺故事时，你要先从字面上来确定这个故事在讲什么，并用一两句话进行概括。接下来，想一想故事中的讽刺对象是什么，以此来确定作者试图从象征角度表达什么。识别哪些细节描写是真实的或与事实相符的，哪些是为了达到讽刺的效果而夸大或虚构的。

策略使用小贴士　讽刺手法在大众媒体中很常见，它不仅能让故事变得幽默，还有社会批评的作用。你可以从在线出版物中为孩子寻找合适的文本，也可以让孩子读杂志中的漫画作品，还可以让他们观看喜剧短片或者《乐高大电影》（*The Lego Movie*）这样的影片。本策略适用于高阶阅读者，因为通常一部作品通篇都在讽刺，阅读者必须考虑多方面因素才能做出有效的分析。不过，有时候你会发现，一个故事虽然不是讽刺故事，但里面却包含讽刺的内容，当你发现这种情况时，这可能是向初学者介绍讽刺手法的好机会。例如，在《新生》这本书中，乔丹喜欢画漫画，他的一些漫画贯穿整个故事。你可以鼓励孩子思考乔丹经历了什么，他的作品试图表达或针对什么。

这样给孩子提示

- 这部作品讽刺的对象是什么？
- 找出故事的主题。从字面上看，故事在讲什么？它在讽刺什么？
- 为了达到讽刺的效果，哪些细节是夸大或虚构的？
- 了解了故事中的讽刺手法后，你有更深入的想法吗？

相关研究

研究人员发现，大学生在阅读短篇讽刺小说时，倾向于从字面上理解故事（McCarthy & Goldman, 2015）。然而，当教师引导他们对故事做出解释，或者提醒他们思考字面意思之外的故事含义时，他们能够改变自己的视角，跳出文本来思考。

第八章

目标 8

理解话题和主要观点

◎ 这个目标为什么很重要？

　　构思巧妙、引人入胜的信息类儿童读物中，往往会描绘生动有趣的、新奇的事物，讲述令人惊叹的事实。问题在于，虽然了解一些引人注目的信息是很棒的体验，但是想让孩子真正理解和记住所读内容，更有效的方法是让他们在大脑中"创建文件夹"，将信息进行分类，处理其中的细节并存储起来（Armbruster & Armstrong，1993）。分类的依据可以是文本的话题、子话题或主要观点。因此，学会概括整个文本或文本中一个段落的主要观点，对于阅读理解是至关重要的（Williams，1988）。

　　当然，理解主要观点的能力部分取决于阅读者掌握的有关这个话题的背景知识（Dole et al.，1991；Langer，1984；Snow，2002）。然而，研究也表明，那些关于如何确定主要观点的策略会对孩子有所帮助（Seidenberg，1989；Stevens，1988）。例如，一项研究发现，熟练的阅读者通常需要思考一番，运用策略来确定主要观点（Afflerbach，1990）。

由于文本的复杂程度不一，理解文意的任务也不尽相同。教室图书角中的大部分说明类文本很可能是信息类文本。当孩子开始阅读信息类文本时，他们接触的很可能只是罗列了一些信息的话题广泛、叙述简洁的文本。随着文本内容变得复杂，作者往往会在某些地方简单陈述主要观点。例如，在前言中突出主要观点或在标题和关键句中清晰表述主要观点（见策略8.3和8.5）。随着文本复杂程度的提高，信息类文本通常会有多个主要观点，阅读者常常需要进行推断。这些观点可能是作者从不同的角度看待同一个话题后提出的，也可能是作者在探索同一个话题的不同方面后提出的。当文本的内容变得更加复杂，包含大量信息和各种文本特征时，阅读者需要具备一些技能去阅读文本、理解内容、有效利用这些文本特征（见第十章）。然后，他们需要将文本内容和文本特征结合起来确定主要观点。

话题	简单文本中的主要观点	复杂文本中的主要观点
非洲动物	大象是一种有趣的生物。	非洲偷猎大象的问题是人类造成的，同时人类又可以想出解决办法。
天气	气候变化是一个严重的问题。	气候变化对人类、野生动物和其他生物造成了严重的影响，但是人类能够也应该团结起来解决气候变化问题。
原子	碳是重要的常见元素，因为它存在于生物体内。	虽然纳米技术还在不断发展，但科学家已经找到了一些办法来利用原子造福人类。

注：随着文本内容变得越来越复杂，文本的主要观点也变得越来越复杂。

整合信息
能够把相关信息归并在一起，找出这些信息的共同点。能够理清文本中不同观点之间的关系，观察它们是如何围绕一个话题或主要观点关联起来的。

推断
能够在作者没有明确陈述的情况下确定主要观点。

筛选重要信息
能够找出作者明确陈述的话题或主要观点。当作者没有直接陈述这些内容时，能够找到文本中最重要的信息，说出这些信息之间的共同点——这个共同点可以是某个话题，也可以是就这个话题提炼的主要观点。

为了达成本章目标，阅读者需要掌握的技能

分析
能够识别文本结构，思考文本各部分之间是如何衔接的，从而支撑主要观点。能够留意到作者对词语、细节等的选择，这些选择也许会表现权威性或偏见。能够比较不同文本中的主要观点是如何发展的。

提问
能够带着问题专注阅读，并从文本中寻求答案。

◎ 这个目标是否适合孩子?

为了评估孩子的理解力以及确定话题和主要观点的能力，可以让孩子回应与文本有关的提示语和问题，然后评估他们的回应质量。文本可以是短篇文本（如一篇文章、教科书的一部分，或者长篇作品中的某一章），也可以是长篇文本（如信息类绘本）；可以是你选择的或孩子选择的文本；可以由你朗读或者由孩子自主阅读。你可以在文本的关键点上设置问题让孩子回答，或者要求他们读完整个文本后，用做笔记或口述的形式回应。

以下是为了达成本章目标你可以使用的一些提示语和问题。

- 这本书 / 这篇文章 / 这一章讨论的话题是什么？
- 这本书 / 这篇文章 / 这一章主要讲了什么？
- 作者想表达的主要观点是什么？

> 介绍了发生在你身体上的各种事情（咳嗽、
> 打喷嚏、打嗝、眨眼、打哈欠、出汗、颤
> 抖），并解释了它们发生的原因和方式。

从这个孩子的回应我们可以看出，他理解这本书主要讲了什么。他的回应中涵盖了一个话题（身体）及其子话题（咳嗽、打喷嚏、打嗝等）。我会介绍一些其他的策略，帮助他理解各种结构的复杂文本（见策略8.13~8.17），然后继续进行分析（见策略8.18和8.19）。

> 一个主要观点是，艺术家会使用特别的东西。另一
> 个主要观点是，不管你年纪多大，你都可以成为一
> 个艺术家。

当被要求找出整本书的主要观点时，这个孩子能够从讲述不同内容的两章（一章讲的是艺术家使用的东西，另一章讲的是著名的艺术家）中分别提取出一个主要观点。下一步我可以帮助她整合较长的文本中的信息，用自己的话陈述主要观点（见策略8.6~8.12）。

➤ 练习本章策略时可以使用哪些文本？

本章的策略最适合帮助孩子阅读信息类文本、说服性文本或过程性／指导性文本，这些文本侧重于特定的话题或观点。以下是一些例子。

信息类绘本。以图文结合的形式讨论某个话题（如《权利法案》、太阳系、大猩猩等）的短篇文本。

教科书。讲授学科（如科学、历史）知识的书。

专题文章和评论文章。短篇文章，例如流行的儿童杂志中的文章，通常围绕一个话题从不同角度展开讨论。

过程性/指导性文本。这些文本是为了教读者如何做某事或制作某物而撰写的（如食谱、手工艺书、使用说明书等），通常包含材料清单和解释性步骤。

◎ 如何帮助孩子理解话题和主要观点？

在评估了孩子对书中的话题和主要观点的口头或书面回应后，你可以选择一些阅读策略来提高他们这方面的技能。对于这些策略，你可以给孩子示范如何使用，也可以让他们跟你一起练习，或者让他们独立使用。

"技能进展"部分可以帮助我们确定孩子现在处于什么水平，以及接下来可能会如何发展。你可以使用下页的**"技能进展及对应策略一览表：理解话题和主要观点"**评估孩子的阅读情况，并找到能帮助他们取得进步的策略。

技能进展及对应策略一览表：
理解话题和主要观点

如果孩子……

能够说出文本讨论的话题是什么，已经为找出文本的子话题做好了准备。

能够找出话题和子话题，已经为找出文本中明确陈述的简单的主要观点做好了准备。

能够识别文本中明确提出的主要观点，已经为通过整合信息来推断主要观点，或者用自己的话概括主要观点做好了准备。

能够通过整合信息来概括或者推断主要观点，已经准备好通过思考文本结构来确定多个主要观点或者一个复杂的主要观点。

能够识别复杂的主要观点，已经准备好通过批判性阅读来分析作者的写作手法和倾向，或者对比不同书中关于相同话题的主要观点。

你可以教他们……

8.1　识别子话题
8.2　注意重复的词语

8.3　从前言中寻找主要观点
8.4　从结论中寻找主要观点
8.5　仔细寻找关键句

8.6　想一想：讨论的话题是什么？主要观点呢？
8.7　提出问题，概括主要观点
8.8　浏览文本，说出主要观点
8.9　先分别解读各部分，再整合
8.10　用草图表现一段内容
8.11　累加细节，确定主要观点
8.12　浓缩文本信息

8.13　思考文本结构，找出主要观点
8.14　思考文本结构：问题－解决方案式
8.15　思考文本结构：因果式
8.16　思考文本结构：对比式
8.17　关注文本结构的变化

8.18　关注信息"是什么"和"怎么样"
8.19　识别作者的倾向
8.20　比较和整合多个文本中的主要观点

8.1 识别子话题

策略描述 确定整本书讨论的话题。在读完第一页、前两页、第一段、第一小节或第一章后，说一说你读的这部分主要在讲什么，想一想这部分讨论的子话题是什么。在你继续阅读时，注意接下来的部分是提供了关于相同子话题的更多信息，还是转到了新的子话题。

这样给孩子讲解 拿到《纳米：非常（非常）小的壮观科学》[*Nano: The Spectacular Science of the Very (Very) Small*，Wade，2021]这本书时，我们可以从书名得知这本书将讲述非常小的事物。当我快速浏览这本书时，我注意到书中没有划分章节，也没有章节标题，所以在整理信息时我需要思考一下子话题。（朗读接前两页。）前两页主要讲述材料，以及"所有东西都是由某种材料制成的"这个事实。（朗读接下来的两页。）嗯，这两页还是关于材料的吗？也算是吧，但是作者进一步介绍了材料是由什么组成的。（朗读接下来的两页。）这两页仍与材料有关还是开启了新的子话题？作者又进一步介绍了原子，原子是材料的组成部分。我刚刚读的这六页当然是有关联的，因为整本书都是围绕一个话题展开的。但是，这两页讨论的是一个更具体的子话题——原子。你注意到我是如何在继续阅读之前停下来思考子话题，帮助自己整合信息的了吗？

策略使用小贴士 如果孩子读的是比较复杂的书，整本书只讲述了一个主要观点，而不是讨论了一个话题，在这种情况下，你可以稍微修改一下关于本策略的描述。你可以要求孩子寻找每个部分的主要观点以及贯穿整个文本的主要观点。

这样给孩子提示

- 这部分主要讲了什么？
- 你说出了整本书讨论的话题。现在说一说这两页的子话题。
- 接下来这部分与上一部分是围绕相同的子话题展开的还是转到了新的子话题上？
- 现在你已经读完了全书，请说出这本书中所有的子话题。

作者转到新的子话题上了吗？

想一想：这几页内容是紧密相关的吗？
这是一个新的子话题吗？

说一说：这本书讲的是……
子话题 子话题
子话题

技能进展

能够说出文本讨论的话题是什么，已经为找出文本的子话题做好了准备。

● ○ ○ ○ ○ ○

相关研究

多项研究发现，当阅读者读到引入新话题的句子时，他们会花更多的时间读该句子（Hyönä，1994；Hyönä, Lorch, & Kaakinen, 2002），而且，话题的转换程度越大，他们花的时间就越长（Lorch, Lorch, & Matthews, 1985；Lorch, Lorch, & Morgan, 1987）。这表明阅读者在大脑中创建了一份话题列表，并在主动监控这份列表（Kieras, 1981）。

目标技能
- 筛选重要信息
- 整合信息

技能进展

能够说出文本讨论的话题是什么，已经为找出文本的子话题做好了准备。

●○○○○

策略描述　为了理解某一段或一节主要讲了什么，你可以关注自己反复看到的词语。然后想一想：如果整本书讲的都是＿＿＿，根据反复出现的词语，这里讲的应该是＿＿＿。

这样给孩子讲解　我们来看看《我们的每一次呼吸：了解空气》（*Every Breath We Take: A Book About Air*，Ajmera & Browning，2016）这本书中是否有反复出现的词语。（大声朗读文本并观察前四页的照片。）有没有注意到重复的词语？没错，就是"空气"。这是当然的，因为整本书就是关于空气的。也许这只是对书中主要话题的引入。我们继续往下读，看看根据重复的词语能否找到一个子话题。（大声朗读接下来的两页。）这部分有没有重复的词语？是的，我们注意到了"呼气""吸气""深呼吸"等词语。我觉得这几页的子话题是"空气是如何流动的"。（大声朗读接下来的两页。）你注意到了吗？我读到了"需要新鲜空气……需要新鲜空气……"，所以这两页的子话题是"所有生物都需要新鲜空气"。

这样给孩子提示
- 每一页重复出现的词语有哪些？
- 这部分的子话题是什么？
- 这个子话题是话题的一部分。
- 你找到了一个重复的词语！现在你知道这部分的子话题是什么了吗？

相关研究

某些词语的重复出现往往标志着某些文段在概念上相关，因此，计算机已经"学会"通过识别词语的出现频率和分布情况，找到文本的子话题（Beeferman，Berger，& Lafferty，1999；Hearst，1997）。

这只鸵鸟在草地上的鸟巢里下……这个鸟巢是雄鸵……

鸵鸟与其他鸵鸟共享一个鸟巢。

注意文中重复的词语！

鸟巢

一只鸵鸟会下7~10个蛋。

8.3　从前言中寻找主要观点

策略描述　如果你正在读的书或文章包含前言部分，要仔细阅读，有时可能要读两遍。想一想它是不是告诉了你文本的走向、有关话题的背景信息，还是在展示关于话题的某个观点。

这样给孩子讲解　《气候变化及其解决之道》（*Climate Change and How we'll Fix It*，Harman，2020）这本书的前言有两页。我们来仔细读一读，看看作者到底在说什么。（大声朗读前言第一页。）前言第一页似乎主要在为话题做铺垫——给出了一些术语（比如气候、气候变化、气候危机）的定义。不过，作者在这个地方分享了关于这个话题的一个观点，她说："总体来说，地球正在变得越来越热——这会打破平衡，影响其他自然系统。这不是一件好事。"她说"这不是一件好事"，我不禁想，这本书的一个主要观点是否与此有关。我们接着往下读。（大声朗读下一页。）啊，所以接下来的一页讲述了这本书是如何编排的。来看看最后一段，这一段的第一句是："在你继续阅读之前，还有一件非常重要的事情——请记住，虽然气候变化令人担忧，但它也是可以解决的。"我们可以在阅读时牢记这个观点，思考什么样的信息可以支持这一观点，或者是否需要对这个观点进行补充，从而理解整本书的主要观点。

这样给孩子提示

- 仔细阅读前言。
- 前言的每个部分的作用是什么？（铺垫？分享观点？提供背景信息？）
- 读完前言后，你知道文本的主要观点是什么吗？
- 指出前言中分享观点的那句话。

技能进展

能够找出话题和子话题，已经为找出文本中明确陈述的简单的主要观点做好了准备。

● ● ○ ○ ○ ○

相关研究

在一篇关于各种文本信号的研究综述中，洛奇指出，阅读者能够更好地记住介绍性前言中包含的信息（Lorch，1989）。此外，有研究表明，当前言中指出信息之间的关系时，阅读者更容易将信息分组（Glover et al.，1988）。当文本的编排方式不易被阅读者看出时，前言等部分的概述可以为阅读者展示连贯的结构（Lorch，Lorch，& Matthews，1985）。

从结论中寻找主要观点

目标技能

- 筛选重要信息
- 整合信息

技能进展

能够找出话题和子话题，已经为找出文本中明确陈述的简单的主要观点做好了准备。

● ● ○ ○ ○

策略描述 如果你正在读的书或文章包含结论部分，要仔细阅读，有时可能要读两遍。注意作者总结时提出的观点。回想一下你读过的内容，问问自己："文本中哪些信息与这些观点相吻合？"

这样给孩子讲解 有时，信息类文本的作者会在最后总结主要观点，重申他们希望读者主要收获些什么，所以你要重视这部分内容。我们来看一下《海底大探险》(*Kaichu Daitanken! Sinkai 6500 De Iku*、*Sinkai Eno Tabi*, Inoue & Kinoshita, 2014) 这本书。书的最后写道："从高空俯瞰大海，你会发现大海很蓝很广阔，像没有边际一样……潜入海底又发现深海很黑很冷……但是深海也有涌出热液、充满活力的地方，不可思议之处真的很多。今后也一定会有很多新发现的！"此时回想一下整本书的内容，你就会发现，这部分内容起到了总结全书的作用，你也能看到这部分是如何点题的。

这样给孩子提示

- 仔细阅读结论部分。
- 结论部分是否用一个（或多个）观点总结了书中最重要的信息？
- 是的，这是作者向我们传达的一个观点。它是如何与整本书的内容相吻合的？
- 哪句话分享了一个关于该话题的观点？

相关研究

在一系列探究概述和总结的实验中，哈特利和特鲁曼发现，阅读包含主要观点的概述和总结能帮助阅读者记住这些观点（Hartley & Trueman, 1982）。洛奇指出，写在总结部分（比如结论部分）的主要观点相较于正文中的，可能更清晰、更直接（Lorch, 1989）。

从结论中寻找主要观点

结论部分总结出了哪些主要观点？

书中的哪些信息与这些观点相符？

8.5 仔细寻找关键句

策略描述 无论是在文本开头、中间还是结尾，看看自己能否找出总结主要观点的一句话，即某一部分或某一节的核心内容。通过查看文本中的其他信息来验证，确保这句话支持主要观点。文本中的大部分甚至全部信息都应该支持这句话，如果你发现并非如此，可能是你找的这句话不对，你需要重新找找看。

策略使用小贴士 在读信息类文本时，你应该会注意到一些文本编排得很好：文中章节非常清晰，包含标题和陈述主要观点的句子。研究人员表示，这类文本考虑得很周到，因为它们有助于阅读者理解文本内容（Anderson & Armbruster，1984；Armbruster，1984）。你读的其他书可能很少或没有为阅读者理解主要观点提供支持，有时这是由作者的写作风格导致的，有时是因为文本本身非常复杂。在这些情况下，由于没有明确的陈述，阅读者很可能无法直接从文本中找出主要观点，需要采用不同的策略进行推断。例如，在《气候变化及其解决之道》这本书中，阅读者会在每个对开页的左上角发现一个表达主要观点的关键句，用粗体字呈现。在这两页上，每一段都有清晰的标题，阅读者很容易就能在这些段落的某个位置找到关键句。与之相对的是，《纳米》虽然内容比较简单，编写得很美、很有诗意，但是书中没有标题来提示阅读者作者何时转向子话题。又如《潜水蜘蛛的奥秘……还有更多！》（*The Secret of the Scuba Diving Spider... and More!*，Rodríguez，2018）这本书在融入了叙事元素来讲述各种动物或研究它们的科学家的故事的同时，还提供了动物本身的信息。在评估本策略是否适用时，不仅要评估阅读者的能力，还要评估他们所阅读的文本。

这样给孩子提示

- 你是否找到了告诉你这部分主要讲了什么的一句话？
- 没错，所有的细节都与这句话相关。
- 哪句话陈述了主要观点？
- 现在继续阅读，逐句检查，确保每句话都与主要观点相关。

目标技能

- 筛选重要信息
- 整合信息

技能进展

能够找出话题和子话题，已经为找出文本中明确陈述的简单的主要观点做好了准备。

● ● ○ ○ ○

相关研究

当清楚阐述主要观点的那句话——关键句——是某个段落的第一句而不是最后一句话时，阅读者更容易识别、记住和理解这些观点（Flood，1978；Kieras，1981）。关键句位于段落中间对阅读者的帮助最小。无论关键句处在文中什么位置，教授阅读策略都能帮助阅读者确定主要观点（Stevens，1988）。

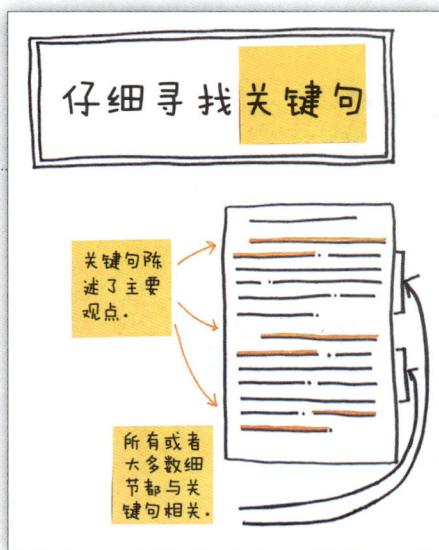

仔细寻找关键句

关键句陈述了主要观点。

所有或者大多数细节都与关键句相关。

目标技能
- 筛选重要信息
- 推断
- 整合信息

技能进展
能够识别文本中明确提出的主要观点，已经为通过整合信息来推断主要观点，或者用自己的话概括主要观点做好了准备。

●●●○○

相关研究
幼儿通过学习可以识别作者的写作风格、观点和视角，也可以自主形成自己的观点，对作者的态度做出回应（O'Hallaron，Palincsar，& Schleppegrell，2015）。具有反思素养意味着阅读者能够通过探究和分析去理解作者传达的观点，而不仅仅是被动学习文本包含的知识（Hasan，1996，P.408）。

策略描述　先确定（整个文本或一段话）讨论的主要话题，然后问问自己："主要观点呢？"为了回答这个问题，你需要收集与这个话题相关的信息，找出作者对这个话题所持的观点或视角。

这样给孩子讲解　你可以很容易从《我们的每一次呼吸：了解空气》这个书名看出它是一本关于空气的书。《石油泄漏的科学原理》（*The Science of an Oil Spill*，Wang，2015）则是关于石油泄漏的，《潜水蜘蛛的奥秘……还有更多！》讲的则是特殊的蜘蛛。甚至在还没有开始读这些书的情况下，你就能知道它们讨论的话题！收集文本中的信息之后，注意作者写了些什么以及他是如何写的，然后，跳出文本问问自己："所以呢？世界上有那么多关于这个话题的书，这本书的作者希望我了解到什么重要的观点？"例如，当我阅读关于空气的那本书时，作者一直在讲述空气对生物的重要性，以及我们需要新鲜的空气来生存。

这样给孩子提示
- 这本书讨论的话题是什么？来看看书名。
- 你说的是这本书讨论的话题，那这本书的主要观点是什么？
- 你可以这样说："这本书讨论的话题是……作者的主要观点是……"
- 你觉得作者想要围绕这个话题说些什么？

主要观点是针对话题提出的看法！

话题：三角龙。

主要观点：尽管三角龙已经灭绝了，但科学家可以通过研究化石来了解它们。

话题：北极狐。

主要观点：在北极寒冷恶劣的天气里，北极狐有很多生存办法。

8.7　提出问题，概括主要观点

策略描述　浏览文本（或小节），弄清楚文本讨论的话题是什么。对话题保持好奇心并提出问题。在阅读过程中，尝试回答自己提出的问题。在读完一部分或整个文本后，回顾一下你的问题和答案，问问自己："文本主要在讲什么？"回答这个问题并据此概括主要观点。

这样给孩子讲解　当我浏览《贝贝回家：一只熊猫的故事》（*Bei Bei Goes Home: A Panda Story*，Bardoe，2021）中某一节的几页内容时，我看到了许多非常小的熊猫的照片。我认为这一节讲的是关于熊猫的事情。我想知道熊猫宝宝是什么样子的，它们长得有多快。（大声朗读这一段。）让我回想一下我的问题。我了解到熊猫宝宝被称为幼崽，它们刚出生时很小，也知道了熊猫妈妈是如何哺育幼崽的，熊猫通常是如何产下双胞胎但只照顾其中一个的，幼崽是如何完全依赖于妈妈的，以及它是如何在三周内个头增长了两倍的。我如果将这些问题与我阅读这一节时得到的所有答案联系起来，可以得出的主要观点是：熊猫幼崽需要精心照料才能存活下来。

这样给孩子提示

- 浏览文本。这一节主要讨论了什么话题？
- 你想知道什么？你可以写下来，或者在阅读时记在心里。
- 重新阅读（或回想）一下你的问题和答案。
- 基于你所有的问题和答案，你得出的主要观点是什么？

目标技能

- 筛选重要信息
- 提问
- 推断
- 整合信息

技能进展

能够识别文本中明确提出的主要观点，已经为通过整合信息来推断主要观点，或者用自己的话概括主要观点做好了准备。

● ● ● ○ ○

相关研究

在一项研究中，一组成绩低于年级水平的中学生接受了阅读策略方面的指导，使用自问的方法来确定主要观点。另一组学生则学习将自问与预测结合起来。两组学生在阅读理解能力测试中的表现均优于对照组，其中，将自问与预测结合起来的学生得分更高，最初阅读理解能力最差的学生取得的进步最大（Nolan，1991）。

浏览文本，说出主要观点

- 整合信息
- 筛选重要信息

技能进展

能够识别文本中明确提出的主要观点，已经为通过整合信息来推断主要观点，或者用自己的话概括主要观点做好了准备。

●●●○○○

相关研究

虽然教师在课堂上带孩子预读叙事类绘本时常用图片环游（picture walk，即在读文字之前先浏览一遍图片）的方式，但在读说明类文本时却不常用文本特征环游（text feature walk）的方式（Kelley & Clausen-Grace, 2008）。在阅读教学中运用有声思维示范法可以让孩子认识到各种文本特征的作用，以及这些特征组合起来是如何有助于预测文本内容的（Kelley & Clausen-Grace, 2010）。

策略描述 浏览书中的一个对开页或一篇文章的几页，留意那些醒目的内容，比如标题、图表、粗体字等。问问自己："这部分主要讲的是什么？"说出作者可能表达的一个主要观点。然后，在阅读时把这个观点记在心里。查看你了解到的信息，看看与你说的观点是否相符，或者看看是否需要根据新信息修改你的说法。

这样给孩子提示

- 浏览这一页，说一说你看到了些什么。
- 如果把所有的标题、图表等提供的信息整合起来，你觉得文本主要讲的是什么？
- 查看你了解到的信息，确保你得出的主要观点是正确的。
- 在读完信息之后，你要修改自己对主要观点的表述吗？

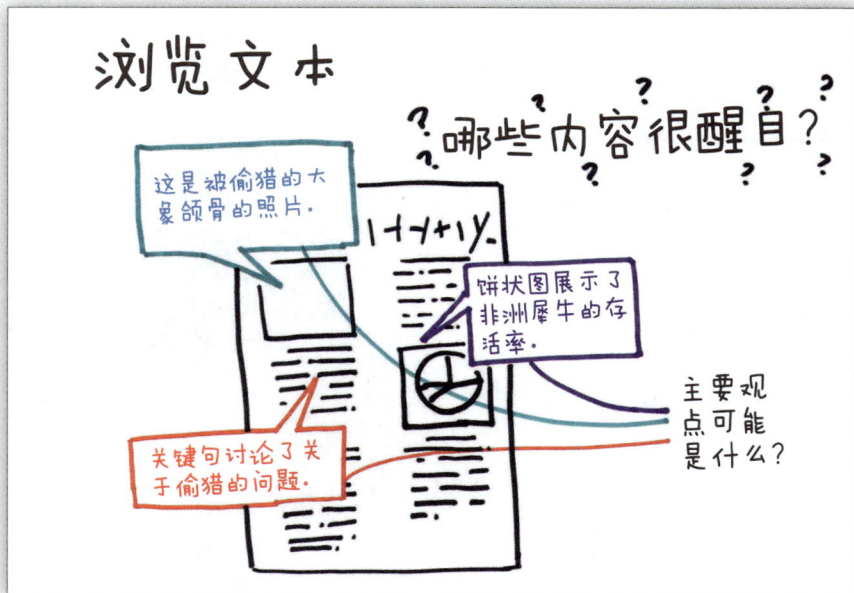

美国学生阅读技能训练：第2版

策略描述　在读文章时，每读完一段或一小节，停下来想一想："怎样用自己的话来表达我学到了什么？"在书页空白处做笔记。读完整篇文章后，回头看看你的笔记，问问自己："将所有笔记整合起来看，这篇文章主要讲的是什么？"

策略使用小贴士　对那些接触信息类文本较少的阅读者来说，与阅读叙事类文本相比，在阅读信息类文本时，他们应该有意识地放慢阅读速度。本策略以及类似的策略要求阅读者在阅读过程中暂停，将文本分成几部分，从而监控自己的理解情况。在空白处写下的笔记有助于阅读者卸载不必记忆的信息，让他们在最后更容易整合信息，形成主要观点。

这样给孩子提示

- 在这里停一下，在旁边做笔记。
- 做笔记时不要用作者的原话，要积极思考，试着用自己的话来表达。
- 回头看看你的笔记，想一想整篇文章主要讲的是什么。
- 看起来放慢阅读速度有助于你在阅读过程中思考主要观点是什么。

目标技能

- 筛选重要信息
- 推断
- 整合信息

技能进展

能够识别文本中明确提出的主要观点，已经为通过整合信息来推断主要观点，或者用自己的话概括主要观点做好了准备。

●●●○○

相关研究

休梅克、登顿和德什勒提出了 RAP 策略（Schumaker, Denton, & Deshler, 1984）：阅读（Read）一个段落后，问问（Ask）自己"这一段的主要观点和细节是什么？"，然后用自己的话说出（Put）主要观点和细节。多项研究表明，使用 RAP 策略的孩子能够识别和回忆起更多的主要观点，整体的理解情况更好（Ellis & Graves, 1990; Hagaman, Luschen, & Reid, 2010; Hagaman & Reid, 2008; Katims & Harris, 1997; Lauterbach & Bender, 1995）。

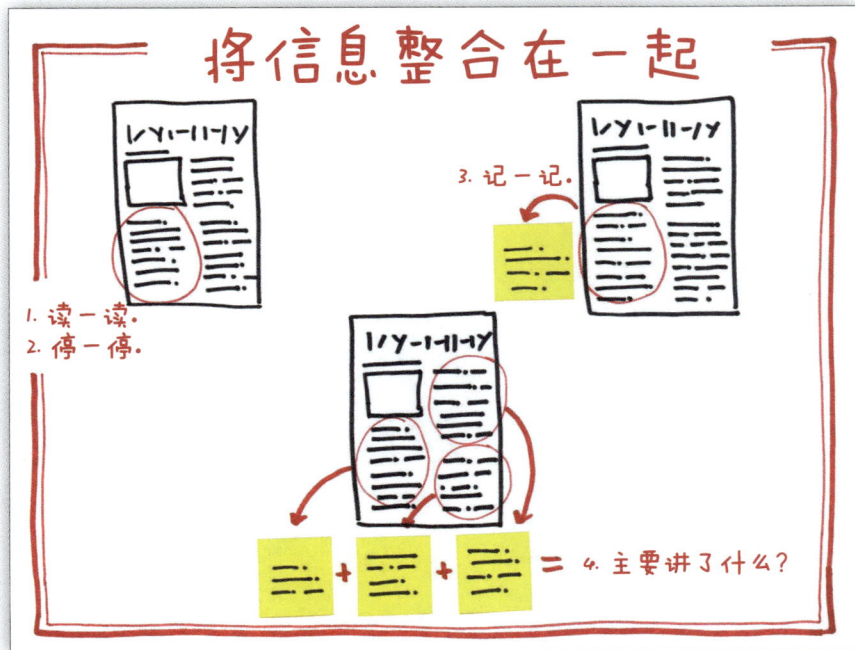

将信息整合在一起

1. 读一读.
2. 停一停.
3. 记一记.
4. 主要讲了什么?

8.10　用草图表现一段内容

目标技能

- 筛选重要信息
- 推断
- 整合信息

技能进展

能够识别文本中明确提出的主要观点，已经为通过整合信息来推断主要观点，或者用自己的话概括主要观点做好了准备。

●●●○○

相关研究

在阅读理解能力测试中，那些用图表来总结化学课本中主要观点的高中生，比那些只用文字或用图文结合的方式来总结的学生取得了更好的成绩（Leopold & Leutner，2012）。在化学、生物等学科中，用图表记录主要观点的方法特别有用。在这些学科中，阅读者通过构建心理模式来理解相关现象，而直观的图表能够显著促进心理模式的构建（Schwamborn et al.，2010）。

策略描述　在读文章时，每读完一段或一小节，停下来想一想：这部分主要讲的是什么？快速画一幅草图来展示你的想法。读完整篇文章后，回过头来看看你画的草图，问问自己："将所有的草图放在一起看，这篇文章主要讲的是什么？"

这样给孩子讲解【大声朗读《珊瑚礁的困境》（*Coral Reefs in Trouble*，Time for Kids，2012）的第一段。】我正在画一片珊瑚礁。这里或许应该画一个对话气泡，里面写上："噢！不！"我打算画一条分隔线，然后读下一段。（大声朗读下一段。）我打算画一些珊瑚礁，并把大部分地方涂黑，以此来表现仅有8%的珊瑚是健康的，绝大部分已经死了。接着我要再画一条分隔线，然后读下一段文字，看看我还能画些什么。（大声朗读下一段。）读完这一段我明白了，水污染、过量捕捞和高温对珊瑚礁造成了伤害。我要画一个废弃的塑料瓶、一根钓鱼竿和一个显示高温的温度计。现在回过头去看这些草图，我可以从中得出结论：这篇文章写的是濒临灭绝的珊瑚礁面临的危机及造成危机的原因。

策略使用小贴士　本策略与策略8.9类似，但对一些孩子来说，画草图可能比用文字记录更有吸引力，有些孩子甚至可能想要将两者结合起来。在阅读文章或图书时，孩子可以直接在页面空白处画草图，也可以在便利贴上画草图；或者在笔记本上画一个2×3的网格，就像制作故事板一样，在阅读过程中画草图。

这样给孩子提示

- 这一节主要讲了什么？暂停一下，把你脑海里出现的画面画出来。
- 在画下一幅草图前先考虑好你要读多少页。
- 回头看看你画的草图，想一想：这篇文章主要讲了什么？
- 我知道你为什么画那幅草图，因为它与那一节的信息相符。

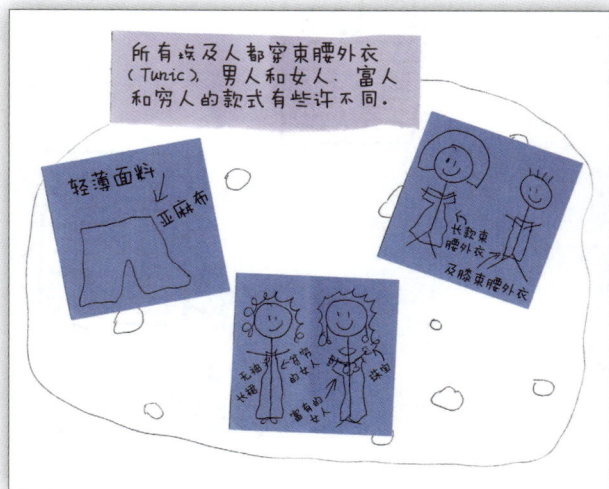

策略描述 专注于一部分内容。读几段文字，列出几条看起来相关的信息，因为它们都是关于同一子话题的。用自己的话说一说这一部分主要在讲什么。继续阅读，随着你收集的信息越来越多，你可能需要修正你总结的主要观点。

这样给孩子讲解 我们现在集中注意力来读一读《石油泄漏的科学原理》中"石油泄漏的影响"这一章。我来朗读前两页。（大声朗读。）现在，我们来列出看起来相关的信息。我们知道石油可以在水中迅速扩散，被土壤吸收，污染水源，需要很长时间来清理。在这一页上，我们了解到石油可以杀死植物和小动物，破坏水鸟和海洋哺乳动物的毛皮。另外，我们不能忽视书中的地图和说明文字，它们向我们展示了墨西哥湾漏油事故发生后收集到死鸟的地点。累加所有这些信息，我必须说：石油泄漏对生物和环境造成了多方面的伤害。

这样给孩子提示

● 列出相互关联的信息。
● 这些信息有什么共同点？
● 你说的是这部分的子话题。关于子话题的主要观点是什么？
● 很好，你说出了话题是什么以及关于这个话题的主要观点是什么。

目标技能

● 筛选重要信息
● 推断
● 整合信息

技能进展

能够识别文本中明确提出的主要观点，已经为通过整合信息来推断主要观点，或者用自己的话概括主要观点做好了准备。

●●●○○

相关研究

"诱人的细节"指文本中有趣但非必要的信息，可能会分散阅读者的注意力。在一项涉及成人和儿童的经典研究中，研究人员准备了一些信息类文本，其中一些文本包含了诱人的细节。所有年龄段的参与者阅读包含诱人的细节的文本时，都较难确定主要观点（Garner, Gillingham, & White, 1989）。

浓缩文本信息

目标技能

- 筛选重要信息
- 推断
- 整合信息

技能进展

能够识别文本中明确提出的主要观点，已经为通过整合信息来推断主要观点，或者用自己的话概括主要观点做好了准备。

● ● ● ○ ○

相关研究

通过观察从五年级到大学的阅读者，布朗和戴发现了总结的规则：（1）删除不必要或多余的信息；（2）为列出的内容确定一个类别；（3）找出或写一个关键句来概括主要观点（Brown & Day, 1983）。写出关键句是最具挑战性的任务，在完成这项任务的过程中，引导性问题和搭档的反馈会对学生有所帮助（Nelson, Smith, & Dodd, 1992）。

策略描述　阅读文本中的一段文字，想一想它主要在讲什么。尝试将你刚刚读到的所有信息浓缩成一句话。与搭档讨论你的表述，如果你觉得需要修正，那就修正。

策略使用小贴士　随着文本变得越来越复杂，各部分的主要观点可能会变得不太明显。阅读者需要综合考虑，用自己的话表述主要观点，并判断哪些信息在总结主要观点时不那么重要。鼓励孩子与搭档讨论他们对主要观点的表述以及这样表述的原因，给他们机会通过反馈进行修正，这么做对孩子很有帮助。

这样给孩子提示

- 和搭档一起读文本中的一段话，其中一人说一说那段话主要讲了什么。
- 解释一下为什么你认为那是主要观点。
- 你的搭档认为那是这段话的主要观点，你同意吗？
- 你们一起努力想出了一句话，清晰简洁地总结了那部分的主要观点。

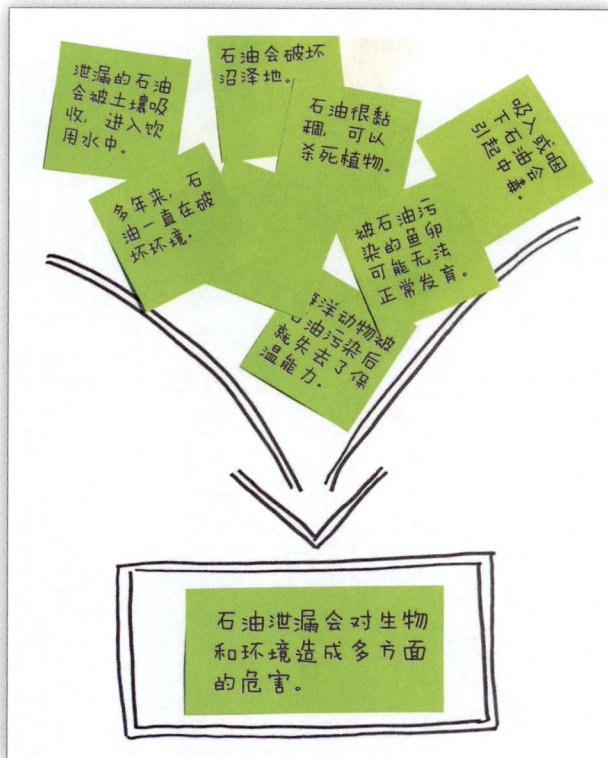

8.13　思考文本结构，找出主要观点

策略描述　读完文本中的一段话后，停下来想一想：这几句中的信息是如何关联起来的？为了回答这个问题，你可以找一找句子内和句子间的连接词，也可以参考下面的表格。陈述主要观点，这个观点要能揭示信息是怎样关联起来的。

策略使用小贴士　这个总括性的策略旨在让阅读者思考文本结构和文意之间的关联。当阅读者能够将某一段、某一节或整本书的结构归为有逻辑关系的大类时，本策略有助于他们辨别哪些信息最重要。迈耶（Meyer，1985）给出了五大类文本结构的定义，你可以在后面的内容中找到更详细的策略（见策略8.14～8.16），帮助阅读者理解其中的三大类。

文本结构	描述	要寻找的关键词
汇总式	将相关的观点、事项分类，并尽可能地悉数列举。	第一、第二、第三……此外、还有、另外、而且
因果式	观点之间的关系是，其中一个观点引发了另一个观点。	造成、因为、引起、影响、结果、所以
问题–解决方案式（或问题–答案式）	文本中彼此回应的两部分讨论的是同一个话题。	麻烦、困难、解决、回答、建议、提议、为什么、因为
对比式	指出各种话题的相同之处和不同之处。	但是、另一方面、几乎、有……共同之处、共有、与……相同
描述式	通过特征、细节、数据等对某个话题进行详细阐述。	例如、以……为例、具体来说、比如、也就是说、……的特征是

表格根据迈耶的研究成果（Meyer，1985）以及迈耶和雷的共同研究成果（Meyer & Ray，2011）编写。

目标技能

- 推断
- 整合信息
- 分析

技能进展

能够通过整合信息来概括或者推断主要观点，已经准备好通过思考文本结构来确定多个主要观点或者一个复杂的主要观点。

● ● ● ● ○

相关研究

迈耶在格兰姆斯的研究（Grimes，1975）和她自己之前的研究（Meyer，1975，1981）的基础上，提出了五大类文本结构——汇总式、因果式、问题–解决方案式、对比式和描述式，用于描述文本中的信息是如何关联起来的（Meyer，1985）。贾斯特和卡彭特提出的有关阅读理解的理论包括阅读者花时间处理一句话里和几句话之间的信息的关系，从而理解所读内容（Just & Carpenter，1980）。

目标技能

- 推断
- 整合信息
- 分析

技能进展

能够通过整合信息来概括或者推断主要观点，已经准备好通过思考文本结构来确定多个主要观点或者一个复杂的主要观点。

● ● ● ● ○

相关研究

在一项针对高中生阅读问题－解决方案式文本的研究中，研究人员想知道有多少熟练的阅读者会利用文本结构来理解信息，以及是否可以教他们使用可揭示文本结构的信号词。研究发现，优秀的阅读者记住的信息更多，对信号词的使用更频繁（Meyer, Brandt, & Bluth, 1980）。

策略描述 在文本或文本片段中，某些关键词会给阅读者信号，表明此处文本的结构是问题－解决方案式，你要找到这些关键词。先找出问题，然后留意作者提供的解决方案。最后，陈述文本的主要观点，这个观点要涵盖问题和解决方案。

这样给孩子讲解 在《石油泄漏的科学原理》一书中，有四章专门讲解发生石油泄漏的原因和由此造成的问题。第五章（也是最后一章）的标题为"石油泄漏的应对与干预"，作者在这一章提供了一些解决方案并提出了自己的观点。作者首先讲述了如何使用水栅、围栏、吸油器和分散剂来清理石油，以及专家如何帮助野生动物从石油泄漏的影响中恢复。然而，在最后，她表示"预防石油泄漏事件的发生非常重要"，并建议适当维修设备、制定更严格的使用规则和进行更严格的管理。由于整本书的结构是问题－解决方案式，我将陈述一个能够涵盖问题及其解决方案的主要观点："石油泄漏会造成巨大的伤害且清理工作很艰巨，因此，人们需要从一开始就努力预防石油泄漏事件的发生。"

策略使用小贴士 本策略针对的是策略8.13中提到的五大类文本结构的其中一类，能够帮助阅读者识别文本结构，找到关键信息和这些信息之间的关系，进而陈述主要观点。记住，作者可能会在文本的不同部分使用不同的结构（见策略8.17），或者整个文本使用一个总括性的结构。

这样给孩子提示

- 先找出问题，然后找出解决方案。
- 你将在哪里读到作者提出的解决方案？
- 你要确保自己陈述的主要观点既包括问题又包括解决方案。
- 你可以用"如果……那么……"或者"当……我们应该……"的句式陈述你概括的主要观点。

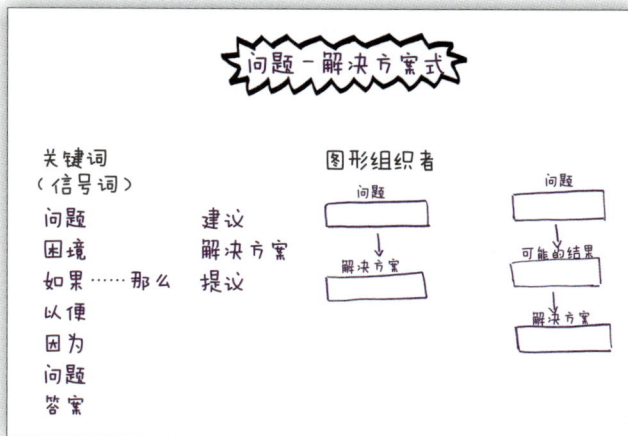

问题－解决方案式

关键词（信号词）
问题
困境
如果……那么
以便
因为
问题
答案

建议
解决方案
提议

图形组织者

策略描述　文本中某些关键词会给阅读者信号，表明其结构是因果式的。找出这些关键词。先确认原因，再列出可能的结果——影响。思考文本主要讲的是什么，并根据因果式结构做出陈述，你的陈述要包含原因和结果。

这样给孩子讲解　你如果确定了作者所使用的文本结构，就更容易弄清楚文本的主要观点。有些文本是按照因果式结构来写的，比如一篇探索飓风形成的原因以及它带来的后果的文章，那么我在提炼这篇文章的主要观点时，就要把原因和结果都涵盖进去。如果我只说关于形成原因的内容，那么我就只说出了文章的部分观点，它并非主要观点。

这样给孩子提示

- 既然你认为这是因果式结构，那么你要确保你陈述的主要观点表达了发生了什么（原因）以及结果是什么（影响）。
- 你可以这样说："如果……那么……"
- 你怎么知道这本书采用的是因果式结构？
- 是整本书都在描述原因和结果，还是只有这一部分在描述呢？

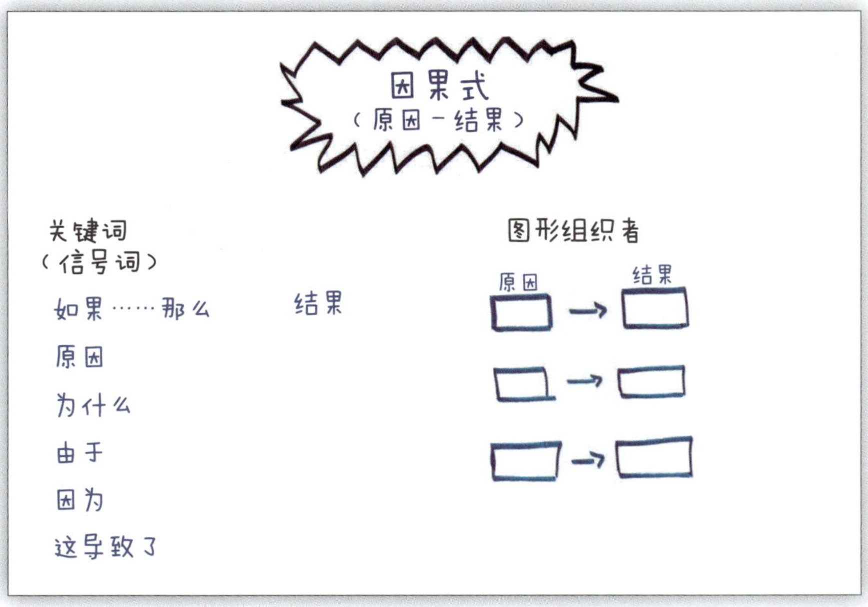

目标技能

- 推断
- 整合信息
- 分析

技能进展

能够通过整合信息来概括或者推断主要观点，已经准备好通过思考文本结构来确定多个主要观点或者一个复杂的主要观点。

●●●●○

相关研究

在一项针对成年人的研究中，部分阅读者接受了如何识别文本结构的特定训练，他们比那些没有接受训练的阅读者记住的信息更多，能更好地回忆起最重要的信息。研究人员猜测，关于文本结构的训练有助于阅读者利用信号词识别关键信息，然后在记忆中更有效地组织这些信息（Meyer & Poon，2001）。

因果式
（原因-结果）

关键词
（信号词）

如果……那么　　结果

原因

为什么

由于

因为

这导致了

图形组织者

原因　→　结果

目标技能
- 推断
- 整合信息
- 分析

技能进展

能够通过整合信息来概括或者推断主要观点，已经准备好通过思考文本结构来确定多个主要观点或者一个复杂的主要观点。

● ● ● ● ○

相关研究

研究表明，即使是非常年幼的孩子也可以从关于说明类文本结构的教学中受益。在一项针对学龄前儿童的试点研究中，研究人员发现，参与者在将两个目标文本的结构（包括对比式结构）进行对应时取得了进步 (Culatta, Hall-Kenyon, & Black, 2010)。

策略描述　文本中某些关键词会给阅读者信号，表明其结构是对比式的。找出这些关键词。思考一下作者在比较什么。找出被比较的两个事物的相似之处，想一想它们有什么共同点；找出两个事物的不同之处，想一想它们有什么共同点。然后，围绕这些共同点来谈论这两个事物，思考一下如何陈述主要观点。

这样给孩子讲解　如果文本的组织方式是比较两个（或多个）事物，则主要观点应包括这两个事物。例如，在《我们能拯救老虎吗？》一书中，作者詹金斯用八页篇幅比较了濒临灭绝的老虎与波利尼西亚树蜗牛。这两种动物都处于濒危状态，作者认为它们都很特别。但是，它们也有不同之处。老虎需要的空间比较大，而蜗牛需要的空间很小。老虎很有价值（虎皮很值钱，虎骨可用于制药），它们会直接被人类杀害，而蜗牛则因为人类将新物种引入它们的生态系统而濒临灭绝。现在，如果我在陈述主要观点时只提到老虎，那我只给出了主要观点的第一部分，而不是完整的观点。我必须将它们合并为一句，就像这样："尽管老虎和波利尼西亚树蜗牛截然不同，但它们都因不同的原因濒临灭绝。"

这样给孩子提示

- 你可以用"它们都……，但是……"来描述两个事物的相似之处和不同之处。
- 回顾你了解到的关于它们相似之处的所有信息。你能用一句话总结这些信息吗？
- 回顾你了解到的关于它们不同之处的所有信息。你能用一句话总结这些信息吗？
- 确保你对主要观点的陈述中既包含被比较对象的相似之处，又包含不同之处。

8.17　关注文本结构的变化

策略描述　读完文本中的一段文字（一个段落、一小节、一页）后暂停一下。识别这段文本的结构，以此结构为基础陈述这段文本的主要观点，并记录下来。重复这个过程，直到读完整个文本。回顾这些观点，将它们整合成一个总括性的观点。

这样给孩子讲解　前面我们学了利用文本结构来陈述主要观点的几种策略。如果文本结构是因果式的，那么你的陈述中也应该包含原因和结果。如果文本结构是问题－解决方案式的，那么你的陈述中也应该包含问题和解决方案。但是，如果作者在同一本书中甚至在同一页上使用了多种结构，你该怎么办？事实上，大多数作者都会这么做！例如，《潜水蜘蛛的奥秘……还有更多！》的第二章介绍了毛毛虫。这一章开头是一个简短的小故事，讲述了由于毛毛虫发出的声音，一位科学家开始对研究毛毛虫感兴趣。接下来，作者将毛毛虫与其他会发声的昆虫进行了比较。下一节中，我们了解到问题（捕食者）和解决方案（防御）。在之后的一节中，作者使用因果式结构描述了一项实验。我无法总结出这一章的结构，因为它是不断变化的，我必须一部分一部分地进行分析。现在，我已经记下了几个主要观点——毛毛虫可以发出声音，一些科学家对毛毛虫为什么和怎样发出声音感到着迷，发出声音是毛毛虫用来生存的几种防御措施之一。我可以找出它们的共同之处，将它们整合成一个总括性的观点。我可以这样说："和许多动物一样，毛毛虫有着独特的防御措施，以保护自己免受捕食者的伤害，科学家们才刚刚开始研究其中一种措施（发出声音）。"

这样给孩子提示

- 将文本分成几个部分，逐一分析各部分的结构。
- 记住，不同的部分可能采用了不同的结构。
- 在读下一部分前，凭借你对文本结构的了解陈述这部分的主要观点。
- 你已经陈述了每个部分的主要观点，现在试着将它们整合成一个复杂的总括性的观点。

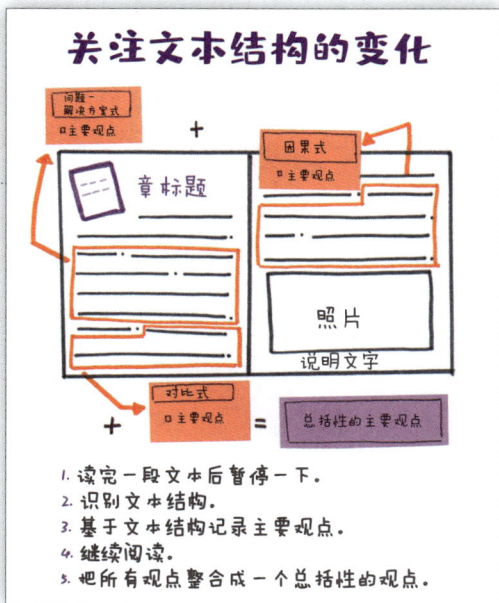

关注文本结构的变化

1. 读完一段文本后暂停一下。
2. 识别文本结构。
3. 基于文本结构记录主要观点。
4. 继续阅读。
5. 把所有观点整合成一个总括性的观点。

目标技能

- 推断
- 整合信息
- 分析

技能进展

能够通过整合信息来概括或者推断主要观点，已经准备好通过思考文本结构来确定多个主要观点或者一个复杂的主要观点。

相关研究

当阅读包含不同结构的文本时，迈耶、勃兰特和布卢特发现，词汇知识扎实但阅读理解能力低于平均水平的孩子能够从关于信号词的教学中获益，这些信号词可以在关键之处提示他们使用关于文本结构的策略，从而将所读文本的结构与一种已知的文本结构（如对比式、因果式、问题－解决方案式）对应起来（Meyer, Brandt, & Bluth, 1980）。

目标技能
- 分析
- 整合信息
- 推断

策略描述 密切关注作者分享了什么信息，以及他是怎样分享的。例如，留意词语的选择，尤其是观点词和其他表现力较强的词，留意叙述视角（是"你 / 你的"还是"我们 / 我们的"），留意词语的重复。当你将这些元素整合在一起时，想一想：基于作者分享的信息，以及他是怎样分享的，作者想要传达的主要观点是什么？

这样给孩子讲解 《我们是水的守护者》（*We Are Water Protectors*，Lindstrom，2020）的主要观点是什么？现在我们已经读完了整本书，我注意到了作者在语言风格、文本结构、表现手法等方面的一些选择。在作者的注释中，她说"水是神圣的"，"神圣"是一个富有表现力的词。她将石油管道比作黑蛇，她在表述中用的是"我们"和"我"，也许是为了拉近读者和这个话题的距离，让我们对此更加关心。她说"泄漏造成巨大的损失"，这里用了"巨大"这个词来进行强调。在整本书中，甚至在作者的注释中，"保护"一词一再被提及。将这些信息整合起来，并跟你的搭档聊一聊：你觉得作者在试图说服我们什么？她的主要观点是什么？

技能进展

能够识别复杂的主要观点，已经准备好通过批判性阅读来分析作者的写作手法和倾向，或者对比不同书中关于相同话题的主要观点。

● ● ● ● ●

策略使用小贴士 你也可以教孩子在阅读文本时关注作者的说服技巧（而不是读到最后才关注），这样孩子可以理解作者的这些选择是如何在整个文本中累加的。

这样给孩子提示
- 这是相关信息，想一想作者是如何呈现这些信息的。
- 来看看作者对词语的选择。
- 你说的是事实。说一说关于这个话题作者有什么观点。
- 作者看起来站在哪一边？

相关研究

精读文本（Brown & Kappes，2012）和以文本为基础进行提问（Fisher & Frey，2012）有助于阅读者识别作者的写作手法，了解作者是如何激发读者情绪的。掌握精读技巧可能有助于阅读者提高学习成绩和自我认知能力，对于阅读有困难的人尤其如此（Fisher & Frey，2014）。

关注信息"是什么"和"怎么样"，找到主要观点

关注作者分享了什么信息以及他是怎样分享的。

留意

词语的选择（尤其是观点词和富有表现力的词）　词语的重复

叙述视角

8.19　识别作者的倾向

策略描述　先通过作者简介了解作者，然后基于作者的背景了解一下围绕这个话题作者有哪些研究成果。在阅读过程中，想一想文中包含了哪些信息，排除了哪些信息。同时，思考作者在提供事实类信息的同时是否通过词语的选择表达了他的个人观点。

这样给孩子讲解　阅读时，不仅要始终留意书中的信息，而且要考虑到是谁写的。书中要包含什么内容（以及内容怎么呈现）、不包含什么内容由作者决定。通过了解作者，你可以知道他们对这个话题可能有什么立场，这有助于你找出主要观点。例如，作者简介中说她是一名环境顾问，致力清理有害物质，并评估其对人类健康和环境的影响。了解了这一点后，我们可以推断她在《石油泄漏的科学原理》一书中会传达她的观点，即石油泄漏是有害的，有灾难性后果。

策略使用小贴士　尽管本策略旨在引导阅读者思考单个文本中作者的观点，但是，它也可以帮助阅读者思考不同作者对同一话题的不同看法。此外，本策略对于指导阅读者分析新闻类文章中的潜在偏见以及评估研究时的信息来源（特别是网上的）尤为重要。如果孩子正在阅读这种类型的文本，你可以引导他们用更实用的方式来了解作者：访问作者的个人网站，拉到页面底部，找到个人简介，或者上网搜索作者写的其他作品。

这样给孩子提示

- 你对作者有多少了解？
- 从作者的背景你可以推断出他可能对这个话题持有什么观点？
- 作者有什么倾向？
- 哪些信息支持这种倾向？

目标技能

- 分析
- 推断

技能进展

能够识别复杂的主要观点，已经准备好通过批判性阅读来分析作者的写作手法和倾向，或者对比不同书中关于相同话题的主要观点。

●●●●●●

相关研究

麦格鲁及其同事创建了一个包含15项任务的任务库，用于评估中学生和大学生的公民在线推理（civic online reasoning）能力。与先前的研究一致，他们发现参与者在确定文本来源、信息上传者的身份和其他涉及批判性素养的任务上遇到了困难（McGrew et al.，2018）。

识别作者的倾向

了解　作者有什么样的背景？
作者有什么资质？
围绕这个话题，作者有什么研究成果？

思考　文中包含了什么内容？
文中排除了什么内容？
作者的观点是什么？
作者有什么倾向？

目标技能

● 整合信息
● 分析
● 推断

技能进展

能够识别复杂的主要观点，已经准备好通过批判性阅读来分析作者的写作手法和倾向，或者对比不同书中关于相同话题的主要观点。

● ● ● ● ●

相关研究

在小学六年级教室进行的一项小规模研究中，研究人员观察了阅读者如何处理"勇气"这个单元的阅读材料，其中包括刊登在报纸上的文章、歌曲、视频和信息图以及其他类型的文本。结果表明，学生能够有条理地整合这些材料并围绕"勇气"这个话题从多个方面提出观点（Tracy, Menickelli, & Scales, 2017）。

策略描述　就同一话题或相关话题阅读不同的文本。阐述一下每个文本的主要观点，想一想这些文本是否有共同的观点。思考每个文本中的主要观点有什么不同。

这样给孩子讲解　我一直在读有关环境问题的书。我读的这方面的书包括《气候变化及其解决之道》《我们能拯救老虎吗？》《我们的每一次呼吸：了解空气》以及《石油泄漏的科学原理》。这些书涉及了不同的话题——气候变化、动物灭绝、空气（和空气污染）以及石油泄漏，但它们讨论的都是环境问题。我首先要思考的是这些书中是否有相同的观点。我觉得它们有一个相似的观点：人类有能力和责任尽自己所能来保护地球和生活在地球上的生物。这并不是每本书中唯一的主要观点，但却是其中一个观点。然而，这些书也有所区别。在《气候变化及其解决之道》和《石油泄漏的科学原理》这两本书中，作者认为企业、立法者和制度是问题的根源，认为他们有责任解决问题。在《我们能拯救老虎吗？》这本书中，尽管很明显是人类的行为导致动物处于危险之中，但是作者并没有提供明确的解决方案。在《我们的每一次呼吸：了解空气》这本书中，作者似乎在与读者对话，给出了一些建议，告诉读者可以做些什么让空气保持清新——随手关灯、使用清洁能源供暖、骑自行车或步行而不开车。在读了一本更详细的讲述气候变化的书后我才发现，《我们的每一次呼吸：了解空气》这本书的作者为年幼的阅读者提供了简化版的解决方案。

这样给孩子提示

● 关于这个话题，这本书的主要观点是什么？那本书呢？
● 每本书中作者的观点有什么不同之处？
● 你觉得哪种观点更合逻辑、更有说服力或更令人信服？
● 说出你读的关于某个话题的所有书中的共同观点。

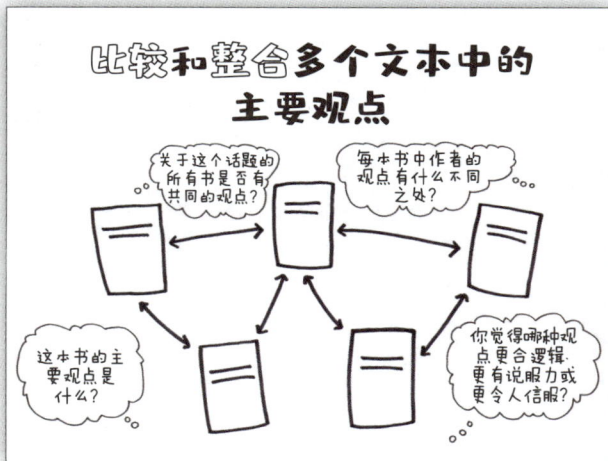

比较和整合**多个文本中的主要观点**

关于这个话题的所有书是否有共同的观点？

每本书中作者的观点有什么不同之处？

这本书的主要观点是什么？

你觉得哪种观点更合逻辑、更有说服力或更令人信服？

幼儿通过学习可以识别作者的写作风格、观点和视角，也可以自主形成自己的观点，对作者的态度做出回应。

——珍妮佛·塞拉瓦洛

第九章

目标 **9**

理解关键细节

◎ 这个目标为什么很重要？

阅读者需要在阅读过程中监控自己的理解情况，追踪文本细节，当他们阅读那些信息密集的文本时，这些任务会变得更有挑战性。放慢阅读速度来消化信息是至关重要的（Carver，1992）。此外，阅读者可能对某个话题存在误解或知识漏洞，当学到新知识时，他们需要灵活地改变自己的思维方式（Guzzetti，2000；Tippett，2010；Zengilowski et al.，2021）。

阅读者还需要理解细节和关键细节之间的区别——关键细节是重要的信息，与主要观点相关（Winograd，1984）。确定关键细节，就像选择是用荧光笔标记课本中的所有信息，还是只标记与阅读目的、讨论的话题和主要观点相关的信息。写给初级阅读者的书往往紧扣主题，很少会出现离题的细节。但是，随着文本越来越复杂，阅读者用相关细节来支持话题或主要观点这一任务会变得越来越难。每一页都包含更多信息，并非所有细节都与主要观点相符（Garner，Gillingham，& White，1989）。此外，随着内容增多，文本特征变得更加丰富，阅读者必须掌握从这些特征中挖掘细节的技能（见策略 10.16~10.21）。

阅读者会用不同的方式将细节与主要观点联系起来。有些人会先从整体上思考，再过渡到细节。他们可以跳出文本，用一句话陈述主要观点。在提示下，他们能提供文本中的细节作为支持观点的证据。另一些人则先从细节开始：他们会说出各种细节，并在讲述过程中逐渐得出一个主要观点——"所以我猜它大概是关于……"不管阅读者是如何得出主要观点的，他们都需要通过推理将主要观点和细节联系起来（Williams，1988）。

最终，阅读者将会读到十分复杂的文本，文本中有多个主要观点，每一页包含的文字和文本特征更多，此时就更难将细节进行分类，匹配到每个观点。此外，这些复杂文本中章节的篇幅可能会很长，这就要求阅读者从许多页面中的更多信息中整理和识别出最重要的信息。

激活背景知识
能够在阅读过程中记起并应用相关知识。

提问
能够带着好奇心专注阅读并提出自己的疑问，然后从文本中寻找答案。

总结
能够口述或写一份简明扼要的总结，其中包含文本讨论的话题和主要观点以及相关信息（关键细节）。

自我监控
知道自己的理解情况，能够使用策略解决疑惑、获取新信息或调整阅读速度以保持对文本的理解。

为了达成本章目标，阅读者需要掌握的技能

分析
能够识别信息类别，比较文本细节，了解作者是如何利用细节来形成主要观点的。

整合信息
知道文本中的细节是如何关联起来的。

筛选重要信息
能够识别文本中的关键细节，以及与文本讨论的话题和主要观点相关的文本特征。

增加知识储备
能够通过搜索文本之外的信息来对作者提供的细节进行补充。

构建感官图像
能够在脑海中想象画面，从而更好地理解信息。

◎ 这个目标是否适合孩子?

为了评估孩子理解文本细节和将细节与主要观点匹配的能力,可以让孩子回应与文本有关的提示语和问题,然后评估他们的回应质量。文本可以是短篇文本(如一篇文章、教科书的一部分,或者长篇作品中的某一章),也可以是长篇文本(如信息类绘本);可以是你选择的或孩子选择的文本;可以由你朗读或者由孩子自主阅读。你可以在文本的关键点上设置问题让孩子回答,或者要求他们阅读整个文本后,用做笔记或口述的形式回应。

以下是为了达成本章目标你可以使用的一些提示语和问题。

- 有哪些细节支持主要观点?
- 有哪些细节与主要观点相关?
- 描述一下你在读这部分中的细节时所想象的画面。
- 对文本进行总结。

副王蛱蝶欺骗捕食者.石鱼困住捕食者.

_____

_____

这个孩子列出了书中关于两个不同子话题的事实类信息。他可以进一步构建感官图像并描述所读内容(见策略9.6~9.8),也可以进一步确定哪些细节与哪个主要观点或话题相关,从而对文本进行总结(见策略9.9~9.13)。

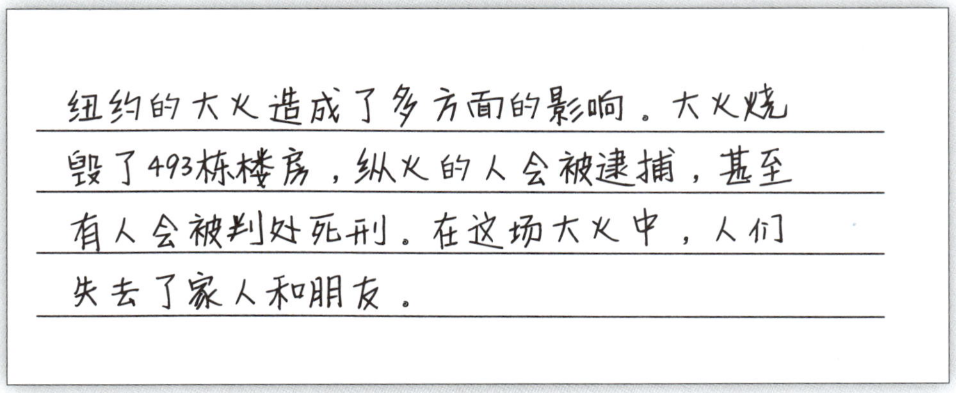

纽约的大火造成了多方面的影响。大火烧
毁了493栋楼房，纵火的人会被逮捕，甚至
有人会被判处死刑。在这场大火中，人们
失去了家人和朋友。

这个孩子列出了她读的文章中支持主要观点的几个关键细节。她可以进一步学着解释这些细节是如何支持主要观点的（见策略9.14~9.17）。

➤ 练习本章策略时可以使用哪些文本？

所有文本都包含阐述事件、话题和观点的细节内容。然而，本章的策略最适合帮助孩子阅读信息类文本、说服性文本和过程性/指导性文本。以下是一些例子。

信息类绘本。以图文结合的形式讨论某个话题（如《权利法案》、太阳系、大猩猩等）的短篇文本。

教科书。讲授学科（如科学、历史）知识的书。

专题文章和评论文章。短篇文章，例如流行的儿童杂志中的文章，通常围绕一个话题从不同角度展开讨论。

过程性/指导性文本。这些文本是为了教读者如何做某事或制作某物而撰写的（如食谱、手工艺书、使用说明书等），通常包含材料清单和解释性步骤。

非虚构类叙事文本。介绍某个人（比如传记）或某些事（比如史书），或者按照时间顺序讲解有关某个话题（比如鸟类迁徙）的知识的文本。

◎ 如何帮助孩子理解关键细节？

在评估了孩子对书中的话题、主要观点和关键细节的口头或书面回应后，你可以选择一些阅读策略来提高他们这方面的技能。对于这些策略，你可以给孩子示范如何使用，也可以让他们跟你一起练习，或者让他们独立使用。

"技能进展"部分可以帮助我们确定孩子现在处于什么水平，以及接下来可能会如何发展。你可以使用下页的"技能进展及对应策略一览表：理解关键细节"评估孩子的阅读情况，并找到能帮助他们取得进步的策略。

如果孩子……

你可以教他们……

能够回忆起的文本细节比较少，需要外界帮助才能通过激活背景知识和在阅读过程中自我监控来记住更多细节。

9.1 带着好奇心阅读

9.2 从已知过渡到新知

9.3 自我检查

9.4 监控理解情况："咔"和"嗒"

9.5 阅读，遮盖，记忆，复述

能够列举信息，已经为学习如何构建感官图像做好了准备。

9.6 放慢速度，读懂数字

9.7 通过比较来构建感官图像

9.8 寻找比较级和最高级

能够记住和想象文本细节，已经准备好确定与话题、子话题和主要观点相关的重要细节，并利用这些细节对单个或多个文本中的信息进行总结。

9.9 围绕同一话题读不同的书，增加知识储备

9.10 问问自己："我是怎么知道的？"

9.11 区分重要的信息和有趣的信息

9.12 将标题改成一个问题来引导自己阅读

9.13 追踪流程和列表中的细节

能够识别文本中的关键细节，已经准备好通过提供强有力的总结、将相似信息进行分类和分析作者是如何形成主要观点的等方式来解释这些细节是如何支持主要观点的。

9.14 通过分类来比较

9.15 寻找文本中相互矛盾的信息

9.16 在总结时解释

9.17 通过细节来分析观点的发展

9.1　带着好奇心阅读

策略描述　请抱着学习的心态阅读。当你读到新信息（事实、数据）或看到新东西（照片、示意图等）时，停下来消化一下，然后想："哇！我从来不知道……"

这样给孩子讲解　当你带着好奇心和兴趣阅读时，你可能更容易理解和记住新信息。尽量"细品"信息，想一想它们是如何回答你的疑问、满足你的好奇心，或者带给你惊喜的。当你读到新信息时，你甚至可以对自己说"哇！"，以此来表现你刚刚读到的信息很有趣。现在来看看我是如何阅读《纳米》中这一段的："地球上的每一样东西都是由原子构成的。你呼吸的空气？由原子构成。你喝的水？由原子构成。你的家和你所有的物品？由原子构成。每一个生物，包括你自己，都是由原子构成的。一切都由原子构成。"哇！我知道原子很小，它们构成了许多东西，但我没有意识到一切都由原子构成，包括我自己！哇！

这样给孩子提示

- 抱着学习的心态阅读，通过阅读来获取令人惊叹的新信息。
- 你读到了哪些新信息？
- 使用"哇！我从来不知道……"这个句式来复述你新学到了什么。
- 如果你无法复述，那就再读一遍，直到能够复述为止。

通过阅读来获取令人惊叹的新信息！

你读到了哪些新信息？

哇！我从来不知道……　哇！我从来不知道……　哇！我从来不知道……　哇！我从来不知道……

目标技能
- 自我监控
- 筛选重要信息

技能进展

能够回忆起的文本细节比较少，需要外界帮助才能通过激活背景知识和在阅读过程中自我监控来记住更多细节。

● ○ ○ ○ ○

相关研究

在一些研究中，研究人员探索了 TWA（Think Before Reading, While Reading, and After Reading）干预措施，即在阅读前、阅读过程中和阅读后设置九个引导性问题引导学生思考（Mason, 2004, 2013）。每个问题都促使阅读者采用某种元认知策略，包括对新信息进行反思。TWA 干预措施提升了在阅读上有困难的五年级学生的阅读理解能力（Mason, 2004），并且对四年级学生也有类似的提升作用（Mason et al., 2006）。

目标技能

- 激活背景知识
- 筛选重要信息
- 自我监控
- 提问

技能进展

能够回忆起的文本细节比较少，需要外界帮助才能通过激活背景知识和在阅读过程中自我监控来记住更多细节。

● ○ ○ ○

相关研究

几十年来，研究人员一直在探究背景知识对阅读理解的重要性（Tierney & Cunningham，1984）。然而，倘若阅读者已有的知识是错误的，这可能会给阅读理解造成非常大的障碍（Lipson，1982），尤其是当新知识与阅读者已有的知识不一致时（Alvermann，Smith，& Readence，1985）。因此，阅读者可能需要额外的帮助来将背景知识与新知识融合。

策略描述　阅读前，说出或写下关于这个话题你确信自己知道的信息、你认为自己知道的信息以及你想要知道的信息。在阅读过程中，积累新信息，修正你在理解上的偏差，解答你的疑问。

这样给孩子讲解　在读《贝贝回家：一只熊猫的故事》这本书之前，我想了想我确定自己知道的：熊猫是黑白相间的。我在动物园见过它们，我知道它们喜欢吃竹子。它们是中国的特有物种。我就知道这么多了！那么我认为自己知道什么呢？我认为它们濒临灭绝，但我并不确定。我还认为虽然它们看起来可爱，让人心生喜欢，但是它们也可能像其他种类的熊一样危险。那么，我想要知道些什么呢？我想知道它们是如何照顾幼崽的，同时我也想知道我觉得它们濒临灭绝是不是真的，如果是的话，人们可能会采取什么措施来保护这些动物呢？现在是时候通过阅读来验证了：我确定自己知道的（以及我认为自己知道的）是否正确？我的那些疑问的答案会是什么？我可能会学到什么超出预期的知识呢？

这样给孩子提示

- 你可以这样说："我不太确定，但我认为……"
- 你确信自己知道什么？你为什么如此确信？
- 你想知道哪些与书中话题有关的信息？
- 读完这部分你学到了什么？

让你的大脑为接受新信息做好准备！

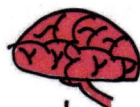

你的大脑

你可以这样做：

写下 或 说出

你确信自己知道的信息

你认为自己知道的信息

你想要知道的信息

美国学生阅读技能训练：第2版

9.3　自我检查

策略描述　当你对读到的信息感到疑惑时，停下来说"嗯？"，然后放慢阅读速度，重新读一遍，想一想自己为什么感到疑惑。你是否对信息有误解？这些信息与你之前知道的关于这个话题的信息有矛盾吗？在重新阅读时，请随时准备修正自己的想法，或者学习一些新知识。

这样给孩子讲解　下面我来说说我在阅读《气候变化及其解决之道》这本书时，曾在哪些地方停下来说"嗯？"，然后解开疑惑。在"太多东西"这一节，我读到了有关甲烷等温室气体的讨论。我读了相关段落，其中有些信息让我感到惊讶。我知道奶牛会产生甲烷，但我没有意识到垃圾填埋场里堆积的垃圾也会产生甲烷。所以我重新读了一遍，确保我真正理解了文中的内容，没有与我认为自己知道的东西混淆。当我看到讲述"塑料问题"的插图时，我放慢了阅读速度，因为我不确定如何读图，直到我意识到左上方的段落是对这一节的介绍，我才知道我应该从上到下读这幅图。当我读到"废弃塑料最终进入海洋，使海水的酸性增强"时，我发出了疑问："嗯？"我需要更多的信息来理解粗体字的意思，所以我停下来查阅了术语表。

这样给孩子提示

- 你对此有什么疑惑？
- 读完那部分内容，你在疑惑什么？
- 回头再读一遍，修正你的认知。
- 基于你刚刚读的，你觉得你第一次读的时候理解是否有误？

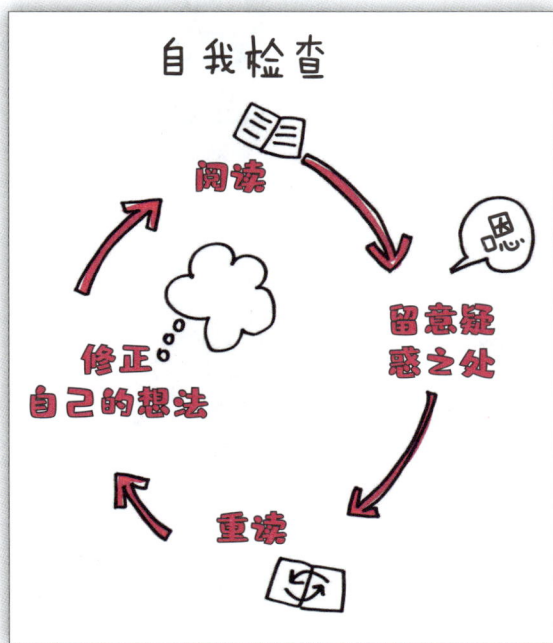

自我检查

阅读 → 留意疑惑之处 → 重读 → 修正自己的想法

技能进展

能够回忆起的文本细节比较少，需要外界帮助才能通过激活背景知识和在阅读过程中自我监控来记住更多细节。

● ○ ○ ○ ○

相关研究

学生（特别是小学生）不愿意放慢阅读速度并监控自己的理解情况可能是因为我们过分强调阅读速度代表阅读能力（Kucer，2017）。幸运的是，有些策略有助于解决这个问题。在一项针对中学生的研究中，研究人员发现，五步自问法对有学习障碍的孩子十分有用，可以帮助他们进行自我监控（Wong & Jones，1982）。

9.4 监控理解情况："咔"和"嗒"

目标技能
- 自我监控
- 构建知识体系

技能进展
能够回忆起的文本细节比较少，需要外界帮助才能通过激活背景知识和在阅读过程中自我监控来记住更多细节。

●○○○

延伸阅读
Reading & Writing Informational Text in the Primary Grades (Duke & Bennett-Armistead, 2003)

相关研究
"咔和嗒"（Click and Clunk）是合作策略性阅读（Collaborative Strategic Reading，简称CSR；Klingner & Vaughn, 1998）中的四个要素之一，它的开发受到帕林萨尔和布朗提出的"交互教授理解策略"（Palincsar & Brown, 1984）以及约翰逊·D.W.和约翰逊R.T.提出的"合作学习技巧"（Johnson & Johnson, 1989）的启发。在很多研究中，接受合作策略性阅读指导的孩子在阅读理解方面比对照组的孩子取得了更大的进步（Klingner, Vaughn, & Schumm, 1998; Vaughn et al., 2011）。

策略描述 读完每句话都想一想，自己是读懂了（"咔"——解锁）还是一头雾水（"嗒"——上锁）。继续往下读时，你应该会感觉到"咔、咔、咔"。当你碰到"咔"时，回过头重新阅读，或者在继续阅读之前从其他文本中寻找有助于你理解所读内容的信息。

这样给孩子提示
- 你读懂了吗？"咔"？
- 在继续阅读之前检查自己的理解情况。
- 你不明白吗？"嗒"？回过头再读一遍。
- 停下来想一想：是"咔"还是"嗒"？

阅读，暂停，思考

此处是"咔"？  （继续往下读）

此处是"嗒"？  （再读一遍）

你明白了吗？

9.5 阅读，遮盖，记忆，复述

策略描述 读一段文字，长度以可以用手或者便利贴遮住为准。将刚刚读过的这段文字遮住，集中注意力回忆你刚刚读过的内容（花一点时间也没关系！）。说出你记住的内容（偷看一下也没关系！）。重复上面这个过程。

策略使用小贴士 虽然本策略在任何时候都有助于阅读者放慢阅读速度、监控理解情况，但我最喜欢在孩子初学如何做研究（同时避免抄袭）时教授它。在做研究时，孩子经常会直接抄下信息而没有真正理解。在复述（或做笔记）之前遮住文本会促使孩子充分理解，从而用自己的话表达出来。我还发现，要求孩子在不看文本的情况下复述内容会提高他们的阅读专注力。

这样给孩子提示

- 读一段文字，然后遮住它。
- 复述你刚刚读的内容。
- 你不确定是否记住了所读内容吗？现在拿开遮挡物，再读一遍。当你觉得自己记住了时，再次遮住。
- 你一定要边读边思考，从而确保自己真正理解了所读内容。

理解所读内容

怎么做？

第一步：阅读！

第二步：遮盖！

第三步：记忆！

第四步：复述！

技能进展

能够回忆起的文本细节比较少，需要外界帮助才能通过激活背景知识和在阅读过程中自我监控来记住更多细节。

● ○ ○ ○

相关研究

在一篇研究综述中，作者介绍了提高有学习障碍的孩子对说明类文本的理解力的一些方法，并指出，用自己的话来复述比其他认知策略更有效（Gajria et al.，2007）。埃利斯和格雷夫斯发现，将每个段落用自己的话复述，能帮助阅读者理解所读内容，这么做比单纯地重复阅读，或者将复述与重复阅读结合起来，或者仅仅给阅读者提供一个对主要观点的简单定义，都更加有效（Ellis & Graves，1990）。

目标技能
- 构建感官图像
- 自我监控

技能进展

能够列举信息，已经为学习如何构建感官图像做好了准备。

● ● ○ ○

延伸阅读

Inside Information: Developing Powerful Readers and Writers of Informational Text Through Project-Based Instruction (Duke, 2014b)

相关研究

在一项针对成年人的研究中，大约有三分之一的参与者在想象和估计从千到百万到十亿再到万亿的数量变化时出现了错误——这些阿拉伯数字看起来很像，这往往掩盖了它们之间的巨大差异（Landy, Silbert, & Goldin, 2013）。让阅读者进行具体的比较，正确理解这些数字，有助于他们理解所读内容（Barrio, Goldstein, & Hofman, 2016）。

策略描述 阅读包含数字细节的句子时，停下来想一想："这个数字用来描述什么？关于数字的细节想要告诉我什么？"暂停阅读，在脑海中构建感官图像。

这样给孩子讲解 数字能告诉我们各种各样的信息，包括大小、比例、距离、数量、年龄、日期等。思考一下《纳米》中的这句话："'微小'不仅仅是指很小，它意味着是一粒沙子的 $1/10^{18}$。" 10^{18} 这个数字用来表达什么？作者用这个数字来表达一个观点，即原子非常非常非常非常非常微小。我甚至不确定我能否想象出 10^{18} 有多大，但我知道它一定比十亿大，而且我可以想象出是一粒沙子的十亿分之一的东西绝对是极其微小的，但是原子比它还要小。我们再来看另一本书——《小杀手：弱小而凶残的掠食者》（*Little Killers: The Ferocious Lives of Puny Predators*, Collard, 2022），其中有这样一句话："在法国，科学家发现至少有五种扁形虫入侵了他们的国家，其中两种体长超过18英寸（45.7厘米）！"还有什么东西这么长？我的尺子长12英寸（30.5厘米），所以18英寸就是一个半尺子那么长。（用手比画长度。）想象一下这么大的扁形虫该有多恶心！

这样给孩子提示
- 这个数字用来描述什么（长度、重量、大小、年份等）？
- 你创建了什么样的感官图像？
- 这个数字对你理解信息有什么帮助？
- 为了理解这个数字有多大，你可以想想你还知道哪些有相同尺寸（或重量、年龄等）的东西。

读到数字时，放慢阅读速度！

"大1000倍……"

"不到20%……"   "比38英寸长……"

停 7 98 63 521

停下来想一想：
这个数字用来描述什么（长度、重量、大小、年份等）？
你创建了什么样的感官图像？
这句话想要告诉你什么？

9.7　通过比较来构建感官图像

策略描述　有时，为了让阅读者更好地理解信息，作者会将一个事物与另一个事物做比较。阅读时，留意"像""和……一样""比"这样的词或短语。想一想两个事物的相似之处和不同之处，以及比较是如何帮助你构建感官图像并理解信息的。

这样给孩子讲解　在《石油泄漏的科学原理》一书中，作者描述了墨西哥湾漏油事故中发生了什么。她写道："易燃气体从井管中涌出，覆盖了钻井平台。由于易燃气体比空气重，它像一层怪异的雾沉积在甲板上。"在这句话中，作者将两组事物做了比较：易燃气体比空气重，易燃气体像一层怪异的雾。我们先来看第一组。易燃气体和空气有什么相似之处？它们都是气体。有什么不同之处？易燃气体更重，它可以沉积在物体表面。将易燃气体与空气的重量进行比较，可以帮助我们理解为什么它会沉积在甲板上，以及为什么它会引发爆炸。现在我们来看第二组。跟你的同伴说一说，"像一层怪异的雾"是在拿什么和什么做比较，这种比较是如何帮助你理解信息的。

这样给孩子提示

- 作者在拿哪两个事物做比较？
- 说一说这两个事物的相同之处。
- 这样的比较如何帮助你理解这个话题？

技能进展

能够列举信息，已经为学习如何构建感官图像做好了准备。

● ● ○ ○ ○

相关研究

格林和高桥进行了一项关于在教学中使用类比型文本的研究。这项研究分两部分，在第一部分研究中，阅读类比型文本的八年级学生比对照组中的同龄人记住的内容更多；在第二部分研究中，六年级学生称，类比型文本的内容更容易理解。这表明类比能够激活学生的背景知识，让他们将新知识与自己熟悉的概念联系起来（Glynn & Takahashi, 1998）。

寻找比较级和最高级

目标技能

- 推断
- 构建感官图像

技能进展

能够列举信息，已经为学习如何构建感官图像做好了准备。

●●○○

相关研究

研究表明，语法知识和在词法、句法层面对比较级信号的认识（在词法层面，如 -er 和 -est 等后缀；在句法层面，如 more、most、less、least 等词语在句中的使用）不仅有助于阅读理解（Carlisle，2010），还在解决涉及比较的数学应用问题时起着至关重要的作用（Knight & Hargis，1977）。

策略描述 在英文作品中，作者会用以 -er 或 -est 结尾的单词（形容词或副词原级加 -er 变成比较级，加 -est 变成最高级）或 more（更）、most（最）、least（最少）等词来比较两个或更多对象，阅读时你要留意这些词。识别并指出作者正在比较的对象。仔细阅读，找出揭示这些事物不同之处的细节。

这样给孩子讲解 在《气候变化及其解决之道》的一节中，作者讨论了企业面临的经营压力，有时候为了利润增长往往不惜损害环境。来看第 21 页这一句："一些公司（强调采矿企业）愿意赚取较少的（smaller）利润，变得更（more）环保，但它们的规模通常更小（much smaller）。"在思考这句话表达的意思时，我们需要先弄清楚作者比较的是什么——重视环保和不重视环保的公司。现在我们需要想一想：作者通过比较告诉了我们被比较的公司的什么情况呢？那些重视环保的公司规模较小，通常赚的钱也较少。这意味着，那些赚大钱的大公司在做决策时，可能不会考虑是否有利于环境保护。

这样给孩子提示

- 你注意到以 –er 或 –est 结尾的单词了吗？它们的出现可能提示作者进行了比较。
- 作者正在比较哪两个（或多个）对象？
- 你对这些被比较对象的细节了解多少？
- 根据作者对被比较对象的明确陈述，你能弄明白哪些细节？

寻找比较级和最高级

"一些公司愿意赚取较少的（smaller）利润，变得更（more）环保，但它们的规模通常更小（much smaller）。"

第一步	第二步	第三步
你注意到表示比较的单词了吗？	作者比较了哪两个（或多个）对象？	说出你能够弄明白的细节。
• smaller • more • much	环保经营与赚取利润	更重视环保、规模更小的公司，赚的钱更少。这也意味着规模更大的公司可能不会保护环境。

常见的比较级和最高级单词

- more
- most
- better
- best
- worse
- worst
- faster
- fastest
- stronger
- strongest
- happier
- happiest

美国学生阅读技能训练：第2版

9.9 围绕同一话题读不同的书，增加知识储备

策略描述 搜集几本讨论相同话题的书，找到其中看起来最简单的那一本。阅读这本书时，你可以在脑海中记忆或者写下里面的知识点。之后每读一本书，你都要留意新知识并将其补充到你的已有知识中，或者留意相同的知识来强化你的已有知识。

这样给孩子讲解 我有三本关注环境和气候的书，分别是《石油泄漏的科学原理》《气候变化及其解决之道》和《我们的每一次呼吸》。我先读了《我们的每一次呼吸》，因为它是这三本书中最简单的一本。然后，我开始读《气候变化及其解决之道》，进一步了解了空气污染。在读到"能源和燃料"这一节时，我想了想哪些是新信息，哪些与我之前读的《我们的每一次呼吸》中的信息相同。例如，当我读到"燃烧'脏'化石燃料……会释放大量温室气体和其他危险物质，这会污染空气，危害人们的健康"时，我记得《我们的每一次呼吸》中提到"污浊的空气会让我们生病"，所以这一部分内容重复或强化了相同的信息。但是关于大气和燃烧化石燃料的那部分呢？那是新的信息，补充了我的已有知识，进一步解释了空气是为什么以及如何变得污浊和不健康的。

策略使用小贴士 在围绕相同的话题读不同的书时，阅读者除了会发现书中的信息可以补充或强化自己的已有知识外，有时也会遇到几本书中的信息相互矛盾的情况。关于怎么给孩子讲解才能帮助他们理解相互矛盾的信息，具体内容见策略9.15。

这样给孩子提示

- 这几本书讨论的共同话题是什么？
- 你刚刚读的内容跟你在另一本书中读到的一样吗？还是它是全新的内容？
- 这些信息如何增进了你对这个话题的理解？
- 你可以这样说："这些信息与我之前在其他书中读到的相同，因为……"或"这些信息是对我之前了解到的信息的补充，因为……"

- 增加知识储备
- 激活背景知识
- 整合信息

技能进展

能够记住和想象文本细节，已经准备好确定与话题、子话题和主要观点相关的重要细节，并利用这些细节对单个或多个文本中的信息进行总结。

●●●○

相关研究

在一项针对四年级学生的研究中，那些阅读了一组在概念上相关的文本的参与者，表现出对主题和相关词汇有更深入的了解；而且，相较于阅读了一组彼此毫无关联的文本的同龄人，他们更容易记住文本内容（Cervetti, Wright, & Hwang, 2016）。

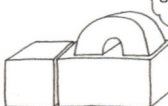

围绕同一话题阅读不同的书，增加知识储备

搜集几本讨论相同话题的书。

找到其中看起来最简单的那一本。 *我应该从这一本开始读！*

阅读时收集信息，增加知识储备。

这是新信息。 *它是对我的已有知识的补充。* *这部分内容与我之前学的一样。*

目标技能
- 筛选重要信息
- 总结

技能进展

能够记住和想象文本细节，已经准备好确定与话题、子话题和主要观点相关的重要细节，并利用这些细节对单个或多个文本中的信息进行总结。

●●●○

延伸阅读

Inside Information: Developing Powerful Readers and Writers of Informational Text Through Project-Based Instruction (Duke, 2014b)

相关研究

在一项大型研究中，一些七年级学生接受了 RAP 策略指导——阅读一个段落后，问问自己"这一段的主要观点和细节是什么？"，然后用自己的话说出主要观点和细节（Schumaker, Denton, & Deshler, 1984）。研究表明，接受指导的学生阅读理解成绩比对照组的同龄人高，其中，有学习障碍的学生成绩翻了一番（Katims & Harris, 1997）。

策略描述　在读完一部分或整本书之后，五指向内弯向掌心，说一说这本书主要讲了什么。然后问问自己："我是怎么知道的？"从大拇指开始，依次伸出手指，每伸出一根手指便复述一个与这个想法最相关的细节。

这样给孩子讲解　我觉得《潜水蜘蛛的奥秘……还有更多！》的第五章主要讲了（五指向内弯向掌心）蟑螂是令人惊叹的生物，对科学家也非常有用。我是怎么知道的呢？因为（伸出大拇指）书中提到蟑螂生物学家罗伯特·富尔（Robert Full）每天都用蟑螂做实验。书中还说（伸出食指）他们利用蟑螂来研究如何制造更好的机器人。此外，（伸出中指）这一章还描述了蟑螂的各种有趣的部分，比如它们的外骨骼、能够穿过狭小空间的能力、灵活的关节以及遍布全身的感觉器官，它们的身体构造对研究人员来说非常特别和有趣。所有这些信息都与我说的主要观点相关。

这样给孩子提示

- 说一说你刚刚阅读的内容的主要观点。
- 说一说与这个观点相符的细节。
- 你怎么知道这个主要观点是准确的？列出相关细节。
- 五指向内弯向掌心，说出主要观点。在列出支持主要观点的细节时，从大拇指开始依次伸出手指。

美国学生阅读技能训练：第2版

9.11　区分重要的信息和有趣的信息

策略描述　在读完一句话或查看视觉资料后，停下来想一想："这条信息或这个细节是否支持这一页（或这一节、这本书）的主要内容？"不支持的话，那可能是作者讲述了一些有趣的信息，但对于理解这一页（或这一节、这本书）主要讲的是什么，这些信息并不一定重要。

这样给孩子讲解　读信息类文本时，我们会发现作者讲述了一些事实，这些事实会让阅读者感叹、吃惊、厌恶，或者让阅读者继续阅读，它们都以某种方式与文本讨论的话题关联。然而，当我们总结文本时，我们需要筛选所有信息，只选择与主要内容最相关的信息。例如，《全员十三人》（*All Thirteen*，Soontornvat，2020）这本书讲述了泰国一支足球队的男孩们被困在一座洞穴中，然后被救出的故事。读完"沉睡女士的洞穴"这一章后，我了解到这一章主要讲的是蛇形洞穴系统——它是如何形成的，洞穴内部是什么样子——以及球队被困那天他们决定去洞穴里探险的时刻。最后一页展示了一张照片，照片上有两辆被遗弃的自行车。这和这一章的其他内容有什么关系呢？这张照片很有趣，因为它可以帮助我们想象当时的情景并与这些男孩产生共鸣（我们可能也有类似的自行车）。在黑暗中看到两辆自行车也给人一种恐怖的感觉，因为我们知道这些男孩进入了洞穴并即将被困住。但是，这张照片有助于我们理解洞穴系统吗？在这一章里它重要吗？答案是否定的。这是一个有趣的细节，但不是理解主要内容所必需的。

这样给孩子提示

- 这是有趣的信息还是重要的信息？你是怎么判断的？
- 这条信息与主要内容有联系吗？如果没有，就把它归为有趣但不重要的信息。
- 你说得对，这是有趣的附加信息，它与主要内容并无关联。
- 你可以这样说："我知道这条信息对主要内容的表达非常重要，因为……"

目标技能
筛选重要信息

技能进展
能够记住和想象文本细节，已经准备好确定与话题、子话题和主要观点相关的重要细节，并利用这些细节对单个或多个文本中的信息进行总结。

●●●○

相关研究
威诺格拉德发现，当要求八年级学生筛选重要信息时，不熟练的阅读者往往会选择那些读起来有趣、充满丰富视觉细节的句子，而不管它们与主要内容之间有什么联系（Winograd，1984）。因此，威诺格拉德和布里奇认为，筛选重要信息是阅读者需要主动培养的一种元认知技能，它可以帮助阅读者了解作者是如何将信息关联起来支持主要内容的（Winograd & Bridge，1986）。

目标技能
- 提问
- 筛选重要信息

技能进展

能够记住和想象文本细节，已经准备好确定与话题、子话题和主要观点相关的重要细节，并利用这些细节对单个或多个文本中的信息进行总结。

● ● ● ○

相关研究

研究人员探索了标题的作用以及它们的出现与否、位置或形式（陈述句或问句）是否对记忆、理解、复述或阅读的其他方面产生影响。他们发现，总体而言，标题会对阅读者有所帮助。尽管标题并不总能达到预期的效果，但是他们发现，以问题形式呈现的标题对于刚开始学习阅读的理解力较差的孩子特别有帮助（Hartley et al., 1980; Hartley & Trueman, 1985）。

策略描述　将章节标题以问题的形式来呈现，在阅读这部分内容时试着回答这个问题。读完一章或一节后，停下来想一想：哪些信息最能回答这个问题？

这样给孩子讲解　当标题是一个问题时，它会引导你不断阅读，寻找能回答这个问题的信息。但是，即使标题只是一个符号、短语或陈述句，它们同样可以引导你阅读，你只需将它们以问题的形式呈现即可！例如，在《石油泄漏的科学原理》这本书中，有一些标题是以问题的形式呈现的（比如"什么是石油？"和"是什么导致了石油泄漏？"），但其他标题则没有以问题的形式呈现。我们来练习一下将不是以问题的形式呈现的标题改成问题。第一个是"墨西哥湾爆炸"，可以改为"什么是墨西哥湾爆炸？"或"什么导致了墨西哥湾爆炸？"。接下来是"石油泄漏的影响"，我们可以改为"石油泄漏有哪些影响？"。最后一个是"石油泄漏的应对与预防"，你来想一想：如何将这个标题改成一个问题来引导自己阅读并回答它？

这样给孩子提示

- 阅读章节标题，将用短语表述的标题改成一个问题。
- 哪些信息可以用来回答这个问题？
- 阅读这一段，看看能否找到与你的问题相符的信息。
- 现在你读完了这一节，哪些信息最能回答这个问题？

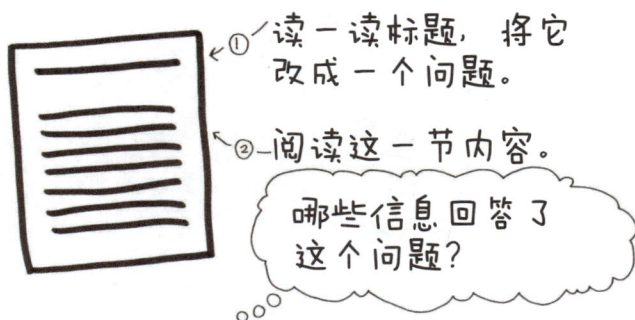

将标题改成一个问题
来引导你阅读

① 读一读标题，将它改成一个问题。

② 阅读这一节内容。

哪些信息回答了这个问题？

策略描述　流程中的步骤或列表中的条目包含多个细节，你要将每个步骤或条目视为单独的一部分，弄清楚每个步骤或条目主要讲的是什么，包含哪些细节。

这样给孩子讲解　当你看到作者用列表展示详细信息时，记住列表上的每一项内容都有其存在的原因，从某种意义上来说，每一项都有自己的主题和细节。当我阅读时，我需要想一想："这个步骤或条目主要讲的是什么？"然后找出作者阐述的细节。你可以跟你的同伴说一说这一条主要讲的是什么，以及具体的细节是什么。

这样给孩子提示
- 说出这个步骤中最重要的是什么。
- 这个步骤有哪些细节或具体信息？
- 是的，你基本上是在总结每个步骤。说出每个步骤主要讲的是什么，然后再说出细节。
- 在读下一个步骤之前，确保自己理解了这一步骤。

目标技能
- 自我监控
- 筛选重要信息
- 整合信息

技能进展

能够记住和想象文本细节，已经准备好确定与话题、子话题和主要观点相关的重要细节，并利用这些细节对单个或多个文本中的信息进行总结。

● ● ● ○

相关研究

一篇发表于2011年的论文指出，孩子阅读过程性文本的方式与阅读其他类型的信息类文本的方式在本质上存在着差异（Martin, 2011）。因此，孩子需要明确的指导来识别过程性文本的特点，以了解自己在理解其他类型的信息类文本时所使用的策略是否适用于过程性文本。

追踪流程和列表中的**细节**

阅读每个步骤。
将每个步骤视为单独的一部分。

每个步骤主要讲的是什么？
每个步骤包含的细节是什么？

目标技能

- 分析
- 筛选重要信息

技能进展

能够识别文本中的关键细节，已经准备好通过提供强有力的总结、将相似信息进行分类和分析作者是如何形成主要观点的等方式来解释这些细节是如何支持主要观点的。

●●●●

相关研究

一项针对八年级学生的研究发现，教授学生分析对比式文本结构的方法，包括识别话题、寻找关于做比较的信号词，能让学生在面对不熟悉的话题时，更有效地写出对比式文章。然而，当学生掌握的背景知识比较多时，这种教学方法效果比较差，这表明阅读者可能会放弃使用信息整理策略，而选择自己已经知道的类别（Hammann & Stevens，2003）。

策略描述 选择两个相关的话题（可以是同一本书中的话题，也可以是不同书中的话题），在阅读过程中将信息分类，然后根据信息类别将两个话题进行比较。

这样给孩子讲解 在《非洲，神奇的非洲：每个国家都不同》（*Africa, Amazing Africa: Country by Country*，Atinuke，2019）这本书中，作者按地区介绍了每个非洲国家。为了比较这些国家（以及你所了解的相关信息），将了解到的每个国家的信息进行分类可能会有所帮助。例如，当我读到"安哥拉的首都罗安达坐落在海边，那里的摩天大楼俯瞰着棕榈树"这样的事实类信息时，我可以将其归为"地理环境"类。当我继续阅读时，我会寻找更多关于地理环境的细节，并对我了解到的其他信息进行分类，比如人们的生活方式、城市的特点、该国的资源或出口情况等。一旦我在脑海中进行了分类，我就可以横向比较。例如，我注意到关于运动方面的细节：篮球在安哥拉非常受欢迎，但足球是莫桑比克最受欢迎的运动。

策略使用小贴士 如果孩子有足够的背景知识，他们也可以在阅读之前决定要将信息分成哪些类别。例如，在比较水污染和空气污染时，他们可以寻找与地点、原因、解决方案等相关的信息。

这样给孩子提示

- 读读这句话。这句话中的信息属于什么类别？
- 你在其他章节或其他书中看到属于这个类别的信息了吗？
- 列出这个类别中相同和不同的信息。
- 说出这个类别。现在说出关于每个话题相同和不同的信息。

通过分类来比较

想一想：你可以比较哪些话题？哪些类别对你有帮助？

	(话题)	(话题)
(类别)		
(类别)		

※小贴士：
分类有助于你组织信息，更周密地进行比较！

9.15　寻找文本中相互矛盾的信息

策略描述　在两个（或多个）讨论相同话题的文本中寻找相互关联的信息。识别不同文本中一致的信息和相互矛盾的信息。想一想为什么信息会相互矛盾（见下图）。

这样给孩子讲解　本策略适用于科学读物。在读关于环境问题的几本书时，我发现了一些看起来相互矛盾的信息。在《我们的每一次呼吸》这本书中，作者写到，要想拥有清新的空气，我们每个人都要做出改变——随手关灯、使用清洁能源供暖、骑自行车或步行而不开车。而在《气候变化及其解决之道》这本书中，在谈到汽车尾气会导致空气污染时，作者提出了更复杂的解决方案。她认为企业和立法者应该确保我们都拥有更清新的空气（尽管她也提到了个人努力）。为什么第一本书的作者让环境问题看起来与我们每个人息息相关，而第二本书的作者则从更宏大的角度看问题呢？这两本书出版日期相近，通过作者简介也可以看出两位作者对环境问题都很关心，而且都对这个话题有足够的了解，所以不是这两个方面的原因。我觉得可能与他们的目标受众有关：《我们的每一次呼吸》实际上是为年幼的孩子编写的初级读物，可能正因如此，作者才提供了简单而具体的解决方案。

这样给孩子提示

- 两本书中的信息是否相互矛盾？
- 思考信息相互矛盾的可能的原因。
- 了解一下作者。他是不是为了达成自己的目的而故意误导读者？读者被误导了吗？
- 查看一下这本书的出版日期。自这本书出版以来，关于这个话题的知识是否有所发展？

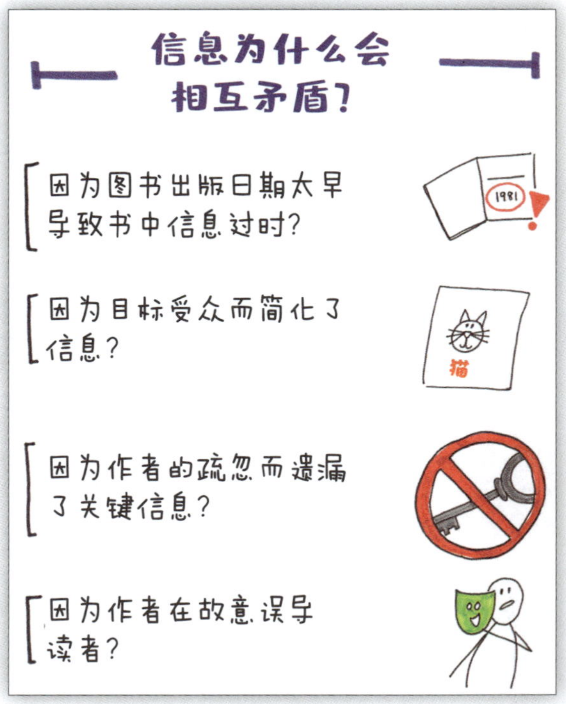

信息为什么会相互矛盾？

[因为图书出版日期太早导致书中信息过时？

[因为目标受众而简化了信息？

[因为作者的疏忽而遗漏了关键信息？

[因为作者在故意误导读者？

技能进展

能够识别文本中的关键细节，已经准备好通过提供强有力的总结、将相似信息进行分类和分析作者是如何形成主要观点的等方式来解释这些细节是如何支持主要观点的。

● ● ● ●

相关研究

科学读物会基于新的发现和技术的发展进行修订。与之相比，社会研究、历史和其他领域的读物更容易被曲解，可能只呈现一种观点或忽视被边缘化的声音。因此，阅读这些读物时，识别和分析相互矛盾的信息尤为重要（Pennington & Tackett, 2021）。

技能进展

能够识别文本中的关键细节，已经准备好通过提供强有力的总结、将相似信息进行分类和分析作者是如何形成主要观点的等方式来解释这些细节是如何支持主要观点的。

● ● ● ●

相关研究

在一项经典研究中，研究人员为五年级学生提供了有关文本结构的明确指导，同时提供了用于总结和梳理文本主要内容和细节的图形组织者。结果发现，接受指导的阅读者能够构建有用的心理框架，用来回忆和梳理文本的主要内容和细节（Armbruster，Anderson，& Ostertag，1987）。

策略描述 读完一部分后，说出或写下这一部分的主要内容。然后再读一遍，寻找与主要内容相关的信息。在总结时，先说出主要内容，然后在分享每条相关信息时，用自己的话解释一下这条信息是如何支持、扩展或证实主要内容的。

这样给孩子讲解 《我们能拯救老虎吗？》的第一部分介绍了人类的行为以及我们对动物造成的影响——导致动物灭绝或濒临灭绝。记住了这个主要内容，我可以重读这一部分，寻找与之相关的信息。我读到的一条信息是"地球上有数十亿人"，这是否支持主要内容呢？单独来看并不完全支持。我可以补充说"每个人对动物都有负面影响"，但我不确定这是否正确，因为文中没有提到，我不想乱猜。接着往下读。这里提供了一些信息——"我们把森林变成了农田，筑起了水坝，建起了村庄和城市"。这是否与我认为的这部分的主要内容相关呢？是的，绝对相关。怎么相关呢？筑坝和砍伐森林破坏了动物的栖息地，使它们寻找居住地和食物的过程变得更加艰难。我是用自己的话来回答这个问题的，是用自己的话而不是文中的原话来解释的。

这样给孩子提示

- 在重读这一部分时，把这部分的主要内容记在心里，寻找与之相关的信息。
- 解释一下这些信息是如何支持或扩展主要内容的。
- 是的，你说出了主要内容和与之相关的一条信息。现在，你可以这样解释一下："这条信息之所以与主要内容相关，是因为……"
- 很好！你列出的所有信息都出自这部分内容，并且与主要内容相关。

在总结时解释

① 阅读.

② 说出或写下主要内容。

这一部分主要讲的是……

③ 重读，寻找与主要内容相关的信息。

用自己的话 解释一下这些信息是如何支持或扩展主要内容的。

9.17　通过细节来分析观点的发展

策略描述　说出文本的主要观点。问问自己："作者是如何发展这一观点的？"注意文本的每个部分出现的与观点相符的信息。

这样给孩子讲解　在《气候变化及其解决之道》这本书中，作者介绍了气候变化的危害，并告诉读者：为了拯救地球，我们需要从个人和制度层面上做出改变。在将整本书中的信息归在一起后，我弄明白了这个主要观点。现在我来分析一下作者是如何发展这个观点的。我必须知道这个观点在书中哪些地方有所体现，作者讲述了哪些信息以及为什么这些信息支持这一观点。例如，在讲述能源和燃料的这部分，她通过比较不同的能源来源（可再生和不可再生能源、清洁和非清洁能源）提出了主要观点，讲述了化石燃料产生温室气体及导致气候问题的具体细节。她通过这些细节清楚地告诉我们需要做出什么样的改变以及为什么要改变，但她在消费者成本、公司利润、就业或其他与主要观点不符的细节上着墨不多。我们来看看接下来这部分，看看她讲述了哪些信息来支持主要观点。

这样给孩子提示

- 作者讲述了哪些信息来支持这个观点？
- 浏览文本的每个部分，解释一下观点是如何发展的。
- 想一想作者为什么要讲述这些信息。
- 每个部分中的哪些信息支持主要观点？

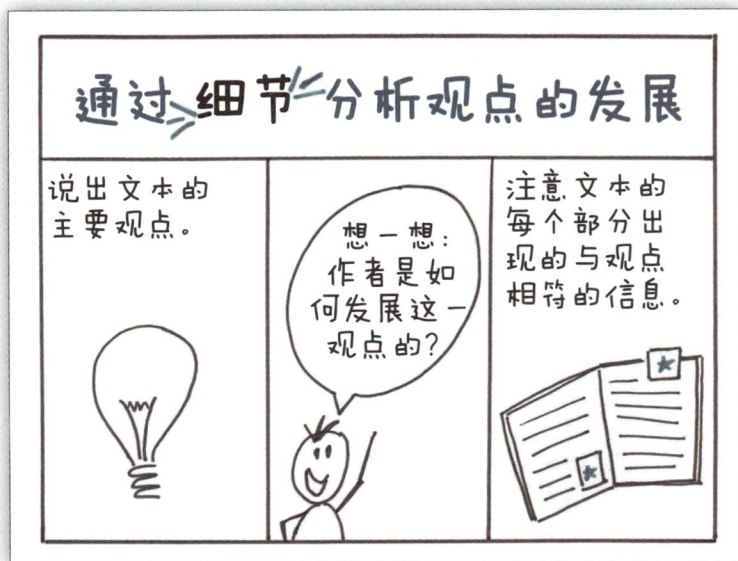

目标技能

- 筛选重要信息
- 分析

技能进展

能够识别文本中的关键细节，已经准备好通过提供强有力的总结、将相似信息进行分类和分析作者是如何形成主要观点的等方式来解释这些细节是如何支持主要观点的。

●　●　●　●

相关研究

在一篇关于科学素养的研究综述中，布里特、里克特和鲁埃概述了普通读者在阅读科学类文本时面临的挑战，包括理解体裁（如解释性文本、说服性文本）和文本结构（如并列式、描述式、问题－解决方案式、对比式），以及文本的编排方式、用词和目标受众等，对于这些方面的信息，阅读者可以推断出，但在刚开始阅读时无法确切知道（Britt, Richter, & Rouet, 2014）。

理解文本特征

◎ 这个目标为什么很重要?

　　理解文本特征对于阅读和理解信息类文本至关重要。在信息类文本中,作者会使用各种文本特征,如照片、图画、地图、示意图、统计图、表格、标题、侧栏、目录、索引等,来支持正文文字,提供额外的信息,并起到导读的作用。文本特征有助于阅读者识别主要观点(详见第八章)、理解关键细节(详见第九章)和学习生词(详见第十一章)。每种类型的文本特征都要求阅读者以特定方式解读关键信息,因此,学习如何阅读文本特征本身就是一个重要目标。

　　尽管文本特征在信息类文本中起着核心作用,但研究人员发现,孤立地教授关于文本特征的知识收效甚微(Duke,2014b; Purcell-Gates, Duke, & Martineau,2007)。为了让孩子真正将文本特征视为丰富的信息来源,我们需要确保自己所提供的策略不仅能帮助他们识别文本特征(如"这是一张地图"),而且能让他们学会如何利用文本特征:仔细阅读,并将文本特征提供的信息与正文文字提供的信息整合起来（Maloch，2008）。此外，我们要帮助阅读者理解文本特征的意图和功能，探索为什么作者要在书中使用某些文本特征（Kelley & Clausen-Grace，2008，2010）。

当孩子初次阅读包含文本特征的文本时，他们通常会看到一些照片和图画，它们直接对应着页面上简单直白的文字。在这些初级读物中，照片和图画可能比文字提供的信息更多。例如，书里可能附有细菌的示意图，展示了各种细菌和病毒的具体形状，而文字只简单地说明了细菌有不同的形状。随着文本变得更加复杂，阅读者所遇到的文本特征的类型和数量也随之增加。最终，文本特征越来越像独立的文本（如侧栏、列举详细信息的文本框、图表），有各自的主要观点和细节。阅读者需要使用策略从这些更复杂的文本特征中获取信息，解释它们彼此之间以及与正文文字是如何关联起来的。

构建感官图像
能够不局限于文本特征和文本中明确展示或描述的内容在脑海中想象画面。

筛选重要信息
能够识别文本特征中与文本讨论的话题和主要观点相关的关键细节。

分析
能够识别不同类别的信息，对比文本特征包含的细节，思考作者如何通过细节来形成主要观点。

为了达成本章目标，阅读者需要掌握的技能

自我监控
知道自己的理解情况，能够使用策略解决疑惑、获取新信息或调整阅读速度以保持对文本的理解。

增加知识储备
能够通过阅读正文之外的相关信息来对作者提供的细节进行补充。

总结
能够用口述或书写的形式简单概括某个文本特征，或在概括整个文本或章节时使用一些文本特征。

整合信息
能够将文本特征中的信息与文本其他地方的关键细节、话题和主要观点匹配起来。

制订计划
能够为阅读既包含正文文字又包含文本特征的部分做好准备。

◎ 这个目标是否适合孩子？

为了评估孩子理解文本特征提供的信息的能力，你可以观察孩子在阅读信息类文本时的表现，留意他们的注意力是集中在文本内容上还是文本特征上，还是能够兼顾两者。问问他们打算如何阅读包含各种文本特征和正文文字的页面。让孩子回应与文本有关的提示语和问题，然后评估他们的回应质量。文本可以是短篇文本（如一篇文章、教科书的一部分，或者长篇作品中的某一章），也可以是长篇文本（如一本完整的书）；可以是你选择的或孩子选择的文本；可以由你朗读或者由孩子自主阅读。你可以在文本的关键点上设置问题让孩子回答，或者要求他们在读完整个文本后，用做笔记或口述的形式回应。

以下是为了达成本章目标你可以使用的一些提示语和问题。

- 从＿＿＿（文本特征）中，你可以了解到关于＿＿＿（话题）的哪些细节？
- ＿＿＿＿（文本特征）给你提供了什么信息？
- ＿＿＿＿（文本特征）如何与这一部分的信息相呼应？

> 我了解到这个点在沿着对角线移动，看起
> 来像是在围绕某个物体运行。

从这个孩子针对书中一张照片做的笔记可以看出，她注意到了文本特征——照片，并能描述出照片中一些模糊的细节。下一步她可以学习更仔细地研究照片，从而更具体地描述照片想告诉读者什么。她可以试着将正文文字与这一文本特征关联起来（见策略10.3~10.7）。

这幅图告诉我，绕着恒星旋转的行星会使恒星摇晃，因为恒星和行星之间有引力相互作用。

从这个孩子针对书中一幅图做的笔记可以看出，她不仅能够从图中获取信息，还能从相关的正文文字中获取信息（图片没有明确的说明文字，"绕着恒星旋转的行星""引力"和"使恒星摇晃"等是她通过看图和阅读相关的正文文字推断出来的）。她已经准备好学习更复杂的文本特征，来获取更多的信息（见策略10.8~10.25）。

➤ 练习本章策略时可以使用哪些文本？

练习本章策略时，孩子可以使用任何包含图形特征（地图、示意图、表格等）、标题或副标题、视觉资料（照片、图画）的文本，主要包括以下几类。

信息类绘本。以图文结合的形式讨论某个话题（如《权利法案》、太阳系、大猩猩等）的短篇文本。

专题文章和评论文章。短篇文章，例如流行的儿童杂志中的文章。

教科书。讲授学科（如科学、历史）知识的书。

过程性/指导性文本。这些文本是为了教读者如何做某事或制作某物而编写的（如食谱、手工艺书、使用说明书等），通常包含材料清单和解释性步骤。

非虚构类叙事文本。介绍某个人（比如传记）或某些事（比如史书），或者按照时间顺序讲解有关某个话题（比如鸟类迁徙）的知识的文本。

◎ 如何帮助孩子理解文本特征?

在评估了孩子对书中文本特征的口头或书面回应后，你可以选择一些阅读策略来提高他们这方面的技能。对于这些策略，你可以给孩子示范如何使用，也可以让他们跟你一起练习，或者让他们独立使用。

"技能进展"部分可以帮助我们确定孩子现在处于什么水平，以及接下来可能会如何发展。你可以使用下页的"技能进展及对应策略一览表：理解文本特征"评估孩子的阅读情况，并找到能帮助他们取得进步的策略。

技能进展及对应策略一览表：理解文本特征

如果孩子……

需要学习同时关注正文文字和文本特征，以及如何为某一页的阅读做计划。

能够识别常见的文本特征，已经准备好更仔细地研究它们，从而构建感官图像、筛选重要信息，并将文本特征传达的信息与正文文字中的信息进行整合。

能够读懂含有复杂文本特征（地图、统计图、表格、侧栏、术语表等）的文本，需要更仔细地研究文本特征，从而构建感官图像、筛选重要信息，并将文本特征传达的信息与正文文字中的信息进行整合。

能够读懂含有多个文本特征的文本，已经准备好分析作者选择文本特征的意图，整合文本特征传达的信息和正文文字中的信息，并比较不同文本特征传达的信息。

你可以教他们……

10.1　浏览，制订计划

10.2　在翻页前再浏览一遍

10.3　将二维变成三维

10.4　让图片活起来

10.5　先遮住，再聚焦

10.6　从照片中获取更多信息

10.7　给图片配上说明文字

10.8　注意加粗文字

10.9　预读重要词语

10.10　借助文本特征学习生词

10.11　浏览目录

10.12　利用目录回顾所读内容

10.13　找到需要的信息

10.14　通过标题提前了解文本内容

10.15　破解标题

10.16　仔细研究文本中的地图

10.17　按照流程图的顺序阅读

10.18　把侧栏中的内容视为独立的部分

10.19　仔细研究图表

10.20　花时间读懂时间线

10.21　总结统计图中的信息

10.22　利用上下文理解附加事实

10.23　仔细研究示意图传达的信息

10.24　关注第一手资料

10.25　研究文后辅文

10.26　比较图片

10.27　想一想：作者为什么用文本特征传达信息？

10.28　将文本特征与正文文字结合起来

10.1　浏览，制订计划

策略描述　阅读时，先浏览某一页或某一部分内容，留意文本编排方式。然后，安排一下如何阅读正文文字中的信息和文本特征传达的信息，根据你的计划来阅读。

这样给孩子讲解　有时候，我们读的信息类图书中的页面就是那么令人眼花缭乱！可能文字在这个地方，图片在另一个地方，或者这里有一张表格，那里有一张地图。除非你制订了计划来应对这一切，否则你会感觉自己像是走进了一座迷宫，找不到出口。以《纳米》这本书为例。我们来看看这个对开页的内容，说一说看到了什么：在左页，上方是正文文字，页面底部有一条脚注；在右页，一个大方框中列出了图例，介绍了书中各类内容元素分别用什么颜色表示，方框上面的气泡中有岩石、盐和棉花的分子结构示意图。有很多需要吸收的信息，我们来制订一个计划吧——先读什么？再读什么？

策略使用小贴士　有些书大部分页面或所有章节都采用相似的版面布局（就像我写的这本书一样！），这样，阅读者可以先制订计划，并在读完一页或一个对开页后进行反思，判断计划是否可行。如果计划可行，阅读者可以使用相同的计划来读每个版面布局相似的页面。倘若书中每一页或每个章节的结构和版面布局都不同，那么阅读者需要灵活运用本策略。

这样给孩子提示

- 你会先读哪一部分？为什么？
- 你按照计划先看了所有的文本特征。读正文文字时，你可以回过头再看看文本特征。
- 先读这一部分。你的计划是否可行？
- 你打算以同样的方式读下一部分吗？

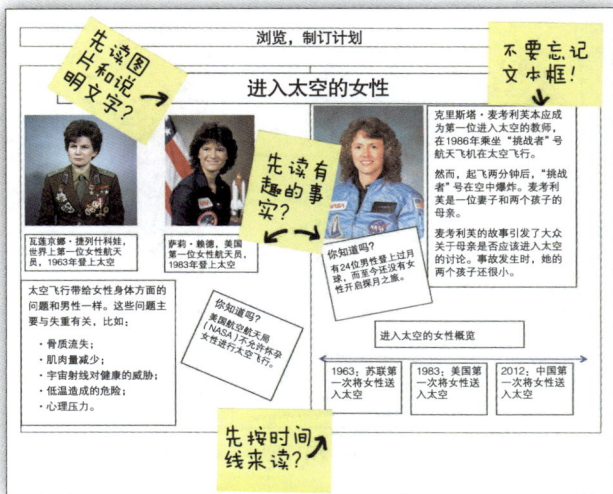

相关研究
在一系列研究中，研究人员观察了小学生是如何理解视觉信息丰富的信息类文本的。结果发现，阅读者会多次参考某些视觉资料或文本特征，对其他内容却直接忽略或只是匆匆一瞥，没有思考它们对文本的意义是什么（Norman，2012；Norman & Roberts，2015；Roberts & Brugar，2017）。

策略描述　按照对你来说有意义的顺序阅读正文文字中的信息和文本特征传达的信息。在翻页之前一定要再浏览一遍，确保自己读了所有内容。

策略使用小贴士　有些孩子可能会被文本特征吸引，从而对正文文字只是匆匆一瞥或直接忽略。有些孩子则只读正文文字，不关心文本特征。兼顾所有内容需要阅读者放慢阅读速度，专注阅读每一页的每个部分，从中获取信息，然后再将信息进行整合。教师要提醒孩子在翻页之前先检查是否已经阅读并思考了所有内容。

技能进展
需要学习同时关注正文文字和文本特征，以及如何为某一页的阅读做计划。

● ○ ○ ○

这样给孩子提示

- 我觉得你漏读了一些信息。再次浏览这一页，看看能否找到这些信息。
- 在翻页之前，再看看这个对开页，确保你没有漏读任何信息。
- 是的，你已经读完了这一页上所有的正文文字，也研究了所有的文本特征。现在翻到下一页继续阅读吧。
- 自己检查一下。你是否读了所有内容？

相关研究
在一项针对大学生阅读者的经典研究中，迈耶及其同事发现，如果自然科学类教科书的正文文字和相应的插图及其说明文字在同一页上（相较于在不同页上），阅读者对一些概念会有更深入的理解（Mayer et al.，1995）。

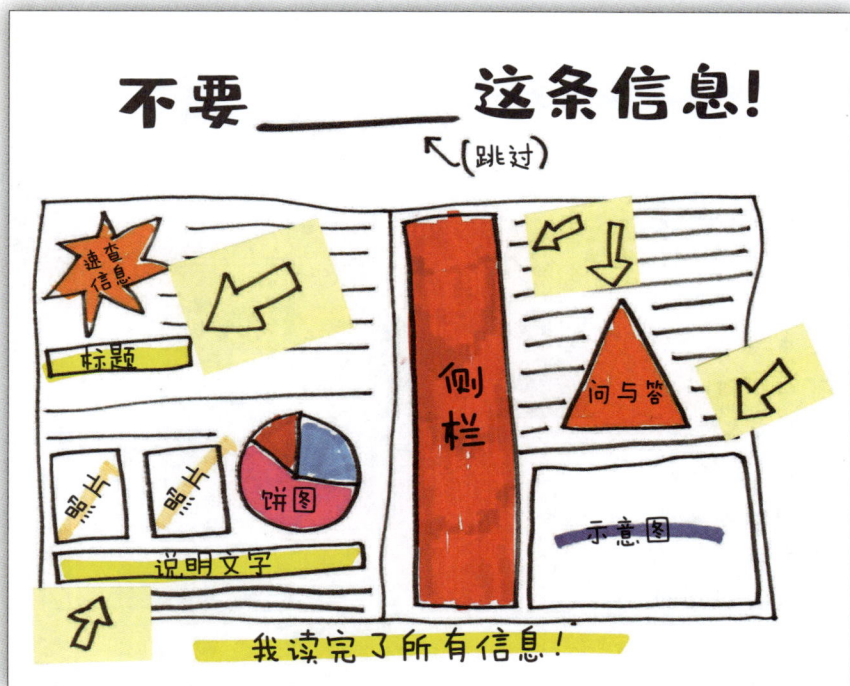

10.3　将二维变成三维

策略描述　仔细观察二维的图片（照片、图画或示意图），想象一下它们变成三维的样子。读一读图片旁边的说明文字和图片周围的正文文字有助于你想象。

这样给孩子讲解　在《我们的每一次呼吸》这本书中，在讲述空气如何流动和物体如何乘风而行的那一页上，有一张热气球的照片。在照片中，这些热气球看起来像是不同大小的气球随意地粘在蓝天上。但是，如果我想象自己置身于那个场景之中，置身于照片拍摄的实际地点和时刻，我可以以三维的方式看到它们。我意识到它们并不是不同大小的，看起来较大的只是因为离我更近，较小的则更远。我还可以通过想象感受到地面，于是我看到有些热气球比其他热气球离地面更远。尽管在照片中它们看起来离得很近，几乎要相撞，但在我想象的三维空间中，我看到它们实际上离得很远。

策略使用小贴士　理解"维度"的概念以及二维与三维的区别是运用本策略的关键。检查阅读者对这些概念的理解情况，根据需要提供帮助。

这样给孩子提示

- 观察这张图片，读一读它的说明文字以便更好地理解它。
- 除了平面的图片之外，你还能想到什么？
- 描述一下它在三维空间中的样子。
- 在现实生活中它是什么样子的？

将二维变成三维

仔细观察图片

想象一下它在三维空间中（就像在现实生活中）的样子

嗯……在现实生活中……

正义女神雕像矗立在弗吉尼亚州哈里森堡法院大楼顶端

那根路灯柱看起来很高，但是我敢肯定，在现实生活中那座建筑更高。

技能进展

能够识别常见的文本特征，已经准备好更仔细地研究它们，从而构建感官图像、筛选重要信息，并将文本特征传达的信息与正文文字中的信息进行整合。

●●○○

相关研究

在一项研究中，参与者读了一句描述物体的话，这句话有关于物体方向的暗示（例如"约翰把铅笔放在杯子里"＝铅笔垂直放置）。当给参与者展示这些物体的图像时，若图像与他们所读的信息暗示的物体方向相符，他们对图像的反应更快，这证明了阅读者会将信息储存在一个对三维空间敏感的感知系统中，而文本信息会影响阅读者感知图像的方式（Stanfield & Zwaan, 2001）。

10.4 让图片活起来

目标技能
构建感官图像

技能进展
能够识别常见的文本特征，已经准备好更仔细地研究它们，从而构建感官图像、筛选重要信息，并将文本特征传达的信息与正文文字中的信息进行整合。

● ● ○ ○ ○

相关研究
嵌入认知理论（Barsalou，2008）指出，阅读者会通过类似的过程利用所有感官接收到的信息来构建心理表征，无论这些信息是阅读者从亲身经历中获取的还是从文本中读到的。当阅读者有与这些信息相符的生活经历时，他们会构建更真实和准确的心理模式（Zwaan，1999）。

策略描述 仔细观察图片及其说明文字。想象一下图中事物在现实生活中是什么样子：是如何活动的？摸起来是什么感觉？闻起来是什么味道？听起来什么样？

这样给孩子讲解 《石油泄漏的科学原理》这本书的第7页有一张照片，照片中有一个巨大的物体在海洋中起火了，周围的船只正在喷水灭火。照片配的说明文字是："油井泄漏引发了钻井平台的大爆炸。"如果我花点时间仔细观察照片，在脑海中想象画面，调动所有感官去感受，就会感觉照片仿佛活了起来。我可以看到烟雾滚滚，火势逐渐变大；然后通过不断喷水，火势又逐渐变小，最终大火熄灭。我可以感受到这场大火产生的热量，可以闻到石油燃烧产生的刺鼻的烟味，可以听到爆炸声和船只喷水的声音。当我以这种方式来想象时，它能帮助我从照片中获得更多细节，更好地理解这张照片。

这样给孩子提示
- 先读一读说明文字，再看一看图片。描述一下你感受到了什么。
- 描述一下图中的物体是怎么动的，或者图中发生了什么。
- 调动你的感官。
- 你可以这样说："我看到……我感觉到……我闻到……我听到……"

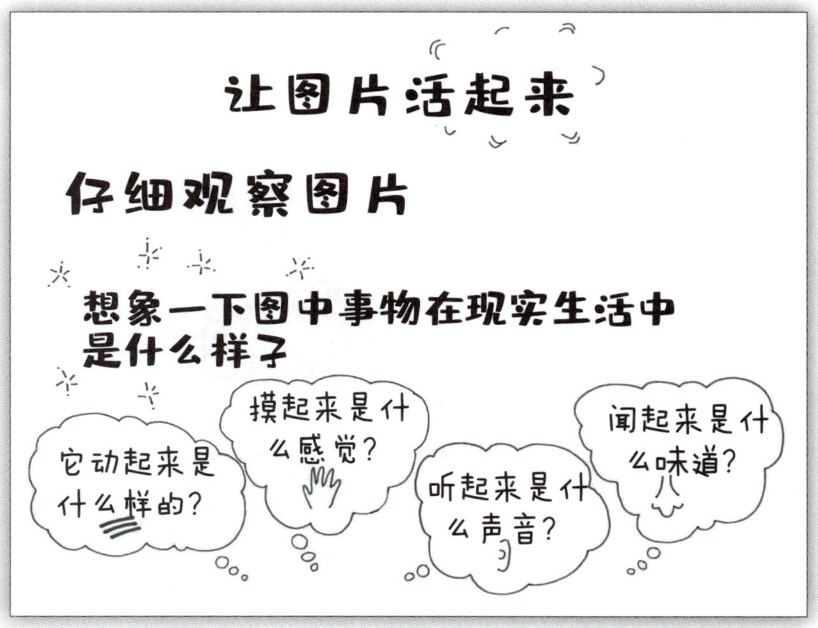

让图片活起来
仔细观察图片
想象一下图中事物在现实生活中是什么样子
它动起来是什么样的？ 摸起来是什么感觉？ 听起来是什么声音？ 闻起来是什么味道？

美国学生阅读技能训练：第2版

10.5　先遮住，再聚焦

策略描述　当你看到一张清晰详细的图片时，先将其作为一个整体来观察，说出你看到了什么。把图片分为四个部分，用四张便利贴把这四个部分遮住。揭开一张便利贴，仔细观察图片露出的部分，说出你新发现的一些细节。重复这个步骤，直到整张图片都露出来。

这样给孩子讲解　当我翻到《贝贝回家：一只熊猫的故事》第43页上的两位科学家与熊猫的照片时，我知道我想花点时间来观察这张照片。照片的前景很简单：两个人抱着一只熊猫。但背景里有很多细节，我不想错过。我用四张便利贴将照片遮住，然后揭开右上角的一张便利贴并仔细观察照片露出的部分。我注意到一些细节：有许多戴着乳胶手套的手和穿着蓝色罩衣的身体，还有一个生命体征监测器，看起来他们正在做手术。我把右上角的便利贴贴回去，然后揭开左下角的那张便利贴。这时我注意到一个标牌，上面写着"处理过的粪便"。我之前没有注意到这个标牌。我还看到了标牌上的其他文字，说的是科学家在分析熊猫的粪便之前会将其烘干。揭开右下角的便利贴后，我看到一台显微镜，它看起来功能非常强大。如果我将所有这些细节联系起来，我就能说出更多有关照片的内容：科学家为了研究熊猫做了很多事情，例如观察活体熊猫，观察他们收集的与熊猫有关的东西，甚至可能会给它们做手术。

这样给孩子提示

- 先将图片作为一个整体来看。你注意到了什么？
- 先遮住图片，再聚焦观察。
- 一个部分一个部分地仔细观察，试着说出更多与图片相关的信息。
- 我注意到你通过仔细观察图片获取了一些信息，做得不错。

1. 从整体上观察　　2. 聚焦

技能进展

能够识别常见的文本特征，已经准备好更仔细地研究它们，从而构建感官图像、筛选重要信息，并将文本特征传达的信息与正文文字中的信息进行整合。

●●○○

相关研究

多媒体学习认知理论（Mayer，2005）的一个原则是，阅读者/目标受众的信息处理能力有限，因此，减少为其呈现的信息量可能会有所帮助。另一个原则是，阅读者/目标受众不是被动地从图片和文字中获取信息，因此，在阅读教学中，教师需要为学生提供生成性加工（generative processing）方面的支持，帮助学生将阅读材料视为一个连贯的整体。

目标技能

- 构建感官图像
- 筛选重要信息
- 整合信息

技能进展

能够识别常见的文本特征，已经准备好更仔细地研究它们，从而构建感官图像、筛选重要信息，并将文本特征传达的信息与正文文字中的信息进行整合。

● ● ○ ○

相关研究

在一项研究中，研究人员要求上地质课的大学生在阅读有关河流的复杂文本之前先看一张蜿蜒的河流的照片。研究人员发现，对背景知识较少的阅读者来说，这张照片起到了思维组织工具的作用，为他们提供了足够的背景知识来更好地理解文本内容（Dean & Enemoh，1983）。

策略描述　先看照片，再读正文文字和照片的说明文字。回头仔细研究每张照片，想一想："我从照片中得到的哪些信息与正文文字中的信息相符？我从照片中得到的哪些信息是正文文字中没有提到的？"

这样给孩子讲解　照片通常要比相应的正文文字包含的信息多。我们来仔细看看《潜水蜘蛛的奥秘……还有更多！》这本书第9页上的照片，并说一说我们看到了什么：蜘蛛网中间有一只蜘蛛，蜘蛛网上有露水，蜘蛛身上有条纹。现在我要读一读照片的说明文字。（大声朗读。）现在我要回头再看看照片，说说看到了什么相同的信息或者有什么新的发现。通过阅读说明文字，我知道蜘蛛会坐等猎物。我还知道这是一种条纹蜘蛛，蜘蛛网上有晨露。现在我要仔细研究一下这张照片。基于我从照片中看到的，我还能补充哪些信息呢？我可以看到蜘蛛身体的下部，这很酷。如果我仔细观察，我可以看到它的螯肢……或者这可能是它的嘴巴？我可以看到蜘蛛有八条腿——这是我在文本中没有读到的信息——而且它似乎是倒挂在网中等待猎物的。我还能理解蜘蛛网的结构有多复杂——蜘蛛编织了一张结实的网，肯定会困住昆虫！

这样给孩子提示

- 看一看这张照片，说一说你看到了什么。现在读一读说明文字或相应的正文文字。
- 用你的手指指着照片，列出你通过仔细观察可以得到的信息。
- 从照片中你能得知哪些正文文字中没有的信息？
- 刚才你说的是你从正文文字中得到的信息，那么你从照片中可以得到什么信息呢？

毛毛虫吃树叶吃出的洞比它自己的身体都大。哇！

10.7 给图片配上说明文字

策略描述 先读文字，再看图片。想一想："如何用一句话来概括这张图片想要告诉我什么？"借助图片传达的信息和正文文字中的信息来回答这个问题。

这样给孩子讲解 当书中图片没有说明文字时，你可以尝试给它配上说明文字（可以在便利贴上写下，或者只是在脑海中"写下"）。例如，在《非洲，神奇的非洲》这本书中关于坦桑尼亚的部分，有一幅很大的插图，占了三分之一的页面，但是没有说明文字。从这幅插图中，我看到一个人被包围着，周围是装满各种物品的篮子、悬挂的水果和展示商品的桌子。但是这幅插图想要告诉我什么呢？为了解开疑惑，我需要阅读这部分内容。（大声朗读。）啊，我知道了，这幅插图必定与这句话有关："桑给巴尔以其热闹的市场而闻名，那里弥漫着香料的气味，回荡着来自世界各地的商贩的声音。"回过头看看这幅插图，我们能给它配上说明文字来解释它展示的内容吗？说明文字也许可以这样写："一名商贩在桑给巴尔的市场里卖水果和其他商品。"

这样给孩子提示

- 用你自己的话给图片配上说明文字，不要仅仅重复原文。
- 写一句话作为说明文字。
- 你从这张图片中看到了什么？现在给它配上说明文字。
- 这张图片展示了什么信息？

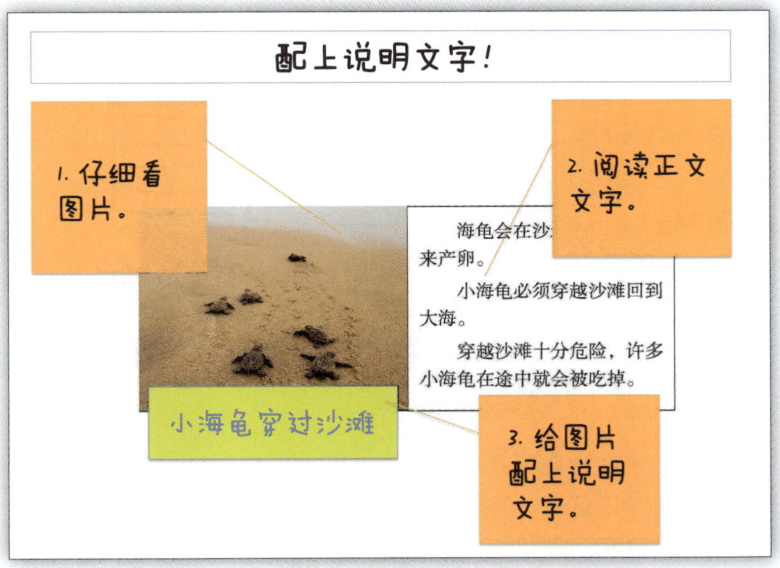

目标技能

- 总结
- 整合信息
- 筛选重要信息

技能进展

能够识别常见的文本特征，已经准备好更仔细地研究它们，从而构建感官图像、筛选重要信息，并将文本特征传达的信息与正文文字中的信息进行整合。

● ● ○ ○ ○

相关研究

将视觉信息翻译为文字信息，并在两者结合起来（例如，配有说明文字的插图）的时候理解它们传达了什么，这并不是自动进行的，也并非易事。然而，通过明确的图像素养教学，即使是小学低年级学生也能很好地理解和撰写多模式信息类文本（Coleman, Bradley, & Donovan, 2012; Varelas et al., 2008）。

目标技能

- 自我监控
- 整合信息

技能进展

能够读懂含有复杂文本特征（地图、统计图、表格、侧栏、术语表等）的文本，需要更仔细地研究文本特征，从而构建感官图像、筛选重要信息，并将文本特征传达的信息与正文文字中的信息进行整合。

● ● ● ○

相关研究

在一篇对以往研究进行综合分析的综述中，洛奇指出：排版提示（如加粗、斜体、下划线）是作者明确告诉阅读者哪些是重要信息的信号，可以加强阅读者对所提示内容的记忆（Lorch, 1989）。

策略描述　阅读时要注意加粗的文字（粗体字），加粗表示很重要。问问自己："这个重要的词的定义或与其相关的更多信息可以帮助我更好地理解文本吗？"如果答案是肯定的，那就查看一下书中是否有术语表。如果有，你要从中找到这个词（术语表大多是按字母顺序编排的），阅读它的释义，之后回过头读一读你第一次碰到这个词的那句话，将这个词放在句子中理解它的含义。

这样给孩子讲解　作者有时会通过加粗的文字来提醒我们它们的重要性。有时候，加粗的文字只是要表达"嘿，注意！这个词很重要！"。例如，在《纳米》这本书中，作者在这里将"原子"加粗（指着第6页上的"原子"一词），在这里将"分子"加粗（指着第7页上的"分子"一词）。第一次阅读这本书时，我看了一下是否有术语表，结果没有，所以我重新仔细阅读了与这两个词相关的文字，尽力理解它们的意思。然而，有些书，比如《石油泄漏的科学原理》这本书，书中的加粗文字可以在术语表中找到。我们来看第22页"石油是有毒的，会造成很多严重的健康问题"这句话，其中"有毒"被加粗。从这句话中，我们可以知道"有毒"与引起健康问题有关。我们也可以查阅术语，了解这个词的含义。接下来，我们就可以把这个词放到句子中，回过头重读包含这个词的那句话，帮助自己更好地理解这个词的含义。

策略使用小贴士　孩子若正在努力达成理解词汇的阅读目标，本策略也会非常有帮助（第十一章有更多与该目标相关的策略）。

这样给孩子提示

- 你在这一页上看到加粗的文字了吗？
- 看看书中是否有术语表。
- 你需要了解更多有关这个词的信息吗？
- 回过头再读一遍包含这个词的那句话，将这个词放在句子中来理解。

看到**加粗**的文字了吗？

粗体字

你知道它的含义吗？

知道！

继续往下读

不知道！

查阅术语表

美国学生阅读技能训练：第2版

策略描述　阅读时，先找一找加粗的重要词语，然后翻到书后附带的术语表，快速浏览这些词语的释义。在对重要词语有了大概的了解后，再去仔细阅读正文，根据自己对正文的理解进一步理解重要词语的含义。

这样给孩子讲解　在读《气候变化及其解决之道》第8页的内容之前，我们先来找一找加粗文字，预读重要词语。啊哈，这一页上的"可再生能源""化石燃料"和"原油"这几个词语加粗了。在读这一页之前，我们先来快速浏览一下术语表中它们的释义。（阅读释义。）好的，这些释义对我们很有帮助，让我们对这些词语有了一个大概的了解。现在，我们来阅读相应的正文，以便对每个词语有更多的了解。先说"可再生能源"，我们从术语表中了解到它的意思是"不会用尽的能源"。这里说了，可再生能源包括太阳能、风能、海洋能、地热能等。表中还讲到，可再生能源是"清洁"的，不会产生温室气体或其他污染物。下面的插图展示了一些例子——风力涡轮机、太阳能板、用于收集波浪能的装置。你明白了吗？术语表是我们理解文本的起点，而通过阅读正文，我们获得了更多信息。

策略使用小贴士　孩子若正在努力达成理解词汇的阅读目标，本策略也会非常有帮助（第十一章有更多与该目标相关的策略）。

这样给孩子提示
- 预读这一部分的重要词语及其释义。
- 术语表中的释义让我们对重要词语有了一个大概的了解，在读完正文的更多内容后，你能补充一下吗？
- 在阅读这部分内容之前，预读术语表中的词语及其释义。
- 将你从文本中了解到的有关这个词语的信息与你从术语表中了解到的信息整合起来。

目标技能
- 构建知识体系
- 整合信息

技能进展

能够读懂含有复杂文本特征（地图、统计图、表格、侧栏、术语表等）的文本，需要更仔细地研究文本特征，从而构建感官图像、筛选重要信息，并将文本特征传达的信息与正文文字中的信息进行整合。

● ● ● ○

相关研究

在一项研究中，研究人员要求伊朗的英语学习者使用小偷阅读法（THIEVES；Manz, 2002）预读文本。对照组中的所有阅读者都表示，生词是阅读理解的主要障碍。而在实验组中，阅读者被提示去寻找加粗的词语并在术语表中查看其释义。结果显示，实验组中只有72%的阅读者表示阅读生词有困难（Khataee, 2019）。

目标技能

- 整合信息
- 自我监控
- 构建知识体系

技能进展

能够读懂含有复杂文本特征（地图、统计图、表格、侧栏、术语表等）的文本，需要更仔细地研究文本特征，从而构建感官图像、筛选重要信息，并将文本特征传达的信息与正文文字中的信息进行整合。

●●●○

相关研究

阅读者对生词的学习往往不是刻意而为，并且研究表明，经常在各种语境中读到生词可以提高词汇习得能力（Jenkins, Stein, & Wysocki, 1984）。然而，仅仅依靠上下文往往无法清楚、全面地了解词语的含义以及概念之间的关系（Herman et al., 1987），因此，阅读者可能需要借助文本特征传达的信息来学习生词。

策略描述　遇到不认识的词时，你可以查看一下你正在读的这一页、这一章以及整本书的文本特征（如照片、示意图、地图、术语表），寻找可以告诉你这个词的含义的信息。回到句子中，尝试在具体语境中理解词语的含义。

这样给孩子讲解　在了解一个新话题时，你很可能也会学到与这个话题相关的生词。许多情况下，作者不会将你置于孤立无援的境地，让你毫无头绪地猜测这些词语的含义。除了可以查看页面上的句子，你还可以从文本特征中寻求帮助。例如，在《粉色水滴鱼》（*Pink Is for Blobfish*，Keating，2016）这本书中，作者描述了水滴鱼的特征是"由凝胶状物质构成"。我可以看看照片，看看凝胶状物质是什么样子——一团又大又软、有光泽的东西！"凝胶"这个词被加粗了，所以我可以从术语表中查阅它的释义——"具有类似果冻的质地"。我可以把这两条信息整合起来，然后回到句子中再读一遍，学习这个生词。

策略使用小贴士　孩子若正在努力达成理解词汇的阅读目标，本策略也会非常有帮助（第十一章有更多与该目标相关的策略）。

这样给孩子提示

- 哪些文本特征可以帮助你理解这个词呢？
- 根据照片（或侧栏、地图等）展示的信息，这个词可能是什么意思？
- 这个词被加粗了吗？如果是，你可以查阅术语表。
- 你借助图片和术语表更完整地理解了这个词！

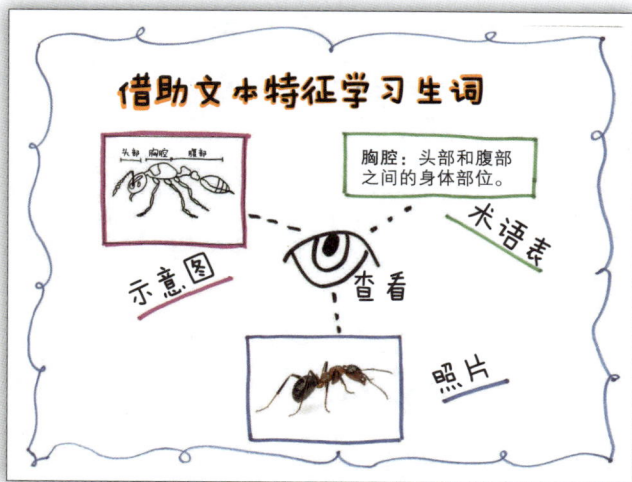

10.11 浏览目录

策略描述 在阅读正文之前，先浏览一下目录中的章节标题。想一想：这本书是按照什么方式编排的？书中有哪些主要观点（或话题）？在大脑中创建"文件夹"，帮助你在阅读时组织信息。

这样给孩子讲解 有些书有目录，有些书则没有。当书中有目录时，不要忽视这个有用的文本特征！我们来看《非洲，神奇的非洲》这本书。仅仅快速浏览一下目录，我就可以看出它将如何引导我阅读。这本书分成五个部分，分别讲了南非、东非、西非、中非和北非，每个部分都列出了几个国家，每个国家都有自己的标题。我可以在大脑中创建"文件夹"，按国家来组织信息，为阅读做好准备。

策略使用小贴士 孩子若正在努力达成理解主要观点的阅读目标，本策略也会非常有帮助（第八章有更多与该目标相关的策略）。

这样给孩子提示

- 花一些时间浏览目录，阅读每个章节的标题。
- 浏览目录后，你推断书中会讨论一些什么话题？
- 根据目录内容，你觉得作者是如何组织这本书的信息的？为什么会以这种方式组织信息？
- 你需要在脑海中为这一章创建什么样的"文件夹"？

目标技能
制订计划

技能进展
能够读懂含有复杂文本特征（地图、统计图、表格、侧栏、术语表等）的文本，需要更仔细地研究文本特征，从而构建感官图像、筛选重要信息，并将文本特征传达的信息与正文文字中的信息进行整合。

● ● ● ○

相关研究
目录是标示文本总体组织结构的一种方式（Armbruster，1984），在阅读正文之前先浏览目录已被证明可以增强理解力和记忆力（Meyer & Ray，2011）。

目标技能

- 总结
- 筛选重要信息

技能进展

能够读懂含有复杂文本特征（地图、统计图、表格、侧栏、术语表等）的文本，需要更仔细地研究文本特征，从而构建感官图像、筛选重要信息，并将文本特征传达的信息与正文文字中的信息进行整合。

●●●○

相关研究

在一系列针对大学生阅读者的实验中，研究人员发现，借助大纲（类似于目录）阅读可以增强阅读者对信息的记忆，尤其是当大纲与文中的标题相匹配时（Krug et al., 1989）。

策略描述　利用目录来回顾你刚刚阅读的文本。再读一遍目录，回想一下在正文中读过的主要观点和话题。你甚至可以问问自己："我在那一节读到了什么内容？"叙述关键细节，从而进行自我检测。

这样给孩子讲解　我们来看看我们最近读的一本书，看看如何利用目录帮助我们记住所学内容。在《潜水蜘蛛的奥秘……还有更多！》这本书中，我们看到了五个章标题。这些标题能唤起你的记忆吗？"毛毛虫的紧急口哨"这一章主要讲了什么内容？你能记起一些细节吗？跟你的同伴说一说。

策略使用小贴士　孩子若正在努力达成理解关键细节的阅读目标，本策略也会非常有帮助（第九章有更多与该目标相关的策略）。

这样给孩子提示

- 重读目录中这一章的标题，快速总结一下你在这一章中学到了什么。
- 你可以这样说："在这一章，我学到了……"
- 你记得这一章的什么内容？
- 你觉得为什么要把这几章放在一起组成一个部分？

10.13　找到需要的信息

策略描述　阅读时，将你想要弄明白的问题牢记于心。浏览目录，想一想："哪几章可能包含我正在寻找的信息？"或者通过索引寻找与你的问题相关的关键词，翻到相应的页面阅读。

这样给孩子讲解　你知道，通常我鼓励你从头到尾阅读整个文本，从而了解作者精心组织的所有信息。然而，当你在做研究时，或在仅仅需要特定信息来回答问题时，你可能不想阅读整个文本，此时目录和索引可以帮助你快速找到需要的信息。例如，如果我想知道《我们能拯救老虎吗？》这本书中有关濒危动物的内容与我读的讨论相似话题的书中有关气候变化的内容之间有什么关联，我可以翻到第50页——这是索引中"气候"这个关键词旁边所标注的页码。再来看《全员十三人》这本书，这是一本很厚的书，所以查找具体的信息可能很有挑战性。但是，我可以通过查看目录缩小范围。如果要寻找关于人物被困在洞穴中的信息，我想我会翻到第五章——这一章的标题是"被困"——去获取相关信息。

策略使用小贴士　孩子若正在努力达成理解关键细节的阅读目标，本策略也会非常有帮助（第九章有更多与该目标相关的策略）。

这样给孩子提示

- 你希望了解什么内容？
- 记住你的问题，然后查看目录。
- 你为什么选择这一章？
- 你会在索引中搜索哪些关键词来找到与话题相关的信息？

找到你需要的信息

1. 你希望了解什么内容？
2. 想一想哪些关键词对你有帮助。
3. 在目录或索引中查找与你的问题相关的关键词。

目标技能
- 筛选重要信息
- 制订计划

技能进展

能够读懂含有复杂文本特征（地图、统计图、表格、侧栏、术语表等）的文本，需要更仔细地研究文本特征，从而构建感官图像、筛选重要信息，并将文本特征传达的信息与正文文字中的信息进行整合。

●●●○

相关研究

在一项小型研究中，研究人员要求五年级学生在一个不熟悉的信息类文本中寻找三个问题的答案。结果显示，那些使用了引导性问题的孩子表现更出色。引导性问题似乎可以提示孩子利用索引（Dreher & Sammons，1994）。

目标技能
- 推断
- 整合信息

技能进展

能够读懂含有复杂文本特征（地图、统计图、表格、侧栏、术语表等）的文本，需要更仔细地研究文本特征，从而构建感官图像、筛选重要信息，并将文本特征传达的信息与正文文字中的信息进行整合。

相关研究

标题是一种常见的文本特征，它可能是重要内容的信号，也可能是文本组织方式（按层级组织或按顺序组织）的信号，或两者兼而有之（Lorch，1989）。按层级组织的文本中的标题可以帮助阅读者写出更完整准确的文本大纲，而按顺序组织的文本中的标题则可以加快阅读者对文本的搜索（Lorch，Lemarié，& Grant，2011）。

策略描述　看到标题时，你要停下来仔细阅读、思考。想一想："我期望在这一节或这一小节中了解什么？它与我目前所读的关于这个话题的内容有什么联系？"

这样给孩子讲解　标题是一种文本特征，它有点像路标，告诉我们即将要讲述什么，帮助我们了解内容的组织方式。副标题是主标题下方的小一级的标题。重要的是不要跳过任何一个标题。为了弄清楚如何利用标题来了解文本内容，我们来看一下《小杀手：弱小而凶残的掠食者》这本书。第七章的标题是"群居的蜘蛛"，根据这本书讨论的话题我可以推测，这一章肯定讲的是一种特定的小杀手——某种蜘蛛。这一章的第一节的标题是"蜘蛛社会"。现在我要停下来思考一下。我预测这一节将讲述蜘蛛如何在群体中过着"凶残的生活"。（阅读这一节。）下一节的标题是"巨大的陷阱"，我知道这是一个新的主标题，而不是副标题，因为字体大小和颜色与前一个标题相同。我确定这一节将解释蜘蛛如何捕捉猎物，因为我从书名中也知道它们是掠食者。我们来读一读并找出答案。（阅读这一节。）最后一节的标题是"社会优势"，我打赌这一节将回答前一节最后的问题："蜘蛛为什么要分工合作？"你明白我是如何利用标题预测正文文字内容的了吗？

策略使用小贴士　孩子若正在努力达成确定主要观点的阅读目标，本策略也会非常有帮助（第八章有更多与该目标相关的策略）。

这样给孩子提示

- 查看一下标题。它们通常比正文文字字号更大，字体颜色也不同。主标题的字号通常比副标题大。
- 你觉得这一节会讲什么内容？为什么？
- 这部分是否有小标题？
- 这一节的信息如何与这本书的话题相吻合？

不要跳过**标题**

使用标题来**预测**并建立**联系**

我觉得这一节会讲……

哦，这个和……相关。

10.15 破解标题

策略描述 当某个章节的标题没有明确说明这一章节的内容时，请注意，这可能是因为作者试图让标题更有趣、更幽默或更引人深思。问问自己："根据我目前所读的内容，我能推断出这一节大概在讲什么吗？"继续往下读并收集信息，再回过头来将你感到疑惑的标题以更清晰的方式表述出来，表述时要抓住这一节的主要观点。

这样给孩子讲解 有些标题就像醒目而明确的交通标志，清楚地告诉我们接下来要讲的是什么，为我们导航。然而，也有一些标题并不那么清晰。有时，作者会设计一个巧妙的标题，让你想要继续读下去来理解标题的含义，但一开始你可能会有点困惑！当你注意到标题表达的并不是它的字面意思时，你需要推断它的深意。通常情况下，你需要读完整个章节，然后再回头推测标题要表达什么。例如，在《气候变化及其解决之道》这本书中，有一节的标题是"杀手奶牛的放屁攻击！"，它在这本书的第一部分"我们知道什么"中的"食品和农业"这一章中，我猜这个标题与养殖奶牛来生产食物会对气候造成什么样的影响有关。现在我需要阅读这一节，了解确切的内容。然后，我可以回过头重新拟一个标题，让它更加直观，以此来帮助我记忆。

策略使用小贴士 孩子若正在努力达成确定主要观点的阅读目标，本策略也会非常有帮助（第八章中有更多与该目标相关的策略）。

这样给孩子提示

- 读一读标题。你觉得它表达的是什么意思？
- 基于你对本节内容的了解，试着重新拟一个标题。
- 你以更加简单明了的方式说出了这个标题的意思！

巧妙的标题	这一节的内容	我拟的新标题
准备行动	当我们运动时，我们的身体是怎么动的	肌肉
充电	运动时如何获得更多能量或力量	力量、耐力、速度
正确着装	运动时的穿着	提高速度，减小空气阻力

《行动起来》

技能进展

能够读懂含有复杂文本特征（地图、统计图、表格、侧栏、术语表等）的文本，需要更仔细地研究文本特征，从而构建感官图像、筛选重要信息，并将文本特征传达的信息与正文文字中的信息进行整合。

●●●○

相关研究

安德森和安布鲁斯特引用了大量的文献指出，精心组织的文本会影响读者获得知识的量和类型。尽管巧妙的标题可能很有趣，或者能够激发读者的兴趣，但是，安德森和安布鲁斯特提醒我们，标题模糊了作者选择的话题、写作目的或问题，可能会令读者感到困惑。二人提供了改写标题的准则，以帮助读者明确作者的意图（Anderson & Armbruster，1984）。

目标技能

- 筛选重要信息
- 整合信息
- 总结

技能进展

能够读懂含有复杂文本特征（地图、统计图、表格、侧栏、术语表等）的文本，需要更仔细地研究文本特征，从而构建感官图像、筛选重要信息，并将文本特征传达的信息与正文文字中的信息进行整合。

⬤⬤⬤◯

相关研究

在一项研究中，研究人员发现，在一个由三至五年级学生组成的群体中，80% 的孩子能够根据名称识别地图，但他们很难理解地图的用途，很少使用图例，因此无法理解地图上的符号信息（Brugar & Roberts，2017）。

策略描述　阅读地图的相关信息：标题、符号、比例尺、图例、图注。阅读地图上的所有标记。如果有带颜色的标记，想一想这些颜色想要展示什么。研究地图，总结从地图中了解到的信息，想一想这张地图是如何与这一节的其他内容关联起来的。

这样给孩子讲解　在《石油泄漏的科学原理》这本书的第21页，我注意到一张美国东南部地图，标题是"墨西哥湾鸟类受到影响的区域"。地图上没有图例，但有陆地（亚拉巴马州、密西西比州、路易斯安那州）的标记，也有水域（大西洋、墨西哥湾）的标记。此外，地图上还有许多不同大小和颜色的点。其说明文字解释说，这张地图展示了"墨西哥湾漏油事故发生后，在墨西哥湾北部海岸收集到死亡海鸟的区域"。还解释道，较大的点表示死亡的鸟类数量较多。颜色看起来并没有什么含意，但能帮助我们看清楚较大和较小的点。在了解了这些信息后，我来研究一下这张地图。我注意到大多数较大的点在石油泄漏地点的北部略偏西的位置，位于路易斯安那州和密西西比州的墨西哥湾沿岸。然而，我还看到了非常小的点，它们向西延伸至得克萨斯州，向东延伸至佛罗里达州。从这张地图我了解到，石油扩散的范围非常广，对许多种类的海鸟都产生了严重的影响。

策略使用小贴士　孩子若正在努力达成理解关键细节的阅读目标，本策略也会非常有帮助（第九章有更多与该目标相关的策略）。

这样给孩子提示

- 先看看地图的标题。
- 将这些符号与地图中的其他部分联系起来。
- 图例上的信息确实能够帮助你理解作者想要通过这张地图告诉我们什么。
- 这张地图对你理解这一节的其他信息有什么帮助？

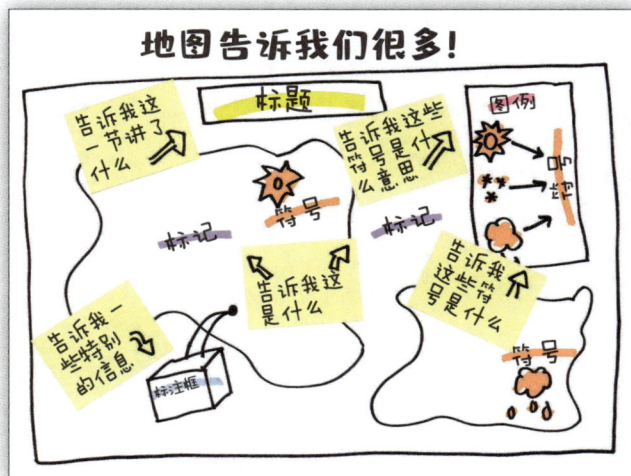

地图告诉我们很多！

策略描述　先读流程图的标题，了解流程图主要在展示什么。然后，按照箭头和序号的指示来理解图中各个部分是如何配合的。在读下一部分之前，确保你已经理解了上一部分的意思。总结从整张流程图中了解到的信息，并思考它与这一节其他内容的联系。

这样给孩子讲解　在《气候变化及其解决之道》这本书中，第13页的流程图"塑料问题"需要仔细研究。我看到一段介绍性文字、六张图片、每张图片对应的说明文字以及许多箭头。我要先读一读最上面的介绍性文字。（大声朗读。）从这段话中我了解到塑料在"每个阶段"都会引起问题，所以，这张流程图应该是展示不同阶段的塑料并详细说明引起了什么问题。我要从最上面第一张图片和它的文字说明开始往下看，然后沿着箭头的方向看下一张图片。第一张图片展示了一座钻塔，说明文字写的是"提取、运输和加工化石燃料从而制造塑料"。这很有道理——第一步是获得原材料。我们来沿着箭头看下一张图片，图上是一辆卡车。我需要看看图片的说明文字来帮助我理解这辆卡车与塑料问题之间的关系。（阅读说明文字。）啊，我明白了，这是在讲运输塑料制品的卡车会产生温室气体。现在我看到从那张图片上向外画出了四个箭头，其中一个箭头又指到了那张图片上。我们一步一步来看……

策略使用小贴士　孩子若正在努力达成理解关键细节的阅读目标，本策略也会非常有帮助（第九章有更多与该目标相关的策略）。

这样给孩子提示

- 告诉我你要先读什么。接下来读什么？
- 要按照一定的顺序阅读，从左到右或从上到下，沿着箭头的方向阅读。
- 你是否理解这一部分的意思？复述其中最重要的信息。
- 总结你从整张流程图中了解到的信息。

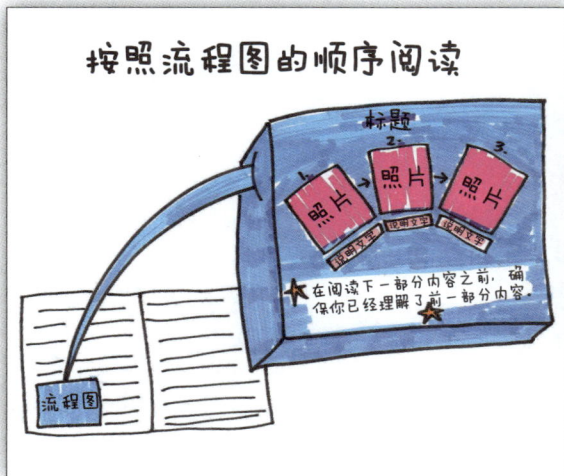

目标技能

- 整合信息
- 自我监控

技能进展

能够读懂含有复杂文本特征（地图、统计图、表格、侧栏、术语表等）的文本，需要更仔细地研究文本特征，从而构建感官图像、筛选重要信息，并将文本特征传达的信息与正文文字中的信息进行整合。

●●●○

相关研究

在针对六年级科学教科书进行的一项调查研究中，研究人员发现了514张图表，其中只有10张是流程图，它们占图表总数的2%（Slough et al.，2010）。尽管文本中不经常出现流程图，但是，学习如何解读流程图特别重要，因为它们包含抽象的、表意不明的符号（Henderson，1999）。

目标技能

- 总结
- 整合信息
- 筛选重要信息

技能进展

能够读懂含有复杂文本特征（地图、统计图、表格、侧栏、术语表等）的文本，需要更仔细地研究文本特征，从而构建感官图像、筛选重要信息，并将文本特征传达的信息与正文文字中的信息进行整合。

相关研究

库坎和帕林萨尔开发了文本分析工具（Kucan & Palincsar, 2018），以帮助阅读者基于文本展开讨论。该工具中的一组问题涉及文本结构，包括侧栏的内容和功能。在试用该工具的研究中，参与者指出，侧栏的内容虽然有趣，但有时与正文文字内容不是直接相关的，因此可能会分散读者的注意力。

策略描述 阅读侧栏中的内容，把它看成一个独立的部分。问问自己："它的主要观点是什么？有哪些细节支持这个观点？"用几句话总结你从侧栏中了解到的关键信息。然后想一想：侧栏中的内容与这一节的其他内容有何关联？

这样给孩子讲解 在比较复杂的文本中，文本特征可能带有很多文字！例如，《全员十三人》这本书里有很多侧栏，我们一起来看第4~5页上的侧栏，标题为"这是湄赛"。我会把这部分内容朗读出来，希望你想一想它的主要观点以及支持这个观点的细节。（大声朗读。）我们读到了关于这个小镇的信息：人们说不同的语言，信仰不同的宗教；游客从四面八方前来；这里的人从事的工作种类；这个地区发生的各种事情。把这些信息归在一起，似乎侧栏想给我们呈现这个地方的特色，并且强调这个地方在很多方面是多样的。这个侧栏所在的这一章讲述了男孩们的足球队以及他们平常在周六进行足球训练的生活。那么这个侧栏的内容与这一章的内容有什么关联？我觉得作者想要通过描写男孩们的背景（包括他们的居住地）和他们过着怎样的生活来为主要事件做铺垫。

策略使用小贴士 孩子若正在努力达成确定主要观点的阅读目标（第八章有更多与该目标相关的策略）以及理解关键细节的阅读目标（第九章有更多与该目标相关的策略），本策略也会非常有帮助。

这样给孩子提示

- 想一想什么策略可以帮助你找到主要观点。
- 作者设置这个侧栏的目的是什么？它的主要内容是什么？
- 你会如何总结你读到的内容？
- 想一想侧栏中的内容是如何与这一节的其他内容关联起来的。

解读侧栏中的内容

标题　照片　侧栏　侧栏

- 📖 **阅读**侧栏中的内容。
- ❓ **问问自己**："它的主要观点是什么？有哪些细节支持这个观点？"
- 🔑 **总结**关键信息。
- ❗ **思考**：侧栏中的内容是如何与这一节的内容关联起来的？

策略描述　先熟悉图表：阅读图表的标题和所有说明文字。想一想图表中的信息是如何组织的，并据此制订阅读计划。仔细阅读图表中的信息，逐步理解这些信息。总结你从图表中学到了什么以及这张图表与这一节其他内容是怎样关联起来的。

这样给孩子讲解　《全员十三人》这本书第162页有一张标题为"人类对不同氧气浓度的反应"的表格，其中填满了数字和用项目符号列出的事实。我要先熟悉一下表格内容：我看到表格有两列，表头分别是"氧气浓度"和"身体反应"，所以我会逐行对照阅读，并在阅读时思考这两个表头。第一行在"氧气浓度"这一列下写着"21%"，在"身体反应"这一列下写着"正常"。当我继续往下读表格时，我看到数字逐渐减小：下一行写着15%~19%，对应的是"无法进行剧烈运动"和"协调能力受损"。随着我继续往下读，氧气浓度越来越低，身体的反应越来越严重——最终会导致晕厥、失去知觉，然后死亡。那么，为什么会有这张表格呢？我们刚刚从正文文字中了解到男孩们所在的洞穴中氧气浓度"低到会造成生命危险"，这使得救援变得更加紧迫。这张表格告诉我们，随着时间的推移和孩子们不断消耗氧气，他们可能会发生什么情况。

策略使用小贴士　孩子若正在努力达成理解关键细节的阅读目标，本策略也会非常有帮助（第九章有更多与该目标相关的策略）。

这样给孩子提示

- 先熟悉一下图表，然后制订阅读计划：你将如何阅读这张图表？
- 思考信息的组织方式，了解它们之间的关系。
- 一部分一部分地阅读图表中的信息。每读完一部分，停下来想一想，然后再继续阅读。
- 现在想一想：图表中的信息与这一节正文文字中的信息有何关联？

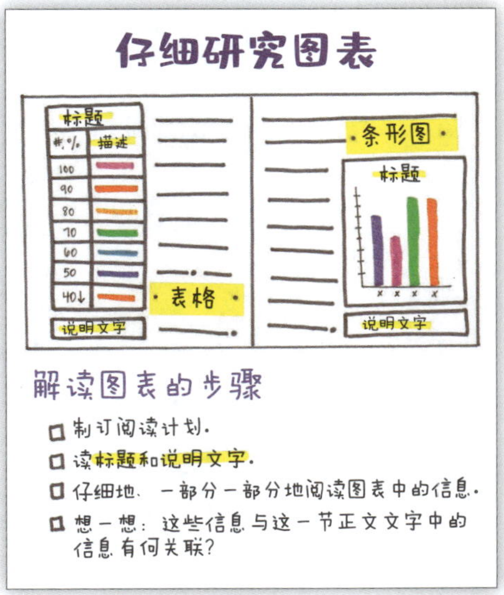

目标技能

- 制订计划
- 自我监控
- 整合信息

技能进展

能够读懂含有复杂文本特征（地图、统计图、表格、侧栏、术语表等）的文本，需要更仔细地研究文本特征，从而构建感官图像、筛选重要信息，并将文本特征传达的信息与正文文字中的信息进行整合。

●●●●○

相关研究

一项探究小学高年级学生如何解读社会学课本中的图表的研究表明，阅读者需要大量的帮助来解读图表中传达的信息，包括区分这些信息（Brugar & Roberts，2017）。

10.20　花时间读懂时间线

技能进展

能够读懂含有复杂文本特征（地图、统计图、表格、侧栏、术语表等）的文本，需要更仔细地研究文本特征，从而构建感官图像、筛选重要信息，并将文本特征传达的信息与正文文字中的信息进行整合。

●●●○

相关研究

一项探究小学高年级学生如何解读社会学课本中的图表的研究表明，与示意图和表格等文本特征相比，孩子更熟悉时间线；孩子对时间线上信息的理解能力似乎会随着年龄的增长而提高；孩子会非常积极地学习如何解读时间线，而且，通过学习如何解读时间线，孩子在图像素养评估中的分数有所提高（Brugar & Roberts，2017）。

策略描述　读一读时间线的标题以及所有介绍性信息。读一读与每个日期相关的描述，想一想这些日期和信息与文本讨论的话题和你所读的内容之间的关联。问问自己："这条时间线帮助我理解了什么内容？"

这样给孩子讲解　在《美国民权运动》（*The Civil Rights Movement in America*，Landau，2003）一书中，作者在书后面用两页的篇幅展示了一条时间线。为理解这些，我需要先读一读标题——"时间线：民权运动"。由此可见，这条时间线应该包含民权运动的所有关键时间点。我发现，时间线的上方写了时间，而时间线的下方展示了关键信息，有时还配有照片。我打算从左往右读，先读事件，最后总结从整条时间线了解到的信息。当我读到某个事实，比如"1955年：蒙哥马利巴士抵制运动开始，这一事件持续了近13个月"，我想起来，在第17~20页中，作者详细讲述了这一事件。这条时间线让我看到了这一事件与书中其他事件之间的联系。

策略使用小贴士　孩子若正在努力达成理解关键细节的阅读目标，本策略也会非常有帮助（第九章有更多与该目标相关的策略）。

这样给孩子提示
- 你还记得读到的哪些内容与这一事件相关吗？
- 告诉我你打算如何读这条时间线。
- 你将书中的信息与时间线上的每个事件联系起来的思考方式很不错。
- 试着总结一下你了解到的内容。

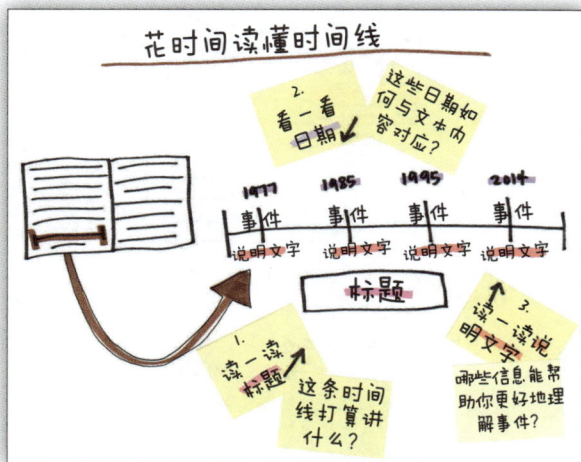

10.21　总结统计图中的信息

策略描述　先读一读统计图（如折线图、饼图、条形图等）的标题，想一想它主要是关于什么的。然后，搞清楚每个符号（折线图的每个点、饼图的每个扇形区、条形图的每一个横条或竖条）所代表的含义，复述你了解到的内容。最后，想一想统计图传达的信息与你在这一节所读到的内容之间的联系。

这样给孩子讲解　统计图将大量信息压缩在一个文本特征之中。我们来看一下《全员十三人》这本书中名为"睡美人洞每日降雨量"的条形图。从标题我们知道，这张统计图将告诉我们每天的降雨量是多少。我们来看一下图上的标记。y轴表示每天的降雨量，以英寸和毫米为单位。x轴表示时间，具体来说是2018年的6月和7月。现在我们来看一下降雨数据。我们可以看到降雨量在6月底迅速增加，然后在7月初骤降，整个7月份降雨量都偏低。那么，这怎么与正文文字联系起来呢？从正文文字中我们了解到，由于大雨和洪水，男孩们已经被困在洞穴里有一段时间了，这和条形图中显示的短时间内大量降雨的信息一致。我刚刚读到救援行动将在7月8日开始，所以，如果将那个日期和条形图对应起来，可以看到在至少一周时间里降雨量一直较低，以及他们试图进行救援时的预计降雨量是多少。

策略使用小贴士　孩子可以用儿童杂志，如《时代周刊·儿童版》(*Time for Kids*)或《学乐新闻》(*Scholastic News*)来练习解读统计图，因为这些杂志中经常出现充满有趣信息的统计图。

这样给孩子提示
- 读完标题后，你觉得这张统计图打算告诉我们什么？
- 不要忽略符号，它们很重要。
- 复述一下你从这张统计图中了解到的信息。
- 解释一下你从这张统计图中了解到的信息是如何与这一节其他内容联系起来的。

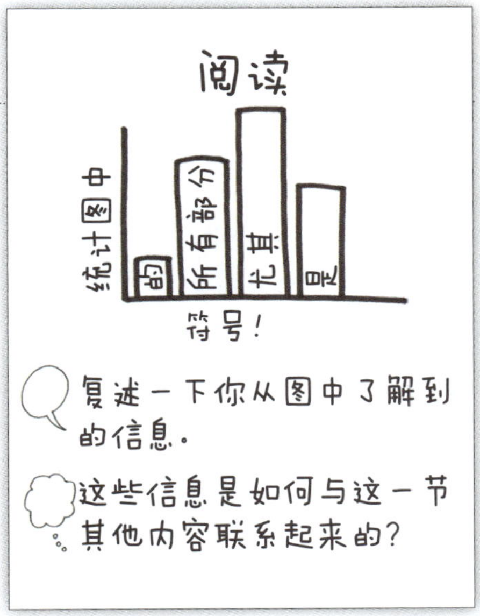

阅读

统计图中的所有部分尤其是符号！

复述一下你从图中了解到的信息。

这些信息是如何与这一节其他内容联系起来的？

技能进展

能够读懂含有复杂文本特征（地图、统计图、表格、侧栏、术语表等）的文本，需要更仔细地研究文本特征，从而构建感官图像、筛选重要信息，并将文本特征传达的信息与正文文字中的信息进行整合。

●●●○

相关研究

在一篇被引用多次的关于解读统计图的研究综述中，作者指出，要理解统计图，阅读者必须具备转化（如将符号转化为文字）、解读（找规律）以及推断（如判断数据的走向或可能的原因）的能力(Friel, Curcio, & Bright, 2001)。

目标技能

整合信息

技能进展

能够读懂含有复杂文本特征（地图、统计图、表格、侧栏、术语表等）的文本，需要更仔细地研究文本特征，从而构建感官图像、筛选重要信息，并将文本特征传达的信息与正文文字中的信息进行整合。

● ● ● ○

相关研究

在一项关于"诱惑性细节"（有趣但无关紧要的信息）对理解力影响的研究中，研究人员发现，与大多数先前的研究中提到的诱惑性细节会导致阅读者分心的情况相反，如果明确告知阅读者这些细节对理解文本并不是必不可少的，那么这些细节并不会对他们的理解造成负面影响（Eitel, Bender, & Renkl, 2019）。

策略描述　阅读这一节内容，翻到附加事实列表（如果有），仔细阅读每个事实。每读完一个事实，停下来想一想你读了些什么（以及从文本特征中了解到了什么）。读完所有附加事实后，问问自己："这些事实如何让我对刚刚读到的内容有更多的了解？"

这样给孩子讲解　有些作者会在侧栏中提供一些附加事实，比如速查事实、有趣的事实、令人惊讶的事实或者其他事实。你需要仔细阅读这些事实，思考它们如何是扩展这一节内容的。来看《非洲，神奇的非洲》这本书，书中每页都有一两段文字、一幅插图，在页面底部或一侧有一些附加事实。例如，在描写布隆迪这个国家的那一页上，文字讲述了男孩学习如何成为鼓手的事，插图展示了一群男人敲打着不同形状和大小的鼓，页面底部的附加事实部分介绍了制作鼓的材料——一种名为乌穆乌甘戈马（umuvugangoma）的树，并建议读者在线收听布隆迪特定乐团的演奏。所有的信息都与这个国家的鼓乐相关，并且附加事实提供了更多的背景信息。

策略使用小贴士　孩子若正在努力达成理解关键细节的阅读目标，本策略也会非常有帮助（第九章有更多与该目标相关的策略）。

这样给孩子提示

● 在读附加事实之前，想一想你对这个话题有多少了解。

● 先读正文内容，然后再读附加事实。

● 这个事实是提供了额外的信息还是仅仅总结了正文中的信息？

● 在读附加事实时，在脑海里牢记这一节中的其他信息。

怎样读速查事实？

先跳过速查事实

1. 读一读这一节的其他内容。

2. 想一想你已经知道了什么。　文字　图片

3. 回过头读速查事实。

4. 将所有事实整合在一起。

怎样利用这些事实了解更多信息？

策略描述　先读一读示意图的标题，观察它传达的信息。再读一读说明文字，理解示意图所展示和说明的内容。最后，想一想示意图是如何与正文文字中的信息关联起来的。

这样给孩子讲解　我们来研究一下《石油泄漏的科学原理》第6页上的示意图，看看能从中了解到什么。先来看标题——"石油钻塔"。接下来我看到一张石油钻塔的图画，它的下方是海洋和陆地。再来读一读图注，看看都说了些什么。图画顶部的大型物体是钻塔，长线代表"钻杆和油井"，蓝色代表海洋，棕色代表海底和海底下面的陆地，上面标注了"油藏"，以及显示其深度的测量值。现在我们来读一读说明文字。（大声朗读。）所以，示意图展示了油藏的深度，说明文字指出了水和岩石对油藏施加的压力的大小。我认为这张示意图应该是"钻井平台爆炸"这一节的，因为它显示了由于钻塔下方的压力，钻取石油是多么危险。

这样给孩子提示
- 读一读示意图的所有部分，包括图注。
- 现在你已经读了图注并仔细观察了示意图，说一说你知道了什么。
- 这张示意图能否帮助你更好地理解这一节的内容？
- 你从示意图中还了解到了什么其他的信息？

目标技能
- 总结
- 整合信息

技能进展

能够读懂含有复杂文本特征（地图、统计图、表格、侧栏、术语表等）的文本，需要更仔细地研究文本特征，从而构建感官图像、筛选重要信息，并将文本特征传达的信息与正文文字中的信息进行整合。

●●●○

相关研究

虽然视觉资料通常有助于读者阅读，但是错误理解抽象的图表（如示意图）可能会干扰学习过程。在一项涉及二年级至八年级学生的研究中，研究人员要求学生给关于水循环的四张示意图分类，结果发现，参与者对符号的功能感到困惑，忽视了示意图中各部分之间的核心关系，或者没有检查他们的解读是否与正文文字中的信息一致（McTigue & Flowers，2011）。

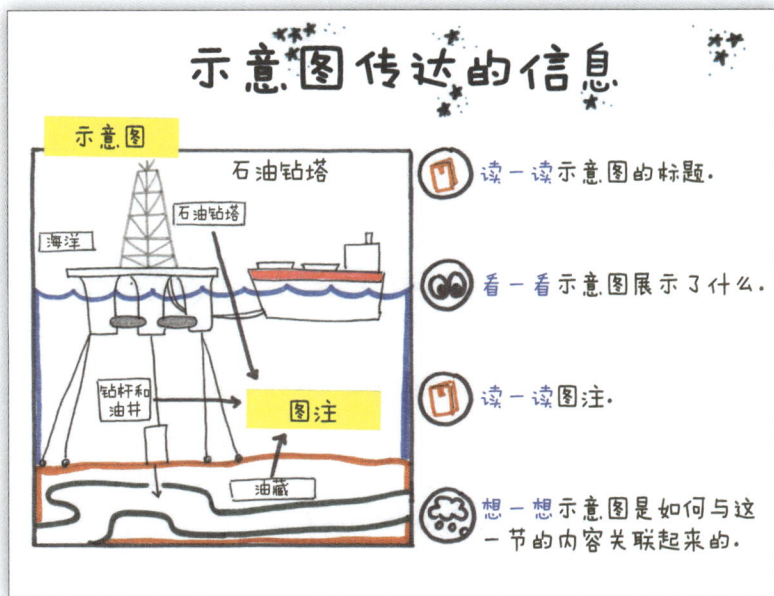

示意图传达的信息

石油钻塔
示意图
海洋
石油钻塔
钻杆和油井
图注
油藏

- 读一读示意图的标题.
- 看一看示意图展示了什么.
- 读一读图注.
- 想一想示意图是如何与这一节的内容关联起来的.

10.24　关注第一手资料

目标技能
- 整合信息
- 筛选重要信息
- 分析

技能进展

能够读懂含有复杂文本特征（地图、统计图、表格、侧栏、术语表等）的文本，需要更仔细地研究文本特征，从而构建感官图像、筛选重要信息，并将文本特征传达的信息与正文文字中的信息进行整合。

● ● ● ○

相关研究

根据对理解力的研究，诺伊曼、吉尔伯森和赫顿认为，孩子通常并不熟悉第一手资料写作的时间和地点，因此，积累背景知识是促进理解的必要条件（Neumann,Gilbertson, & Hutton, 2014）。

策略描述　确定第一手资料的作者及其观点。阅读第一手资料，了解其主要内容和关键细节。然后想一想："这些资料与正文文字有什么关联？我刚刚了解的内容如何为我提供有关文本话题的额外信息？"

这样给孩子讲解　在《全员十三人》这本书中，我们读到了一组第一手资料——男孩们在洞穴里给家人写的信，这些信在"恐慌"那一章中。当我读这些信时，我注意到所有男孩似乎都在安抚家人，告诉家人不要担心，他们很安全。海豹突击队正在好好照顾他们，他们希望家人转告老师，他们保证都会好好的。教练也写了一封类似的信，信里说"孩子们没事，我会好好照顾他们"。至此我们已经确认了这些信的主要内容，那就来想一想它们是如何与正文文字关联起来的。至此，这些男孩已经被困了两个星期，他们的处境十分危险，面临着救援的"最后方案"，救援队将其作为最后不得不采取的手段——男孩们必须游出去。如果将你在正文文字中了解到的信息与这些第一手资料结合起来，你明白了什么？你有什么想法？

这样给孩子提示
- 解释一下第一手资料告诉了你什么。
- 第一手资料是如何帮助你理解文本的其他内容的？
- 说一说你对这些资料的作者以及他们的观点有什么了解。
- 你可以这样说："从文本中我了解到……当我读第一手资料时，我了解到……"

怎样读 **第一手资料？**

作者是谁？他们有什么观点？

1. 读一读**标题**并思考。

2. 读一读具体的内容，试着弄清楚**主要内容和关键细节**。

关键细节　主要内容

3. 试着提出问题。

我刚刚读的内容提供了哪些正文文字之外的信息？

美国学生阅读技能训练：第2版

10.25　研究文后辅文

策略描述　在读完正文内容后，要留意文后一些能帮助你获取更多信息的辅文：尾注、附加信息、参考文献、推荐书目，甚至可能还有附录、后记等。做好计划，安排好如何通过阅读这些文后辅文继续探索文本讨论的话题。

策略使用小贴士　与孩子一起探索你搜集的各种书中的文后辅文。例如，《纳米》这本书的"有关纳米科学的更多信息"这部分，以及《我们是水的守护者》这本书的"有关水守护者的更多信息"这部分，都提供了附加信息，拓展了文本内容。在附加信息中改变文本风格，以更直接的方式呈现事实，这在更抒情的信息类文本和非虚构叙述类文本中很常见。阅读者可能需要放慢阅读速度，在阅读过程中使用策略，才能理解这些更复杂的部分的内容，包括主要观点、关键细节和词汇。除了提供额外的信息，作者有时会附上参考文献（可以鼓励孩子阅读这些资料！）和推荐书目。类似这样的辅文可以在《非洲，神奇的非洲》《全员十三人》和《潜水蜘蛛的奥秘……还有更多！》这些书中找到。

这样给孩子提示
- 读完正文后，读一读文后辅文，看看是否有你想要继续探索的信息。
- 参考文献中有没有你感兴趣的书？
- 这些是作者使用的参考文献，你有兴趣阅读它们吗？

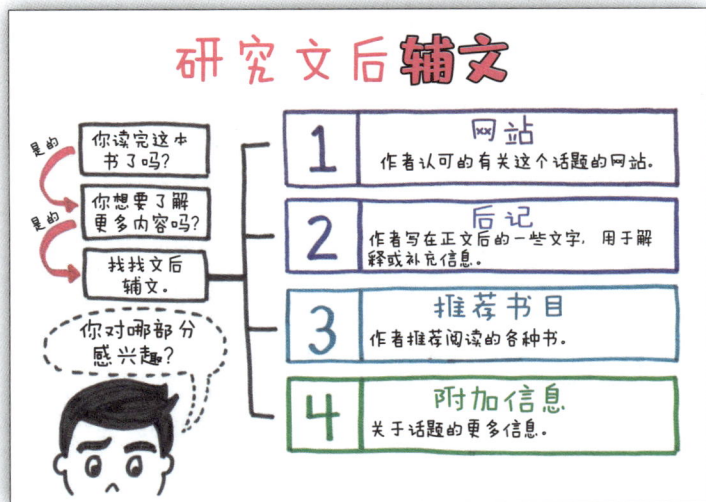

研究文后**辅文**

是的 → 你读完这本书了吗？	**1** 网站　作者认可的有关这个话题的网站。
是的 → 你想要了解更多内容吗？	**2** 后记　作者写在正文后的一些文字，用于解释或补充信息。
找找文后辅文。	**3** 推荐书目　作者推荐阅读的各种书。
你对哪部分感兴趣？	**4** 附加信息　关于话题的更多信息。

技能进展

能够读懂含有复杂文本特征（地图、统计图、表格、侧栏、术语表等）的文本，需要更仔细地研究文本特征，从而构建感官图像、筛选重要信息，并将文本特征传达的信息与正文文字中的信息进行整合。

● ● ● ○

相关研究

在一项小规模研究中，研究人员要求中学读书会的成员专注于理解辅文（正文之外的部分），如术语表、后记、参考文献、推荐书目等。五个月后，参与者对辅文的功能有了更多的认识，比如它们是如何提高信息类文本的可信度的（Gross et al., 2016）。

10.26 比较图片

目标技能
分析

技能进展
能够读懂含有多个文本特征的文本，已经准备好分析作者选择文本特征的意图，整合文本特征传达的信息和正文文字中的信息，并比较不同文本特征传达的信息。

● ● ● ●

相关研究
在一项关于图片对阅读理解有何影响的元分析研究中，研究人员发现，文本中包含图片会对阅读理解产生一定的积极影响。如果这些图片类型相同（比如全都是照片），这种影响更为显著（Guo et al., 2020）。

策略描述 在阅读某一节内容时，仔细观察其中的图片和其他视觉性文本特征，找出讨论相同话题的两个或多个文本特征。找找每个文本特征的细节，比较你从中获得的信息。问问自己："我从两张图片（或两个文本特征）中了解到了哪些相似的信息？有哪些信息是不同的？"

这样给孩子讲解 《全员十三人》中的文字信息很密集，只有少数视觉性文本特征穿插其中。但是，当我们看到照片时，我们需要研究它们并进行比较，以帮助我们理解文字信息。例如，第117~119页有三张引水队的工作照，照片上，引水队的队员们正试图阻止更多的水淹没洞穴。我们先来仔细看一下第一张照片。你看到了什么？图中有几个身穿制服的人，他们似乎正在搭建看起来像由竹子和木头制成的堤坝，似乎是要阻止一条小河的水流。现在我们来看第二张照片，它和第一张照片有哪些相似之处和不同之处？在这张照片中，一群人也正在努力使水流转向，但是他们穿着不同的制服（蓝色带补丁的衣服而非迷彩服），用了不同的材料（蓝色管道和沙袋），并且他们似乎在处理不同类型的河道（瀑布而非小河）。通过比较这两张照片，我发现了我可能会忽略的具体细节。

策略使用小贴士 为了拓展孩子的知识面，你可以教孩子整合从多种视觉资料中了解到的信息，据此得出结论并提出重要观点。例如，通过观察上文"这样给孩子讲解"中提到的照片，你可能会得出以下一种或几种结论：不同的人群以不同的方式为同一个目标而努力；水流是一个巨大的问题，他们必须采取多种措施来阻止它；不同类型的水流源头需要不同的解决方案。

这样给孩子提示
- 你能找到两张或多张讨论相同话题的图片吗？
- 仔细研究每张图片，列出你可以从中了解到的细节。
- 比较这两张照片，它们传达了哪些相同的信息？
- 比较这两张照片，它们传达的信息有何不同？

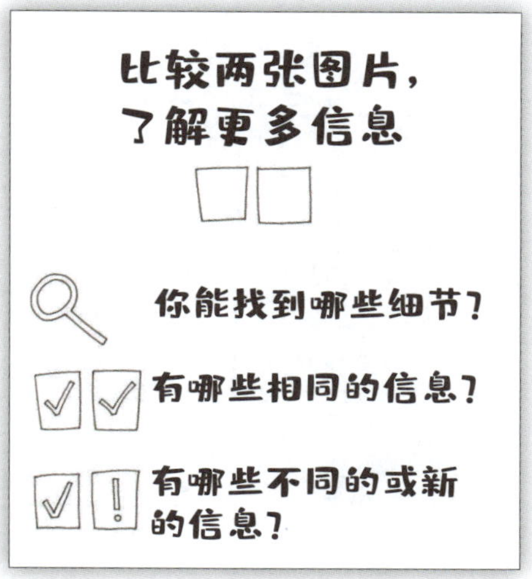

比较两张图片，了解更多信息

你能找到哪些细节？

有哪些相同的信息？

有哪些不同的或新的信息？

策略描述　当你看到一个文本特征（如统计图、照片、示意图等）时，停下来问问自己："它给我提供了什么信息？它与这部分中的其他内容有什么联系？"然后再想一想：作者为什么选择用文本特征来传达这些信息，而不是用正文文字来传达呢？

策略使用小贴士　本策略要求阅读者推断作者为什么选择以特定的方式传达信息，这对阅读者来说是更高的要求。让孩子想象一下：如果只用文字来传达视觉资料中的信息，作者需要怎么描述？这会帮助孩子认识到，文本特性能更高效地传达某些信息。例如，即便作者花大量笔墨来描述《全员十三人》中的洞穴系统，阅读者可能仍然无法理解每个洞穴是多么蜿蜒曲折，整个系统是多么错综复杂。在这种情况下，一图抵千字。本策略不仅可以帮助孩子理解文本内容，还可以在他们自己撰写信息类文本，思考如何更好地传达信息时提供帮助。

这样给孩子提示

- 为什么作者选择使用文本特征来传达这些信息？
- 使用这个文本特征来分享信息，与仅使用文字相比有什么不同？
- 为什么这个文本特征非常适合传达这些信息？
- 你可以这样说："这个文本特征可以……但若只用简单的文字……"

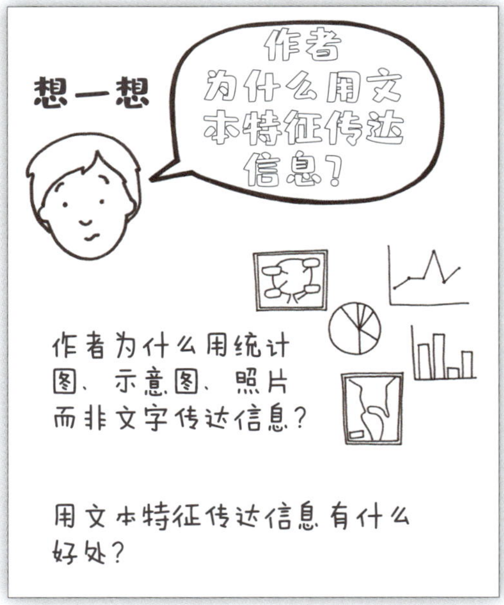

目标技能

分析

技能进展

能够读懂含有多个文本特征的文本，已经准备好分析作者选择文本特征的意图，整合文本特征传达的信息和正文文字中的信息，并比较不同文本特征传达的信息。

● ● ● ● ○

相关研究

在一项针对25位三年级至八年级教师的研究中，研究人员观察到，在讨论文本特征时，教师经常提到作者使用特定文本特征的目的，这些文本特征包括图表、照片、高亮词和标题（Fisher, Frey, & Lapp, 2008）。

目标技能
- 制订计划
- 整合信息

技能进展

能够读懂含有多个文本特征的文本，已经准备好分析作者选择文本特征的意图，整合文本特征传达的信息和正文文字中的信息，并比较不同文本特征传达的信息。

●●●●

相关研究

在一项小型研究中，研究人员探究了二年级学生如何观察信息类文本中的图片及其附属内容（如说明文字、图注、图例等），以及他们如何在信息类文本的语境下理解这些内容。结果表明，有些孩子，特别是年龄较小的孩子，需要大量帮助来整合文本特征和正文文字中的信息（Norman & Roberts，2015）。

策略描述　看到令人眼花缭乱的、包含各种文本特征的一页或几页内容时，你要先浏览页面，规划好如何阅读页面上的每个部分。在阅读过程中，要经常停下来将正文文字和文本特征中的信息对应起来，找到它们之间的关联，并思考这些信息是如何整合在一起的。

这样给孩子讲解　在阅读《气候变化及其解决之道》中"气候变化的证据"这个标题下的一个对开页（第14~15页）的内容时，我们要积极地将各种要素联系起来。这两页包括一个标题，一段加粗的概述，两个带标题的小节，一个小文本框，四张独立的图片以及一个对话气泡。我们该怎么阅读这些内容呢？我们来快速浏览一下图片——有一颗行星，周围飘浮着一些东西，一些人站在冰上（但很难确切地知道他们在做什么），还有一只恐龙和一只长毛象。单看这些图片很难明白它们想传达关于气候变化的什么信息，我们一起来读文字，边读边将文字和图片对应起来。我们可以暂时不看右边的小文本框，留到最后再看。（从页面上方开始读，每读完一小段文字暂停一下，将图片和文字对应起来。）在这里暂停一下。我们所读的内容与这四张图片有联系吗？有什么联系？和你的同伴讨论，解释你发现的联系。（大声朗读"卫星的科学"这一节。）啊哈，看起来这一节很可能与之前我们看到的那张行星的图片有关。它们之间有什么联系呢？和同伴分享你的想法。现在，我们来继续读下一节"仍然不相信吗？"，同时思考另外两张图片是否含有与这一节匹配的信息。

这样给孩子提示
- 在这里停一下。你应该查看哪个文本特征来理解这段文字？
- 记得来回对照文本特征和正文文字，积极地将信息关联起来。
- 稍微放慢阅读速度，边读边将文本特征与你所读的正文文字联系起来。
- _____（文本特征）和_____（正文文字）是如何联系在一起的？

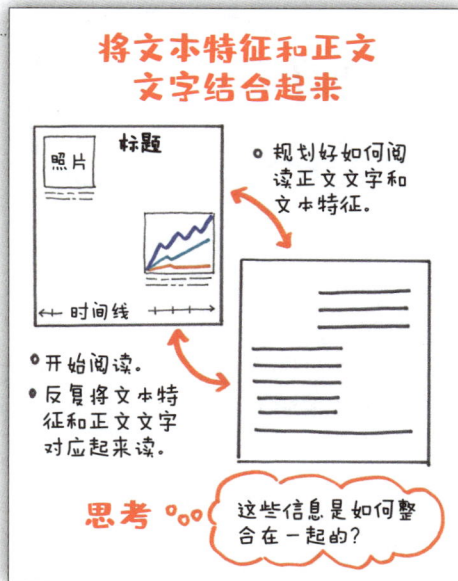

将文本特征和正文文字结合起来

照片　标题

时间线

- 规划好如何阅读正文文字和文本特征。
- 开始阅读。
- 反复将文本特征和正文文字对应起来读。

思考

这些信息是如何整合在一起的？

为了让孩子真正将文本特征视为丰富的信息来源，我们需要确保自己所提供的策略不仅能帮助他们识别文本特征，而且能让他们学会如何利用文本特征。

——珍妮佛·塞拉瓦洛

第十一章

目标 **11**

理解词汇和修辞语言

◎ 这个目标为什么很重要?

实证研究表明,对词汇和语言的理解与整体的阅读理解能力息息相关,这就是围绕词汇和语言的教学占据如此突出地位的原因(Beck, McKeown, & Kucan, 2013; Logan & Kieffer, 2017; Mancilla-Martinez & McClain, 2020; Stanovich, 1986; Watts-Taffe, Fisher, & Blachowicz, 2017)。词汇是阅读教学的五个核心要素之一,若想高效地教会孩子如何阅读,词汇的教授必不可少(National Reading Panel, 2000)。词汇学习可以帮助孩子积累背景知识、表达想法、有效沟通并学习新概念,"词汇是将故事、观点和主题联系在一起的黏合剂……"(Rupley, Logan, & Nichols, 1998, p. 339)。事实上,许多研究发现,增加词汇知识与提高理解力之间存在正相关(Carver, 1994; Schmitt, Jiang, & Grabe, 2011)。知识发展(knowledge development)被视为"阅读教学的六大支柱"之一(Cervetti & Hiebert, 2015, p. 548),对于阅读理解至关重要,因为大量研究表明,知识的积累与词汇发展(vocabulary development)

之间存在相辅相成的关系（Cervetti，Wright，& Hwang，2016；Wright et al.，2022）。

鉴于阅读理解与词汇知识之间千丝万缕的联系，许多学校纷纷开展词汇教学。虽然有些孩子确实可以通过这种方式学习词汇，但实际上，研究表明，词汇学习大多在阅读、写作、说和听的过程中发生（Baumann，Kame'enui，& Ash，2003；Krashen，2004；Miller，1999；Nagy，Anderson，& Herman,1987；Wright & Cervetti，2017）。学者们特别强调了书面语和口语之间的差异：阅读者在书中遇到的语言通常更复杂，出现的频率较低，不同于他们的日常用语（Castles，Rastle，& Nation，2018；Montag，Jones，& Smith，2015）。因此，通过创设合适的课堂环境，教师可以在孩子学习词汇和修辞语言时提供很多支持。在这样的课堂环境中，孩子可以自主阅读或听别人朗读各种内容丰富的文本，参与讨论，在教师的鼓励下研究陌生的词语和短语，学习弄清其含义的策略，并在写作和口语表达中运用这些词语和短语。

在第三章，我介绍了英语的正字法对应——阅读者必须在脑海中将单词的拼写、发音和含义联系起来。有时候，孩子会遇到他们可以解码但不知道意思的词语。还有时候，孩子可能无法准确地解码，但仍然可以通过上下文来推测词语可能是什么意思，从而不会干扰他们对文本的整体理解。本章的阅读策略将有助于孩子处理这两种情况，因为它们既强调了词语意识，又强调了对陌生词语和短语的学习。科布和布拉乔维奇指出，以上这两点是综合词汇教学众多方面的其中两个方面，综合词汇教学还包括教授个别词语，以及提供丰富多样的语言体验（Cobb & Blachowicz，2014）。

增加知识储备

能够利用文本内或文本外的资源（如术语表、字典、成年人或同伴）来理解词语和短语。

自我监控

能够建立词语意识，知道词语或短语是熟悉的还是陌生的。能够在阅读中停下来使用策略，来理解词语或短语的意思。

整合信息

能够整合各页/章节/部分或文本特征中相关的信息，从而解释词语或短语。

为了达成本章目标，阅读者需要掌握的技能

激活背景知识

能够回忆起过去在什么环境或语境中遇到过当前读到的词语或短语（或类似的词语或短语），并将背景知识应用于当前的文本中，从而弄明白词语或短语的意思。

推断

能够结合相关的背景知识和上下文中的信息，推断词语或短语的意思。

筛选重要信息

能够借助上下文中的相关信息，更好地理解词语或短语的意思。

构建感官图像

能够调动感官在脑海中想象画面，从而理解词语或短语的意思。

分析

能够运用语法知识和词源知识确定词语或短语的意思，或者通过思考作者的写作目的来解读词语或短语的多重含义。

◎ 这个目标是否适合孩子？

我们可以通过几种方法来确定对某个孩子来说，针对词汇和修辞语言的教学如何最大限度地帮助他。

你可以使用标准化的词汇知识评估体系，来判断孩子掌握的词汇知识是否与其年龄或年级相符。如果评估结果表明孩子需要外界支持，本章的阅读策略可以帮助他们注意到生词，并根据上下文弄清词义，从而助力他们的整体词汇发展。

你还可以请孩子朗读文本给你听，并让他们在阅读过程中解释词语的含义。在孩子大声朗读或默读之后，你还可以问："在阅读最后一节内容时，你有没有遇到能够识读但不知道意思的词语？在那种情况下，你是怎么做的呢？"

你还可以要求孩子指出他们不认识的词语或短语，然后基于上下文解释其含义，由此判断本章的阅读目标是否适合孩子。你还可以选择那些能在上下文中找到适当提示的词语或短语——这些词语或短语在文本中有解释，或者能通过仔细观察插图或阅读文本特征来理解——并请孩子从上下文中推断它们的含义。上述做法不是要评估孩子掌握了多少词汇知识，而是要评估他们关注细节的能力，以及推断词义的能力。在孩子给出词语释义或做出解释后，你可以进一步引导孩子，问孩子"你是如何确定这个词语／短语的含义的？"，从而更好地了解哪些策略是孩子能够独立使用的。

我觉得个人主义者会像孤狼一样依靠自己。

这个孩子在阅读章节小说时记下了"个人主义者"这个词，他从上下文和书中人物使用的一个类比中推断出了这个词的简单含义。他还可以学习一些策略，帮助自己借助词法、词源来理解词义（见策略11.11~11.14）。

每次涨潮，都会有更多的鱼游进来。

这个孩子在读一篇关于海洋的信息类文本时，遇到了"潮池"这个术语，并且尝试理解这个术语的含义，这表明他在监控自己的阅读情况，能够关注生词。虽然他正确地指出了鱼会随着潮水进入潮池，但在更大程度上，他仍然只是理解了术语大意。文本中还有更多细节可以帮助他理解这个术语的完整含义（见策略11.7~11.10）。

> ## 练习本章策略时可以使用哪些文本？
>
> 　　本章中的策略可以帮助孩子阅读任何类型、任何形式的文本。然而，要记住，若想让孩子从文本中学习生词，首先他们需要遇到生词！这就意味着，孩子在练习使用关于理解词汇和修辞语言的策略时，阅读的文本应该具有足够的挑战性——文本中要包含他们不熟悉的词语和短语，或是尽管那些词语和短语他很熟悉，但它们有新用法需要学习。
>
> 　　请注意，本章中用于指导孩子使用策略的一些资源仅存在于数字化文本中（如在电子阅读器上）。

◎ 如何帮助孩子理解词汇和修辞语言？

　　在评估了孩子在阅读中对词语和短语的书面或口头的定义、解释和描述后，你可以选择一些阅读策略来提高他们这方面的技能。对于这些策略，你可以给孩子示范如何使用，也可以让他们跟你一起练习，或者让他们独立使用。

　　"技能进展"部分可以帮助我们确定孩子现在处于什么水平，以及接下来可能会如何发展。你可以使用下页的**"技能进展及对应策略一览表：理解词汇和修辞语言"**评估孩子的阅读情况，并找到能帮助他们取得进步的策略。

技能进展及对应策略一览表：
理解词汇和修辞语言

如果孩子……

会跳过或忽略生词，需要外界帮助来进行自我监控和带着好奇心有意识地学习词语。

能够意识到自己不熟悉某个词，已经准备好借助背景知识和上下文推断其大致意思或确切含义。

能够根据上下文和背景知识推断词义，已经为学习如何分析构词成分以及如何应用语法知识和词源知识做好了准备。

能够独立自信地运用各种策略来理解生词，已经准备好利用外部资源对词语进行补充性学习。

能够理解和推断出词义，已经准备好从更大的语境中思考词义，分析作者的用词选择，以获得更深入的理解。

你可以教他们……

11.1 培养词语意识

11.2 大声读出来

11.3 注意发音相同的词

11.4 通过回忆来理解词义

11.5 填入近义词

11.6 把词性作为线索

11.7 思考多义词在特定话题中的含义

11.8 查看释义是否就在句子中

11.9 根据句子结构推断词义

11.10 根据连接词推断词义

11.11 借助单个词理解复合词

11.12 在构词成分中寻找线索：前缀和后缀

11.13 在构词成分中寻找线索：词根和词基

11.14 求助于同源词

11.15 查阅相关资料，找到词语释义

11.16 使用内置词典快速查看词语释义

11.17 向他人求助

11.18 逐级提高难度

11.19 通过音频和视频来学习

11.20 根据情感基调来推断词义

11.21 紧扣故事情节来推断词义

11.22 思考修辞语言的隐藏含义

11.23 在脑海中勾勒画面

11.24 注意词语的选择

11.1　培养词语意识

策略描述　在阅读过程中，要怀着期待的心情学习生词或词语的新用法，要有意识地阅读。遇到陌生的词语或短语时，要带着好奇心研究它们。花时间使用策略来尝试弄明白陌生词语或短语可能是什么意思，或者先记住它们，之后再借助外界的力量来理解。

这样给孩子讲解　培养词语意识是一件有趣的事。当你这么做时，就好像你有一个小雷达，它会在你遇到生词或词语的新用法时发射信号。每当生词或词语的不同用法干扰你的理解时，暂停阅读并使用策略来弄明白是很重要的。阅读时，你要清楚自己知道什么、不知道什么！

这样给孩子提示

- 你说你已经知道这些词的意思了，那么告诉我这个词是什么意思吧。
- 想一想这个词的用法。你知道这个词在上下文中的意思吗？
- 你意识到了自己不认识那个词，你已经迈出了第一步！
- 你知道这个词的意思，但是不知道它在这个短语中的用法，你打算怎么做？

目标技能

自我监控

技能进展

会跳过或忽略生词，需要外界帮助来进行自我监控和带着好奇心有意识地学习词语。

● ○ ○ ○ ○

延伸阅读

No More "Look Up the List" Vocabulary Instruction (Cobb & Blachowicz, 2014)

相关研究

一项研究发现，接受指导的二年级学生能更敏锐地觉察到自己何时不理解词语（Wise, 2019）。另一项研究发现，在语言多样化的班级中，词语意识教学会加快四年级学生掌握词汇的进度（Scott, Miller, & Flinspach, 2012）。类似地，研究人员发现，在中学课堂中，鼓励学生对生词保持关注会影响词汇学习（Beck, Perfetti, & McKeown, 1982）。

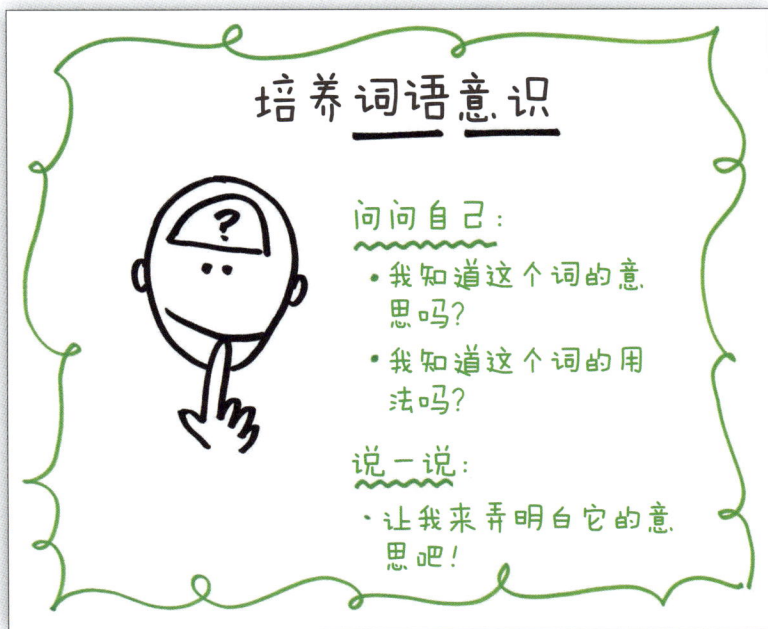

11.2   大声读出来

目标技能
- 自我监控
- 激活背景知识

技能进展
会跳过或忽略生词，需要外界帮助来进行自我监控和带着好奇心有意识地学习词语。

● ○ ○ ○ ○

策略描述 当遇到一个不熟悉的词（你有可能认识这个词，只是之前没有在书中见过）时，先尝试大声读出这个词，然后问问自己："我知道这个词吗？"如果答案是否定的，你可以尝试改变发音方式，转换重音，看看它听起来是否熟悉。

这样给孩子讲解 英语是一门有趣的语言，因为它是形态音位的（morphophonemic）。这意味着，有时候词语会以可预测的方式改变拼写，即使这种改变在不同单词中听起来有点不同。例如，在动词后面加 -ed 表示过去时态，尽管 -ed 在不同单词中的发音可能不同：walked（走路）、smiled（微笑）、predicted（预测）。而另一些时候，单词那么拼写是因为它们含有来自其他语言的词根。尽管有许多单词遵循某种拼写模式，但也有拼写相同但发音不同的单词，例如，"撕（tear）一张纸"与"一滴眼泪（tear）从我脸上流下来"；也有同一字母组合可以表示不同发音的情况，比如 cough（咳嗽）、bough（树枝）、through（穿过）、rough（粗糙）中的 ough。有时候你知道一个单词，是因为你听别人说过它，甚至自己也用过，但从未在书中遇到过，因此不能立刻认出它。要真正认识这个词，你需要将它的意思、拼写与发音联系起来。为了帮助自己认出这个词，你可以暂停阅读，尝试大声读出来——你甚至可以尝试不同的发音，看看哪个与这个词的拼写相符。也许你会给自己一个惊喜，当你读出来时，你会意识到："哦，我确实知道这个词！"

策略使用小贴士 当你强烈地感觉到当前单词是孩子的口语词汇之一时，教授本策略是不错的选择。但是，如果孩子既不熟悉单词的发音又不熟悉它的意思，那么本策略不会有太大帮助。请记住，本策略要求孩子能够灵活解码。更多相关内容见第三章。

相关研究
如果对某个单词的解码不成功，你可以通过查看上下文来确定它的意思或发音（Mesmer & Kambach, 2022; Pressley & Allington, 2014）。若一个单词有多个发音，阅读者可以尝试元音的不同发音来测试其发音，看看这个单词是否与他们口语中的某些单词相匹配（Lovett et al., 2000; Meese, 2016; Steacy et al., 2016）。

这样给孩子提示
- 尝试改变元音的发音。
- 读的时候把重音放在这个词的前半部分而非后半部分。
- 这些字母组合是否发不同的音？
- 这听起来像不像某个你听过的词？

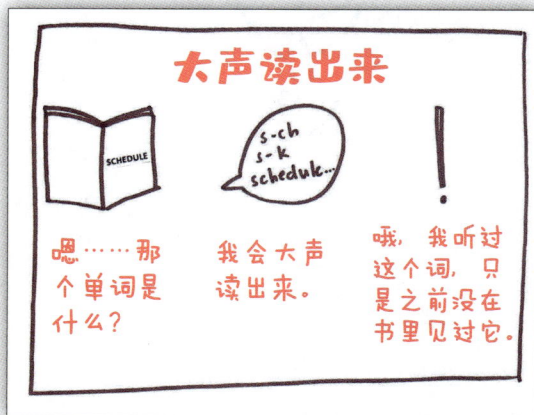

11.3　注意发音相同的词

策略描述　如果你在解码时发现词语在文中讲不通，可能因为它是同音异形异义词（homophone）——发音相同但拼写和含义不同。想一想这个词在句子中的意思，从而确定它的含义。为了记住这个词，注意它的含义和拼写，以及它与你认识的发音相同的其他词的区别。

这样给孩子讲解　来看一个例句："The cellar is dark. When I went down there, I heard a rumbling noise." 这个例句中的 cellar 听起来像 seller。我知道 seller 的意思是"卖东西的人"，但是在这个语境中它的意思讲不通，而且这两个单词的拼写也不一样。所以，cellar 跟 seller 一定有所不同。根据上下文，我知道 cellar 是一个地方，我可以推断出它是地下室。

策略使用小贴士　你可以通过上网搜索，快速找到英语中最常见的100组同音异形异义词。对所有初级阅读者来说，这些同音异形异义词十分棘手，对于双语学习者或者有阅读障碍的孩子来说尤其如此。你可以通过游戏来帮助孩子熟悉这些同音异形异义词；鼓励他们画提示图以记住这些词的不同之处；在教室中建立供参考的词库，或者让孩子尝试用这些同音异形异义词组成句子——一句话中包括一组或几组同音异形异义词，例如，"They're going to the sea to see which witch had flown there"（他们要去海边看看是哪个女巫飞到那里了）。若想了解更多有关如何教授英语学习者同音异形异义词、同音同形异义词（homonym）和同形异音异义词（homograph）的相关信息，你可以参考雅各布森、拉普和弗勒德制订的七步教学计划（Jacobson, Lapp, & Flood, 2007）。

这样给孩子提示

- 你知道这个发音还有哪些别的拼写形式吗？这样拼写的单词是什么意思？
- 你的发音是对的，但有两个拼写形式不同的单词都发这个音。
- 仔细观察这个词的拼写。这能帮助你弄明白它的意思吗？
- 利用上下文检查一下你是否根据拼写知道了单词的确切意思。

读读 **同音异形异义词**

如果你在解码时发现单词在文中讲不通，那么你可能遇到了同音异形异义词。

| flower | hair | here | whole |
| flour | hare | hear | hole |

仔细观察单词的拼写，放在文中看看

哪个单词讲得通？

技能进展

能够意识到自己不熟悉某个词，已经准备好借助背景知识和上下文推断其大致意思或确切含义。

●　●　○　○　○

相关研究

研究表明，与同龄和相同水平的阅读者相比，有阅读障碍的人在识别发音合理但是拼写有误的单词（如 roze 与 rose）时存在困难。遇到同音异形异义词（如 rows 与 rose）时，他们面临的挑战更大，因为他们可能难以将不同的拼写与不同的意思联系起来（O'Brien, Van Orden, & Pennington, 2013）。

11.4 通过回忆来理解词义

目标技能

- 激活背景知识
- 推断

技能进展

能够意识到自己不熟悉某个词，已经准备好借助背景知识和上下文推断其大致意思或确切含义。

● ● ○ ○ ○

延伸阅读

A Practical Guide to Reciprocal Teaching (Lubliner, 2001)

相关研究

在一项研究中，教师实施了一套包括"元认知词汇学习任务"的综合词汇发展计划，参与研究的五年级学生表示，他们发现词汇记忆策略是他们最容易掌握和最常使用的策略（Lubliner & Smetana, 2005）。

策略描述　如果你读到一个词，但不能立刻弄明白它的意思，那就停下来回想一下你以前是否见过这个词。大声读出这个词，然后想一想："我以前听过这个词吗？"即使你无法说出它的确切含义，看看你能否回忆起它的大致意思——回忆你以前在图书、电视节目以及与成年人或朋友的对话中是否听过这个词，然后想一想：在这里它可能是什么意思？

这样给孩子讲解　昨天我与杰达讨论了她正在读的《月夜仙踪》这本书。她读到这样一句话："为了将水稻从顽固的土地里'引诱'出来，我们必须用大量的水浇灌田地。"她发现自己并不能立刻明白"引诱"这个词的意思，我问她以前是否见过或听过这个词，她说："我以前从来没见过它，但我可以读出来。我记得我妈妈用过这个词。当时我们刚领养了一条狗，它非常紧张，不愿意从笼子里出来，我妈妈说了一句'我们得引诱它出来'。然后我们拿了一块培根，它就出来了，还让我们摸它。所以我觉得这个词的意思是'引出来'，在这句话中讲得通——他们想要让水稻从土里长出来。"杰达花时间思考了这个词的意思，努力激活她掌握的一些背景知识。当然，你并非总是听过或见过某个词，但本策略依然是有用的。

这样给孩子提示

- 你以前在书中见过这个词吗？
- 大声读出这个词。你有没有听到过有人使用这个词？
- 你记得这个词的用法，这有助于你弄明白它在这里的意思吗？
- 你已经知道了这个词的大致意思，现在把它放在文中看看是否讲得通。

当你无法立刻弄明白某个词的意思时，

调动你的记忆！

你之前见过这个词吗？

你能回忆起这个词的大致意思吗？

大声读出这个词。你之前在对话或电视节目中听到过它吗？

11.5　填入近义词

策略描述　当你遇到一个生词时，在它所在的位置填入一个你熟悉的词来代替它，并让这个词符合语法，在文中讲得通。利用自己对这个熟悉的词的了解来帮助自己学习生词。

这样给孩子讲解　我正在读《什么是灵长类动物？》（*What Is a Primate?*, Kalman，1999），这本书有一节名为"得到我的消息了吗？"，其中有这样两句话："大猩猩会发出许多种声音来跟别的大猩猩'交流'。母猩猩用咕哝声来责骂自己的孩子。"我会读"咕哝"这个词，但我不知道它的意思。不过，根据这句话和上下文的意思推断，我想，"咕哝"的意思可能是"发出声音"。"母猩猩发出声音来责骂自己的孩子"，这在文中讲得通。

这样给孩子提示

- 填入一个你认为能够讲得通的词。
- 你找到了这个词的一个近义词，现在利用它来弄明白这个词的意思是什么。
- 你不知道这个词的意思。有没有其他词适合放在这里？
- 你不确定那个词的意思。你能说出一个在这里讲得通的词吗？

目标技能

- 激活背景知识
- 推断
- 自我监控

技能进展

能够意识到自己不熟悉某个词，已经准备好借助背景知识和上下文推断其大致意思或确切含义。

●　●　○　○　○

相关研究

在对36项关于词汇教学的研究进行总结后，赖特和切尔韦蒂在他们的一篇综述中指出，有证据证明，帮助孩子将单词与其近义词联系起来有助于他们学习词汇（Wright & Cervetti，2017）。在其中一项研究中，卢布林和斯梅塔娜发现，"填入近义词"是一种有效策略，可以帮助孩子监控他们推断出来的词义在文中是否讲得通（Lubliner & Smetana，2005）。

把词性作为线索

技能进展

能够意识到自己不熟悉某个词，已经准备好借助背景知识和上下文推断其大致意思或确切含义。

● ● ○ ○ ○

相关研究

在一项研究中，研究人员要求三年级学生在连续15周里规律地进行完形填空练习，这项练习强调利用语法规则和词性来确定填入什么词。经过练习，学生在阅读理解方面有进步，但在词汇发展方面并没有超过对照组的同龄人。这表明，完形填空练习更有助于阅读者使用已掌握的词语，而非学习生词（Sampson, Valmont, & Van Allen, 1982）。

策略描述 遇到一个生词时，想一想：这个词在句子中承担什么功能？它的词性是什么？借助你对词性的了解来弄明白这个词可能是什么意思。

这样给孩子讲解 我们来看《潜水蜘蛛的奥秘……还有更多！》中的几句话，其中一句是："The bats chat constantly during their nocturnal outings."（蝙蝠在夜间外出时不停地发出叫声。）如果想弄明白 nocturnal 的意思，可以先想一想它的词性是什么——它是一个形容词，这提供了更多关于蝙蝠外出方式的细节。我知道蝙蝠是夜行性动物，所以 nocturnal 的意思可能是"夜行的"。再来看一个例子："The roach lifted the rest of its body and pushed the surrounding walls with the middle and hind legs to get across the crevice."（蟑螂抬起身体的剩余部分，用中足和后足推动周围的墙壁来穿过裂缝。）这句话中的 crevice 应该表示地点或者事物（名词），因为蟑螂要从中爬过去。蟑螂不是很大，所以它爬过去的东西也不能很大。在这种情况下，也许这个词的意思是一条狭窄的缝、缺口或隆起。仅仅通过这句话很难确定这个词的意思，但词性至少让我对这个词有了大概的了解。

策略使用小贴士 阅读者只有在理解句子中每个词都有不同功能后，才能推断出这个词在句子中的词性。所以，在教授本策略之前，确保你已经教授了孩子基本的词性知识。你可以教孩子相应的术语（如名词、动词、形容词等）来描述词语的功能，但这不是必需的。虽然本策略可以帮助孩子理解任何一个词，但它对于理解同形异义词可能尤其有帮助，因为同形异义词不同的词义通常与词性有关。例如，compact 有"化妆品盒"（名词）、"把……紧压在一起"（动词）、"小型的、密集的或紧凑的"（形容词）等意思，不同的意思对应不同的词性。策略11.7提供了更多关于有多个含义的词的信息。

这样给孩子提示
- 这个词在这句话中的功能是什么？
- 思考这个词前面（或后面）的词是什么词性。这有助于你确定这个词的词性吗？
- 你知道了这个词的词性，那它可能是什么意思呢？
- 这个词描述的是事物吗？是动作吗？它是形容词吗？

文本摘自《去往世界之巅！》（*To the Top!*，Kramer, 1993）。

11.7 思考多义词在特定话题中的含义

策略描述 当你认识的词语在某句话中的意思讲不通时，可能因为它是一个多义词，在特定话题下有特别的含义，而你还不熟悉这一词义。想一想你正在读的书中讨论的话题以及词语的上下文，看看这是否可以帮助你理解词语的不同含义。

这样给孩子讲解 同一个词在句子中可以承担不同的功能（有不同的词性），而这会改变词义。例如，dress 有"穿衣服"（动词）的意思，也有"连衣裙"（名词）的意思。但有时候，即使在句子中承担相同的功能，一个词的词义也可能完全不同，因为它在特定话题下有不同的含义。来看几个例子。

- Trunk。如果你在读关于树的内容，trunk 指树干；而如果你在读关于行李的内容，trunk 就指行李箱（如果你在读关于大象的内容，trunk 就指象鼻了！）。
- Running。如果你在读关于汽车发动机的内容，running 指运转；而如果你在读关于运动的内容，running 就指奔跑。
- Blue。如果描述墙壁的颜色，blue 的意思是"蓝色"；如果描述人的心情，blue 的意思就是"忧郁"。

还有些时候，一个词最基本的含义是相同的，但与特定话题相关的含义又截然不同。再来看几个例子。

- Shuttle。它既可以指载运宇航员的航天飞机，也可以指往返机场的摆渡车。虽然它们都是用来载人的，但一个是航天器，另一个是公共汽车。
- Plate。它既可以指厨房里的盘子，也可以指地壳中的板块。虽然它们都是平的，但一个是很小的、可以拿起来的容器，另一个是地球外层的一大块区域。

这样给孩子提示

- 你知道这个词有哪些含义吗？根据你所读的书中讨论的话题来思考一下。
- 这个词还有没有其他含义可能在这里讲得通？
- 你说的是这个词的一种意思，但这个意思放在这里讲得通吗？

目标技能

- 激活背景知识
- 自我监控
- 推断

技能进展

能够意识到自己不熟悉某个词，已经准备好借助背景知识和上下文推断其大致意思或确切含义。

● ● ○ ○ ○

相关研究

克莱因和墨非通过一系列实验探索了多义词（含义不同但相关，比如 paper 有"纸张""文章""报告""资料"等意思）和同形异义词（拼写相同但含义不相关，比如 bank 有"银行""斜坡""积云"等意思），结果发现，这些词的不同含义在大脑的记忆区是分开存储的（Klein & Murphy, 2001）。如果作者使用的词义为阅读者所熟知，他们可以快速理解词义；但当作者使用的词义不为阅读者所熟知，他们的理解则会受阻。

想一想你正在读的书中讨论的**话题**

PLATE
PLATE

这不是我吃饭用的盘子，所以它一定是地壳中的板块。

你需要知道
- 同一个词在句子中可以有不同的词性，而这会改变词义。
- 即便一个词只有一种词性，它也可能有不同的含义。
- 一个词的最基本含义是不变的，但它的含义会因话题的不同而不同。

策略描述　当你遇到与特定话题相关的词语或短语时，查看它的前后是否有关于它的释义的提示。像"是""或者""被称为"这样的词语或短语，或者像逗号或破折号这样的标点符号，有时会提示你释义就在那里！

这样给孩子讲解　我们来看《企鹅》（*Penguins*，Arlon & Gordon-Harris，2012）这本书中的三个例句，在这些例句中，作者分别使用了一个对于学习这本书的内容非常重要的词语或短语，并且在句子中给出了释义。在看这些例句时，找一找提示我们释义就在句子中的线索。

1. "因此，企鹅每年都会换羽——它们的羽毛会脱落。"
2. "磷虾就像是小虾。"
3. "这些企鹅过去常常用它们自己的粪便做巢，它们的粪便被称为海鸟粪！"

　　在第一个例句中，我们可以知道"换羽"的意思，因为破折号后面紧接着就是释义。作者通常使用破折号和逗号来引出释义，因此，你一定要留意这些标点。第二个例句中有一个词是"磷虾"，我们看到了"就像是"，从而可以理解它的意思。最后一个例句中有"海鸟粪"这个词，该怎么理解它呢？有一个短语给了我们提示，那就是"被称为"！

技能进展
能够意识到自己不熟悉某个词，已经准备好借助背景知识和上下文推断其大致意思或确切含义。

●●○○○

这样给孩子提示

- 你能找出一个作者给出了释义的词吗？
- 你是否在句子中找到了能告诉你词语释义的关键词？
- 看看标点符号。我认为我找到了关于词语释义的线索。
- 是的，就在这里，你利用关键词找到了词语的释义。

相关研究
基于一些经典研究和当代的研究，杜克、沃德和皮尔逊在一篇文章中指出了一些关于阅读理解教学的关键发现。他们认为，阅读者"能够弄明白文中的词可能是什么意思，并抓住作者提供的机会积累词汇知识……也有助于阅读理解"（Duke, Ward, & Pearson, 2021, p.667）。

释义可能就在句子中！

- 留意 "是" "或者" "被称为" 等
- 寻找标点符号　。——

示例：　有些鸟蛋有花纹，这有助于它们伪装或者融入周围的环境。

策略描述　有时候句子结构可以帮助我们弄明白自己不熟悉的词的意思。先确认句子结构，然后想一想：这是否表示这些事物是相似的？还是它们是不同的？或者有因果关系？根据事物之间的关系推断词义。

这样给孩子讲解　我将分享几个例句，并通过有声思维展示我如何观察句中信息的组织方式，以及这如何帮助我思考生词可能是什么意思。虽然我并不总能通过这种方式知道词语确切的意思，但是我能知道它大概的意思，这样生词就不会干扰我理解句意了。

"梅利莎很有耐心，不像她的妈妈那么性急。"在这句话中，作者比较了梅利莎和她妈妈。我知道"耐心"是什么意思，所以"性急"一定是相反的意思，因为这里用了"不像"。

"如果我们想赢，那我们必须持之以恒。"这个句子的结构是因果式结构，所以"持之以恒"意味着为了赢而必须做的事情。不断努力？坚持不懈？

"身处山区让她感到放松和平静，仿佛她对世界毫不在意。"后半句提供了更多信息，"放松"与"毫不在意"相呼应，所以"平静"的意思一定与"放松"相近。

这样给孩子提示

- 暂停阅读，先弄明白句中信息的组织方式。这些信息之间有什么关系？
- 你会如何描述前半句和后半句之间的关系？
- 既然你注意到了句子结构，你能据此推断出这个词的意思吗？

目标技能

- 分析
- 推断

技能进展

能够意识到自己不熟悉某个词，已经准备好借助背景知识和上下文推断其大致意思或确切含义。

● ● ○ ○ ○

相关研究

根据金奇和曼加拉特对多项研究的总结，词义并没有在我们的记忆中事先存储下来——只有在具体语境中才有意义（Kintsch & Mangalath，2011）。因此，每次遇到一个词时，我们都需要设法理解它的意思。用以标示句子结构的信号词可以增强句中词语间的联系，下次遇到这些词时就更容易想起它们的含义（Ericsson & Kintsch，1995）。

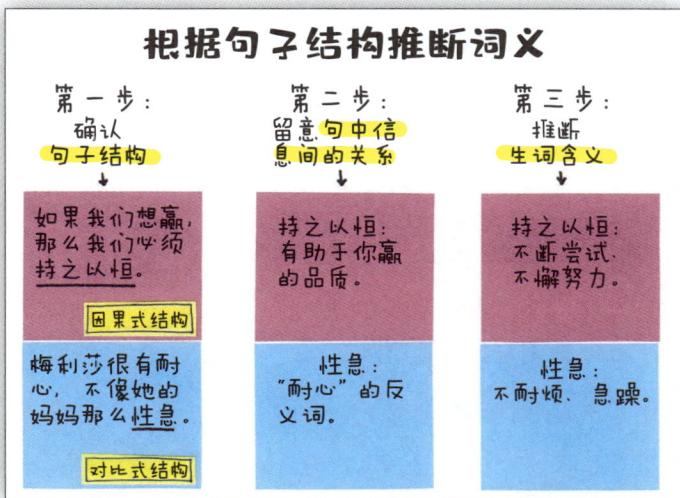

根据句子结构推断词义

第一步：确认 句子结构 → 如果我们想赢，那么我们必须持之以恒。 因果式结构 ｜ 梅利莎很有耐心，不像她的妈妈那么性急。 对比式结构

第二步：留意 句中信息间的关系 → 持之以恒：有助于你赢的品质。 ｜ 性急："耐心"的反义词。

第三步：推断 生词含义 → 持之以恒：不断尝试，不懈努力。 ｜ 性急：不耐烦，急躁。

目标技能
- 分析
- 推断

策略描述　阅读时，要留意那些起连接作用的词（比如"但是""或者""然而""所以""因此""而且""之后""之前"等），这些词可以帮助你理解句中的信息是如何关联起来的。想一想你正在努力理解的词与句中其他信息的关系。

这样给孩子讲解　不要低估连接词的重要作用，它揭示了句中信息之间的关系，有时这种关系会为你提供线索，帮助你理解不熟悉的词语或短语。例如，"所以"通常意味着一件事引起了另一件事——"她从不刷牙，所以她有了蛀牙。"如果我想知道"蛀牙"是什么意思，我可以想一想如果有人不刷牙会发生什么。又如，"之后""之前"这类词表示的是某种时间关系——"她在就寝之前刷牙了。"如果我想知道"就寝"的意思，我可以想一想人们在刷牙后通常会做什么，从而推断这个词在这里是什么意思。

技能进展

能够意识到自己不熟悉某个词，已经准备好借助背景知识和上下文推断其大致意思或确切含义。

●●○○○

这样给孩子提示
- 找找连接词，看看句中的信息是如何关联起来的。
- 现在你已经知道了句子的各部分是如何关联起来的，那么这个词可能是什么意思？
- 你推断出的词义是否符合语境？记得考虑连接词。
- 这个词展示了事件的顺序。你觉得这个词是什么意思？

延伸阅读

Learning to Learn in a Second Language (Gibbons, 1993)

相关研究

在一组研究中，研究人员要求年龄不同、理解力不同的儿童使用连接词来填空。结果表明，年龄较小的和被研究人员称为"理解力较差"的孩子表现较差，无法选择恰当的连接词完成填空。他们还发现，精通阅读的成年人都会借助连接词理解和记忆信息（Cain，Patson，& Andrews，2005）。

根据连接词推断词义

她从不刷牙，所以她有了蛀牙。

✓ 找找连接词以及它表示什么关系。

✓ 连接词是如何将句子的前半句和后半句连接在一起的？

✓ 那个词可能是什么意思？

✓ 你推断出的词义符合语境吗？

11.11　借助单个词理解复合词

策略描述　留意一下你要理解的较长的英语单词是否为复合词（由两个较短的单词组成的长单词）。将这个长单词分成两部分，想一想这两个单词分别是什么意思，然后再想一想：将这两部分组合在一起，整个单词是什么意思？

这样给孩子讲解　英语中有数以百计的复合词，它们是由两个或两个以上较短的单词合写在一起构成的。复合词中每个较短的单词都有自己的意思，它们组合在一起可以形成一个有自身含义的新词。我们来看几个例子。先从一个大家都知道的例子开始：airport。我们可以将它分成 air 和 port，air 的意思是"空气、空中"，port 的意思是"港口"，是停靠交通工具的地方。所以，airport 就是飞行交通工具（飞机）的停靠点——机场。再来看一个你可能不知道的单词：careworn。先来看一下组成这个单词的两个较短的单词是什么。是的，是 care 和 worn。我们知道这两个单词的意思，care 的意思是"关心、在乎"，意味着给予别人需要或关心的事物；worn 的意思是"破损的、破旧的"，通常是因为使用过多。那么，careworn 可能是什么意思呢？它可以描述一个人由于过于关心而精疲力竭（忧心忡忡）。

这样给孩子提示

- 你能将这个词分成两部分，而这两部分都是单独的单词吗？
- 请说出每个较短的单词的意思。
- 现在将这两部分组合在一起。这个复合词是什么意思？
- 这个词的一部分是否修饰或描述另一部分？

技能进展

能够根据上下文和背景知识推断词义，已经为学习如何分析构词成分以及如何应用语法知识和词源知识做好了准备。

● ● ● ○ ○

相关研究

在一组实验中，研究人员发现，熟练的阅读者在理解新的复合词时需要更长的时间。即使这个新词是由熟悉的单词组合而成的，阅读者仍然会将它看成一个生词，并重读句子在上下文中寻找线索。他们还发现，阅读者在仅接触一次后就记住了新的复合词的意思（Brusnighan & Folk, 2012）。

目标技能

- 分析
- 推断
- 自我监控
- 激活背景知识

技能进展

能够根据上下文和背景知识推断词义，已经为学习如何分析构词成分以及如何应用语法知识和词源知识做好了准备。

●●●○○

延伸阅读

Spelling K-8: Planning and Teaching (Snowball & Bolton, 1999)

相关研究

在一项针对词法教学效果研究进行的元分析中，研究人员得出结论：掌握词法知识有助于学习词汇知识，并且"孩子在掌握词根和词缀知识的同时，也就掌握了有助于理解单词含义的知识"（Goodwin & Ahn, 2013, p. 278）。

策略描述　将你所熟悉的某个较长的英语单词拆分成几个部分，确定它的词缀——前缀和后缀。先想一想每个部分的意思，然后将各部分重新组合起来，推断整个单词的意思。检查一下，确保你推断出的意思在句子中讲得通。

策略使用小贴士　你可以和孩子一起创建词族表，并将其贴在教室中供孩子参考。在朗读课或迷你课堂（minilesson）中，当遇到有熟悉词缀的复杂长单词时，给孩子示范如何使用词族表来理解单词。本策略发挥作用的前提有两个，一个是孩子知道单词词缀的含义，另一个是孩子知道如何拆分和重组单词。你可以根据文本复杂度和孩子所在的年级对本策略进行调整——根据孩子所读的文本选择他们最有可能遇到的前缀和后缀。

词族	前缀	例子	含义
"not"	dis–	disobedient disagree	不服从的，行为不当的 不同意，持不同意见
	un–	unhelpful unlock	没有帮助的 没有锁住
	in–	incomplete independent	不完全的，未完成的 不依赖他人的，自立的
	im–	imperfect immature	不完美的，有缺点的 不成熟的，幼稚的
	non–	nonfiction nonliving	非虚构作品 没有生命的
	ir–	irresponsible irregular	不负责的 不规则的
	il–	illegal illiterate	不合法的 不识字的，不会读写的

这样给孩子提示

- 你注意到了单词的哪个部分？这个部分是什么意思？
- 将这个部分和其余部分组合在一起后，整个单词是什么意思？
- 你还知道哪些有同样前缀（或后缀）的词？

策略描述 碰到较长的英语单词时，试着找找自己知道的词根或词基。回想一下你是否在其他单词中看到过这个词根或词基，从而帮助你弄清楚它的意思。留意单词中的其他部分，看看它们是否改变了词根或词基的意思。然后，根据这个词的用法弄清楚它在这个语境中的含义。

策略使用小贴士 英语词根大多源自拉丁语和希腊语，可以添加其他词缀。词根通常无法独立成词，比如 construct（构建）、reconstruct（重建）和 construction（建筑）中的 struct，它并不是一个独立的词。词根有时会与词基混淆。词基可以独立成词，比如 teachable（可教的）、unteachable（不可教的）和 reteach（重新教授）中的 teach 就是一个独立的词。然而，在使用本策略时，词根与词基之间的这种区别并不重要。孩子如果能够识别较长单词中的熟悉部分，就可以利用这些知识来理解生词。策略11.12提供了更多关于词缀的信息。

这样给孩子提示

- 这部分是词根。你知道其他含有相同词根的词吗？它能帮助你弄明白这个词根的意思吗？
- 这个词里有没有你认识的词根或词基？
- 将词根与词的其他部分组合起来。你觉得这个单词是什么意思？

目标技能

- 分析
- 推断
- 激活背景知识

技能进展

能够根据上下文和背景知识推断词义，已经为学习如何分析构词成分以及如何应用语法知识和词源知识做好了准备。

●●●○○

相关研究

只要给六年级和七年级学生稍微教一点有关黏着词根 [如 spectator（观众）、inspect（检查）和 spectacle（壮观的景象）中 spect] 的知识，那么他们在阅读中遇到这些词根时，就能理解含有这些词根的词的意思（Crosson & McKeown, 2016）。更高阶的阅读者往往更能从分析词汇中受益，因为他们会遇到更复杂的词，并能将所学应用于理解这些词（Castles, Rastle, & Nation, 2018）。

—— 认识词基 ——

我们认识的词基	含有这个词基的单词	这个单词的含义
teach（教授）	teacher（教师）	教授知识的人
	teachable（可教的）	为学习做好准备的
cycle（骑自行车）	bicycle（自行车）	脚踏车或有两个轮子的车
	motorcycle（摩托车）	发电机驱动的两轮自行车
	cyclist（骑行者）	骑自行车的人
transport（运送）	transportation（运输）	物品或者人从一个地方移动到另一个地方
	transporting（运送）	移动的动作

目标技能

- 分析
- 推断
- 激活背景知识

技能进展

能够根据上下文和背景知识推断词义，已经为学习如何分析构词成分以及如何应用语法知识和词源知识做好了准备。

●●●○○

延伸阅读

No More "Look Up the List" Vocabulary Instruction (Cobb & Blachowicz, 2014)

相关研究

在一项针对同时学习西班牙语和英语的幼儿园和一年级孩子的研究中，研究人员发现，与均衡地接受西班牙语和英语双语教学以及更多地接受英语教学的孩子相比，更多地接受西班牙语教学的孩子更了解英语同源词（Pérez、Peña, & Bedore, 2010）。说两种（或更多的）语言的人语言知识面更广，尤其是当这些语言的词源有关联时，他们将拥有学习词语的独特优势。

策略描述　如果一个英语单词看起来或者读起来与其他语种中你熟悉的词相似，想一想这个单词在别的语种中是什么意思，并看看这个意思是否符合这个英语单词所在的语境。

策略使用小贴士　本策略对懂其他语种或者正在学习其他语种的孩子最有效。请注意，同源词有很多种类型。有些同源词读音相同或相似，拼写和意思完全相同，它们被称为完全同源词，例如英语和西班牙语中的 animal（动物）；还有一些同源词读音相似，拼写和意思也相似，例如英语中的 accident（事故）和西班牙语中的 accidente（事故）。尤为棘手的是伪同源词，它们的读音和拼写相同或相似，但意思不同。例如，pie 在英语中的意思是"带有酥皮的食物"，而在西班牙语中的意思是"脚"。又如，英语中的 recorder 和西班牙语中的 recordar 看起来都和英语单词 record（记录）相似，但 recorder 的意思是"录音机、记录员"，而 recordar 的意思是"记住、提醒"（Rodríguez, 2001）。

这样给孩子提示

- 别的语种中有没有某个词跟这个词看起来很像？
- 想一想那个词在其他语种中是什么意思。
- 这个词在英语中可能是什么意思？
- 想一想这个词在这里的用法——其他语种中看起来相似的词是否适用于这里？

嘿，这听起来像我知道的某个词！

在英语中	在西班牙语中
Abuse 滥用	Abuso 滥用
Abbreviate 缩写	Abreviar 缩写
Accept 接受	Aceptar 接受
Majority 大部分	Mayoría 大部分
Realization 实现	Realización 实现

① 想一想　你知道的其他语种中有没有看起来或者读起来与这个词相似的词。

② 想一想　这个词在其他语种中是什么意思。

③ 检查一下　这个词在本书中是否有同样的意思。

同源词还有很多很多！

11.15 查阅相关资料，找到词语释义

策略描述 如果你无法根据上下文弄明白词语的意思，并且不知道词义会影响你的理解，你可以通过查阅相关资料来找到词语的释义。回到原文中看看这个词的用法，然后选择最符合语境的释义。根据这个词的用法，用你自己的话来解释它的意思。

这样给孩子讲解 当你发现你尝试了自己通常使用的策略，却仍然无法理解这个词时，你可以去查阅相关资料。如果你不想在阅读时总是停下来去查资料，但你发现不理解这个词会影响你理解所读内容，或者你对这个词的意思非常好奇，那么你可以选择求助于外部资源。无论是使用在线词典、纸质词典还是书中的术语表，重要的是要记住：简单的释义不足以帮助你真正理解词语。你要时刻考虑上下文，确保自己选择的释义是合适的——我们都知道，很多词语有多个意思！

策略使用小贴士 由于标准词典的受众多为成年人，所以请确保为年幼的学习者提供儿童词典，无论是纸质词典还是在线词典。对于高年级学生，在他们学习快速查单词时，你可以告诉他们在搜索引擎上输入单词，搜索引擎将显示来自词典的释义，以及其他有用的信息，比如语音发音和同义词。还可以考虑使用各种浏览器插件，在有些插件中，你只需简单点击一下，网页上就会显示单词的释义。类似的数字工具对英语学习者来说尤其有用。

这样给孩子提示

- 为了理解这个词语，你可以参考哪些资料？
- 你找到了这个词的一些释义。你怎么知道哪个释义适用于这个语境？
- 在这种情况下哪个释义适用？
- 你发现第二个释义更适合这个语境，而不是第一个。你在积极思考，真不错！

目标技能

- 增加知识储备
- 自我监控
- 整合信息

技能进展

能够独立自信地运用各种策略来理解生词，已经准备好利用外部资源对词语进行补充性学习。

●●●●○

相关研究

在一项使用眼动追踪技术的研究中，研究人员发现，将英语作为第二语言的阅读者在遇到生词时，即使这些词与文本内容无关且词义可以被轻松推断出，他们仍然会依赖词典（Prichard & Atkins, 2021）。这一研究结果凸显了帮助阅读者思考何时该暂停阅读来查资料的重要性。

你如果无法理解某个词
（并且你想知道它的意思）

请查阅参考资料

词典

术语表

然后选择最符合语境的释义 ✓

目标技能

- 增加知识储备
- 自我监控
- 整合信息

技能进展

能够独立自信地运用各种策略来理解生词，已经准备好利用外部资源对词语进行补充性学习。

● ● ● ● ○

相关研究

在一项针对学习双语和单语的四年级学生的研究中，研究人员发现，包括即时定义和西班牙语翻译在内的多媒体功能增加了孩子的接受性词汇知识（Proctor, Dalton, & Grisham, 2007）。

策略描述　如果你正在使用平板电脑或其他设备阅读电子书，遇到生词时，你可以先用相关策略推断词义，然后将鼠标光标移到这个词上，直到弹出释义。读一读这个释义，确认或修正你对这个词的理解。回到原文中再读一遍，注意这个词的用法并将其释义与语境联系起来。

策略使用小贴士　大多数平板电脑和其他电子设备上装的电子书软件都有查找功能，这确实方便了很多，因为有了这个功能，查找生词含义几乎不会占用阅读的时间。虽然孩子仍然需要关注自己的阅读投入度和阅读速度，确保不会因为暂停次数太多而影响理解，但你可以鼓励他们在阅读电子书时对词语多一点好奇心。毕竟，推断词语的意思然后迅速查看其释义（以验证推断的准确性）是学习生词的有效方法。

这样给孩子提示

- 你如果不确定这个词的意思，可以使用内置词典快速获取释义！
- 你已经读完了这个词的释义，现在再读一遍包含这个词的那句话。
- 这个释义是否适用于书中所描述的情境？
- 记住，你正在读电子书，你可以随时查看词语的释义！

（在电子书中）
查看词语释义

使用内置词典快速查看释义。

11.17 向他人求助

策略描述 阅读时，问问自己："我认识可能知道这个词意思的人吗？"问问父母、朋友或老师，以便快速得知词语的释义（如果他们正在忙，你可以记在便利贴上稍后问他们）。一旦从他们那里知道了词语的意思，你可以重读词语所在的句子，看看他们给出的释义是否符合语境。

策略使用小贴士 虽然孩子可以利用电子书的查阅功能、在线词典或纸质词典以及术语表轻松获知词语的释义，但有时候询问他人可能更方便。有时候，这是出于效率的考虑——一个知识丰富的朋友就在旁边，而词典则在房间的另一边。事实上，与他人讨论可以让你对词语有更深入的理解——这是词典无法做到的。当然，如果你注意到孩子通常一上来就使用本策略，那么你可以修改本策略，鼓励孩子先自己推断词义，然后通过求助他人来确认或修正自己的推断。

这样给孩子提示
- 你可以向谁寻求帮助？
- 他告诉了你这个词的一个释义，我们来看看这个释义是否符合语境。
- 告诉他们上下文，这样他们就能给出符合语境的释义了。
- 你已经试过其他策略了？好的，你可以向他人寻求帮助了！

询问他人词语释义

问问自己："我认识可能知道这个词意思的人吗？"

我

目标技能
- 增加知识储备
- 自我监控
- 整合信息

技能进展

能够独立自信地运用各种策略来理解生词，已经准备好利用外部资源对词语进行补充性学习。

● ● ● ● ○

相关研究

在一项针对阅读能力各异的一年级孩子的研究中，参与者阅读了带有音频功能的电子书，其中一部分孩子有老师提供额外的帮助——告诉孩子词语的意思，而另一部分孩子则没有。总体而言，有老师的帮助，孩子（特别是那些阅读能力较强的孩子）能掌握更多的词（Lee，2017）。仅仅从音频中听一遍生词的解释并不能让孩子学会更多的词。

目标技能

- 整合信息
- 增加知识储备

技能进展

能够独立自信地运用各种策略来理解生词，已经准备好利用外部资源对词语进行补充性学习。

● ● ● ● ● ○

延伸阅读

Reading Ladders: Leading Students from Where They Are to Where We'd Like Them to Be (Lesesne, 2010)

相关研究

阅读一系列内容相关的文本是一种可以同时提高阅读理解能力和词汇习得能力的方法。针对四年级学生的一项研究表明，孩子如果阅读一系列精心挑选的内容相关的文本，可以同时积累学科知识、增强回忆能力和促进词汇发展（Cervetti, Wright, & Hwang, 2016）。

策略描述　搜集几本讨论相同话题的书。先读内容最简单的那本，将与话题相关的重要词语及其含义记在笔记本或便利贴上。接着读比较有挑战性的那本，在阅读过程中借助之前读的书和你的笔记来回忆已学词语的含义，记录新学到的词及其含义。重复这个过程，直到你可以阅读你选择的最具挑战性的那本书。

策略使用小贴士　本策略非常适用于阅读信息类文本，因为孩子在这类文本中遇到的大部分词语是与特定内容相关的，并且很可能与其他不同难度级别的书中的词语有重叠。本策略还能帮助那些阅读难度逐级提高的文本的孩子积累背景知识，这样他们在遇到更具挑战性的文本时可以更好地根据上下文来理解。本策略也适用于阅读某些小说，比如历史小说——阅读者熟悉了背景或时代，在阅读同系列其他背景或时代相似的书时会更容易。请注意，孩子遇到的大部分具有挑战性的英语单词是贝克、麦基翁和库钱所称的第二层级词汇（Beck, McKeown, & Kucan, 2013），即使用频率较低，但可能在各种语境中出现和使用的词，比如 bewildered（困惑的）、ceased（停止的）或 embraces（拥抱）。本策略对于学习第三层级词汇尤其有帮助——这些词与特定内容相关，而且在日常口语中很少用到，比如 pharaoh（法老）、tomb（坟墓）、sarcophagus（石棺）或 hieroglyph（象形文字）。

这样给孩子提示

- 你能找到哪些讨论相同话题的书呢？
- 这几本书大体上都与这个话题有关，但你最好找一本能够运用本策略的书。
- 你搜集了几本关于 ___ 的书。哪本看起来最容易阅读？
- 从第一本书中你学到了哪些可能会在你读下一本书时帮到你的词呢？

创建一个文档，专门收集关于某个话题的生词！

③继续读讨论同一话题的其他书。

④现在你已经做好准备，可以读难度更大的书了！

②收集关于这个话题的词语。

①先读比较简单的书。

策略描述 想一想你选择的书中的关键话题，找到讨论相同话题的音频或视频。观看或收听这些资源，从中获取相关信息，找到重要词语，记下你学到的与话题相关的词语。

这样给孩子讲解 如果你发现自己正在读的书（或者自己想要读的书）因为生词太多而难以阅读，你可以先学习相关知识（包括相关词汇），让自己有所准备再尝试阅读。例如，你可以上网搜索相关音频和视频，它们可以帮助你了解背景信息和重要词语——这些词语你在阅读过程中很可能会遇到并且需要知道其含义。

这样给孩子提示

- 你已经知道这本书是关于什么的了，那么你能找到哪些音频或视频来帮助自己更好地理解呢？
- 你找到了一个与这个话题相关的视频。观看视频时，请记下你觉得与此话题相关且重要的词语。根据词语在视频中的用法解释它们在书中的意思。
- 你在播客中听到了哪些你认为能帮助你理解这本书的词语呢？
- 我看到你已经记下了重要词语，并根据词语在视频中的用法给出了你认为的释义！

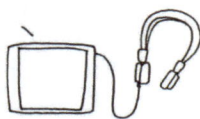

目标技能

增加知识储备

技能进展

能够独立自信地运用各种策略来理解生词，已经准备好利用外部资源对词语进行补充性学习。

●●●●○

相关研究

切尔韦蒂和赖特在一篇研究综述中指出，有大量证据表明，已有知识有助于阅读理解，而阅读理解则有助于学习新知识（Cervetti & Wright, 2020）。研究还发现，知识同样有助于词汇发展，因为知识能够支持阅读者有依据地推断生词含义（Barnes, Ginther, & Cochran, 1989; Kaefer, Neuman, & Pinkham, 2015）。

11.20 根据情感基调来推断词义

目标技能

- 自我监控
- 推断
- 整合信息

技能进展

能够理解和推断出词义，已经准备好从更大的语境中思考词义，分析作者的用词选择，以获得更深入的理解。

● ● ● ● ●

相关研究

研究人员对比了在阅读教学中教给五年级学生分析词素（例如前缀）的方法和分析语境（例如线索类型，包括语气和语调）的方法的影响。不论是单独使用还是结合使用，这两种方法都有助于孩子记忆课堂上涉及的词语的含义，从而推测出与在干预性教学中强调过的词语具有相似语境的生词的含义（Baumann et al., 2002）。

策略描述　遇到陌生的词语或短语时，想一想文中发生了什么，以及此刻的情感基调或人物的感受是什么。恐惧？悲伤？快乐？紧张？了解情感基调有助于你推断出词语或短语的含义。在你尝试解释这个词语或短语时，要牢记文中发生了什么以及情感基调是什么。

这样给孩子讲解　当我们全班一起读《我的足迹》（*My Footprints*, Phi, 2019）这本书时，我们注意到作者使用了丰富的语言来描写。例如，第一页上有一句话是 "new snow cracks like eggshells"（新下的雪像蛋壳一样裂开），而插图上根本没有鸡蛋。"crack like eggshells"这个短语是什么意思呢？想一想此刻发生了什么，情感基调如何，我们可以从这里入手。书中人物推（Thuy）正受到嘲笑，她感到紧张和不安。作者将雪落下的声音比作蛋壳破裂声，因为她感到紧张。后来，当她回到家时，玉妈妈和阿尔蒂妈妈的微笑"感觉像一个温暖她脚趾的暖炉"。这里的"暖炉"并不是真的，但它可能是什么意思呢？发生了什么？此刻的情感基调如何？推在家里和爱她的人待在一起感到很安全，此刻她是快乐和平静的，她从内心深处感受到了温暖。

这样给孩子提示

- 情感基调如何？
- 人物有什么感受？这个词语／短语可能是什么意思？
- 你从这句话推断出了人物的感受。根据这种感受，你能推断出这个词是什么意思吗？

例句	推断出的人物感受	推断出的词义
六月二十七日早晨，空气清新，阳光明媚，充满了夏日的温暖；花朵**繁茂**，草坪翠绿。——摘自《摸彩》（Jackson, 1948）	愉悦的开心的	繁茂——有很多花？开得很热烈？
我从来没有像那个晚上那样感觉自己是如此**睿智**——达到了自己力量的极限。我几乎无法控制自己的自豪感。——摘自《泄密的心》（*The Tell-Tale Heart*, Poe, 1843）	有力量的强大的	睿智——有精明的头脑，让他感觉自己很强大。
然而，洞穴里潮湿、肮脏的环境**摧残**着皮肤，任何一处擦伤或水泡都很容易引起感染。——摘自《全员十三人》（Soontornvat, 2020）	害怕的阴暗的	摧残——造成损害、伤害或问题。

11.21　紧扣故事情节来推断词义

策略描述　读故事时，要考虑整个故事中发生了什么，而不能仅仅考虑词语或短语所在的那句话中发生了什么。给出词语或短语的释义，然后结合故事的具体情节，解释为什么这个释义在此处讲得通。

这样给孩子讲解　在推断陌生词语或短语的含义时，紧扣故事情节非常重要。例如，埃德里希的《桦树皮小屋》（*The Birchbark House*，Erdrich，1999）中有这样一句话："奥马卡亚斯帮助了她，用奶奶的锥子打孔，把坚韧的椴木绳从孔中穿过。"需要我们花点时间来弄明白这句话。椴木绳？锥子？想一想：故事里发生了什么？这一部分讲的是他们刚刚剥下了树皮，她说："我们需要你的树皮来建造我们的住所。"看来他们正在建造房子，所以这句话为我们提供了一些他们所做事情的细节。在前面一句中，她提到缝树皮碎片的事情。所以椴木绳一定是某种材料——可能来自某种树，因为"木"也是这个词的一部分——用来将树皮碎片绑在一起。至于锥子，它一定是一种工具，可以在树皮上打孔，从而使穿绳更容易。

这样给孩子提示

- 想一想上下文，而非只考虑这句话。
- 解释一下你为什么觉得这个词是这个意思。
- 你的解释是否与整个故事的情节相符？
- 我注意到你通过思考故事中发生了什么弄明白了那个词的含义。

紧扣故事情节来推断词义
（确保你没有胡乱猜测词语的意思）

1. 思考：故事中发生了什么？
2. 解释："这个词的意思是……"
3. 回到文中：根据上下文来解释。

隐风：一场严重的风暴，它源于……

隐风

目标技能

- 推断
- 整合信息

技能进展

能够理解和推断出词义，已经准备好从更大的语境中思考词义，分析作者的用词选择，以获得更深入的理解。

● ● ● ● ●

延伸阅读

Bringing Words to Life: Robust Vocabulary Instruction, second edition (Beck, McKeown, & Kucan, 2013)

相关研究

在一项经典研究中，纳吉、赫尔曼和安德森让八年级学生阅读大约有1000个英语单词的文本，然后测试学生对15个目标单词的理解。他们发现——这一发现由后续较大规模的研究（Nagy，Anderson，& Herman，1987）证实——孩子的词汇知识虽然仅小幅增长，但具有统计学意义。根据这些发现，他们得出结论，阅读者在阅读过程中会利用上下文无意识地学习大量词语（Nagy，Herman，& Anderson，1985）。

思考修辞语言的隐藏含义

目标技能

- 激活背景知识
- 分析
- 推断
- 整合信息

技能进展

能够理解和推断出词义，已经准备好从更大的语境中思考词义，分析作者的用词选择，以获得更深入的理解。

●●●●●

延伸阅读

No More "Look Up the List" Vocabulary Instruction (Cobb & Blachowicz, 2014)

相关研究

数十年的研究表明，有学习障碍的孩子在理解修辞手法时尤其感到困难（Nippold, 1985）。尽管年幼的阅读者在解释修辞手法之前通常能够先识别它，但总体而言，理解修辞手法的能力会随着年龄的增长而提高。因此，关于修辞手法的策略更适用于年龄大一些的学习者。

策略描述　如果你觉得自己遇到了一些修辞手法，想一想你知道哪些修辞手法。问问自己："这可能是 ___（比喻、夸张等）吗？"参考下表，凭借你对修辞手法类型的了解，试着弄清楚作者的意图。如果你认为自己知道了修辞语言隐含的意思，那就查看一下上下文，看看是否讲得通。

策略使用小贴士　虽然你花了很多时间教孩子弄清楚词语的意思，但是有的时候，词语并不只是字面上的意思，而孩子很难理解这一点。你可以告诉孩子，在遇到一个短语时，如果他们知道其中每个词语的意思，但是无法弄清楚整个短语的意思，那么这可能是因为作者在用修辞语言表达短语隐含的意思，而非字面意思。然后，你可以跟孩子一起创建修辞库，这样孩子在遇到新的修辞手法时就可以用上本策略了。下表仅供参考，实际上，用孩子提供的例子创建类似的表格将更有意义，也便于孩子在练习时参考。

修辞手法	解释	示例
矛盾	用两个意思差异巨大甚至截然相反的词来形容事物	震耳欲聋的沉默 活死人 准确估计
隐喻	在比较时，不使用"像"或"如同"	那张桌子就是猪圈。
夸张	用夸大的词句来形容事物	我排队等了好久，感觉会永远等下去。 我跟你说了一千遍了！

这样给孩子提示

- 这可能是什么修辞手法呢？
- 这是夸张。回想一下你对夸张这种修辞手法的了解，推断出作者在这个故事中要传达的意思。
- 是的，这句话用了双关的修辞手法！这是否有助于你推测它可能在表达什么？
- 不要停留在字面意思上，想一想：在这个语境下，作者想要表达什么其他意思？

策略描述　遇到使用了某些类型的修辞手法（隐喻、明喻、夸张）的词句时，先根据它的字面意思在脑海中勾勒画面，这能帮助你理解其隐藏含义。然后想一想："我知道作者在此处用了修辞手法，那么这句话真正要表达的意思是什么呢？"

这样给孩子讲解　许多常见的用了修辞手法的词句，一旦你听到它们，你就会理解它们的意思——你肯定知道称呼一个人为"沙发土豆"（couch potato）或者形容一个人"忙得像只蜜蜂"（busy as a bee）是什么意思。当你妈妈说"我已经告诉你一百万次要收拾你的房间了"，你知道她只是想表达她说了三四次，这已经足够令她厌烦了！但是，有时候文中会出现很新颖的修辞手法，你会不由自主地停下来思考它的意思。你可以尝试的一种策略是根据它的字面意思在脑海中勾勒画面，然后思考它隐藏的含义。比如，欧吉·莫拉的绘本《星期六》（*Saturday*，Mora，2019）的第一行写道："今天早上，阿瓦和妈妈都把嘴角咧到了耳根。"我可以根据字面意思在脑海中勾勒画面——他们两个脸上都有大大的笑容——然后思考它隐藏的含义，这表示他们很开心。

这样给孩子提示

- 你根据这句话的字面意思勾勒出了怎样的画面？
- 你说的是它的字面意思，那么，它隐藏的含义是什么？
- 我可以看出你根据勾勒出的画面确定作者不是要用这个短语的字面意思。你认为作者真正想要表达什么？
- 你推断出的隐藏含义是否与文本其他部分的意思相符？

在脑海中勾勒画面

→ 思考词句的字面意思有助于我弄明白它的真正含义。

"今天早上，阿瓦和妈妈都把嘴角咧到了耳根。"

星期六
欧吉·莫拉著

修辞手法
（隐喻？明喻？夸张？）

技能进展

能够理解和推断出词义，已经准备好从更大的语境中思考词义，分析作者的用词选择，以获得更深入的理解。

●●●●●●

延伸阅读

Reading with Meaning: Teaching Comprehension in the Primary Grades, second edition (Miller, 2012)

相关研究

卡斯顿在一篇涉及面较广（涉及心理学、哲学和文学）的关于修辞手法和心理意象的综述中指出，许多人在听到或读到修辞语言时会自发地生成心理意象。由于这个过程受意识控制，所以阅读者可以主动利用心理意象理解隐喻（Carston，2018）。

目标技能

- 分析
- 推断
- 激活背景知识

技能进展

能够理解和推断出词义，已经准备好从更大的语境中思考词义，分析作者的用词选择，以获得更深入的理解。

相关研究

研究人员通过四项相关的实验发现，在阅读讽刺作品时，阅读者会在阅读故事时形成对作者的印象，并且会关注作者的用词，以此来确定作者通过这样的词来传达什么。然而，在这些参与者中，很多成年阅读者也未能领会作者的意图，这表明，推断的过程是极其复杂的（Pfaff & Gibbs，1997）。

策略描述 当作者使用的词语令人惊讶、带有诱导性或偏见时，停下来想一想它的字面意思以外的深层含义。试着想出一个与它意思相近的词（同义词），然后想一想：为什么作者选择用这个词？

这样给孩子讲解 一个词既有外延意义（也称概念意义）又有内涵意义。也就是说，查词典时，我们可以找到词语的外延意义，但这个词可能还有内涵意义（随着时间的推移，词语被赋予的含义越来越多）。在故事中，内涵意义可以影响作品的基调或你对人物、地点或行为的感受。在说明类文本中，内涵意义会影响你区分事实和观点，帮助你思考作者的偏见，或者加深你对内容的理解。阅读时，我们要留意描述性语言，它可能传达的不仅仅是字面意思。例如，youthful 和 juvenile 都有"年轻"的意思，但感情色彩有所不同：youthful 通常用在积极的表述中，传达一种"充满生命力"的感觉；而 juvenile 通常被用在反面例子中，指某人在应该表现得成熟稳重时却行事幼稚。你可以停下来想一想作者为什么选择某个词，它能否帮助你理解被描述的事物。

这样给孩子提示

- 从这个词的用法来看，你觉得它表达的是积极的含义还是消极的含义？
- 你觉得作者为什么选择这个词？
- 还有哪些词适合用在这里？想一想作者为什么偏偏选择了这个词而不选择其他词。
- 你说的是这个词的字面意思。从这个词的用法来看，它还有哪些深层含义？

词汇学习可以帮助孩子
积累背景知识、表达想法、
有效沟通并学习新概念。

——珍妮佛·塞拉瓦洛

提升基于阅读的讨论能力

◎ 这个目标为什么很重要？

与他人讨论所读内容有助于理解（Cazden，2005；Wilkinson，Murphy，& Binici，2015），从而使阅读过程更有吸引力、与社交有更多的关联（Kelley & Clausen-Grace，2013）。当阅读者投入地讨论所读内容时，他们的对话可以促使他们思考，让他们受到启迪。然而，如果缺乏良好的交谈技能，阅读者可能会感到无聊或走神，这样会浪费宝贵的时间。通常来说，教授孩子通用的口语表达和聆听技能（Zwiers，2019；Zwiers & Crawford，2011）以及如何讨论所读内容（Kong & Fitch，2002；Raphael，Pardo，& Highfield，2013）会让孩子受益。

当然，讨论和理解之间存在相互作用（McKeown & Beck，2015）。阅读者需要积极思考，既要思考文本中的内容，也要开拓思路，以便为讨论做好准备，提出值得探讨的观点和问题。一旦孩子完全参与到讨论中，他们的理解将更加深刻，这也将为更加深入的讨论奠定基础。

积极聆听
聆听他人发言时，能够带着尊重和兴趣理解他人的观点，然后针对听到的内容做出反馈。

紧扣话题
能够确定正在谈论的主要话题，并根据文本来贡献与主要话题相关的想法、观点和细节。

提问
能够提出合适的问题，以此来促使发言者做出详尽的阐述——阐明自己的观点或表达不确定的想法，或者邀请说话少的人加入谈话。

为了达成本章目标，阅读者需要掌握的技能

为自己负责
能够积极认真地对待图书内容（引用与自己想法相吻合的部分）和同伴的观点（引用同伴的发言）。

为讨论做准备
能够提前思考即将讨论的观点，从而提高讨论的质量和效率。

保持谈话的平衡
当自己主导讨论时，能够建立主人翁意识，邀请那些说话少的人适时加入谈话。

详细阐述
能够补充、捍卫和解释自己的想法。

推进讨论
能够深化观点，以免针对当下话题的讨论浮于表面。知道该在何时转移讨论的方向。

灵活思考
能够以开放的心态对待谈话，愿意改变自己的想法或学习新事物。

辩论
能够识别关于某个问题、观点或话题的不同立场，并利用相关信息来谈论这些立场。

◎ 这个目标是否适合孩子？

当孩子讨论所读内容时——无论是全班一起讨论、在"文学圈"活动中讨论、在读书会上讨论还是和同伴讨论——你都要旁听。记下孩子的发言，也记下你注意到他们在使用哪些技能，或者在哪些技能上还需要一些额外的帮助。

当你发现讨论似乎变得乏味或停滞不前时，你可以让孩子回顾一下有助于理解的阅读策略（第五章至第十一章的策略）。本章会介绍很多帮助孩子讨论所读内容的策略，对于上述情况，这些策略可能更有用。

此图展示了教师在孩子讨论时做记录的一种方式，具体做法是将一页纸分成两半，一边记录关于交谈技能（优点和需要提升的地方）的内容，另一边记录关于理解力（优点和需要提升的地方）的内容。这种记录方式要求记录者具有很好的即时处理能力，因为记录者需要实时写出孩子使用的策略和技能是什么。

11月20日
关于"一只宠物"（赖伦特著）的讨论

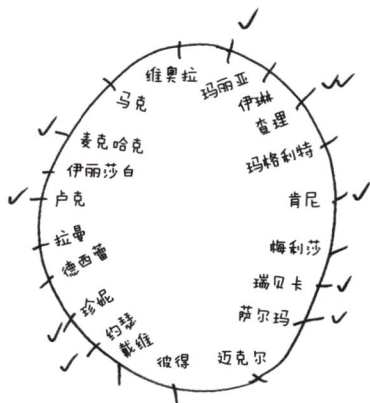

维奥拉　玛丽亚
马克　伊琳
麦克哈克　查理
伊丽莎白　玛格利特
卢克　肯尼
拉皋　梅利莎
德西蕾　瑞贝卡
珍妮　萨尔玛
约瑟　迈克尔
戴维　彼得

玛丽亚：作者（艾玛）的宠物死了，我觉得这太令人悲伤了。

查理：但是鱼总会死的，只有这样才能培养艾玛的责任感。

肯尼：你觉得她的父母必须这样做？为了让她有责任感？

查理：我觉得是的。

瑞贝卡：我不这么认为。我想她的父母只是想快点了结这件事，所以给她一只很容易死掉的宠物。

卢克：我同意！他们买这条鱼的时候它已经很老了，几乎要死了！

约瑟：我同意卢克说的。我觉得他们真的是一对怕麻烦的父母，他们只是想教给她一个道理——有生命的东西终会死亡，你还是继续拉你的琴吧。

珍妮：这么说太刻薄了！

迈克尔：我明白了！她的父母本来就很苛刻。

萨尔玛：或许他们是在考验艾玛，现在他们准备给她买一只小狗或者小猫。

你可以记录每个孩子的座位，绘制一张座位图（这个例子中是一张全班讨论的圆形座位图）。在这张图上每个孩子的名字旁边打钩，以便追踪每个孩子发言的次数，并将他们的发言记在同一页纸的另外一边。之后，你可以回过头来分析你记录的内容，思考孩子运用了哪些理解技能和交谈技能。需要注意的是，在这个例子中，讨论始终围绕话题展开，孩子在表达不同意见时是得到尊重的，并且他们能够在适当的时候达成共识，深入讨论。他们勇于尝试和开拓新思路。然而，有几个孩子没有参与讨论，那些发言的孩子也只是在表达自己的观点，而不是通过提问邀请其他人参与讨论。因此，你可以提供一些建议，告诉他们如何练习这些技能，这可能对所有孩子都有帮助（见策略12.12~12.16）。

> ## ➤ 练习本章策略时可以使用哪些文本？
>
> 本章中的策略可以帮助孩子阅读和讨论任何类型、任何形式的文本。

◎ 如何帮助孩子提升基于阅读的讨论能力?

在听完孩子围绕所读内容开展的讨论后，你可以选择一些阅读策略来提高他们这方面的技能。对于这些策略，你可以给孩子示范如何使用，也可以让他们跟你一起练习，或者让他们独立使用。

"技能进展"部分可以帮助我们确定孩子现在处于什么水平，以及接下来可能会如何发展。你可以使用下页的"技能进展及对应策略一览表：提升基于阅读的讨论能力"评估孩子的阅读情况，并找到能帮助他们取得进步的策略。

技能进展及对应策略一览表：
提升基于阅读的讨论能力

如果孩子……

你可以教他们……

在讨论中需要外界帮助才能做到积极聆听、紧扣话题和轮流发言。

12.1	全身心地聆听
12.2	说说自己听到了什么
12.3	做出与他人发言内容相关的反馈
12.4	记录想法，跟随讨论节奏，在合适的时机发言
12.5	使用交谈游戏板
12.6	不用举手，轮流发言

在讨论中能够紧扣话题、积极聆听，已经准备好提出用于深入讨论的观点、在讨论中引用书中相关内容以及进一步详细阐述观点。

12.7	准备好发言
12.8	与搭档一起完成讨论任务单
12.9	讨论时不偏离图书内容
12.10	仔细聆听他人发言中的重点
12.11	反思，并为讨论设定目标

能够详细阐述自己的观点，已经准备好提出问题，邀请发言少的人参与讨论，以及推进讨论——有时会转到新话题上。

12.12	使用句子提示签推进讨论
12.13	邀请发言少的人参与讨论
12.14	提出强有力的问题
12.15	拓展思路
12.16	转向新观点

具备良好的交谈技能和耐力，面对新观点和新信息已经准备好质疑、辩论及灵活思考。

12.17	用温和的方式说出不确定的想法
12.18	尝试接受不同的观点
12.19	对他人的观点提出质疑
12.20	从另一个角度思考
12.21	组织辩论

12.1　全身心地聆听

策略描述　想一想：当你全身心地聆听时，你的身体姿势是怎样的呢？你会把肩膀和头部转向发言者吗？你会安静坐着还是动来动去？你会跟发言者进行眼神交流还是盯着其他东西？

策略使用小贴士　有些孩子在面向发言者、与之进行眼神交流并边听边点头示意时，可以达到最佳聆听状态，而有些孩子即使手上拿着东西（比如握着一个球）动来动去，也能很好地集中注意力。有些孩子在被迫进行眼神交流时会分心或感到不舒服。此外，还要考虑文化差异——对于轮流发言时的等待时间、眼神交流（如果有的话）的程度、发言者之间的距离等方面，不同文化有不同的规范。根据你对孩子及其需求的了解和判断，（重新）确定孩子应该以什么样子聆听。

这样给孩子提示
- 你会如何让你的身体进入聆听状态？
- 向读书会的成员展示你正在认真听。
- 检查你的身体姿势。
- 你会如何调整你的身体姿势来展示你正在认真听？

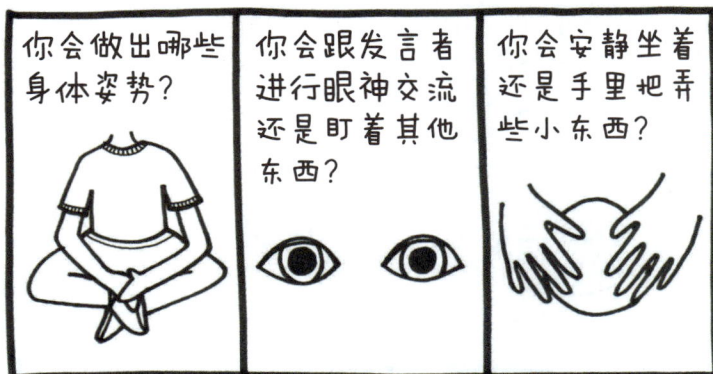

调整你的身体姿势，以表现出你正在认真听

你会做出哪些身体姿势？

你会跟发言者进行眼神交流还是盯着其他东西？

你会安静坐着还是手里把弄些小东西？

目标技能

积极聆听

技能进展

在讨论中需要外界帮助才能做到积极聆听、紧扣话题和轮流发言。

●○○○○

相关研究

为了在讨论中不仅对口头语言而且对身体语言进行协调和自我监控，参与讨论的人需要具备沟通能力。由于许多非语言信号是无意识发出的，所以我们需要有意识地关注它们，以便主动管理自己的身体语言，向他人展示自己正在积极聆听（Hennings，1977；Jalongo，1995）。

目标技能
- 积极聆听
- 紧扣话题
- 为自己负责

技能进展
在讨论中需要外界帮助才能做到积极聆听、紧扣话题和轮流发言。

●○○○○

相关研究
在一项针对大学生的研究中，研究人员探究了积极聆听的不同组成部分，以确认这些部分对谈话双方关系的影响。在实验性访谈中，参与者表示，与仅仅接收到口头肯定回应（例如"好的""太棒了"等）相比，若接收到复述式反馈，他们会更喜欢自己的谈话伙伴（Weger, Castle, & Emmett, 2010）。

策略描述　认真听他人的发言，用自己的话概述他的观点。跟他确认你的理解是否正确，如果不对就进行修正，并把你的想法补充进来。

这样给孩子讲解　要想讨论顺利进行，积极聆听非常重要。你要仔细听对方说了什么，然后试着用自己的话概述他的观点。你可以说"我听到你说……"或者"你的意思是……"或者"按照我的理解，你说的是……"，当对方以微笑、点头或口头反馈确认了"是的，我就是那个意思"后，你再说出自己的想法。如果你感觉还没有完全准确地表达出他的想法，请给他机会让他阐明自己的观点，然后你再补充自己的想法。

策略使用小贴士　你可以让孩子尝试做笔记，看看这样做是否有助于他更好地聆听和记住讨论内容。当孩子聆听彼此的发言时，你可以记一些关键词。

这样给孩子提示
- 用自己的话说说你听到了什么。
- 你可以这样说："你的意思是……"
- 你已经概述了他的观点，现在可以补充自己的想法了。
- 如果你不确定自己的理解是否正确，可以请刚才发言的人重复一遍。

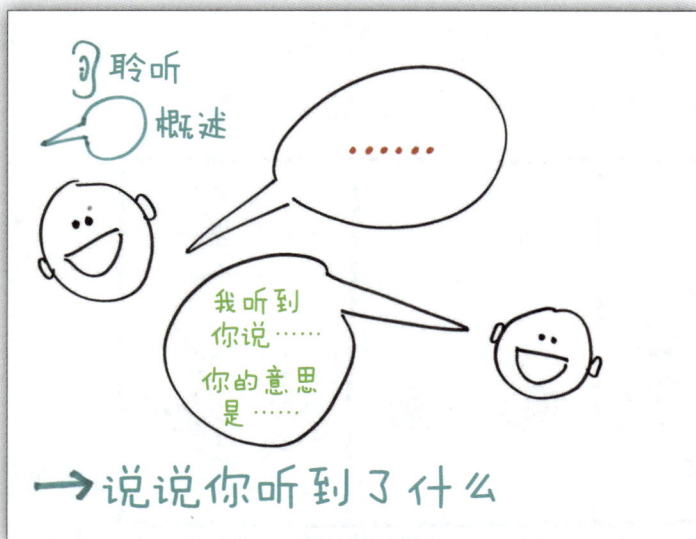

策略描述　认真听他人的发言，问问自己："我对他的观点有什么看法？"然后，分享与他的观点相关的看法。

这样给孩子讲解　确保自己真正理解了他人的发言，做出的反馈要与其相关。对于他的观点，你可以表示赞同，或者做出补充，或者给出另外一个例子，或者向他提问，或者表达不同意见。不管以哪种方式反馈，你都要确保你的反馈与他的想法相关。例如，假设我们正在讨论《我们是水的守护者》，有人分享了这样的想法："我认为保护水资源不仅仅是美洲原住民的问题，我们所有人都需要干净的水资源。这对于动物和植物也很重要。我们应该做更多的事情来保护水资源。"那么我需要想一想我对此有什么看法并试着说出来，而不是说我之前想好的。例如，我可以谈谈人们应该如何保护水资源，或者我怎么理解水污染对野生动物造成的影响。

这样给孩子提示

- 你的想法与他的发言有关联吗？
- 确保你的想法与他说的有关联。
- 想一想你对他的观点有什么看法。
- 你有一个与此相关的想法？很好，跟大家分享一下吧。

目标技能

- 积极聆听
- 紧扣话题
- 为自己负责

技能进展

在讨论中需要外界帮助才能做到积极聆听、紧扣话题和轮流发言。

● ○ ○ ○

相关研究

"负责任的讨论"强调对团体、知识和推理过程负责。对团体负责意味着认真聆听他人的发言并扩展其观点。研究人员发现，在教学中使用能够促使学生产生责任感的提示语，可以在几周内改善课堂讨论的效果（Michaels, O'Connor, & Resnick, 2008）。

阅读中的伙伴关系

聆听	关联
－ 立刻开始聆听	－ 表示赞同
－ 安静坐着	－ 做出补充
－ 点头示意自己在听	－ 给出另外一个例子
－ 表现出自己有疑惑	－ 提出一个问题
	－ 礼貌地表达不同意见

目标技能

- 积极聆听
- 紧扣话题
- 为自己负责

技能进展

在讨论中需要外界帮助才能做到积极聆听、紧扣话题和轮流发言。

● ○ ○ ○

相关研究

萨克斯、谢格洛夫和杰斐逊的经典研究指出，人们在讨论时遵循一套简单的轮流发言规则，并尽量使发言间隔最小化（Sacks, Schegloff, & Jefferson, 1974）。神经影像研究表明，聆听者往往在发言者仍在讲话时便开始思考如何回应，这样才能在需要时立即做出回应（Bögels & Levinson, 2017）。做笔记能够让聆听者在不打断谈话进程的情况下做出回应。

策略描述   在讨论中，有什么想法要及时记下来。然后，收回注意力，继续听他人发言。如果你的想法与当前讨论的话题吻合，你可以分享你的想法；如果这个想法偏离了话题，那就等转到相关话题时再分享。

这样给孩子讲解   当讨论进行得很顺利时，你的思路也会跟着活跃起来。你会有想要分享的想法，但你必须等轮到自己发言时再分享。萌生了一个令人振奋的想法也会让你难以专心聆听，遇到这种情况时，不要让你的想法一直在脑海中盘桓，这会阻碍你聆听。你应该将想法记下来，然后回到认真聆听的状态。

策略使用小贴士   为了更好地使用本策略，你可以向孩子指出，有时候他们能够找到合适的时机来分享自己记下的想法，但很多时候他们可能需要根据听到的内容来修正自己的想法——这可能包括形成新的结论，甚至为支持全新的想法而放弃之前的笔记。

这样给孩子提示

- 你有什么想法吗？请及时记下来。
- 认真聆听，看看你所记下的想法何时与讨论内容相符。
- 你心里的想法令你难以专心聆听吗？
- 将想法记下来会有所帮助，这样你就可以在需要时参阅，但是仍然能够专心聆听。

美国学生阅读技能训练：第2版

12.5　使用交谈游戏板

策略描述　在讨论前，所有参与讨论的成员都要将自己的各种好的想法写在便利贴上，然后把便利贴叠成一摞贴在交谈游戏板其中一个方框内。让某个成员选择一张便利贴，然后将那张便利贴贴在游戏板中间的方框内并将上面的想法读出来。接下来，所有参与讨论的成员都要围绕这个想法展开讨论，直到没有人提出新的想法。把这张便利贴撕掉，再选择一张便利贴贴在游戏板中间的方框内，开始新一轮的讨论。

策略使用小贴士　我从教育家兼作家唐纳·桑特曼（Donna Santman）那里了解到，我们可以使用游戏板来直观地呈现如何在讨论中做到轮流发言和紧扣话题。随着练习日益增多，孩子将不再需要游戏板。你可以将游戏板视为临时脚手架。

这样给孩子提示

- 查看游戏板中间的方框，看看正在讨论什么话题。
- （指着游戏板中间的便利贴。）你刚才说的跟这个有关系吗？
- 你们每个人都轮流表达了对这个话题的看法，这就是紧扣话题！
- 你觉得我们是继续讨论这个话题还是换一个话题？

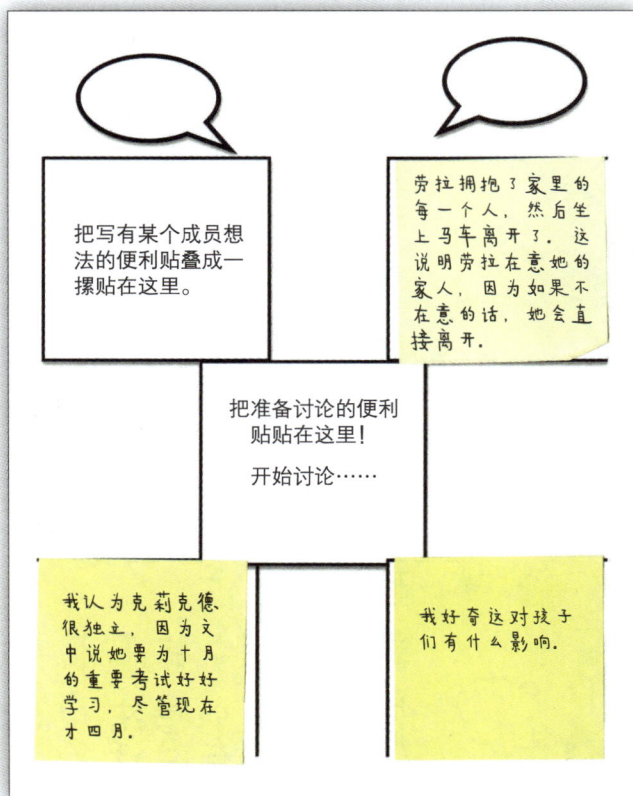

目标技能

- 紧扣话题
- 详细阐述
- 为自己负责
- 推动讨论

技能进展

在讨论中需要外界帮助才能做到积极聆听、紧扣话题和轮流发言。

●○○○○

相关研究

在一篇以小组讨论为研究课题的综述中，韦布发现，有意识地促进互动或提供特定活动会对小组协作效果、在完成任务过程中的表现以及学术成就产生积极影响（Webb，2009）。

目标技能

积极聆听

策略描述 与讨论小组中的其他成员进行眼神交流，判断他们是准备发言还是在专注地聆听。注意，当发言者的声音逐渐淡出，最终出现了安静的时刻，这时就该轮到你发言了。在你发言时，当发现有人想要插话或者发言时，你可以选择在合适的时机结束发言。

这样给孩子讲解 成年人在讨论时，通常无须举手示意，他们会按顺序依次发言。小组中的每个人都有责任观察、聆听，并在适当的时机发言。我认为我们已经准备好尝试这种涉及眼睛（指着眼睛）、耳朵（指着耳朵）和其他身体部位（指着肩膀或其他部位）的交流方式。我们来感受一下讨论之间的沉默时刻，通过眼神交流来获悉发言的时机，并在脑海中将自己的想法梳理好。如果同一时刻有不止一个人有想法，而且不止一个人开始说话，那么其中一些人就要停下来。你可以对别人说"你先说吧"或者"等你说完我再说"。

这样给孩子提示
- 用眼神交流。
- 当你发现大家都沉默的时候，你就知道轮到你发言了。
- 看那边，你注意到有人停下来并看向你了吗？他在暗示轮到你说了。
- 我听到好像有几个人同时在说话。我们先听一个人说，然后再听另一个人说。

技能进展

在讨论中需要外界帮助才能做到积极聆听、紧扣话题和轮流发言。

● ○ ○ ○

相关研究

讨论中的轮流发言涉及一系列复杂的听觉和视觉信号。一些关于语法和语调的研究发现，发言者说的最后一句话无论是升调还是降调，都是一种信号，它在提示聆听者发言者已经说完了（Ford & Thompson, 1996; Wennerstrom & Siegel, 2003）。

轮到我了吗？
（无须举手！）

用眼神交流。

嘘……　等大家都安静下来再说。

你刚好有个想法，而其他人又都没有说话。

策略描述 回顾阅读时所做的笔记，寻找那些能够激发有效讨论、探索文本字面意义之外的深意的内容。带上笔记，准备好发言。

这样给孩子讲解 在一场卓有成效的讨论中，参与者应该"有来有往"，每个人都要聆听、学习新东西，形成新的想法，甚至改变自己的想法。当你为这样的讨论做好准备时，你会带上有趣的想法或你觉得会激发讨论、引人思考的问题，并保持开放的心态，真正对他人的观点感兴趣。

策略使用小贴士 提供额外的关于理解策略的指导可能对试着讨论文本字面意义的孩子有帮助，这种指导旨在帮助孩子推理和解释。为了给孩子提供更多的帮助，你可以参考第六章和第七章中关于叙事类文本的策略以及第八章至第十章中关于说明类文本的策略。

这样给孩子提示
- 回顾一下你在阅读时所做的笔记。哪些内容看起来值得讨论？
- 你觉得这个想法会促使读书会的其他成员分享不同的观点吗？
- 找出一个你写下的开放式问题。
- 有些人可能对那个说法持不同意见！那应该会引发一场精彩的讨论。

目标技能
为讨论做准备

技能进展
在讨论中能够紧扣话题、积极聆听，已经准备好提出用于深入讨论的观点、在讨论中引用书中相关内容以及进一步详细阐述观点。

●●○○○

相关研究
在一项大型研究中，研究人员观察了课堂讨论及其与阅读理解课程的学术严谨性的关系。其中一个发现是，孩子在讨论中的回应质量取决于开启讨论的观点和问题，这表明花时间为讨论做准备可以提高讨论质量（Wolf, Crosson, & Resnick, 2005）。

准备好发言

笔记中的哪些内容值得讨论？
- 你的看法，而不只是对内容的复述
- 新颖独特的内容
- 有争议的表述
- 问题
- 你想换个角度来思考的看法

书名
摘抄段落1　摘抄段落2
摘抄段落3　摘抄段落4 有趣！
我会跟小组成员讨论这句话。

目标技能

- 为讨论做准备
- 推动讨论

技能进展

在讨论中能够紧扣话题、积极聆听，已经准备好提出用于深入讨论的观点、在讨论中引用书中相关内容以及进一步详细阐述观点。

● ● ○ ○ ○

相关研究

在一篇以促进小组互动为研究课题的综述中，韦布称，多项研究发现，解释性提示语可以帮助孩子做出解释、证明答案的合理性、激活背景知识，并凸显日常交流与学术讨论之间的差异，从而帮助孩子开展更高水平的讨论（Webb, 2009）。

策略描述 查看一下你的讨论任务单，为与搭档合作完成任务做好准备。先确定在阅读时要完成什么任务，然后开始阅读，并按照任务单的要求去做。完成这项任务后，再从任务单上选择一项新任务，然后继续阅读。

这样给孩子讲解 我会给你们每个人发一张卡片，这张卡片就是你们的讨论任务单。它们就像餐厅的菜单一样，你们可以从中选择一项任务。你们的选择将决定你们讨论什么，或者以什么方式讨论。任务单上的第一项任务是：你们可以一起总结，确保你们都理解了所读的书。第二项任务是：你们可以针对图书内容展开讨论，比如你们认为什么有趣、好笑、令人惊讶，对人物、主题或背景等有什么思考，等等。第三项任务是：讨论你们觉得困惑的地方，共同努力找到问题的答案。那么，现在开始吧。看一下你们的任务单，告诉我在读第一本书时你们会选择什么任务。现在，让我看到你们阅读并合作完成任务吧。

策略使用小贴士 讨论任务单就像临时脚手脚，它的作用是让孩子逐渐不再需要它。这些任务单应该根据小组（两人小组或读书小组）的情况进行定制，从而与孩子所读的书相符。而且，任务单应该随着时间的推移而调整，以便为孩子提供新的选择。

这样给孩子提示

- 你会从任务单上选择哪一项任务？
- 你说你想要____。继续吧！
- 你们齐心协力完成了一项任务。接下来你们想做什么？
- 说一说讨论任务单是如何帮助你和你的搭档（或你们整个小组）进行有效讨论的。

1. 利用你贴在书里的便利贴，为与搭档合作完成讨论任务做好准备。
2. 复述你读到的内容。你的搭档将进行评判。
3. 从讨论任务单中选择任务。

将书中的以下内容表演出来：
· 戏剧性的；
· 重要的；
· 写得好的。
然后，开始讨论。

说一说你感到困惑的内容：
· 这个词是不是很难懂？用你学过的策略来攻克它！
· 你脑海中的"电影画面"模糊了吗？与搭档一起重读并讨论！

分享你记录了想法的便利贴：
· 深入地讨论一个想法。
· 把你们的讨论计划做成"讨论地图"！

12.9　讨论时不偏离图书内容

策略描述　在讨论过程中，当联系其他文本时，记得最终回到正在讨论的书中。解释一下你联想到的事情是如何帮助你理解这本书的。

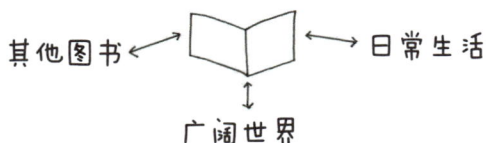

策略使用小贴士　阅读者的反应和回应对他们理解文意至关重要（Rosenblatt，1978）。本策略可以帮助孩子基于自己先前的经验（从日常生活、其他图书、广阔世界中获得的）展开联想，并将这些联想与正在讨论的书联系起来。你可以给孩子提供一个句式，例如："这让我想起 ____，它帮助我理解这本书中的 ____。"

这样给孩子提示

- 说一说你联想到的事情对你理解这本书有什么帮助。
- 请回到书中来。
- 你可以这样说："这让我想起……"
- 你可以这样说："所以，在这本书里……"

技能进展

在讨论中能够紧扣话题、积极聆听，已经准备好提出用于深入讨论的观点、在讨论中引用书中相关内容以及进一步详细阐述观点。

● ● ○ ○

相关研究

在一项关于中学生基于文本进行讨论的大型研究中，学生承认他们想到了许多文本之外的事情，且词语或观点会自动触发他们的联想。虽然这些与现实世界紧密相关的联想可能引出很多想法，但是偏离讨论话题太远会使其难以被记住（Alvermann et al.，1996）。

12.10 仔细聆听他人发言中的重点

目标技能
- 积极聆听
- 紧扣话题
- 详细阐述

技能进展

在讨论中能够紧扣话题、积极聆听，已经准备好提出用于深入讨论的观点、在讨论中引用书中相关内容以及进一步详细阐述观点。

●●○○○

策略描述 当你的同伴发言时，你要仔细听他说的重点是什么（你可以通过做笔记来加深记忆）。想一想你想对哪些发言内容做出回应。你可以说："你说到了……，这让我想到了……"

这样给孩子讲解 有时候，当你的同伴与你交谈时，他会用几句话详细描述自己的想法，这让你不知道该从哪里开始回应他说的话。例如，假设我的朋友说："我认为作者想表达的是，即使你与某人分开很长时间，也总有一种方法可以维系你们之间的关系。我的意思是，书中的女孩很长时间没有见到她的爸爸了，但当他们一起去野外召唤乌鸦的时候，他们觉得找到了一件可以一起做的事情——当他们得到法兰绒衬衫和馅饼的时候，他们也有同样的感受。所以我觉得，尽管很长时间没见面，他们仍然可以维系彼此的关系。"

我从朋友的话中找出了他想表达的几个重点：
- 关系。
- 时间对关系的影响。
- 找到维系关系的方法。
- 故事中的象征物：乌鸦、法兰绒衬衫、馅饼。

因此，接下来我发言时，就有不止一个选择来将自己说的话与朋友刚才说的话关联起来，并且还能紧扣话题。

这样给孩子提示
- 你记住了你的同伴所说的哪些重点？
- 想一想哪些话对你来说很重要。
- 你能用自己的话说一说你听到了什么吗？你可以用"你说到了……"来开头。
- 从他说的几个重点中选择一个做出回应。

相关研究

在一项涉及读书会中几个有学习障碍的孩子的研究中，帕克斯顿－布尔斯马和沃克直接指导孩子通过仔细聆听来找到机会去与他人的想法建立关联——这一方法被称为"借鉴"。在接受指导之后，孩子借鉴的总次数增加了，同时讨论时长也延长了（Paxton-Buursma & Walker, 2008）。

关联想法

① 听一听.

② 想一想：哪个（哪些）是重点？关键词？

③ 回应. 你说到了……，这让我想到了……

12.11　反思，并为讨论设定目标

策略描述　在一场讨论结束时，结对讨论的两个人（或者读书会的所有成员）可以一起反思，列出哪些方面进展顺利。然后，为下一场讨论设定目标。

策略使用小贴士　对新加入讨论小组或读书会的孩子来说，教他们如何为讨论做好准备很有用，包括确定每次讨论之前要读多少内容，如何处理某人没有准备或没有参与的情况，如何遵循你所教授的讨论规范，等等。让反思和设定目标成为一种常规——选择与孩子的目标相符的策略来帮助孩子做到这一点。

这样给孩子提示

- 谈谈你们今天的讨论进展如何。在哪些方面进展顺利？
- 如果让你改变今天讨论中的一件事，你会选择改变什么？
- 让我们为下一次的小组讨论设定一些目标。
- 每个人都要为下次如何参与讨论设定目标。

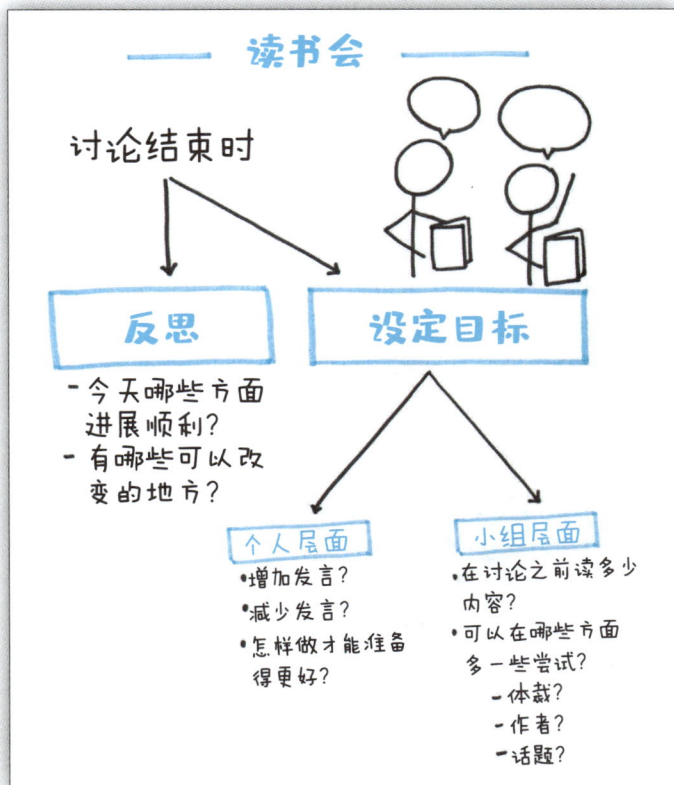

目标技能

为讨论做准备

技能进展

在讨论中能够紧扣话题、积极聆听，已经准备好提出用于深入讨论的观点、在讨论中引用书中相关内容以及进一步详细阐述观点。

● ● ○ ○ ○

相关研究

帕尔默和韦迈耶在一项研究中使用了自主学习教学模型（Self-Determined Learning Model of Instruction），他们发现，通过指导，即使是五岁的孩子也可以独立设定学习目标，做出反思，并对学习进展进行自我监控（Palmer & Wehmeyer, 2003）。

12.12　使用句子提示签推进讨论

目标技能
- 紧扣话题
- 推进讨论
- 详细阐述

技能进展

能够详细阐述自己的观点，已经准备好提出问题，邀请发言少的人参与讨论，以推进讨论——有时会转到新话题上。

●●●○

策略描述　如果你所在小组的讨论卡壳了，大家不知道该说什么，你可以挑一根句子提示签。读出上面的提示语，然后补全这个句子。确保你说的话与前一个人说的有联系。

这样给孩子讲解　句子提示签可以帮助你从一个想法过渡到下一个想法，从而推动讨论继续进行。以下是提示语的一些示例。

- 此外……
- 另一方面……
- 我同意，因为……
- 我不同意，因为……
- 我想在 _____ 所说的基础上补充……
- 我说的不一定对，但是……
- 你为什么认为……
- 你对 _____ 有什么看法?

　　我已经把这些提示语写在了雪糕棍上，并把它们放在了杯子里。如果讨论卡壳了，你可以抽出一根提示签，使用上面的提示语帮助自己把讨论继续下去。

这样给孩子提示

- 读一读提示签上的内容并补全句子，以此推进讨论。
- 读一读提示语，想一想你能说些什么来把这句话补充完整。
- 想一想你能说什么。注意，你说的要与前一个人说的有联系。
- 根据提示语，你应该说与前一个人说的相似的内容还是不同的内容?

相关研究

在一项针对学英语的大学生开展的研究中，里斯和韦尔斯开发了一种讨论游戏，在游戏中让学生使用提示语来帮助自己推进讨论。他们发现，学生说得更多了，而且他们的讨论范围有所扩展。而且在后续的调查中参与者表示，他们会在讨论中自发使用提示语（Reese & Wells，2007）。

12.13　邀请发言少的人参与讨论

策略描述　注意在讨论中谁发言较多，谁发言较少，邀请那些发言少的人参与讨论。例如，你可以说："_____（姓名），你对 _____ 有什么看法？"

这样给孩子讲解　作为读书会的一员，你有责任保持谈话的平衡。不过，我并不是说每个人的发言次数都要相同——这太刻意了！我不希望看到有些人说得特别多，而其他人没有机会说出自己的想法。如果你发现有人说得少，可以邀请他参与讨论，试着向他提一个问题来让他说出自己的所思所想。你可以提一个有针对性的问题，比如："你对 _____ 有什么看法？"也可以提一个开放性的问题，比如："_____（姓名），你有什么要分享的吗？"

策略使用小贴士　有时候，使用视觉资料对孩子很有帮助。例如，教师可以用卡片或硬币来帮助孩子直观地看出谁发言较多。具体做法是：小组成员围坐成一圈，教师给每个孩子分发一定数量的卡片或硬币，孩子每发言一次，就把一张卡片或一枚硬币放到小组成员之间的公共区域。这样，只要瞥一眼就能看出哪些孩子发言多（因为他们面前的卡片或硬币较少），哪些孩子发言少。

这样给孩子提示

- 注意谁发言较多，谁发言较少。
- 你打算怎样邀请别人发言？
- 你可以这样说："_____（姓名），你对此有什么看法？"
- 让我们停下来想一想：还有谁没有发言？谁愿意邀请他发言？

技能进展

能够详细阐述自己的观点，已经准备好提出问题，邀请发言少的人参与讨论，以推进讨论——有时会转到新话题上。

● ● ● ○

相关研究

在一项针对大学课堂的大型调查研究中，研究人员发现，平均来说，每个班级中大约有20%的学生积极发言，大约80%的发言都出自这些学生（Fritschner，2000）。通过访谈发现，学生在短短几节课的时间内就能知道哪些同学发言多、哪些同学发言少。因此，我们需要有意识地邀请那些说得少的人发言，来打破这一规律。

12.14　提出强有力的问题

目标技能

- 提问
- 推进讨论

技能进展

能够详细阐述自己的观点，已经准备好提出问题，邀请发言少的人参与讨论，以推进讨论——有时会转到新话题上。

●●●○

相关研究

研究人员发现，当孩子在形成对话题的基本理解时用"为什么……"这样的句式来提问，并在围绕文本关联信息时用"我想知道……"这样的句式来促进思考时，他们提出的问题质量最高（Scardamalia & Bereiter，1992）。

策略描述　想一想你想知道什么，无论是关于这本书的，还是关于别人的想法的。提出一个没有明显答案的问题。

这样给孩子讲解　能够推动讨论不断向前推进的问题通常是没有单一、直截了当的答案的。例如，假设我们正在讨论《我们能拯救老虎吗？》这本书，如果有人问"灭绝动物和濒危动物有什么区别？"，我们可以简单回答"灭绝意味着它们已经消失，而濒危意味着它们即将消失"。这样的话，接下来就没有什么可讨论的了。当然，用这样的问题来解决某些疑惑是可以的，但是我们需要没有这么明显的答案的问题，从而真正引发讨论。因此，如果有人问"你认为人们在保护动物物种方面是做了更多不利的事还是做了更多有利的事？"，那么我们必须思考全书中的信息，通过深度思考来做出回应。

策略使用小贴士　强有力的问题能够引发深入的讨论。你可以在本策略的基础上进行拓展，用四节或更多节课来给孩子介绍不同类型的问题（参考下图），并讲解不同类型的问题可能引出的不同信息。重点不是让孩子在每一次讨论中都核对自己提出的是哪一种类型的问题，而是让孩子意识到这些问题是如何把讨论向前推进的。

这样给孩子提示

- 想一想你想知道什么。
- 想一想她刚刚说的话。你可以提什么样的问题使讨论继续下去？
- 提问时，你可以用"为什么"或"怎样"来开头。
- 你在陈述一个事实。如果让你提问，你应该怎样发问？

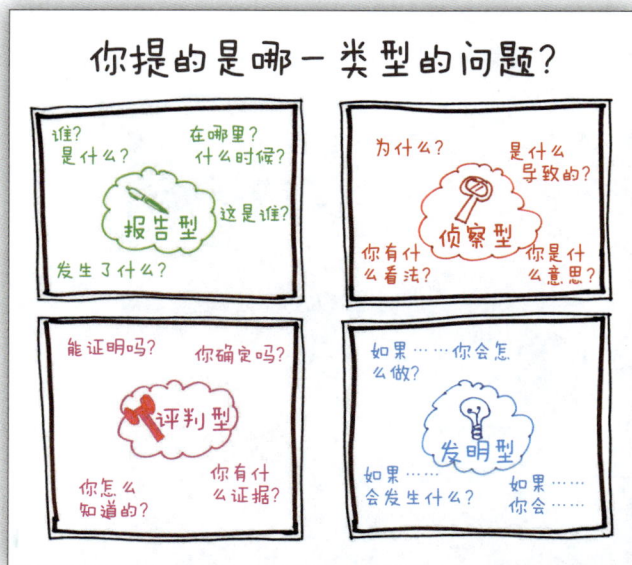

你提的是哪一类型的问题？

报告型：谁？是什么？在哪里？什么时候？这是谁？发生了什么？

侦察型：为什么？是什么导致的？你有什么看法？你是什么意思？

评判型：能证明吗？你确定吗？你怎么知道的？你有什么证据？

发明型：如果……你会怎么做？如果……会发生什么？如果……你会……

12.15 拓展思路

策略描述 想一想你所在的小组正在讨论什么话题，考虑一下你该如何回应——补充、赞同、表达不同意见、提供支持或者提问。然后，说一些能够扩展小组讨论思路的内容。

这样给孩子讲解 当我们讨论时，我们不仅仅是在谈论一个话题，我们的目标是拓展我们有关话题的思路——思考新事物，获得新理解。当有人开始讨论一个话题时，那就是思路的开始。在做补充时，我们应该确保自己说的内容能帮助我们迈向新的思考方向。我们应该仔细聆听他人的发言，然后决定自己是补充、赞同、反对、提供其他证据还是提出一个非常好的问题。关键是，我们应该不断扩展我们的观点，直到感觉这个话题再也没有什么可说的，那时我们就知道，是时候换一个话题了。

策略使用小贴士 有些孩子可以从视觉信息中获益。你可以将拼搭玩具方块（一种常用的数学教具）作为临时脚手架。当某人开始谈论一个话题或者打开一个思路时，你可以放上第一个方块作为塔基。每当有人补充与讨论内容相关的想法时，你就再加上一个方块，用这种方法来搭一座塔。当话题转移时，按照上面的方法重新搭一座塔。

这样给孩子提示

- 你要确保自己听明白了对方说的话。
- 想一想我们正在讨论的话题。
- 对这个话题你有什么补充的吗？
- 你所说的是扩展了这个话题还是开启了一个新话题？

在同一个话题上不断扩展观点的有效方法

- 我同意／不同意你的观点，因为……
- 一开始我认为……但是现在我认为……
- 是什么让你产生了那个想法？
- 你能对此进行详细阐述吗？
- 我听到你说……我认为……
- 你／这篇文章说……这让我想到……

技能进展

能够详细阐述自己的观点，已经准备好提出问题，邀请发言少的人参与讨论，以推进讨论——有时会转到新话题上。

● ● ● ○

延伸阅读

Comprehension Through Conversation: The Power of Purposeful Talk in the Reading Workshop (Nichols, 2006)

相关研究

在一项针对四年级英语学习者的研究中，兹维尔斯和克劳福德注意到，在课堂讨论中，孩子往往会简短地口头回答问题，这对于他们语言的发展和词汇的积累并没有实质性的帮助。而在学习学术讨论策略（这些策略促使孩子扩展、支持、反对或关联之前的发言者提出的观点）一年后，这些孩子就能有效地、长时间地参与讨论了（Zwiers & Crawford, 2009）。

目标技能

推进讨论

技能进展

能够详细阐述自己的观点，已经准备好提出问题，邀请发言少的人参与讨论，以推进讨论——有时会转到新话题上。

● ● ● ○

策略描述　能持续讨论一个话题是件好事。但是，当你注意到大家开始重复讨论关于这个话题的一些观点时，就意味着是时候换一个话题了。你可以用这样的方式转换话题："我们似乎开始重复讨论了。谁有什么值得探讨的新观点吗？"

这样给孩子讲解　我们必须确保讨论向前推进，这意味着我们要不断补充观点、质疑观点，或者重新审视某些内容。如果当下的话题中不再有值得深入探讨的观点，那就应该换一个话题了。例如，假设我们正在讨论《前台》中的主人公米娅，如果第一个人说："她似乎对她的妈妈隐瞒了一些事情。她应该相信妈妈会来帮助她。"然后第二个人说："我同意，她应该跟妈妈谈谈。"然后第三个人说："是的，她应该跟妈妈谈谈她的问题；她的妈妈也许能帮助她。"然后第四个人插话说："是的，我相信她妈妈会帮助她。"你可能会注意到，虽然是用不同的语言表达的，但其实大家在某种程度上讲的是同一件事。我们需要对这个观点有所突破，探索新领域——讨论其他人物、父母的角色、她的问题的具体细节，或者其他完全不同的内容。

这样给孩子提示

- 想一想你是在扩展原有的观点还是在重复。
- 对这个话题你还有没有想说的？
- 似乎你在重复讨论相同的观点。
- 让我们换个话题。谁来提出一个新话题？

相关研究

作为教师，朱厄尔和普拉特在自己的二年级和三年级课堂上进行了研究，并在研究报告中解释了他们如何通过有意识地将自己的角色从提问者转变为协调者来帮助孩子开展由孩子主导的文学讨论。观察结果表明，即使是这些年幼的孩子也能将一个话题讨论到小组成员都满意的程度，之后他们也能围绕一个新观点开启新的讨论（Jewell & Pratt, 1999）。

将讨论向前推进！

1. 想一想。　听起来我们都在说已经说过的话！

2. 说一说。　谁有新观点？　这听起来像他已经说过的。

12.17　用温和的方式说出不确定的想法

策略描述　如果你对自己的想法并不完全确定，但还是想说出来，你可以说"我不太确定我说的是否正确，但或许……"，这样会少一点冒险的感觉！

这样给孩子讲解　当有人大胆说出一个关于正在讨论的话题的新想法时，讨论往往会朝着新的方向发展。即使你对自己的想法没有十足的把握，也可以将它说出来供大家讨论、争辩和做出评判。你可以用比较温和的方式表达你并不确定这个想法是否正确，但你乐于听听别人的意见。

策略使用小贴士　在讨论中，"或许"是一个非常有力的词。你要告诉孩子，不确定的想法虽然会为讨论带来新的挑战，但它是可以与他人分享的。

这样给孩子提示

- 你是否有一些不太敢说出来的想法？
- 你可以把自己的想法说出来，用"或许……"来开头。
- 如果你不确定，可以听听同伴对这个想法的意见。
- 勇敢一点，跟大家分享你的想法！

目标技能

- 详细阐述
- 灵活思考
- 提问

技能进展

具备良好的交谈技能和耐力，面对新观点和新信息已经准备好质疑、辩论及灵活思考。

● ● ● ●

相关研究

当人们在群体中时，权力动态——种族、阶级、性别、社会地位和其他身份——总是很关键，且可能干扰人与人之间的沟通和对话。在课堂讨论中，帮助孩子彼此了解，利用视觉信号（用于提醒该谁发言了）平衡他们的发言时间，给予称赞，这是发展课堂社区（classroom community）的几种方式，可以让孩子愿意分享新的想法并敢于说出不太确定的想法（Clarke & Holwadel，2007）。

12.18 尝试接受不同的观点

目标技能
- 灵活思考
- 提问
- 为自己负责

技能进展
具备良好的交谈技能和耐力，面对新观点和新信息已经准备好质疑、辩论及灵活思考。

●●●●

相关研究
即使面对或引用相同的论据，如果阅读者对模棱两可的信息有不同的解释，那么他们得出的结论也会不同（Aukerman & Schuldt, 2016）。由于信息可能存在多种含义，任何阅读者都有可能放弃之前的立场，转而支持不同的解释。

策略描述 在小组讨论中，当听到与自己的观点截然不同的观点时，你可以建议小组成员一起停下来想一想文本中有哪些证据支持这个观点，然后决定是接受这个新观点还是对它提出质疑。

这样给孩子讲解 在讨论《蛋先生摔下去以后》时，我注意到大家对蛋先生汉普蒂有不同的看法。有些人认为，汉普蒂对再次摔倒的恐惧使他无法做自己喜欢做的事情，他应该更努力地克服恐惧。还有些人则认为，他的恐惧完全是合理的，他经历了一次可怕的事故，需要一些时间恢复到之前的状态。让我们从这两个观点中选择一个来讨论它的合理性，即使你现在可能并不认同你选择的观点。我会再读一遍相关内容，然后给你一个任务——看看有没有证据可以支持这个观点，哪怕我们一开始并没有想到这个观点。

这样给孩子提示
- 想一想你刚才听到的观点与你自己的观点或这本书的内容是否相符。
- 你可以这样说："书中能支持这个观点的证据是……"
- 你可以这样说："那个观点与我的观点相似，因为……"
- 你可以这样说："你这样说意味着什么？"

尝试接受不同的观点

艾玛的父母正在考验她。

问问自己：
- 是否有证据支持这个观点？
- 它与我自己的观点相符吗？
- 我的同伴是从哪里看出这一点的？

12.19　对他人的观点提出质疑

策略描述　在讨论中，如果你对某个观点持不同意见，可以提出质疑。你可以用提问或直接陈述的方式，让发言者对自己的观点进行更加深入的阐述，或者为他的观点（或书中的某个观点）辩解。

这样给孩子讲解　当你与别人讨论时，如果你不同意他的观点，你可以提出质疑，让他解释一下这个观点的由来，或者请他分享支持自己观点的证据。你可以用请求的方式来提出质疑，比如："请从书中找出一些能够支持你观点的证据。"或者用提问的方式来提出质疑，比如："你能解释一下你的观点吗？"提出质疑后，你要仔细聆听对方的回应。有时候，经过更多的解释，你会发现你开始理解对方的逻辑并且赞同他的观点。而有时候，当你要求对方给出更多的解释时，他的解释可能不足以支持他的观点，他可能会转而赞同你的观点。请记住，在你提出质疑时，针对的是观点，而不是提出观点的人。

这样给孩子提示

- 你对他说的哪部分持不同意见？
- 你可以这样说："我不同意，因为……"
- 要求他为自己的观点辩解。你可以这样说："你为什么这么说？"
- 你可以这样说："文中的哪一部分有助于你提出这个观点？"

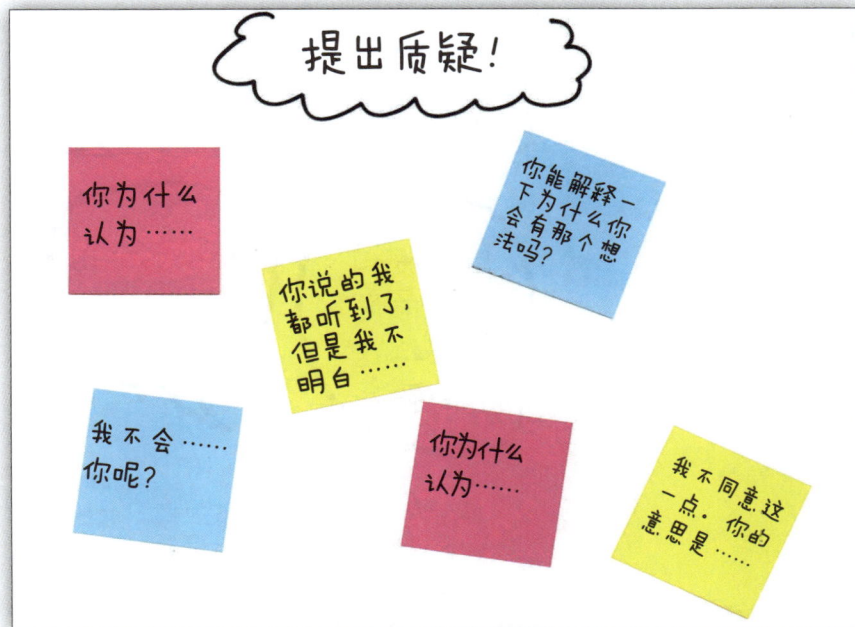

目标技能

- 提问
- 为自己负责
- 辩论
- 灵活思考

技能进展

具备良好的交谈技能和耐力，面对新观点和新信息已经准备好质疑、辩论及灵活思考。

● ● ● ●

相关研究

在基于阅读的讨论中试图说服同伴接受某个观点（即使发言者并不认同这个观点，就像在辩论活动中常见的那样），这种新的模式打破了阅读这件事一直以来在学校教育中的存在形态，这是一个振奋人心的转变（Clark et al., 2003）。在一篇关于建设性争议（Constructive Controversy）的综述中，作者认为，在结构化的情境中，分歧能够引发更多的思考，这种情境支持参与者更深入地思考自己的立场，并思考支持双方立场的更多证据（Johnson, Johnson, & Tjosvold, 2014）。

12.20 从另一个角度思考

目标技能
- 灵活思考
- 推进讨论
- 辩论

技能进展
具备良好的交谈技能和耐力，面对新观点和新信息已经准备好质疑、辩论及灵活思考。

● ● ● ●

相关研究
合作推理（Collaborative Reasoning）是一种基于文学作品展开讨论的形式，在这样的讨论中，学生从多个视角或立场讨论一个问题，既从文中寻找证据，也利用个人经历进行讨论，而教师会关注学生在形成立场的过程中的推理，而不仅仅关注立场本身。对小学高年级课堂上进行的合作推理的观察表明，对于讨论中不断转换的立场，有些孩子需要较长的适应时间（Waggoner et al., 1995）。

策略描述 在小组讨论中，仔细聆听并试着理解发言者分享的观点。想一想：有没有另外一种（或许相反的）方式来看待这个问题？提出另外一个观点，无论你当时对这个观点是否有把握，都可以通过讨论来探索它。你可以这样说："从另一个角度来说，我们可以考虑一下……"

这样给孩子讲解 有时候，当我们给自己机会探索不同观点时，我们会对这些观点有新的理解。你可以试着提出一个完全相反的观点，无论你对这个观点是否有把握，然后跟小组成员进行讨论。我们来练习一下。在读了《气候变化及其解决之道》之后，也许有人会说："公司不应被迫改变运营方式，因为这最终会让消费者为商品的成本买单。"想一想：如何从另一个角度来看待这个问题？对此有人可能会说："从另一个角度来说，也许商品会贵一些，但是不采取行动会影响我们的健康，这本身也有成本。"你可以探索这些观点，看看能从文中找出更多证据来支持的是哪个观点。

策略使用小贴士 使用本策略时必须注意，你质疑的是观点，而不是提出观点的人，决不能质疑任何人的生活经历。

这样给孩子提示
- 你能想到一个与此相反的观点吗？
- 你可以这样说："从另一个角度来说……"
- 分享一个完全不同的观点，无论你对它是否有把握。
- 是的，你只是在探索另一种观点。你可能最终会从全新的角度看待这个问题，或者进一步证明你最初的观点。

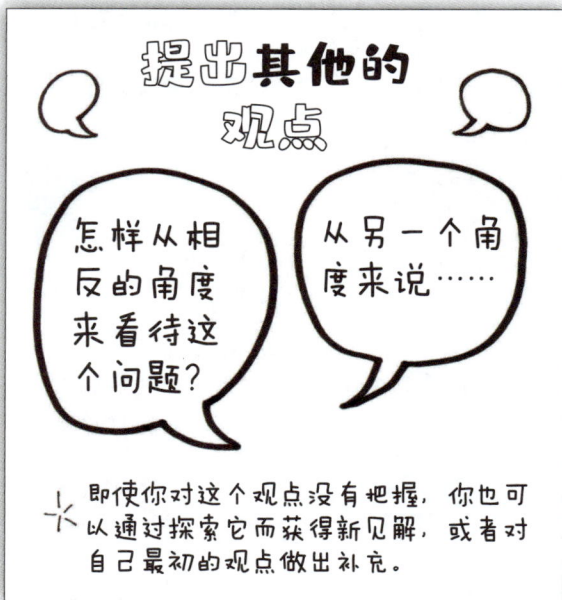

提出**其他的**观点

怎样从相反的角度来看待这个问题？

从另一个角度来说……

即使你对这个观点没有把握，你也可以通过探索它而获得新见解，或者对自己最初的观点做出补充。

12.21　组织辩论

策略描述　找到两个对立的观点（关于人物、文本大意、主题、观点等），分成两组进行辩论。在辩论前，你要寻找证据，确定好要做出什么样的解释，并练习该怎么说。

策略使用小贴士　你可以决定辩论的结构化（或非结构化）程度。大多数情况下，只要让孩子为辩论做准备，提出论点和论据，与对方就对立观点进行辩论，就会引发一场有趣的、你来我往的对话，而无须额外的结构。当然，你也可以给孩子介绍更正式的辩论方案，让他们按照既定程序推进辩论，比如进行限时开场陈述，接着各方进行限时反驳，最后进行限时总结。使辩论更加结构化通常是为了公正，因为这样的辩论需要评委，并且有主持人和观众。

这样给孩子提示
- 弄明白这两种相反的观点分别是什么。
- 你可以这样开头："从另一方面来看……"
- 想一想哪些证据可以支持你方观点。
- 你该如何反驳对方？

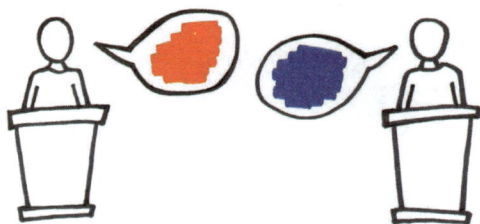

组织辩论

找到两个对立的观点。
（关于人物、文本大意、主题、观点等）

分成两组进行辩论。
☀ 找到支持你方观点的证据。
☀ 你该如何反驳对方？

目标技能
- 为自己负责
- 辩论
- 推进讨论

技能进展
具备良好的交谈技能和耐力，面对新观点和新信息已经准备好质疑、辩论及灵活思考。

● ● ● ●

相关研究
一项元分析发现，课堂上的结构化辩论对孩子的认知推理、社会支持和孩子对任务的态度都有较大的积极影响（Johnson & Johnson，2007）。

第十三章
目标13

提升基于阅读的写作能力

◎ 这个目标为什么很重要?

无论是为了复习和记忆，还是为了探索想法，基于阅读的写作都可以很好地帮助孩子理解所读内容（Graham & Harris，2017）。孩子还可以将写作作为一种工具，为与同伴或教师的交谈做好准备（见第十二章）。

然而，提升基于阅读的写作能力并不是一个容易实现的目标。首先，阅读者需要深入思考所读内容，并将自己的所思所想写下来。其次，阅读者需要将阅读时的思考与写作能力结合起来，这样才能深化和拓展他们的所思所想（Graham & Hebert，2011；Wilson，1989）。

对一些孩子来说，在提升他们基于阅读的写作能力时，可能还需要给他们设定有关阅读理解的目标。也就是说，他们不仅要练习写作，还要知道应该写什么。第五章至第十一章中的大多数策略都可以帮助孩子监控自己的理解情况，进行深入思考，基于所读内容写出好文章。例如，阅读者可以"关注人物的多面性"（策略6.14），并在笔记本上画一幅 T 形图，追踪他们推断出的人物的不同性格特点和感受；可以"提出问题，概括主要观点"（策略 8.7），并在书页空白处写下这些问题和观点；或者注意修辞语言，"在脑海中勾勒画面"（策略11.23），然后在笔记本上将他们脑海中勾勒出的画面画出来。

基于阅读进行写作对孩子非常有帮助，但也有一些需要注意的地方。首先需要注意的是，对非常年幼的阅读者（幼儿园和刚升入一年级的孩子）来说，花费时间和精力基于简单的书进行写作，通常益处不大。此外还需要注意，我们所提倡的写作任务，不应该剥夺孩子专注于阅读时产生的愉快体验（Ivey & Johnston，2013；Rosenblatt，1978）。一种平衡方法是，请孩子反思一下写作对其理解力和阅读体验的影响，然后允许他们自己选择何时以及如何进行基于阅读的写作。有些孩子会积极接受，并大量写作；有些孩子则认为，虽然写作在特定情况下对他们有所帮助，但他们并不总是想写作。

请注意，本章中的策略重点关注的是写批注、做笔记、通过阅读促进思考以及基于阅读简短地写下自己的想法，而不是用更长的篇幅、更结构化的方式来写作（如写文学随笔或书评）。孩子若想了解更正式的基于阅读的写作，你可以明确教授他们关于体裁的知识、提供策略来教他们如何写出某种体裁的优秀作品，以及为写作留出时间。你可以从《美国学生写作技能训练》（*The Writing Strategies Book*，Serravallo，2017）这本书中找到许多策略来教孩子如何写出各种体裁的优秀作品。

做笔记
能够在便利贴、笔记本等上清晰地记录自己想记住的文本信息。

为了达成本章目标，阅读者需要掌握的技能

写批注
能够有意识地在文本中的关键处写下自己的想法。

详细阐述
能够基于文本中的信息或做出的推断补充想法，从而提出新观点或对事物有新的理解。

筛选重要信息
能够标出值得回顾或谈论的地方，确定最应该围绕文本中的哪些部分来写作。

整理笔记
能够在一组笔记中寻找规律、相似之处、联系等。

◎ 这个目标是否适合孩子？

在本章中挑选合适的策略时，你可以先看一看孩子的各种写作成果——他们在书页空白处写下的简短批注，或者写在便利贴和笔记本上的笔记，以及篇幅较长的、非正式的读后感或阅读日志。如果孩子根本不做任何笔记，或者在空白处写得太多（表明他们不知道哪些内容是需要重点记录的，或者没有明确的目标），你可以根据策略13.1~13.5为他们提供帮助。如果孩子大部分时候都在记录字面信息，而你想教他们如何将写作作为思考工具，策略13.6~13.12可以为你提供帮助。

➤ 练习本章策略时可以使用哪些文本？

本章中的策略可以帮助孩子阅读任何类型、任何形式的文本，并基于所读内容进行写作。

◎ 如何帮助孩子提升基于阅读的写作能力？

在评估了孩子基于阅读的写作成果（批注、笔记、读后感等）后，你可以选择一些阅读策略来提高他们这方面的技能。对于这些策略，你可以给孩子示范如何使用，也可以让他们跟你一起练习，或者让他们独立使用。

"技能进展"部分可以帮助我们确定孩子现在处于什么水平，以及接下来可能会如何发展。你可以使用下页的"技能进展及对应策略一览表：提升基于阅读的写作能力"评估孩子的阅读情况，并找到能帮助他们取得进步的策略。

技能进展及对应策略一览表：
提升基于阅读的写作能力

如果孩子……

你可以教他们……

需要外界帮助才能在阅读时记录文本中的重要信息和对文本的想法。

13.1　利用符号回想

13.2　通过做笔记来记住细节

13.3　思考自己的想法是否值得记下来

13.4　根据文本结构做笔记

13.5　用双栏笔记来记录想法

能够在阅读过程中记录一些信息或做出的推断，已经准备好将写作作为工具来深化或扩展观点。

13.6　整理笔记

13.7　摘录佳句用于激发写作灵感

13.8　绘制关系网

13.9　扩展想法

13.10　使用过渡词来促进思考

13.11　写，说，写

13.12　拆解核心话题，写出更多内容

13.1 利用符号回想

策略描述　如果你在阅读过程中对文本中的某些内容突然有了想法，但又不想长时间停下来做笔记，那么你可以先用符号做个标记，然后继续阅读。读完全部内容后，你可以回过头来，利用符号回忆自己当时的想法。

策略使用小贴士　本策略适合各年龄段的孩子，可以用来教年幼的阅读者为讨论或与同伴共读制订计划。在便利贴上写一个符号只需要一瞬间。我见过一些幼儿园教师使用本策略的变化版本，即预先制作好带有符号的便利贴或纸书签，分发给孩子，让他们在需要时将其夹在书中（边读边做笔记会让有些孩子感到很有压力，这是可以理解的）。对年龄大一些的阅读者来说，本策略可以在他们不想停下来写文字时，帮助他们记住自己有想法的地方。他们可以快速用符号做个标记，并在读完全部内容后再回头去看做标记的地方。这将帮助他们保持专注的阅读状态。

这样给孩子提示

- 关于这部分你有什么想法？
- 你可以使用哪个符号？（参考下图）
- 快速写下符号，然后继续阅读。
- 回过头来看一下你之前写下的符号，利用它们来解释你的想法。

相关研究

许多学者建议孩子在写批注时将符号作为速记工具。波特－奥唐奈推荐使用简单的圆圈、方框和波浪线来快速标记人物、故事背景和重要词语（Porter-O'Donnell，2004）。迪亚兹提倡使用11个基于意义的更复杂的符号，包括对钩、箭头、星号等，以便在重读时快速解码，进一步分析文本（Diaz，2014）。

目标技能
- 筛选重要信息
- 写批注

技能进展

需要外界帮助才能在阅读时记录文本中的重要信息和对文本的想法。

● ○

相关研究

根据认知心理学的观点，做笔记涉及对材料的理解，同时涉及元认知决策，决定要记录哪些内容以及如何组织信息。在一项针对四年级学生的研究中，相较于没有做笔记的同学，做笔记的孩子在阅读推理方面取得了更大的进步（Hebert et al., 2014）。

策略描述　阅读时如果遇到想要记住的细节，不论是为了进一步思考，还是为了与他人分享，你都应该停下来做笔记。

这样给孩子讲解　做笔记可以帮助你记住重要的细节，以便日后回忆、复习或分享。哪些内容值得记录取决于你的阅读目的和需求。如果你正在读一篇信息类文章，有一个具体的研究问题需要解决，那么，能帮助你回答问题的细节是需要记录的重要内容。如果你正在读一本小说，并且希望记住重要事件，以便在读书会上分享小说主要讲了什么，那么，你需要注意故事中那些与主要问题或主要冲突相关的细节。你可以用画图表的方式来整理这些细节，或者针对这些细节在便利贴上做简单的批注，并将便利贴贴在文本中相应的位置。

策略使用小贴士　请记住，当孩子的目标是围绕信息类文本中的某个主题进行写作或研究时，虽然本策略可以在孩子带着这个目标阅读时帮助他们做笔记，但是，并非所有关于信息类文本的阅读活动都要与写作和研究挂钩。孩子应该有足够的机会去阅读连贯的、完整的文本，并运用关于理解力的策略而不必通过做笔记来记录他们的学习所得——这样做有时仅仅是为了从阅读中获得乐趣。

这样给孩子提示
- 在读完这部分后，有没有什么重要细节引起了你的注意？
- 你认为你可以记录些什么来帮助你记住所读内容？
- 读完这部分后你会写些什么？
- 我注意到你在停下来做笔记时想了想写什么对你有帮助。

虚构类

当你……时，停下来做笔记

确认主要问题或冲突	留意重要事件	识别主要人物
没错，这是个问题。	这个看起来很重要！	她/他/他们绝对是重要人物。

做出预测	注意到人物的变化	与人物建立联系
我认为……会发生，因为……	这真令人吃惊！我没想到……会……	这让我想起我曾经……

非虚构类

当你……时，停下来做笔记

学习新知识	看到令人印象深刻的图片	感到疑惑
哇，我从来不知道……	画图+做标记	我想知道……

遇到生词	对某一部分做总结	有感受或想法
从文本中，我知道……的意思是……	这一部分主要在说……	哇！

13.3　思考自己的想法是否值得记下来

策略描述　在阅读过程中突然有想法时，停下来问问自己："写下这个想法对我有帮助吗？我需要把这个想法写下来与同伴分享吗？我需要把它写下来与老师分享吗？我需要把它写下来帮助自己记住它吗？"如果是，就快速将想法记下来（可以写在便利贴上，并把便利贴贴在让你萌生这个想法的地方；或者在笔记本上写下来，并标上原文中对应的页码），然后继续阅读。

策略使用小贴士　如果孩子读的是借来的书，让孩子把便利贴贴在引发自己想法的文字旁边并马上将想法记下来，这样做有很多好处。首先，当你与孩子讨论时，你可以轻松地看到他们的思考过程，查阅他们的证据，评估他们的理解力。其次，孩子在讨论中分享自己的想法时，也可以轻松地参考原文。还书时，孩子需要将自己做的笔记汇集起来，在整理笔记时他们可能需要帮助，详见策略13.4。

这样给孩子提示

- 停下来问问自己："我需要把这个想法写下来以便之后分享吗？"
- 快速记下自己的想法，这样你就可以继续阅读了。
- 这是你想要保留的想法吗？如果是，就快速记下来。
- 告诉我你做记录的目的是什么？是为了与同伴或老师分享，还是为了记录自己的思考过程？

这个想法值得记下来吗？

记录想法是为了……

1　与同伴分享或在读书会上分享。

2　与老师分享。

3　记录思考过程。

技能进展

需要外界帮助才能在阅读时记录文本中的重要信息和对文本的想法。

● ○

相关研究

做笔记时，明智地决定记录什么信息是非常重要的，因为在阅读时停下来记录可能导致理解中断。因此，想要有效做笔记，就需要协调好阅读和记录这两项活动对注意力和工作记忆的需求（Baddeley, 2000; Piolat, Olive, & Kellogg, 2005）。

目标技能

- 筛选重要信息
- 写批注

技能进展

需要外界帮助才能在阅读时记录文本中的重要信息和对文本的想法。

●○

相关研究

在一项针对七年级学生阅读社会科学文本的研究中，研究人员为一组学生提供了关于文本结构的额外指导以及用于做笔记的图形组织者。与对照组相比，接受指导的孩子在确定主要内容、理解学科知识方面取得了进步，写作质量也得到了提升（Reynolds & Perin, 2009）。

策略描述 读完一节内容后，问问自己："文本是以怎样的方式组织起来的？文本采用了什么结构？"想一想如何记录这种结构。必要时重读或略读，以完成你的笔记。

策略使用小贴士 那些展示了信息、想法或事件之间关联性（这是文本结构中固有的）的笔记，比随意做的笔记更有用。在学习本策略之前，孩子需要学习不同的文本结构（见适用于故事的策略5.16和5.25，以及适用于信息类文本的策略8.13~8.17）。

这样给孩子提示

- 你觉得自己会如何做笔记？
- 想一想文本采用了什么结构。
- 你要怎样确定文本结构？
- 现在你知道了文本结构以及如何做笔记，请回到原文重读一遍。

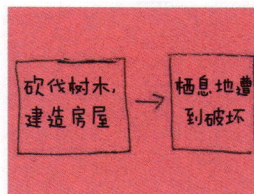

根据文本结构做笔记

情节式结构

2005年—第一只熊猫幼崽在史密森尼国家动物园出生
2013年—第二只幼崽出生
2015年—第三只幼崽贝贝出生

大意＋细节式结构

游客喜欢贝贝

- 每天有7500名游客来参观
- 贝贝爬树时他们会欢呼
- 贝贝睡觉时他们会轻声说话

问题－解决方案式结构

问题：栖息地遭到破坏
解决方案：
- 支持救助熊猫的组织
- 给予理解
- 抵制非法砍伐

因果式结构

砍伐树木，建造房屋 → 栖息地遭到破坏

13.5　用双栏笔记来记录想法

策略描述　在笔记本上画一张分成两栏的 T 形图，在左栏中记录文本中的重要事件、主要观点等，在右栏中记录你的想法。

这样给孩子讲解　双栏 T 形图有助于将文本内容（指向书）与你的想法（指向额头）区分开来。当你使用 T 形图时，你可以同时将重要事件以及你对重要事件的想法记录下来，以便回顾自己的想法，与同伴或我分享，并在文本中找到支持自己想法的证据。我们来读一读《月夜仙踪》这本书，并试着在我们的班级共享阅读笔记本中记录一些内容。故事开头发生了一件重要的事：敏俐决定离开她的家人。所以，我们可以在左栏中写下发生的事情——用自己的话说一说作者是怎么描写这件事的。在右栏中，我们可以记录对这件事有什么想法。我来示范一下。来看这句话："我简直不敢相信她这么小就如此勇敢。或许她很愚蠢！"注意，这并不是文本中的原话，而是我自己的想法。好了，轮到你了。接下来我们应该在左栏中记录什么事？你有什么想法？和你的同伴讨论一下。

这样给孩子提示

- 文本中有哪些值得记录的内容？
- 你说的是文本中的内容，请在左栏中写下来。
- 你为什么要记下这些？你会如何做出回应？
- 对此你有什么想法？请在右栏中写下来。

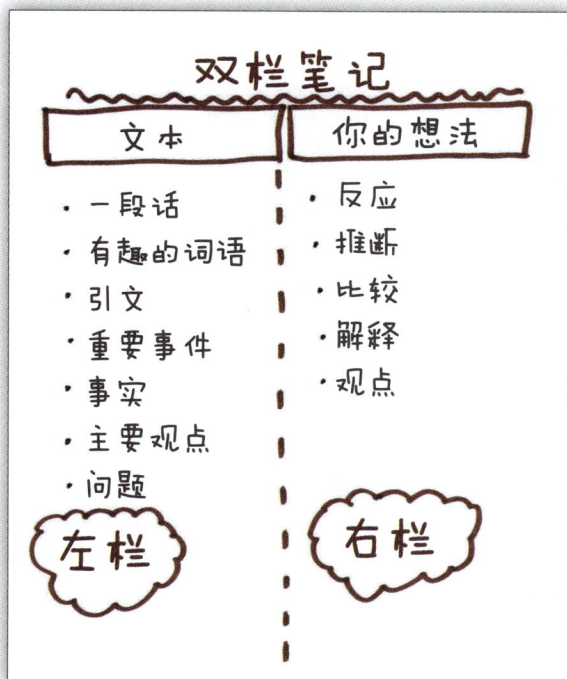

双栏笔记

文本	你的想法
· 一段话	· 反应
· 有趣的词语	· 推断
· 引文	· 比较
· 重要事件	· 解释
· 事实	· 观点
· 主要观点	
· 问题	

左栏　　右栏

目标技能
- 筛选重要信息
- 做笔记
- 详细阐述

技能进展

需要外界帮助才能在阅读时记录文本中的重要信息和对文本的想法。

● ○

相关研究

在一项针对选修写作和人文课程的理工科学生的研究中，教师将双栏笔记作为一种工具，鼓励主修科学、技术、工程和数学（STEM）的大学生进行批判性阅读。大多数学生表示，他们认为这种工具很有用。在对他们的笔记进行分析后也发现，做双栏笔记的确能让他们更好地进行批判性阅读（Ives，Mitchell，& Hübl，2020）。

13.6 　整理笔记

目标技能
- 筛选重要信息
- 写批注

技能进展
能够在阅读过程中记录一些信息或做出的推断，已经准备好将写作作为工具来深化或扩展观点。

相关研究
迈耶指出，有意义的学习遵循 SOI 模型，这个模型包括三个认知过程：选择相关信息【用 S 表示，S 是 selecting（选择）的缩写】，整理这些信息【用 O 表示，O 是 organizing（整理）的缩写】，将这些信息与已有知识整合起来【用 I 表示，I 是 integrating（整合）的缩写】，而应用 SOI 模型最有效的方法是用它来完成真实的学习任务，例如整理笔记（Mayer,1996）。

策略描述　重读一遍你的便利贴，想一想哪些值得保留。对于那些值得保留的便利贴，想一想如何整理它们或将它们分类存档，或者如何利用它们进行深入思考。把它们贴在笔记本的某一页，记得一定要在那一页的顶部写下书名作为标题。

这样给孩子讲解　我刚读完《纳米》，并在几张便利贴上做了笔记。你能帮我分析一下如何整理它们吗？以下是几张便利贴上写的内容。

- 令人惊奇的是，这么多不同的材料都由相同的物质——原子组成。
- 由于原子很小，我想知道科学家最初是怎么发现它们的。
- 科学家是如何将石墨变成石墨烯的？
- 纳米材料令人惊叹，看起来很前卫！我简直不敢相信它们是真实存在的。
- 超级滤网听起来非常重要，它能确保人们一直拥有干净的水源。

我可以按话题来整理——将与原子相关的放在一起，与纳米材料相关的放在一起。或者将问题放在一起，将想法放在一起。也许我可以将想与同伴分享的便利贴叠在一起，将只想记忆的便利贴叠在一起。你清楚这些选项了吗？我的最终决定取决于我之后想用便利贴做什么。

策略使用小贴士　数字工具可以替代实体便利贴。用于做笔记的软件能将笔记重新整理和分类，我们不仅可以在上面写文字，还可以添加多媒体信息，比如插入网址以及照片、音频、视频、数字图像等。

这样给孩子提示
- 再次阅读你的笔记，舍弃你觉得不值得保留的内容。
- 你认为这些笔记可以按照什么来分类？
- 你打算如何使用这些便利贴上的笔记？

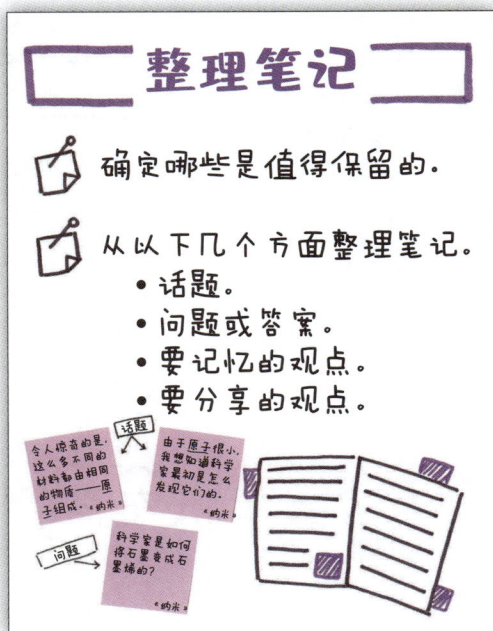

整理笔记

确定哪些是值得保留的。

从以下几个方面整理笔记。
- 话题。
- 问题或答案。
- 要记忆的观点。
- 要分享的观点。

13.7　摘录佳句用于激发写作灵感

策略描述　从你正在读的文本中找出一句有感染力的话。将这句话摘抄到你的笔记本上，并写下对这句话的想法。你只需快速写下你的想法，不用立刻进行筛选。

这样给孩子讲解　有时候作者用一句话便能表达许多内容。当你读到这句话时你便会认同，它会触动你的内心，或者以一种独特的方式表达出某种东西，让你停下来重读、思考。这样的话有时会让我萌生更深层的想法，帮助我更好地理解故事，甚至理解生活！例如，在《岛国的孩子》这本书的结尾部分，主人公劳拉说："即使我从来没有踏上那座岛屿也没关系，我仍然属于那里。"当我第一次读到这句话时，我停下来想了想，我觉得她说得对——不管我们生活在哪里或来自哪里，那个地方都将成为我们的一部分。所以我在笔记本上写下了这句话，并写下了我最开始对这句话的想法。之后我又开始写关于我曾经生活过的地方，以及这些地方对我有什么影响。这句话最终让我写了整整一页感想。

这样给孩子提示

- 找出一句打动你的话。
- 写下你的想法。
- 试着一直写、写更多。你可以使用"此外……""另一方面……""例如……""这让我想到……"等句式。
- 你有没有找到一句语言优美、寓意深刻、能引发情感反应的话？

《红色、白色和全部》
作者：拉贾拉·拉罗卡

"所以我被夹在了我想过的生活和她认为我应该过的生活之间。"（第4页）

我清楚蕾哈说的这句话是什么意思。她想表达的是："我想过自己的生活，而不是按照妈妈告诉我的那样生活。我的妈妈总是告诉我要做什么：刷牙、打扫房间、收拾衣服、放下手机去读书。我知道她爱我，也懂得她说的那些道理，但是我有我自己的生活。"

"你只生活在一个世界里，就是我们爱你的世界。"（第77页）

哇！她的父母确实这样对她说了。蕾哈感觉自己生活在两个世界里，但是她的父母并不想她这样。他们只希望她感觉到被爱。也许他们没有意识到他们给了她很大压力，也可能他们想从现在开始放下各种要求和期待，而专注在爱上。这让我想到，当我妈妈说爱我时，也许她不仅仅想说"我爱你"，她想让我知道她能真正理解我。

目标技能

- 筛选重要信息
- 详细阐述

技能进展

能够在阅读过程中记录一些信息或做出的推断，已经准备好将写作作为工具来深化或扩展观点。

相关研究

在对十一年级英语教学情况进行长期观察期间，威尔逊报告了一位教师让学生大量写阅读日志的情况——在读完小说后，学生以灵活、非正式和充满激情的方式写下了阅读日志。由于没有人阅读或评价他们的日志，他们毫无压力，所以他们承认了自己的困惑，提出了问题，将文本与自己的生活建立起了关联且有了令人意想不到的发现（Wilson，1989）。

目标技能
- 筛选重要信息
- 详细阐述

技能进展

能够在阅读过程中记录一些信息或做出的推断，已经准备好将写作作为工具来深化或扩展观点。

相关研究

在一篇关于视觉化的各种方式的综述中，埃普勒尔比较了概念地图（concept map）、思维导图、概念图表（conceptual diagram）和视觉隐喻在展示信息之间关系时的作用（Eppler, 2006）。这几种方式都有其独特的优势，结合使用多种方式可以有效促进回忆和理解。整理信息并思考信息之间的关联方式是重要的思维工作。

策略描述 挑几张写有笔记（包含人物名字、想法或信息）的便利贴，将它们分散地贴在笔记本的其中一页上。在它们之间画上箭头。沿着这些箭头，写下每两条笔记之间有何关联，或者在寻找关联的过程中你有了哪些新想法。

这样给孩子讲解 关系网是一种可以帮助你看到事物之间关联的工具。当你发现关联时，你可以写下它们，以加深思考并萌生新想法。如果你正在读一本故事书，你可以在笔记本上写下人物的名字，并在它们之间画上箭头。想一想：一个人物会如何影响另一个人物？这些人物之间有什么关联？它们之间是什么关系？或者，你可能正在读一本科学书，并在三张便利贴上各记录了一条信息。你可以将这些便利贴分散地贴在笔记本的其中一页上，并在它们之间画上箭头。这三条信息是否有因果关系？它们是看待同一问题的不同角度吗？这两条信息有共同之处吗？找出并写下这些信息之间的关联能够深化你的所思所想！

这样给孩子提示
- 这两条信息之间有什么关系？
- 想一想其中一条信息是如何影响另一条信息的。
- 全面比较这两条信息，找出它们的相同之处和不同之处。
- 把你的想法写在箭头旁边。

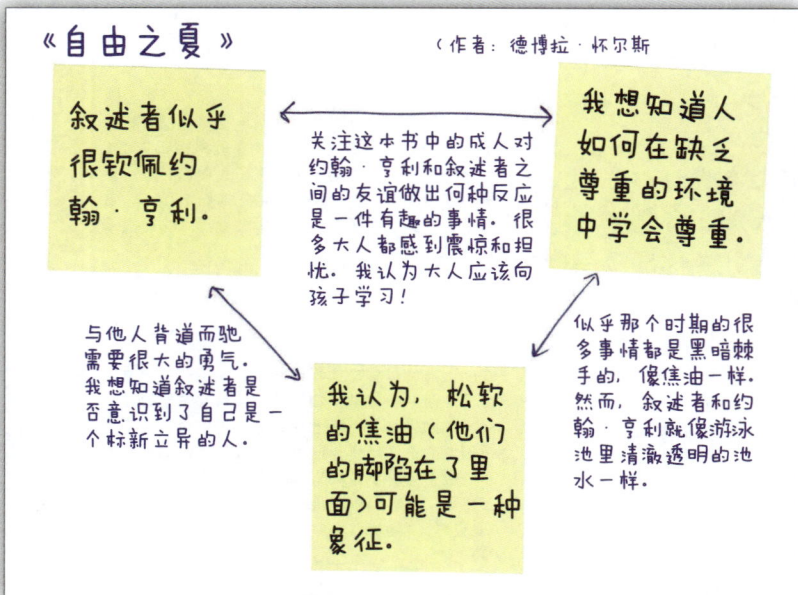

13.9　扩展想法

策略描述　拿一张写有自己想法的便利贴，将它贴在笔记本的一角。问问自己："我还能说些什么？我该如何解释我的想法？我该如何补充我的想法或者萌生一个新想法？"

这样给孩子讲解　如果我们在阅读过程中萌生了一个想法，我们可以停下来迅速将它写在便利贴上。不过，这些临时的想法只是一个开始。我们可以回顾自己的想法并通过写作对它进行更深入的思考，看看这些想法能否得到深化和扩展。例如，在读《前台》时，我在便利贴上写下了这样一个想法："米娅应该如实说出她的感受。"但我知道我还有更多要说的，比如"她应该和父母谈谈"和"坦诚沟通比隐藏或压抑感受要好"。令我兴奋的是，很多次，当我进行自由写作，在笔记本上与自己对话时，我发现自己写出了意想不到的内容。我真的会为自己的新想法感到惊讶，而且我也会通过写作来深化和扩展我的想法。

这样给孩子提示

- 你最初的想法是什么？现在，请试着多写一些。
- 不要让你的笔停下来。
- 不要担心是否完美。自由地写下你的想法，看看它们会带你去哪里。
- 继续探索这个想法，看看你能否萌生一些新想法。

目标技能

详细阐述

技能进展

能够在阅读过程中记录一些信息或做出的推断，已经准备好将写作作为工具来深化或扩展观点。

●　●●

相关研究

在学校里，写作常常被描述为围绕某个主题写一些东西，仅仅是一种记录已经存在的事物的行为。然而，许多学者将写作描述为"在行动中思考"——对事物的认知发生在写作过程中（Menary，2007）。

我想知道乌龟能让里奥快乐起来吗？乌龟真的会成为里奥的朋友吗？

比别人慢
（作者：辛西娅·赖兰特）

一开始我很疑惑：乌龟查理真的会变成里奥的朋友吗？第2页写到，里奥觉得自己再也快乐不起来了。这让我很伤心！看起来查理很想帮里奥，因为查理可以"听"他讲所有的事。里奥把查理带到了学校，这表明查理在他生活中很重要。他似乎能够站在查理的角度来思考问题。

还有一件事让我有点悲伤：里奥的家人与他分开了。尽管查理可能是个不错的朋友，但里奥毕竟失去了父母的疼爱和照顾。查理对里奥来说终究是一只需要照料的宠物。

目标技能

详细阐述

技能进展

能够在阅读过程中记录一些信息或做出的推断，已经准备好将写作作为工具来深化或扩展观点。

相关研究

尽管对所有人来说，在写作卡壳时使用过渡词都有助于拓展思路，但这种方法对英语学习者来说尤其有用。为英语学习者提供特定句式不仅能够帮助他们使用过渡词，还为他们提供了练习之前所学词句的机会 (AlHassan & Wood, 2015)。

策略描述　当写作遇到困难时，你可以借助过渡词继续写下去。如果有需要，你可以参考下表。

策略使用小贴士　一方面，像下表中这样的词语或短语会让我们想到非常正式的写作，因为我们通常会在打磨过的文章中看到它们。另一方面，当你把它们看作孤立的词语和短语时，它们似乎有些空洞，没有太多意义。但是这些功能性的词语和短语很重要，它们揭示了观点之间的重要关系。当孩子使用这些过渡词来促进思考时，这可以帮助他们整理想法，甚至让他们萌生新想法。本策略可以帮助孩子把脑海中闪现的想法详细地阐述出来，写出更长篇幅的作品来梳理自己的思路。年龄较小的阅读者也许只能写出几句话，而年龄大些的阅读者则能写满好几页。你可以根据孩子的年龄和能力适当调整教授本策略时需要使用的语言以及过渡词。

这样给孩子提示

- 这个过渡词是否引发了你的思考，让你有了一个新想法？
- 这个过渡词让你思考 ____。试试看它能否推动你进一步思考。
- 接下来你想试着用哪个过渡词来促进思考？

目的/含义	例子	目的/含义	例子
同意、补充	不仅……而且 此外 第一，第二，第三 同样重要的是 并且 同样 以及	举例、支持	换句话说 还要知道的一点是 包括 必定 尤其是 出乎意料的是 事实上
对立、矛盾	相比之下 尽管 即使 另一方面 但是 然而 况且 虽然	影响、结果	结果 这样一来 于是 所以
		总结、小结、重述	一般来说 毕竟 总之 总的来说 简而言之
原因、目的	考虑到这一点 为了 如果……那么 无论何时 因为 鉴于	时间、顺序	开始 然后 后来 最后 同时 至今

13.11　写，说，写

策略描述　从一个想法开始，写更多内容来阐述你的想法。然后，与你的搭档、读书会其他成员或全班同学讨论。讨论结束后，在你的笔记本上写下你此时的想法。尤其要注意你的想法有什么变化，你是否因为讨论而产生了新想法。

这样给孩子提示

- 现在你已经有了一些初步的想法，和你的同伴讨论一下吧。
- 你之前是怎么想的？现在呢？
- 你可以这样说："之前我的想法是……但是经过讨论后，我现在的想法是……"
- 想一想你的搭档或读书会成员分享的想法。与之前你所写下的相比，你有哪些新想法？

目标技能

详细阐述

技能进展

能够在阅读过程中记录一些信息或做出的推断，已经准备好将写作作为工具来深化或扩展观点。

延伸阅读

Talk About Understanding: Rethinking Classroom Talk to Enhance Comprehension (Keene, 2012)

相关研究

在一项针对小学低年级课堂的观察研究中，巴罗内发现，随着时间的推移，孩子对一本书的回应从字面理解逐渐转变为推断性理解，而且对关键场景的回应有很大的差异并极具个性（Barone, 2013）。

> 与搭档讨论之后，现在我认为獴内心很矛盾，他想与黄鼠狼走得更近，但他们想要的东西并不相同，这让他很为难。我还发现，黄鼠狼经常故意惹麻烦，因为他想出名。他们经常在树桩那儿谈话，我认为树桩象征着梦想和自由，因为它高出地面很多。在这个故事中，黄鼠狼可以学到的道理是：不能因为想出名就故意惹麻烦，应该通过更好的方式去实现自己的梦想。

> 一开始我觉得獴看起来鬼鬼祟祟的，因为他对黄鼠狼很忠诚。但现在我认为，他这样做是因为他就想这样做，只有这样他才觉得安全。

> ## 更详细的阐述
>
> 一方面，獴对黄鼠狼很忠诚，因为他不想与黄鼠狼有冲突，他想维持朋友关系。另一方面，他又很固执，只要他觉得一件事是正确的，他就会去做。我意识到獴在做事前会先思考，而黄鼠狼则会为实现梦想而采取行动。这是很重要的，因为这导致了他们之间频繁的争执。例如，他们经常为长大后要拥有的汽车而争吵。

目标技能
● 详细阐述
● 筛选重要信息

技能进展
能够在阅读过程中记录一些信息或做出的推断，已经准备好将写作作为工具来深化或扩展观点。

相关研究
在书面回答中运用高阶思维不仅仅适用于年龄较大的孩子。彼得森和泰勒提供的来自二年级和三年级课堂的例子表明，孩子会针对主题、人物解读和文本与自身的联系进行写作，这能促使他们对文本进行更深入的思考并提升交谈能力（Peterson & Taylor, 2012）。

策略描述 选择一个能代表你对整本书的思考且你认为值得探索的核心话题。问问自己："我该如何将这个核心话题拆解成更小的部分？"将拆解开的部分列出来，从中选择一个部分并针对它进行写作。写完后选择另一个部分，以此类推。

这样给孩子讲解 你如果有一个想要进一步思考的核心话题，将其拆分成几部分会很有帮助。你可以列一份清单，规划好写作时要探索什么。举例来说，如果你想就人物来写，比如探索该人物在整本书中是如何成长的，你可以按时间顺序来写：故事开始时人物是怎样的，中间是怎样的，最后又是怎样的；如果你想就主题来写，比如探索"善与恶"这一主题，你可以列举出善与恶在故事中的几种体现形式；对于说明类文本，你可以列举出支持核心话题的理由。清单是很好的工具，它可以帮助你详细阐述。当你从一条内容转到另一条内容时，你不可避免地会引用文本不同部分的例子和细节，并通过探索它们来萌生新想法。

这样给孩子提示
● 从核心话题开始——你要写什么？
● 想一想你会探索哪些部分。
● 关于这部分你已经写了一些内容，现在是时候选择另一个部分来写了——这个部分主要讲的是什么？
● 文本中哪些细节与那部分对应？

拆解核心话题，写出
更多内容

□ 你的核心话题是什么？

□ 你会探索哪些部分？（列一份清单）

□ 关于其中一个部分先写一些，然后再选择另一个部分。

□ 想一想：文本中哪些细节与那部分对应？

参考文献

研究资料

Adams, M. J. (1990). *Beginning to read: Thinking and learning about print*. MIT Press.

Adams, M., & Bruce, B. (1982). Background knowledge and reading comprehension. In J. A. Langer & M. T. Smith-Burke (Eds.), *Reader meets author/Bridging the gap: A psycholinguistic and sociolinguistic perspective* (pp. 2–25). International Reading Association.

Afflerbach, P. P. (1990). The influence of prior knowledge on expert readers' main idea construction strategies. *Reading Research Quarterly*, *25*(1), 31–46.

Afflerbach, P., Pearson, P. D., & Paris, S. G. (2008). Clarifying differences between reading skills and reading strategies. *The Reading Teacher*, *61*(5), 364–373.

Alexander, P. A., Graham, S., & Harris, K. (1998). A perspective on strategy research: Progress and prospects. *Educational Psychology Review*, *10*(2), 129–154.

Algozzine, B., & Douville, P. (2004). Use mental imagery across the curriculum. *Preventing School Failure: Alternative Education for Children and Youth*, *49*(1), 36–39.

AlHassan, L., & Wood, D. (2015). The effectiveness of focused instruction of formulaic sequences in augmenting L2 learners' academic writing skills: A quantitative research study. *Journal of English for Academic Purposes*, *17*, 51–62.

Allen, K. D., & Hancock, T. E. (2008). Reading comprehension improvement with individualized cognitive profiles and metacognition. *Literacy Research and Instruction*, *47*(2), 124–139.

Allington, R. L. (2014). How reading volume affects both reading fluency and reading achievement. *International Electronic Journal of Elementary Education*, *7*(1), 13–26.

Allington, R. L., & McGill-Franzen, A. M. (2021). Reading volume and reading achievement: A review of recent research. *Reading Research Quarterly*, *56*(S1), S231–S238.

Alvermann, D. E., Smith, L. C., & Readence, J. E. (1985). Prior knowledge activation and the comprehension of compatible and incompatible text. *Reading Research Quarterly*, *20*(4), 420–436.

Alvermann, D. E., Young, J. P., Weaver, D., Hinchman, K. A., Moore, D. W., Phelps, S. F., Thrash, E. C., & Zalewski, P. (1996). Middle and high school students' perceptions of how they experience text-based discussions: A multicase study. *Reading Research Quarterly*, *31*(3), 244–267.

Anderson, G., Higgins, D., & Wurster, S. R. (1985). Differences in the free-reading books selected by high, average, and low achievers. *The Reading Teacher*, *39*(3), 326–330.

Anderson, N. L., & Kaye, E. L. (2017). Finding versus fixing: Self-monitoring for readers who struggle. *The Reading Teacher*, *70*(5), 543–550.

Anderson, R. C., Wilson, P. T., & Fielding, L. G. (1988). Growth in reading and how children spend their time outside of school. *Reading Research Quarterly*, *23*(3), 285–303.

Anderson, T. H., & Armbruster, B. A. (1984). Content area textbooks. In R. C. Anderson, J. Osborn, & R. J. Tierney (Eds.), *Learning to read in American schools* (pp. 193–226). Erlbaum.

Applebee, A. N., Langer, J. A., & Mullis, I. V. S. (1987). *Learning to be literate in America: Reading, writing, and reasoning*. National Assessment of Educational Progress, Educational Testing Service.

Applegate, M. D., Applegate, A. J., & Modla, V. B. (2009). "She's my best reader; she just can't comprehend": Studying the relationship between fluency and comprehension. *The Reading Teacher*, *62*(6), 512–521.

Archer, A. L., Gleason, M. M., & Vachon, V. L. (2003). Decoding and fluency: Foundation skills for struggling older readers. *Learning Disability Quarterly*, *26*(2), 89–101.

Ardoin, S. P., Morena, L. S., Binder, K. S., & Foster, T. E. (2013). Examining the impact of feedback and repeated readings on oral reading fluency: Let's not forget prosody. *School Psychology Quarterly*, *28*(4), 391–404.

Arizpe, E. (2013). Meaning-making from wordless (or nearly wordless) picturebooks: What educational research expects and what readers have to say. *Cambridge Journal of Education*, *43*(2), 163–176.

Arizpe, E., & Styles, M. (2016). *Children reading picturebooks: Interpreting visual texts* (2nd ed.). Routledge.

Armbruster, B. B. (1984). The problem of "inconsiderate text." In G. G. Duffy, L. R. Roehler, & J. Mason (Eds.), *Comprehension instruction: Perspectives and suggestions* (pp. 202–217). Longman.

Armbruster, B. B., & Armstrong, J. O. (1993). Locating information in text: A focus on children in the elementary grades. *Contemporary Educational Psychology*, *18*(2), 139–161.

Armbruster, B. B., Anderson, T. H., & Ostertag, J. (1987). Does text structure/summarization instruction facilitate learning from expository text? *Reading Research Quarterly*, *22*(3), 331–346.

Arzubiaga, A., Rueda, R., & Monzó, L. (2002). Family matters related to the reading engagement of Latino children. *Journal of Latinos and Education*, *1*(4), 231–243.

Ashby, J. (2006). Prosody in skilled silent reading: Evidence from eye movements. *Journal of Research in Reading*, *29*(3), 318–333.

Aukerman, M., & Schuldt, L. C. (2016). Closely reading "reading closely." *Language Arts*, *93*(4), 286–299.

Baddeley, A. (2000). The episodic buffer: A new component of working memory? *Trends in Cognitive Sciences*, *4*(11), 417–423.

Baker, L., & Wigfield, A. (1999). Dimensions of children's motivation for reading and their relations to reading activity and reading achievement. *Reading Research Quarterly*, *34*(4), 452–477.

Barnes, J. A., Ginther, D. W., & Cochran, S. (1989). Schema and purpose in reading comprehension and learning vocabulary from context. *Reading Research and Instruction*, *28*(2), 16–28.

Barnes, M. A., Dennis, M., & Haefele-Kalvaitis, J. (1996). The effects of knowledge availability and knowledge accessibility on coherence and elaborative inferencing in children from six to fifteen years of age. *Journal of Experimental Child Psychology*, *61*(3), 216–241.

Barone, D. (2013). Making meaning: Individual and group response within a book club structure. *Journal of Early Childhood Literacy*, *13*(1), 3–25.

Barone, D., & Barone, R. (2019). Fourth-grade gifted students' participation in literature circles. *Gifted Education International*, *35*(2), 121–135.

Barrio, P. J., Goldstein, D. G., & Hofman, J. M. (2016). Improving comprehension of numbers in the news. In *Proceedings of the 2016 Chi Conference on Human Factors in Computing Systems* (pp. 2729–2739).

Barsalou, L. W. (2008). Grounded cognition. *Annual Review of Psychology*, *59*(1), 617–645.

Baumann, J. F., & Bergeron, B. S. (1993). Story map instruction using children's literature: Effects on first graders' comprehension of central narrative elements. *Journal of Reading Behavior*, *25*(4), 407–437.

Baumann, J. F., Edwards, E. C., Font, G., Tereshinski, C. A., Kame'enui, E. J., & Olejnik, S. (2002). Teaching morphemic and contextual analysis to fifth-grade students. *Reading Research Quarterly*, *37*(2), 150–176.

Baumann, J. F., Kame'enui, E. J., & Ash, G. E. (2003). Research on vocabulary instruction: Voltaire redux. In J. Flood, D. Lapp, & J. R. Squire (Eds.), *Handbook of research on teaching the English language arts* (2nd ed., pp. 752–785). Lawrence Erlbaum.

Beach, R., & Wendler, L. (1987). Developmental differences in response to a story. *Research in the Teaching of English*, *21*(3), 286–297.

Bean, T. W., & Moni, K. (2003). Developing students' critical literacy: Exploring identity construction in young adult fiction. *Journal of Adolescent & Adult Literacy, 46*(8), 638-648.

Beck, I. (1989). *Reading today and tomorrow: Teachers' editions for grades 1 and 2*. Holt.

Beck, I., & Hamilton, R. (2000). *Beginning reading module*. American Federation of Teachers. (Original work published 1996)

Beck, I. L., Perfetti, C. A., & McKeown, M. G. (1982). Effects of long-term vocabulary instruction on lexical access and reading comprehension. *Journal of Educational Psychology, 74*(4), 506-521.

Beeferman, D., Berger, A., & Lafferty, J. (1999). Statistical models for text segmentation. *Machine Learning, 34*(1), 177-210.

Benjamin, R. G., & Schwanenflugel, P. J. (2010). Text complexity and oral reading prosody in young readers. *Reading Research Quarterly, 45*(4), 388-404.

Berkeley, S., Scruggs, T. E., & Mastropieri, M. A. (2010). Reading comprehension instruction for students with learning disabilities, 1995-2006: A meta-analysis. *Remedial and Special Education, 31*(6), 423-436.

Best, R. M., Floyd, R. G., & McNamara, D. S. (2008). Differential competencies contributing to children's comprehension of narrative and expository texts. *Reading Psychology, 29*(2), 137-164.

Bhattacharya, A. (2006). Syllable-based reading strategy for mastery of scientific information. *Remedial and Special Education, 27*(2), 116-123.

Bhattacharya, A., & Ehri, L. C. (2004). Graphosyllabic analysis helps struggling readers read and spell words. *Journal of Learning Disabilities, 7*(4), 331-348.

Bishop, D. V., & Adams, C. (1992). Comprehension problems in children with specific language impairment: Literal and inferential meaning. *Journal of Speech, Language, and Hearing Research, 35*(1), 119-129.

Bishop, R. S. (1990). Mirrors, windows, and sliding glass doors. *Perspectives: Choosing and using books for the classroom, 6*(3), ix-xi.

Blevins, J. P. (2016). *Word and paradigm morphology*. Oxford University Press.

Block, M. K., & Duke, N. K. (2015). Letter names can cause confusion. *Young Children, 70*(1), 84-91.

Bloome, D., & Egan-Robertson, A. (1993). The social construction of intertextuality in classroom reading and writing lessons. *Reading Research Quarterly, 28*(4), 305-333.

Bloome, D., Kim, M., Hong, H., & Brady, J. (2018). Multiple source use when reading and writing in literature and language arts classrooms. In J. L. G. Braasch, I. Braten, & M. T. McCrudden (Eds.), *Handbook of multiple source use* (pp. 254-266). Routledge.

Boekaerts, M. (1997). Self-regulated learning: A new concept embraced by researchers, policy makers, educators, teachers, and students. *Learning and Instruction, 7*(2), 161-186.

Bögels, S., & Levinson, S. C. (2017). The brain behind the response: Insights into turn-taking in conversation from neuroimaging. *Research on Language and Social Interaction, 50*(1), 71-89.

Bonacina, S., Huang, S., White-Schwoch, T., Krizman, J., Nicol, T., & Kraus, N. (2021). Rhythm, reading, and sound processing in the brain in preschool children. *npj Science of Learning, 6*(1), 1-11.

Bourg, T. (1996). The role of emotion, empathy, and text structure in children's and adults' narrative text comprehension. In R. J. Kreuz & M. S. MacNealy (Eds.), *Empirical approaches to literature and aesthetics* (pp. 241-260). Ablex.

Bourg, T., Risden, K., Thompson, S., & Davis, E. C. (1993). The effects of an empathy-building strategy on 6th graders' causal inferencing in narrative text comprehension. *Poetics, 22*(1-2), 117-133.

Bower, G. H. (1976). Experiments on story understanding and recall. *The Quarterly Journal of Experimental Psychology, 28*(4), 511-534.

Bower, G. H., & Rinck, M. (1999). Goal as generators of narrative understanding. In S. R. Goldman, A. C. Graesser, & P. van den Broek (Eds.), *Narrative comprehension, causality, and coherence: Essays in honor of Tom Trabasso* (pp. 111–134). Erlbaum.

Britt, M. A., Richter, T., & Rouet, J. F. (2014). Scientific literacy: The role of goal-directed reading and evaluation in understanding scientific information. *Educational Psychologist, 49*(2), 104–122.

Brown, A. L., & Day, J. D. (1983). Macrorules for summarizing texts: The development of expertise. *Journal of Verbal Learning and Verbal Behavior, 22*(1), 1–14.

Brown, A. L., & Palincsar, A. S. (1989). Guided, cooperative learning and individual knowledge acquisition. In L. B. Resnick (Ed.), *Knowing, learning and instruction: Essays in honor of Robert Glaser* (pp. 393–451). Lawrence Erlbaum.

Brown, S., & Kappes, L. (2012). *Implementing the Common Core State Standards: A primer on "close reading of text."* Aspen Institute.

Brownell, C. J., & Rashid, A. (2020). Building bridges instead of walls: Engaging young children in critical literacy read alouds. *Journal of Curriculum Studies Research, 2*(1), 76–94.

Brown-Wood, J. E., & Solari, E. J. (2021). Judging books by covers: Exploring antiblackness and Asian and Hispanic children preferences. *The Journal of Educational Research, 114*(1), 13–28.

Bruce, B. (1981). A social interaction model of reading. *Discourse Processes, 4*(4), 273–311.

Brugar, K. A., & Roberts, K. L. (2017). Seeing is believing: Promoting visual literacy in elementary social studies. *Journal of Teacher Education, 68*(3), 262–279.

Brusnighan, S. M., & Folk, J. R. (2012). Combining contextual and morphemic cues is beneficial during incidental vocabulary acquisition: Semantic transparency in novel compound word processing. *Reading Research Quarterly, 47*(2), 172–190.

Burns, M. K. (2007). Reading at the instructional level with children identified as learning disabled: Potential implications for response-to-intervention. *School Psychology Quarterly, 22*(3), 297–313.

Cain, K., Oakhill, J. V., & Bryant, P. E. (2004). Children's reading comprehension ability: Concurrent prediction by working memory, verbal ability, and component skills. *Journal of Educational Psychology, 96*(1), 671–681.

Cain, K., Patson, N., & Andrews, L. (2005). Age- and ability-related differences in young readers' use of conjunctions. *Journal of Child Language, 32*(4), 877–892.

Caldwell, E. C., Roth, S. R., & Turner, R. R. (1978). A reconsideration of phonic generalizations. *Journal of Reading Behavior, 10*(1), 91–96.

Carlisle, J. F. (2010). Effects of instruction in morphological awareness on literacy achievement: An integrative review. *Reading Research Quarterly, 45*(4), 464–487.

Carlson, K., Dickey, M. W., Frazier, L., & Clifton, C., Jr. (2009). Information structure expectations in sentence comprehension. *Quarterly Journal of Experimental Psychology, 62*(1), 114–139.

Carnine, D., Stevens, C., Clements, J., & Kameenui, E. J. (1982). Effects of facultative questions and practice on intermediate students' understanding of character motives. *Journal of Reading Behavior, 14*(2), 179–190.

Carroll, J. B., Davies, P., & Richman, B. (1971). *The American Heritage word frequency book.* Houghton Mifflin.

Carston, R. (2018). Figurative language, mental imagery, and pragmatics. *Metaphor and Symbol, 33*(3), 198–217.

Cartwright, K. B. (2006). Fostering flexibility and comprehension in elementary students. *The Reading Teacher, 59*(7), 628–634.

Cartwright, K. B (2015). *Executive skills and reading comprehension.* Guilford.

Carver, R. P. (1992). Reading rate: Theory, research, and practical implications. *Journal of Reading, 36*(2), 84–95.

Carver, R. P. (1994). Percentage of unknown vocabulary words in text as a function of the relative difficulty of the text: Implications for instruction. *Journal of Reading Behavior, 26*(4), 413-437.

Castles, A., Rastle, K., & Nation, K. (2018). Ending the reading wars: Reading acquisition from novice to expert. *Psychological Science in the Public Interest, 19*(1), 5-51.

Cazden, C. B. (2005). The value of conversations for language development and reading comprehension. *Literacy Teaching and Learning, 9*(1), 1-6.

Cervetti, G. N., Barber, J., Dorph, R., Pearson, P. D., & Goldschmidt, P. G. (2012). The impact of an integrated approach to science and literacy in elementary school classrooms. *Journal of Research in Science Teaching, 49*(5), 631-658.

Cervetti, G. N., & Hiebert, E. H. (2015). The sixth pillar of reading instruction: Knowledge development. *The Reading Teacher, 68*(7), 548-551.

Cervetti, G. N., & Wright, T. S. (2020). The role of knowledge in understanding and learning from text. In E. B. Moje, P. Afflerbach, P. Enciso, & N. K. Lesaux (Eds.), *Handbook of reading research* (Vol. 5, pp. 237-260). Routledge.

Cervetti, G. N., Wright, T. S., & Hwang, H. (2016). Conceptual coherence, comprehension, and vocabulary acquisition: A knowledge effect? *Reading and Writing, 29*(4), 761-779.

Chafel, J. A., & Neitzel, C. (2005). Young children's ideas about the nature, causes, justification, and alleviation of poverty. *Early Childhood Research Quarterly, 20*(4), 433-450.

Chafel, J. A., & Neitzel, C. (2012). "I would like to see how they got poor and see what it's like to be poor": An analysis of young children's responses to a critical literacy text about poverty. *Journal of Poverty, 16*(2), 147-170.

Chandler, M. J. (1973). Egocentrism and antisocial behavior: The assessment and training of social perspective-taking skills. *Developmental Psychology, 9*(3), 326-332.

Chandler, P., & Sweller, J. (1991). Cognitive load theory and the format of instruction. *Cognition and Instruction, 8*(4), 293-332.

Chard, D. J., Vaughn, S., & Tyler, B. J. (2002). A synthesis of research on effective interventions for building reading fluency with elementary students with learning disabilities. *Journal of Learning Disabilities, 35*(5), 386-406.

Chiu, C. W. T. (1998). *Synthesizing metacognitive interventions: What training characteristics can improve reading performance?* [Paper presentation]. American Educational Research Association Annual Meeting, San Diego, CA, United States.

Cipparone, P. (2014). Reading *Pancho Rabbit and the Coyote:* An allegory of immigration sparks rich discussions. *Social Studies and the Young Learner, 27*(2), 9-13.

Clark, A. M., Anderson, R. C., Kuo, L. J., Kim, I. H., Archodidou, A., & Nguyen-Jahiel, K. (2003). Collaborative reasoning: Expanding ways for children to talk and think in school. *Educational Psychology Review, 15*(2), 181-198.

Clark, R., Morrison, T. G., & Wilcox, B. (2009). Readers' theater: A process of developing fourth-graders' reading fluency. *Reading Psychology, 30*(4), 359-385.

Clarke, L. W., & Holwadel, J. (2007). Help! What is wrong with these literature circles and how can we fix them? *The Reading Teacher, 61*(1), 20-29.

Cohen, L., Krustedt, R. L., & May, M. (2009). Fluency, text structure, and retelling: A complex relationship. *Reading Horizons: A Journal of Literacy and Language Arts, 49*(2), 101-124.

Cole, K., Schroeder, K., Bataineh, M., & Al-Bataineh, A. (2021). Flexible seating impact on classroom environment. *Turkish Online Journal of Educational Technology-TOJET, 20*(2), 62-74.

Coleman, J. M., Bradley, L. G., & Donovan, C. A. (2012). Visual representations in second graders' information book compositions. *The Reading Teacher, 66*(1), 31-45.

Connelly, V., Johnston, R., & Thompson, G. B. (2001). The effect of phonics instruction on the reading comprehension of beginning readers. *Reading and Writing, 14*(5), 423–457.

Connor, C. M., Morrison, F. J., & Katch, L. E. (2004). Beyond the reading wars: Exploring the effect of child-instruction interactions on growth in early reading. *Scientific Studies of Reading, 8*(4), 305–336.

Cook, K. E., Earles-Vollrath, T., & Ganz, J. B. (2006). Bibliotherapy. *Intervention in School and Clinic, 42*(2), 91–100.

Corcoran, C. A., & Davis, A. D. (2005). A study of the effects of readers' theater on second and third grade special education students' fluency growth. *Reading Improvement, 42*(2), 105–111.

Council of Chief State School Officers. (2010). *Common core state standards for English language arts*. National Governors Association Center for Best Practices.

Craddock, S. (1981). An investigation of physical setting in narrative discourse, and its influence on the reading comprehension and reading interest of elementary students [Doctoral dissertation, University of British Columbia]. University of British Columbia Library.

Cromley, J. G., & Azevedo, R. (2007). Testing and refining the direct and inferential mediation model of reading comprehension. *Journal of Educational Psychology, 99*(2), 311.

Crosson, A. C., & McKeown, M. G. (2016). Middle school learners' use of Latin roots to infer the meaning of unfamiliar words. *Cognition and Instruction, 34*(2), 148–171.

Csikszentmihalyi, M. (1990). *Flow: The psychology of optimal experience*. HarperCollins.

Culatta, B., Hall-Kenyon, K., & Black, S. (2010). Teaching expository comprehension skills in early childhood classrooms. *Topics in Language Disorders, 30*(4), 323–338.

Culpeper, J. (1996). Inferring character from texts: Attribution theory and foregrounding theory. *Poetics, 23*(5), 335–361.

Culpeper, J. (2014). *Language and characterisation: People in plays and other texts*. Routledge.

Cunningham, A. E., & Stanovich, K. E. (1991). Tracking the unique effects of print exposure in children: Associations with vocabulary, general knowledge, and spelling. *Journal of Educational Psychology, 83*(2), 264–274.

Cunningham, J. W., & Foster, E. O. (1978). The ivory tower connection: A case study. *The Reading Teacher, 31*(4), 365–369.

David, D., Wade-Woolley, L., Kirby, J. R., & Smithrim, K. (2007). Rhythm and reading development in school-age children: A longitudinal study. *Journal of Research in Reading, 30*(2), 169–183.

Davis, Z. T., & McPherson, M. D. (1989). Story map instruction: A road map for reading comprehension. *The Reading Teacher, 43*(3), 232–240.

de Boer, H., Donker, A. S., Kostons, D. D., & van der Werf, G. P. (2018). Long-term effects of metacognitive strategy instruction on student academic performance: A meta-analysis. *Educational Research Review, 24*, 98–115.

De Koning, B. B., & van der Schoot, M. (2013). Becoming part of the story! Refueling the interest in visualization strategies for reading comprehension. *Educational Psychology Review, 25*(2), 261–287.

Dean, R. S., & Enemoh, P. A. C. (1983). Pictorial organization in prose learning. *Contemporary Educational Psychology, 8*(1), 20–27.

Deane, P. (2020). *Building and justifying interpretations of texts: A key practice in the English language arts* (Research Report No. RR-20-20). Educational Testing Service.

Denton, C. A., Tolar, T. D., Fletcher, J. M., Barth, A. E., Vaughn, S., & Francis, D. J. (2013). Effects of tier 3 intervention for students with persistent reading difficulties and characteristics of inadequate responders. *Journal of Educational Psychology, 105*(3), 633–648.

Diaz, T. (2014). A notable process: Teaching critical reading via notetaking (making). *Library Media Connection, 32*(4), 18–20.

Dickson, S. V., Simmons, D. C., & Kameenui, E. J. (1998). Text organization: Instructional and curricular basics and implications. In D. C. Simmons & E. J. Kameenui (Eds.), *What reading research tells us about children with diverse learning needs* (pp. 279–294). Routledge.

Dignath, C., & Büttner, G. (2008). Components of fostering self-regulated learning among students. A meta-analysis on intervention studies at primary and secondary school level. *Metacognition and Learning, 3*(3), 231–264.

Dimino, J., Gersten, R., Carnine, D., & Blake, G. (1990). Story grammar: An approach for promoting at-risk secondary students' comprehension of literature. *The Elementary School Journal, 91*(1), 19–32.

Dochy, F., Segers, M., & Buehl, M. M. (1999). The relation between assessment practices and outcomes of studies: The case of research on prior knowledge. *Review of Educational Research, 69*(2), 145–186.

Dole, J. A., Valencia, S. W., Greer, E. A., & Wardrop, J. L. (1991). Effects of two types of prereading instruction on the comprehension of narrative and expository text. *Reading Research Quarterly, 26*(2) 142–159.

Donker, A. S., De Boer, H., Kostons, D., Van Ewijk, C. D., & van der Werf, M. P. (2014). Effectiveness of learning strategy instruction on academic performance: A meta-analysis. *Educational Research Review, 11*, 1–26.

Donovan, A. M., & Rapp, D. N. (2018). Updating of character information when reading multiple texts for pleasure. In J. L. G. Braasch, I. Braten, & M. T. McCrudden (Eds.), *Handbook of multiple source use* (pp. 303–319). Routledge.

Donovan, C. A., Smolkin, L. B., & Lomax, R. G. (2000). Beyond the independent-level text: Considering the reader-text match in first graders' self-selections during recreational reading. *Reading Psychology, 21*(4), 309–333.

Dorfman, M. H. (1988). *A model for understanding the points of stories: Evidence from adult and child readers* (Publication No. 8908668) [Doctoral dissertation, University of Illinois at Urbana-Champaign]. ProQuest Dissertations Publishing.

Dorfman, M. H., & Brewer, W. F. (1994). Understanding the points of fables. *Discourse Processes, 17*(1), 105–129.

Dowhower, S. (1997). Wordless books: Promise and possibilities, a genre comes of age. In K. Camperell, B. L. Hayes, & R. Telfer (Eds.), *Yearbook of American Reading Forums 17* (pp. 57–79). Springer.

Downey, M. T., & Long, K. A. (2015). *Teaching for historical literacy: Building knowledge in the history classroom*. Routledge.

Drake, D. A., & Ehri, L. C. (1984). Spelling acquisition: Effects of pronouncing words on memory for their spellings. *Cognition and Instruction, 1*(3), 297–320.

Dreher, M. J., & Sammons, R. B. (1994). Fifth graders' search for information in a textbook. *Journal of Reading Behavior, 26*(3), 301–314.

Drill, R. B., & Bellini, S. (2022). Combining readers theater, story mapping and video self-modeling interventions to improve narrative reading comprehension in children with autism spectrum disorder. *Journal of Autism and Developmental Disorders, 52*(1), 1–15.

Dufrene, B. A., Reisener, C. D., Olmi, D. J., Zoder-Martell, K., McNutt, M. R., & Horn, D. R. (2010). Peer tutoring for reading fluency as a feasible and effective alternative in response to intervention systems. *Journal of Behavioral Education, 19*(3), 239–256.

Duke, N. K. (2014a, April 16). *Limitations of Broad Phonics Generalizations: When two vowels go walking, the first one doesn't necessarily do the talking!* Literacy Now.

Duke, N. K. (2014b). *Inside information: Developing powerful readers and writers of informational text through project-based instruction*. Scholastic.

Duke, N. K. (2020, November 1). *When young readers get stuck*. ASCD.

Duke, N. K., & Cartwright, K. B. (2021). The science of reading progresses: Communicating advances beyond the simple view of reading. *Reading Research Quarterly*, *56*(S1), S25–S44.

Duke, N. K., & Kays, J. (1998). "Can I say 'Once upon a time'?": Kindergarten children developing knowledge of information book language. *Early Childhood Research Quarterly*, *13*(2), 295–318.

Duke, N. K., Pearson, P. D., Strachan, S. L., & Billman, A. K. (2011). Essential elements of fostering and teaching reading comprehension. In S. J. Samuels & A. E. Farstrup (Eds.), *What research has to say about reading instruction* (4th ed., pp. 51–93). International Reading Association.

Duke, N. K., & Purcell-Gates, V. (2003). Genres at home and at school: Bridging the known to the new. *The Reading Teacher*, *57*(1), 30–37.

Duke, N. K., & Roberts, K. M. (2010). The genre-specific nature of reading comprehension. In D. Wyse, R. Andrews, & J. Hoffman (Eds.), *The Routledge international handbook of English, language and literacy teaching* (pp. 74–86). Routledge.

Duke, N. K., Ward, A. E., & Pearson, P. D. (2021). The science of reading comprehension instruction. *The Reading Teacher*, *74*(6), 663–672.

Dunning, D. B. (1992). *Instructional questions that clarify story characters' feelings and motivations: Their effect on student's narrative comprehension* (Report No. CSR-TR-563). Center for the Study of Reading. (ERIC Document Reproduction Service No. ED 350 597)

Dymock, S. (2007). Comprehension strategy instruction: Teaching narrative text structure awareness. *The Reading Teacher*, *61*(2), 161–167.

Ebarvia, T., Germán, L., Parker, K. N., & Torres, J. (2020). #DISRUPTTEXTS. *English Journal*, *110*(1), 100–102.

Edmunds, K. M., & Bauserman, K. L. (2006). What teachers can learn about reading motivation through conversations with children. *The Reading Teacher*, *59*(5), 414–424.

Ehri, L. C. (1995). Phases of development in learning to read by sight. *Journal of Research in Reading*, *18*(2), 116–125.

Ehri, L. C. (2002). Phases of acquisition in learning to read words and implications for teaching. In *BJEP Monograph Series II, Number 1-Learning and Teaching Reading* (Vol. 7, No. 28, pp. 7–28). British Psychological Society.

Ehri, L. C. (2005). Learning to read words: Theory, findings, and issues. *Scientific Studies of Reading*, *9*(2), 167–188.

Ehri, L. C. (2014). Orthographic mapping in the acquisition of sight word reading, spelling memory, and vocabulary learning. *Scientific Studies of Reading*, *18*(1), 5–21.

Ehri, L. C. (2017). Orthographic mapping and literacy development revisited. In K. Cain, D. L. Compton, & R. K. Parrila (Eds.), *Theories of reading development* (pp. 127–146). John Benjamins.

Ehri, L. C. (2020). The science of learning to read words: A case for systematic phonics instruction. *Reading Research Quarterly*, *55*(S1), S45–S60.

Ehri, L. C., & McCormick, S. (1998). Phases of word learning: Implications for instruction with delayed and disabled readers. *Reading & Writing Quarterly: Overcoming Learning Difficulties*, *14*(2), 135–163.

Ehri, L. C., Nunes, S. R., Stahl, S. A., & Willows, D. M. (2001). Systematic phonics instruction helps students learn to read: Evidence from the National Reading Panel's meta-analysis. *Review of Educational Research*, *71*(3), 393–447.

Ehri, L. C., Nunes, S. R., Willows, D. M., Schuster, B. V., Yaghoub-Zadeh, Z., & Shanahan, T. (2001). Phonemic awareness instruction helps children learn to read: Evidence from the National Reading Panel's meta-analysis. *Reading Research Quarterly*, *36*(3), 250–287.

Ehri, L. C., & Robbins, C. (1992). Beginners need some decoding skill to read words by analogy. *Reading Research Quarterly, 27*(1), 13–26.

Eitel, A., Bender, L., & Renkl, A. (2019). Are seductive details seductive only when you think they are relevant? An experimental test of the moderating role of perceived relevance. *Applied Cognitive Psychology, 33*(1), 20–30.

Elardo, P. T., & Caldwell, B. M. (1979). The effects of an experimental social development program on children in the middle childhood period. *Psychology in the Schools, 16*(1), 93–100.

Ellis, E. S., & Graves, A. W. (1990). Teaching rural students with learning disabilities: A paraphrasing strategy to increase comprehension of main ideas. *Rural Special Education Quarterly, 10*(2), 2–10.

Emery, D. W. (1996). Helping readers comprehend stories from the characters' perspectives. *The Reading Teacher, 49*(7), 534–541.

Emery, D. W., & Milhalevich, C. (1992). Directed discussion of character perspectives. *Literacy Research and Instruction, 31*(4), 51–59.

Eppler, M. J. (2006). A comparison between concept maps, mind maps, conceptual diagrams, and visual metaphors as complementary tools for knowledge construction and sharing. *Information Visualization, 5*(3), 202–210.

Ericsson, K. A., & Kintsch, W. (1995). Long-term working memory. *Psychological Review, 102*(2), 211–245.

Feathers, K. M. (2002). Young children's thinking in relation to texts: A comparison with older children. *Journal of Research in Childhood Education, 17*(1), 69–83.

Fielding, L. G., & Pearson, P. D. (1994). Synthesis of research reading comprehension: What works. *Educational leadership, 51*(5), 62–68.

Fisher, D., & Frey, N. (2012). *Engaging the adolescent learner: Text-dependent questions.* International Reading Association.

Fisher, D., & Frey, N. (2014). Close reading as an intervention for struggling middle school readers. *Journal of Adolescent & Adult Literacy, 57*(5), 367–376.

Fisher, D., Frey, N., & Lapp, D. (2008). Shared readings: Modeling comprehension, vocabulary, text structures, and text features for older readers. *The Reading Teacher, 61*(7), 548–556.

Fitzgerald, J., & Teasley, A. B. (1986). Effects of instruction in narrative structure on children's writing. *Journal of Educational Psychology, 78*(6), 424–432.

Fitzgerald, P. (2016). Differentiation for all literacy levels in mainstream classrooms. *Literacy Learning: The Middle Years, 24*(2), 17–25.

Flanigan, K. (2007). A concept of word in text: A pivotal event in early reading acquisition. *Journal of Literacy Research, 39*(1), 37–70.

Flood, J. E. (1978). The influence of first sentences on reader expectations within prose passages. *Literacy Research and Instruction, 17*(4), 306–315.

Foorman, B., Beyler, N., Borradaile, K., Coyne, M., Denton, C. A., Dimino, J., Furgeson, J., Hayes, L., Henke, J., Justice, L., Keating, B., Lewis, W., Sattar, S., Streke, A., Wagner, R., & Wissel, S. (2016). *Foundational skills to support reading for understanding in kindergarten through 3rd grade* (NCEE 2016-4008). National Center for Education Evaluation and Regional Assistance (NCEE), Institute of Education Sciences, U.S. Department of Education.

Ford, C., & Thompson, S. (1996). Interactional units in conversation: Syntactic, intonational, and pragmatic resources for the management of turns. In E. Ochs, E. Schegloff, & S. Thompson (Eds.), *Interaction and grammar* (pp. 134–184). Cambridge University Press.

Forgan, J. (2002). Using bibliotherapy to teach problem-solving. *Intervention in School and Clinic, 38*(2), 75–82.

Freire, P. (1970). *Pedagogy of the oppressed.* Continuum International Publishing Group.

Freire, P. (2005). *Education for critical conscious-ness*. Continuum International Publishing Group.

Freire, P., & Macedo, D. (2001). *Literacy: Reading the word and the world*. Routledge.

French, R. (2012). Learning the grammatics of quoted speech: Benefits for punctuation and expressive reading. *The Australian Journal of Language and Literacy, 35*(2), 206–222.

Fresch, M. J. (1995). Self-selection of early literacy learners. *The Reading Teacher, 49*(3), 220–227.

Friel, S. N., Curcio, F. R., & Bright, G. W. (2001). Making sense of graphs: Critical factors influencing comprehension and instructional implications. *Journal for Research in Mathematics Education, 32*(2), 124–158.

Fritschner, L. M. (2000). Inside the undergraduate college classroom: Faculty and students differ on the meaning of student participation. *The Journal of Higher Education, 71*(3), 342–362.

Fuchs, L. S., Fuchs, D., & Deno, S. L. (1985). Importance of goal ambitiousness and goal mastery to student achievement. *Exceptional Children, 52*(1), 63–71.

Fuchs, D., Fuchs, L. S., Thompson, A., Svenson, E., Yen, L., Al Otaiba, S., Yang, N., McMaster, K. N., Prentice, K., Kardan, S., & Saenz, L. (2001). Peer-assisted learning strategies in reading: Extensions for kindergarten, first grade, and high school. *Remedial and Special Education, 22*(1), 15–21.

Gajria, M., Jitendra, A. K., Sood, S., & Sacks, G. (2007). Improving comprehension of expository text in students with LD: A research synthesis. *Journal of Learning Disabilities, 40*(3), 210–225.

Garner, R., Gillingham, M. G., & White, C. S. (1989). Effects of "seductive details" on macroprocessing and microprocessing in adults and children. *Cognition and Instruction, 6*(1), 41–57.

Gaskins, I. W., Downer, M. A., Anderson, R. C., Cunningham, P. M., Gaskins, R. W., & Schommer, M. (1988). A metacognitive approach to phonics: Using what you know to decode what you don't know. *Remedial and Special Education, 9*(1), 36–41.

Gates, L., & Yale, I. (2011). A logical letter-sound system in five phonic generalizations. *The Reading Teacher, 64*(5), 330–339.

Gentry, J. R., & Graham, S. (2010). *Creating better readers and writers*. Saperstein Associates.

Georgiou, G. K., & Das, J. P. (2018). Direct and indirect effects of executive function on reading comprehension in young adults. *Journal of Research in Reading, 41*(2), 243–258.

Gerlach, J. M., & Rinehart, S. D. (1992). Can you tell a book by its cover? *Reading Horizons: A Journal of Literacy and Language Arts, 32*(4), 289–298.

Gibson, E. J., & Levin, H. (1975). *The psychology of reading*. MIT Press.

Glaser, R. (1984). Education and thinking: The role of knowledge. *American Psychologist, 39*(2), 93–104.

Glover, J. A., Dinnel, D. L., Halpain, D. R., McKee, T. K., Corkill, A. J., & Wise, S. L. (1988). Effects of across-chapter signals on recall of text. *Journal of Educational Psychology, 80*(1), 3–15.

Glynn, S. M., & Takahashi, T. (1998). Learning from analogy-enhanced science text. *Journal of Research in Science Teaching, 35*(10), 1129–1149.

Gnaedinger, E. K., Hund, A. M., & Hesson-McInnis, M. S. (2016). Reading-specific flexibility moderates the relation between reading strategy use and reading comprehension during the elementary years. *Mind, Brain, and Education, 10*(4), 233–246.

Goldman, S. R., McCarthy, K. S., & Burkett, C. (2014). Interpretive inferences in literature. In E. J. O'Brien, A. E. Cook, & R. F. Lorch, Jr. (Eds.), *Inferences during reading* (pp. 386–415). Cambridge University Press.

Goldman, S. R., & Varnhagen, C. K. (1986). Memory for embedded and sequential story structures. *Journal of Memory and Language, 25*(4), 401–418.

Gonzalez-Frey, S. M., & Ehri, L. C. (2021). Connected phonation is more effective than segmented phonation for teaching beginning readers to decode unfamiliar words, *Scientific Studies of Reading, 25*(3), 272–285.

Goodwin, A. P., & Ahn, S. (2013). A meta-analysis of morphological interventions in English: Effects on literacy outcomes for school-age children. *Scientific Studies of Reading, 17*(4), 257–285.

Goswami, U. (1986). Children's use of analogy in learning to read: A developmental study. *Journal of Experimental Child Psychology, 42*(1), 73–83.

Goswami, U. (1998). The role of analogies in the development of word recognition. In J. L. Metsala & L. C. Ehri (Eds.), *Word recognition in beginning literacy* (pp. 41–63). Lawrence Erlbaum.

Goswami, U., & Bryant, P. (2016). *Phonological skills and learning to read: Classic edition*. Routledge. (Original work published 1990)

Goswami, U., Mead, N., Fosker, T., Huss, M., Barnes, L., & Leong, V. (2013). Impaired perception of syllable stress in children with dyslexia: A longitudinal study. *Journal of Memory and Language, 69*(1), 1–17.

Gough, P. B. (1983). Context, form, and interaction. In K. Rayner (Ed.), *Eye movements in reading: Perceptual and language processes* (pp. 203–211). Academic.

Gough, P. B. (1993). The beginning of decoding. *Reading and Writing: An Interdisciplinary Journal, 5*, 181–192.

Gough, P. B., & Juel, C. (1991). The first stages of word recognition. In L. Rieben & C. A. Perfetti (Eds.), *Learning to read: Basic research and its implications* (pp. 47–56). Erlbaum.

Gough, P. B., & Tunmer, W. E. (1986). Decoding, reading, and reading disability. *Remedial and Special Education, 7*(1), 6–10.

Grabe, W. (2002). Narrative and expository macro-genres. In A. M. Johns (Ed.), *Genre in the classroom: Multiple perspectives* (pp. 249–267). Erlbaum.

Graesser, A. C., Bowers, C. A., Bayen, U. J., & Hu, X. (2001). Who said what? Who knows what? Tracking speakers and knowledge in narratives. In W. van Peer and S. Chatman (Eds.), *New perspectives on narrative perspective* (pp. 255–274). SUNY University Press.

Graesser, A. C., Bowers, C., Olde, B., & Pomeroy, V. (1999). Who said what? Source memory for narrator and character agents in literary short stories. *Journal of Educational Psychology, 91*(2), 284–300.

Graesser, A. C., & Klettke, B. (2001). Agency, plot, and a structural affect theory of literary story comprehension. In D. Schram & G. Steen (Eds.), *The psychology and sociology of literature: In honor of Elrud Ibsch* (pp. 57–69). John Benjamins.

Graesser, A. C., Singer, M., & Trabasso, T. (1994). Constructing inferences during narrative text comprehension. *Psychological Review, 101*(3), 371–395.

Graham, J. (1998). Turning the visual into the verbal: Children reading wordless picture books. In J. Evans (Ed.), *What's in the picture? Responding to illustrations in picture books* (pp. 25–43). Paul Chapman.

Graham, S., & Harris, K. R. (2017). Reading and writing connections: How writing can build better readers (and vice versa). In C. Ng & B. Bartlett (Eds.), *Improving reading and reading engagement in the 21st century: International research and innovation* (pp. 333–350). Springer.

Graham, S., & Hebert, M. (2011). Writing-to-read: A meta-analysis of the impact of writing and writing instruction on reading. *Harvard Educational Review, 81*(4), 710–744.

Greenlee, A. A., Monson, D. L., & Taylor, B. M. (1996). The lure of series books: Does it affect appreciation for recommended literature? *The Reading Teacher, 50*(3), 216–225.

Grimes, J. E. (1975). *The thread of discourse*. Mouton.

Gross, M., Latham, D., Underhill, J., & Bak, H. (2016). The peritext book club: Reading to foster critical thinking about STEAM texts. *School Library Research*, *19*, 1–17.

Guéraud, S., Harmon, M. E., & Peracchi, K. A. (2005). Updating situation models: The memory-based contribution. *Discourse Processes*, *39*(2–3), 243–263.

Guo, D., Zhang, S., Wright, K. L., & McTigue, E. M. (2020). Do you get the picture? A meta-analysis of the effect of graphics on reading comprehension. *AERA Open*, *6*(1).

Gurney, D., Gersten, R., Dimino, J., & Carnine, D. (1990). Story grammar: Effective literature instruction for high school students with learning disabilities. *Journal of Learning Disabilities*, *23*(6), 335–342.

Guthrie, J. T. (1977). Research views: Story comprehension. *The Reading Teacher*, *30*(5), 574–577.

Guthrie, J. T. (2004). Differentiating instruction for struggling readers within the CORI classroom. In J. T. Guthrie, A. Wigfield, & K. C. Perencevich (Eds.), *Motivating reading comprehension: Concept-oriented reading instruction* (pp. 1–24). Erlbaum.

Guthrie, J. T., Wigfield, A., & You, W. (2012). Instructional contexts for engagement and achievement in reading. In S. L. Christenson, A. L. Rescgly, & C. Wylie (Eds.), *Handbook of research on student engagement* (pp. 601–634). Springer.

Guzman, G., Goldberg, T. S., & Swanson, H. L. (2018). A meta-analysis of self-monitoring on reading performance of K–12 students. *School Psychology Quarterly*, *33*(1), 160–168.

Guzzetti, B. J. (2000). Learning counter-intuitive science concepts: What have we learned from over a decade of research? *Reading & Writing Quarterly*, *16*(2), 89–98.

Hagaman, J. L., Luschen, K., & Reid, R. (2010). The "RAP" on reading comprehension. *Teaching Exceptional Children*, *43*(1), 22–29.

Hagaman, J., & Reid, R. (2008). The effects of the paraphrasing strategy on the reading comprehension of middle school students at risk of failure in reading. *Remedial and Special Education*, *29*, 222–234.

Hall, K. M., Sabey, B. L., & McClellan, M. (2005). Expository text comprehension: Helping primary-grade teachers use expository texts to full advantage. *Reading Psychology*, *26*(3), 211–234.

Hall, K. W., Hedrick, W. B., & Williams, L. M. (2014). Every day we're shufflin': Empowering students during in-school independent reading. *Childhood Education*, *90*(2), 91–98.

Haller, E. P., Child, D. A., & Walberg, H. J. (1988). Can comprehension be taught? A quantitative synthesis of "metacognitive" studies. *Educational Researcher*, *17*(9), 5–8.

Hammann, L. A., & Stevens, R. J. (2003). Instructional approaches to improving students' writing of compare-contrast essays: An experimental study. *Journal of Literacy Research*, *35*(2), 731–756.

Hancock, M. R. (1993a). Exploring the meaning-making process through the content of literature response journals: A case study investigation. *Research in the Teaching of English*, *27*(4), 335–368.

Hancock, M. R. (1993b). Exploring and extending personal response through literature journals. *The Reading Teacher*, *46*(6), 466–474.

Hanno, E. C., Jones, S. M., & McCoy, D. C. (2020). The joint development of literacy and self-regulation in early childhood: Implications for research and practice. In E. B. Moje, P. Afflerbach, P. Enciso, & N. K. Lesaux (Eds.), *Handbook of reading research* (Vol. 5, pp. 279–306). Routledge.

Hansen, J. (1981). The effects of inference training and practice on young children's reading comprehension. *Reading Research Quarterly*, *16*(3), 391–417.

Hardy, J. K., Pennington, R., Griffin, R., & Jacobi-Vessels, J. (2020). Comparing the effects of protagonist race on preschoolers' engagement in book reading. *Early Childhood Education Journal*, *48*(6), 781-791.

Harris, P. L., Mandias, F., Terwogt, M. M., & Tjintjelaar, J. (1980). The influence of context on story recall and feelings of comprehension. *International Journal of Behavioral Development*, *3*(2), 159-172.

Harris, T. L., & Hodges, R. E. (Eds.). (1995). *The literacy dictionary: The vocabulary of reading and writing*. International Reading Association.

Hartley, J., Kenely, J., Owen, G., & Trueman, M. (1980). The effect of headings on children's recall from prose text. *British Journal of Educational Psychology*, *50*(3), 304-307.

Hartley, J., & Trueman, M. (1982). The effects of summaries on the recall of information from prose: Five experimental studies. *Human Learning*, *1*(1), 63-82.

Hartley, J., & Trueman, M. (1985). A research strategy for text designers: The role of headings. *Instructional Science*, *14*(2), 99-155.

Hasan, R. (1996). Literacy, everyday talk and society. In R. Hasan & G. Williams (Eds.), *Literacy in society* (pp. 377-424). Addison Wesley Longman.

Hattie, J., Biggs, J., & Purdie, N. (1996). Effects of learning skills interventions on student learning: A meta-analysis. *Review of Educational Research*, *66*(2), 99-136.

Hattie, J., & Clarke, S. (2019). *Visible learning: Feedback*. Routledge.

Hattie, J., & Timperley, H. (2007). The power of feedback. *Review of Educational Research*, *77*, 81-112.

Hattie, J. A. C. (2009). *Visible learning: A synthesis of over 800 meta-analyses relating to achievement*. Routledge.

Hearst, M. A. (1997). TextTiling: Segmenting text into multi-paragraph subtopic passages. *Computational Linguistics*, *23*(1), 33-64.

Hebert, M., Graham, S., Rigby-Wills, H., & Ganson, K. (2014). Effects of note-taking and extended writing on expository text comprehension: Who benefits? *Learning Disabilities: A Contemporary Journal*, *12*(1), 43-68.

Hedin, L. R., Mason, L. H., & Gaffney, J. S. (2011). Comprehension strategy instruction for two students with attention-related disabilities. *Preventing School Failure*, *55*(3), 148-157.

Henderson, G. (1999). Learning with diagrams. *Australian Science Teachers' Journal*, *45*(2), 17-25.

Hennings, D. G. (1977). Learning to listen and speak. *Theory into Practice*, *16*(3), 183-188.

Herman, P. A., Anderson, R. C., Pearson, P. D., & Nagy, W. E. (1987). Incidental acquisition of word meaning from expositions with varied text features. *Reading Research Quarterly*, *22*(3), 263-284.

Hibbing, A. N., & Rankin-Erickson, J. L. (2003). A picture is worth a thousand words: Using visual images to improve comprehension for middle school struggling readers. *The Reading Teacher*, *56*(8), 758-770.

Hidi, S. (2001). Interest, reading, and learning: Theoretical and practical considerations. *Educational Psychology Review*, *13*(3), 191-209.

Hiebert, E. H. (1981). Developmental patterns and interrelationships of preschool children's print awareness. *Reading Research Quarterly*, *16*(2), 236-260.

Hiebert, E. H. (Ed.). (2015). *Teaching stamina and silent reading in the digital-global age*. TextProject.

Hiebert, E. H., & Reutzel, D. R. (2010). *Revisiting silent reading: New directions for teachers and researchers*. TextProject.

Ho, E. S. C., & Lau, K. L. (2018). Reading engagement and reading literacy performance: Effective policy and practices at home and in school. *Journal of Research in Reading*, *41*(4), 657-679.

Hodges, T. S., McTigue, E., Wright, K. L., Franks, A. D., & Matthews, S. D. (2018). Transacting with characters: Teaching children perspective taking with authentic literature. *Journal of Research in Childhood Education, 32*(3), 343-362.

Hoffman, J. V. (2017). What if "just right" is just wrong? The unintended consequences of leveling readers. *The Reading Teacher, 71*(3), 265-273.

Hofstadter-Duke, K. L., & Daly, E. J., III (2011). Improving oral reading fluency with a peer-mediated intervention. *Journal of Applied Behavior Analysis, 44*(3), 641-646.

Holliman, A. J., Wood, C., & Sheehy, K. (2010). Does speech rhythm sensitivity predict children's reading ability 1 year later? *Journal of Educational Psychology, 102*(2), 356-366.

Honig, A. (2001). *Teaching our children to read.* Corwin Press.

Howard, J. R., Milner-McCall, T., & Howard, T. C. (2020). *No more teaching without positive relationships.* Heinemann.

Hudson, A., Koh, P. W., Moore, K. A., & Binks-Cantrell, E. (2020). Fluency interventions for elementary students with reading difficulties: A synthesis of research from 2000-2019. *Education Sciences, 10*(3), 52.

Hyönä, J. (1994). Processing of topic shifts by adults and children. *Reading Research Quarterly, 29*(1), 77-90.

Hyönä, J., Lorch, R. F., Jr., & Kaakinen, J. K. (2002). Individual differences in reading to summarize expository text: Evidence from eye fixation patterns. *Journal of Educational Psychology, 94*(1), 44-55.

Idol-Maestas, L. (1985). Getting ready to read: Guided probing for poor comprehenders. *Learning Disability Quarterly, 8*(4), 243-254.

Iran-Nejad, A. (1987). Cognitive and affective causes of interest and liking. *Journal of Educational Psychology, 79*(2), 120-130.

Irvine, E. (2021). The role of replication studies in theory building. *Perspectives on Psychological Science, 16*(4), 844-853.

Ives, L., Mitchell, T. J., & Hübl, H. (2020). Promoting critical reading with double-entry notes: A pilot study. *InSight: A Journal of Scholarly Teaching, 15*, 13-32.

Ivey, G., & Broaddus, K. (2007). A formative experiment investigating literacy engagement among adolescent Latina/o students just beginning to read, write, and speak English. *Reading Research Quarterly, 42*(4), 512-545.

Ivey, G., & Johnston, P. H. (2013). Engagement with young adult literature: Outcomes and processes. *Reading Research Quarterly, 48*(3), 255-275.

Iwasaki, B., Rasinski, T., Yildirim, K., & Zimmerman, B. S. (2013). Let's bring back the magic of song for teaching reading. *The Reading Teacher, 67*(2), 137-141.

Jacobs, J. E., & Paris, S. G. (1987). Children's metacognition about reading: Issues in definition, measurement, and instruction. *Educational Psychologist, 22*(3-4), 255-278.

Jacobson, J., Lapp, D., & Flood, J. (2007). A seven-step instructional plan for teaching English-language learners to comprehend and use homonyms, homophones, and homographs. *Journal of Adolescent & Adult Literacy, 51*(2), 98-111.

Jacoby, J. W., & Edlefsen, K. (2020). "I love Paw Patrol!": Book selection and the allure of popular media characters among preschoolers. *Journal of Research in Childhood Education, 34*(2), 208-222.

Jalongo, M. R. (1995). Promoting active listening in the classroom. *Childhood Education, 72*(1), 13-18.

Jenkins, J. R., Stein, M. L., & Wysocki, K. (1984). Learning vocabulary through reading. *American Educational Research Journal, 21*(4), 767-787.

Jewell, T. A., & Pratt, D. (1999). Literature discussions in the primary grades: Children's thoughtful discourse about books and what teachers can do to make it happen. *The Reading Teacher, 52*(8), 842-850.

Johnson, D. W., & Johnson, R. (2007). *Creative controversy: Intellectual conflict in the classroom.* Interaction Book Company.

Johnson, D. W., & Johnson, R. T. (1989). Cooperative learning: What special education teachers need to know. *The Pointer*, *33*(2), 5–11.

Johnson, D. W., Johnson, R. T., & Tjosvold, D. (2014). Constructive controversy: The value of intellectual opposition. In P. T. Coleman, M. Deutsch, & E. C. Marcus (Eds.), *The handbook of conflict resolution: Theory and practice* (3rd ed., pp. 76–103). Routledge.

Johnston, F. P. (2001). The utility of phonic generalizations: Let's take another look at Clymer's conclusions. *The Reading Teacher*, *55*(2), 132–143.

Johnston, F. R. (1999). The timing and teaching of word families. *The Reading Teacher*, *53*(1), 64–75.

Joseph, L. M., Alber-Morgan, S., Cullen, J., & Rouse, C. (2016). The effects of self-questioning on reading comprehension: A literature review. *Reading & Writing Quarterly*, *32*(2), 152–173.

Josephs, N. L., & Jolivette, K. (2016). Effects of peer mediated instruction on the oral reading fluency skills of high school aged struggling readers. *Insights into Learning Disabilities*, *13*(1), 39–59.

Jung, C. (1959). *The archetypes and the collective unconscious*. Princeton University Press.

Just, M. A., & Carpenter, P. A. (1980). A theory of reading: From eye fixations to comprehension. *Psychological Review*, *87*(4), 329–354.

Justice, L. M., Skibbe, L., Canning, A., & Lankford, C. (2005). Pre-schoolers, print and storybooks: An observational study using eye movement analysis. *Journal of Research in Reading*, *28*(3), 229–243.

Kachorsky, D., Moses, L., Serafini, F., & Hoelting, M. (2017). Meaning making with picturebooks: Young children's use of semiotic resources. *Literacy Research and Instruction*, *56*(3), 231–249.

Kaefer, T., Neuman, S. B., & Pinkham, A. M. (2015). Pre-existing background knowledge influences socioeconomic differences in preschoolers' word learning and comprehension. *Reading Psychology*, *36*(3), 203–231.

Kamberelis, G. (1999). Genre development and learning: Children writing stories, science reports, and poems. *Research in the Teaching of English*, *33*(4), 403–460.

Kamberelis, G., & Bovino, T. D. (1999). Cultural artifacts as scaffolds for genre development. *Reading Research Quarterly*, *34*(2), 138–170.

Katims, D. S., & Harris, S. (1997). Improving the reading comprehension of middle school students in inclusive classrooms. *Journal of Adolescent & Adult Literacy*, *41*(2), 116–123.

Keehn, S., Harmon, J., & Shoho, A. (2008). A study of readers theater in eighth grade: Issues of fluency, comprehension, and vocabulary. *Reading & Writing Quarterly*, *24*(4), 335–362.

Kelley, M.J., & Clausen-Grace, N. (2008). From picture walk to text feature walk: Guiding students to strategically preview informational text. *Journal of Content Area Reading*, *7*(1), 5–28.

Kelley, M. J., & Clausen-Grace, N. (2010). Guiding students through expository text with text feature walks. *The Reading Teacher*, *64*(3), 191–195.

Kelley, M. J., & Clausen-Grace, N. (2013). *Comprehension shouldn't be silent: From strategy instruction to student independence* (2nd ed.). International Reading Association.

Khataee, E. (2019). The effect of THIEVES strategy on EFL learners' reading comprehension. *International Journal of Instruction*, *12*(2), 667–682.

Kieras, D. E. (1981). Component processes in the comprehension of simple prose. *Journal of Verbal Learning and Verbal Behavior*, *20*(1), 1–23.

Kim, J. S., Burkhauser, M. A., Mesite, L. M., Asher, C. A., Relyea, J. E., Fitzgerald, J., & Elmore, J. (2021). Improving reading comprehension, science domain knowledge, and reading engagement through a first-grade content literacy intervention. *Journal of Educational Psychology*, *113*(1), 3–26.

Kim, S. (1999). The effects of storytelling and pretend play on cognitive processes, short-term and long-term narrative recall. *Child Study Journal, 29*(3), 175–191.

Kintsch, W. (1986). Learning from text. *Cognition and Instruction, 3*(2), 87–108.

Kintsch, W. (1988). The role of knowledge in discourse comprehension: A construction-integration model. *Psychological Review, 95*(2), 163–182.

Kintsch, W., & Mangalath, P. (2011). The construction of meaning. *Topics in Cognitive Science, 3*(2), 346–370.

Klauda, S. L., & Guthrie, J. T. (2008). Relationships of three components of reading fluency to reading comprehension. *Journal of Educational Psychology, 100*(2), 310–321.

Klein, D. E., & Murphy, G. L. (2001). The representation of polysemous words. *Journal of Memory and Language, 45*(2), 259–282.

Klingner, J. K., & Vaughn, S. (1998). Using collaborative strategic reading. *Teaching Exceptional Children, 30*(6), 32–37.

Klingner, J. K., Vaughn, S., & Schumm, J. S. (1998). Collaborative strategic reading during social studies in heterogeneous fourth-grade classrooms. *The Elementary School Journal, 99*(1), 3–22.

Kluger, A. N., & DeNisi, A. (1996). The effects of feedback interventions on performance: A historical review, a meta-analysis, and a preliminary feedback intervention theory. *Psychological Bulletin, 119*(2), 254–284.

Knight-McKenna, M. (2008). Syllable types: A strategy for reading multisyllabic words. *Teaching Exceptional Children, 40*(3), 18–24.

Knight, L. N., & Hargis, C. H. (1977). Math language ability: Its relationship to reading in math. *Language Arts, 54*(4), 423–428.

Kong, A., & Fitch, E. (2002). Using book club to engage culturally and linguistically diverse learners in reading, writing, and talking about books. *The Reading Teacher, 56*(4), 352–362.

Krashen, S. D. (2004). *The power of reading: Insights from the research* (2nd ed.). Libraries Unlimited.

Kress, G. (2009). *Multimodality: A social semiotic approach to contemporary communication.* Routledge.

Krug, D., George, B., Hannon, S. A., & Glover, J. A. (1989). The effect of outlines and headings on readers' recall of text. *Contemporary Educational Psychology, 14*(2), 111–123.

Kucan, L. (2012). What is most important to know about vocabulary? *The Reading Teacher, 65*(6), 360–366.

Kucan, L., & Palincsar, A. S. (2018). Text analysis: Critical component of planning for text-based discussion focused on comprehension of informational texts. *Literacy Research and Instruction, 57*(2), 100–116.

Kucer, S. B. (2017). The monitoring and responding behaviours of proficient fourth grade readers to miscues on a complex scientific text. *Literacy, 51*(3), 154–161.

Kuhn, M. R., Schwanenflugel, P. J., & Meisinger, E. B. (2010). Aligning theory and assessment of reading fluency: Automaticity, prosody, and definitions of fluency. *Reading Research Quarterly, 45*(2), 230–251.

Lai, S. A., George Benjamin, R., Schwanenflugel, P. J., & Kuhn, M. R. (2014). The longitudinal relationship between reading fluency and reading comprehension skills in second-grade children. *Reading & Writing Quarterly, 30*(2), 116–138.

Landry, S. H., & Smith, K. E. (2006). The influence of parenting on emerging literacy skills. In D. K. Dickinson & S. B. Neuman (Eds.), *Handbook of early literacy research* (Vol. 2, pp. 135–148). Guilford.

Landy, D., Silbert, N., & Goldin, A. (2013). Estimating large numbers. *Cognitive Science, 37*(5), 775–799.

Langer, J. A. (1984). Examining background knowledge and text comprehension. *Reading Research Quarterly, 19*(4), 468–481.

Lauterbach, S. L., & Bender, W. N. (1995). Cognitive strategy instruction for reading comprehension: A success for high school freshmen. *The High School Journal, 79*(1), 58-64.

Leal, D. J., Glascock, C. H., Mitchell, D., & Wasserman, D. (2000). Reading character in children's literature: A character trait study of Newbery Medal books. *Ohio Reading Teacher, 34*(1), 49-56.

Lee, S. H. (2017). Learning vocabulary through e-book reading of young children with various reading abilities. *Reading and Writing, 30*(7), 1595-1616.

Lehr, S. (1988). The child's developing sense of theme as a response to literature. *Reading Research Quarterly, 23*(3), 337-357.

Lehr, S. S. (1991). *The child's developing sense of theme: Responses to literature*. Teachers College Press.

Lekwilai, P. (2014). Reader's theater: An alternative tool to develop reading fluency among Thai EFL learners. *PASAA: Journal of Language Teaching and Learning in Thailand, 48*, 89-111.

Leopold, C., & Leutner, D. (2012). Science text comprehension: Drawing, main idea selection, and summarizing as learning strategies. *Learning and Instruction, 22*(1), 16-26.

LeVasseur, V. M., Macaruso, P., Palumbo, L. C., & Shankweiler, D. (2006). Syntactically cued text facilitates oral reading fluency in developing readers. *Applied Psycholinguistics, 27*(3), 423-445.

LeVasseur, V. M., Macaruso, P., & Shankweiler, D. (2008). Promoting gains in reading fluency: A comparison of three approaches. *Reading and Writing, 21*(3), 205-230.

Liang, L. A., & Lowe, A. (2018). "Really reading" and really responding. In D. A. Wooten, L. A. Liang, & B. E. Cullinan (Eds.), *Children's literature in the reading program: Engaging young readers in the 21st Century* (5th ed., pp. 125-139). Guilford.

Lindeman, B., & Kling, M. (1968-1969). Bibliotherapy: Definitions, uses, and studies. *Journal of School Psychology, 7*(2), 36-41.

Lipson, M. Y. (1982). Learning new information from text: The role of prior knowledge and reading ability. *Journal of Reading Behavior, 14*(3), 243-261.

Liu, J. (2000). The power of readers theater: From reading to writing. *ELT Journal, 54*(4), 354-361.

Logan, J. K., & Kieffer, M. J. (2017). Academic vocabulary instruction: Building knowledge about the world and how words work. In D. Lapp & D. Fisher (Eds.), *Handbook of research on teaching the English language arts* (4th ed., pp. 162-182). Routledge.

Lorch, R., Lemarié, J., & Grant, R. (2011). Signaling hierarchical and sequential organization in expository text. *Scientific Studies of Reading, 15*(3), 267-284.

Lorch, R. F. (1989). Text-signaling devices and their effects on reading and memory processes. *Educational Psychology Review, 1*(3), 209-234.

Lorch, R. F., Jr., Lorch E. P., & Matthews, P. D. (1985). On-line processing of the topic structure of a text. *Journal of Memory and Language, 24*(3), 350-362.

Lorch, R. F., Jr., Lorch E. P., & Morgan, A. M. (1987). Task effects and individual differences in on-line processing of the topic structure of a text. *Discourse Processes, 10*(1), 63-80.

Lovett, M. W., Lacerenza, L., Borden, S. L., Frijters, J. C., Steinbach, K. A., & De Palma, M. (2000). Components of effective remediation for developmental reading disabilities: Combining phonological and strategy-based instruction to improve outcomes. *Journal of Educational Psychology, 92*(2), 263-283.

Lubliner, S., & Smetana, L. (2005). The effects of comprehensive vocabulary instruction on Title I students' metacognitive word-learning skills and reading comprehension. *Journal of Literacy Research, 37*(2), 163-200.

Luke, A. (2012). Critical literacy: Foundational notes. *Theory into Practice, 51*(1), 4-11.

Lupo, S. M., Strong, J. Z., Lewis, W., Walpole, S., & McKenna, M. C. (2018). Building background knowledge through reading: Rethinking text sets. *Journal of Adolescent & Adult Literacy*, *61*(4), 433-444.

Lysaker, J. T., Tonge, C., Gauson, D., & Miller, A. (2011). Reading and social imagination: What relationally oriented reading instruction can do for children. *Reading Psychology*, *32*(6), 520-566.

Maloch, B. (2008). Beyond exposure: The uses of informational texts in a second grade classroom. *Research in the Teaching of English*, *42*(3), 315-362.

Mancilla-Martinez, J., & McClain, J. B. (2020). What do we know today about the complexity of vocabulary gaps and what do we not know? In E. B. Moje, P. Afflerbach, P Enciso, & N. K. Lesaux (Eds.), *Handbook of reading research* (Vol. 5, pp. 216-236). Routledge.

Mandler, J. M., & Johnson, N. S. (1977). Remembrance of things parsed: Story structure and recall. *Cognitive Psychology*, *9*(1), 111-151.

Manoli, P., & Papadopoulou, M. (2012). Reading strategies versus reading skills: Two faces of the same coin. *Procedia-Social and Behavioral Sciences*, *46*, 817-821.

Manz, S. L. (2002). A strategy for previewing textbooks: Teaching readers to become THIEVES. *The Reading Teacher*, *55*(5), 434-436.

Marr, M. B., Algozzine, B., Nicholson, K., & Keller Dugan, K. (2011). Building oral reading fluency with peer coaching. *Remedial and Special Education*, *32*(3), 256-264.

Martin, L. E., & Kragler, S. (2011). Becoming a self-regulated reader: A study of primary-grade students' reading strategies. *Literacy Research and Instruction*, *50*(2), 89-104.

Martin, N. M. (2011). *Exploring informational text comprehension: Reading biography, persuasive text, and procedural text in the elementary grades* (Publication No. 3465046) [Doctoral dissertation, Michigan State University]. ProQuest Dissertations Publishing.

Mason, J. M., & Allen, J. (1986). A review of emergent literacy with implications for research and practice in reading. *Review of Research in Education*, *13*(1), 3-47.

Mason, L. H. (2004). Explicit self-regulated strategy development versus reciprocal questioning: Effects on expository reading comprehension among struggling readers. *Journal of Educational Psychology*, *96*(2), 283-296.

Mason, L. H. (2013). Teaching students who struggle with learning to think before, while, and after reading: Effects of self-regulated strategy development instruction. *Reading & Writing Quarterly*, *29*(2), 124-144.

Mason, L. H., Meadan-Kaplansky, H., Hedin, L., & Taft, R. (2013). Self-regulating informational text reading comprehension: Perceptions of low-achieving students. *Exceptionality*, *21*(2), 69-86.

Mason, L. H., Snyder, K. H., Sukhram, D. P., & Kedem, Y. (2006). TWA + PLANS strategies for expository reading and writing: Effects for nine fourth-grade students, *Exceptional Children*, *73*(1), 69-89.

Matthews, M. W., & Cobb, M. B. (2005). Broadening the interpretive lens: Considering individual development along with sociocultural views of learning to understand young children's interactions during socially mediated literacy events. *Journal of Literacy Research*, *37*(3), 325-364.

Mayer, R. E. (1996). Learning strategies for making sense out of expository text: The SOI model for guiding three cognitive processes in knowledge construction. *Educational Psychology Review*, *8*(4), 357-371.

Mayer, R. E. (2005). Cognitive theory of multimedia learning. In R. E. Mayed (Ed.), *The Cambridge handbook of multimedia learning* (pp. 31-38). Cambridge University Press.

Mayer, R. E. (2008). *Learning and instruction* (2nd ed.). Pearson Merrill Prentice Hall.

Mayer, R. E., Steinhoff, K., Bower, G., & Mars, R. (1995). A generative theory of textbook design: Using annotated illustrations to foster meaningful learning of science text. *Educational Technology Research and Development, 43*(1), 31-41.

McBreen, M., & Savage, R. (2021). The impact of motivational reading instruction on the reading achievement and motivation of students: A systematic review and meta-analysis. *Educational Psychology Review, 33*(3), 1125-1163.

McBride-Chang, C. (1999). The ABCs of the ABCs: The development of letter-name and letter-sound knowledge. *Merrill-Palmer Quarterly 45*(2), 285-308.

McCandliss, B., Beck, I. L., Sandak, R., & Perfetti, C. (2003). Focusing attention on decoding for children with poor reading skills: Design and preliminary tests of the word building intervention. *Scientific Studies of Reading, 7*(1), 75-104.

McCarthy, K. S., & Goldman, S. R. (2015). Comprehension of short stories: Effects of task instructions on literary interpretation. *Discourse Processes, 52*(7), 585-608.

McConaughy, S., Fitzhenry-Coor, I., & Howell, D. (1983). Developmental differences in story schemata. In K. E. Nelson (Ed.), *Children's language* (Vol. 4, pp. 421-427). Erlbaum.

McGeown, S. P. (2012). Sex or gender identity? Understanding children's reading choices and motivation. *Journal of Research in Reading, 38*(1), 35-46.

McGill-Franzen, A., & Ward, N. (2018). To develop proficiency and engagement, give series books to novice readers! In D. A. Wooten, L. A. Liang, & B. E. Cullinan (Eds.), *Children's literature in the reading program: Engaging young readers in the 21st Century* (5th ed., pp. 125-139). Guilford.

McGrew, S., Breakstone, J., Ortega, T., Smith, M., & Wineburg, S. (2018). Can students evaluate online sources? Learning from assessments of civic online reasoning. *Theory & Research in Social Education, 46*(2), 165-193.

McKeown, M. G., & Beck, I. L. (2015). Effective classroom talk *is* reading comprehension instruction. In L. B. Resnick, C. S. C. Asterhan, & S. N. Clarke (Eds.), *Socializing intelligence through academic talk and dialogue* (pp. 51-62). American Educational Research Association.

McTigue, E., Douglass, A., Wright, K. L., Hodges, T. S., & Franks, A. D. (2015). Beyond the story map: Inferential comprehension via character perspective. *The Reading Teacher, 69*(1), 91-101.

McTigue, E. M. (2010). Teaching young readers imagery in storytelling: What color is the monkey? *The Reading Teacher, 64*(1), 53-56.

McTigue, E. M., & Flowers, A. C. (2011). Science visual literacy: Learners' perceptions and knowledge of diagrams. *The Reading Teacher, 64*(8), 578-589.

Meese, R. L. (2016). We're not in Kansas anymore: The TOTO strategy for decoding vowel pairs. *The Reading Teacher, 69*(5), 549-552.

Menary, R. (2007). Writing as thinking. *Language Sciences, 29*(5), 621-632.

Merga, M. K. (2017). Becoming a reader: Significant social influences on avid book readers. *School Library Research: Research Journal of the American Association of School Librarians, 20*, 1-21.

Merga, M. K., & Roni, S. M. (2017). Choosing strategies of children and the impact of age and gender on library use: Insights for librarians. *Journal of Library Administration, 57*(6), 607-630.

Mesmer, H. A., & Kambach, A. (2022). Beyond labels and agendas: Research teachers need to know about phonics and phonological awareness. *The Reading Teacher, 76*(1), 62-72.

Meyer, B. J., Brandt, D. M., & Bluth, G. J. (1980). Use of top-level structure in text: Key for reading comprehension of ninth-grade students. *Reading Research Quarterly, 16*(1), 72-103.

Meyer, B. J., & Poon, L. W. (2001). Effects of structure strategy training and signaling on recall of text. *Journal of Educational Psychology, 93*(1), 141-159.

Meyer, B. J., & Ray, M. N. (2011). Structure strategy interventions: Increasing reading comprehension of expository text. *International Electronic Journal of Elementary Education*, *4*(1), 127–152.

Meyer, B. J. F. (1975). *The organization of prose and its effects on memory*. North-Holland.

Meyer, B. J. F. (1981). Basic research on prose comprehension: A critical review. In D. F. Fisher & C. W. Peters (Eds.), *Comprehension and the competent reader: Inter-specialty perspectives* (pp. 8–35). Praeger.

Meyer, B. J. F. (1985). Prose analysis: Purposes, procedures, and problems. In B. K. Britton & J. Black (Eds.), *Analyzing and understanding expository text* (pp. 11–64). Erlbaum.

Michaels, S., O'Connor, C., & Resnick, L. B. (2008). Deliberative discourse idealized and realized: Accountable talk in the classroom and in civic life. *Studies in Philosophy and Education*, *27*(4), 283–297.

Miller, G. A. (1999). On knowing a word. *Annual Review of Psychology*, *50*(1), 1–19.

Miller, J., & Schwanenflugel, P. J. (2006). Prosody of syntactically complex sentences in the oral reading of young children. *Journal of Educational Psychology*, *98*(4), 839–843.

Miller, J., & Schwanenflugel, P. J. (2008). A longitudinal study of the development of reading prosody as a dimension of oral reading fluency in early elementary school children. *Reading Research Quarterly*, *43*(4), 336–354.

Montag, J. L., Jones, M. N., & Smith, L. B. (2015). The words children hear: Picture books and the statistics for language learning. *Psychological Science*, *26*(9), 1489–1496.

Moran, K. J. K. (2006). Nurturing emergent readers through readers theater. *Early Childhood Education Journal*, *33*(5), 317–323.

Mork, T. A. (1973). The ability of children to select reading materials at their own instructional level. In W. H. MacGinitie (Ed.), *Assessment problems in reading* (pp. 87–95). International Reading Association.

Morris, D. (1993). The relationship between children's concept of word in text and phoneme awareness in learning to read: A longitudinal study. *Research in the Teaching of English*, *27*(2), 133–154.

Morrow, L. M. (1985). Retelling stories: A strategy for improving young children's comprehension, concept of story structure, and oral language complexity. *The Elementary School Journal*, *85*(5), 647–661.

Motha, S. (2014). *Race, empire, and English language teaching: Creating responsible and ethical anti-racist practice*. Teachers College Press.

Moyer, J. E. (2011). What does it really mean to "read" a text? *Journal of Adolescent & Adult Literacy*, *55*(3), 253–256.

Mraz, M., Nichols, W., Caldwell, S., Beisley, R., Sargent, S., & Rupley, W. (2013). Improving oral reading fluency through readers theatre. *Reading Horizons: A Journal of Literacy and Language Arts*, *52*(2), 163–180.

Nagy, W. E., Anderson, R. C., & Herman, P. A. (1987). Learning word meanings from context during normal reading. *American Educational Research Journal*, *24*(2), 237–270.

Nagy, W. E., Herman, P. A., & Anderson, R. C. (1985). Learning words from context. *Reading Research Quarterly*, *20*(2), 233–253.

Naiditch, F. (2010). Critical pedagogy and the teaching of reading for social action. *Critical Questions in Education*, *1*(2), 94–107.

Nation, K., & Cocksey, J. (2009). The relationship between knowing a word and reading it aloud in children's word reading development. *Journal of Experimental Child Psychology*, *103*(3), 296–308.

National Endowment for the Arts. (2007). To read or not to read: A question of national consequence. *Research Report #47.*

National Reading Panel. (2000). *Report of the National Reading Panel. Teaching children to read: An evidence-based assessment of the scientific research literature on reading and its implications for reading instruction* (00-4769). National Institute of Child Health & Human Development.

National Research Council. (1998). *Preventing reading difficulties in young children.* The National Academies Press.

Nelson, J. R., Smith, D. J., & Dodd, J. M. (1992). The effects of teaching a summary skills strategy to students identified as learning disabled on their comprehension of science text. *Education and Treatment of Children, 15*(3), 228-243.

Neumann, D., Gilbertson, N., & Hutton, L. (2014). Context: The foundation of close reading of primary source texts. *Social Studies Research and Practice, 9*(2), 68-76.

Nichols, W. D., Rasinski, T. V., Rupley, W. H., Kellogg, R. A., & Paige, D. D. (2018). Why poetry for reading instruction? Because it works! *The Reading Teacher, 72*(3), 389-397.

Nikolajeva, M. (2013). Picturebooks and emotional literacy. *The Reading Teacher, 67*(4), 249-254.

Nikolajeva, M. (2017). Emotions in picturebooks. In B. Kümmerling-Meibauer (Ed.), *The Routledge companion to picturebooks* (pp. 110-118). Routledge.

Nippold, M. A. (1985). Comprehension of figurative language in youth. *Topics in Language Disorders, 5*(3), 1-20.

Nodelman, P. (1988). *Words about pictures: The narrative art of children's picture books.* University of Georgia Press.

Nolan, T. E. (1991). Self-questioning and prediction: Combining metacognitive strategies. *Journal of Reading, 35*(2), 132-138.

Nomvete, P., & Easterbrooks, S. R. (2020). Phrase-reading mediates between words and syntax in struggling adolescent readers. *Communication Disorders Quarterly, 41*(3), 162-175.

Norman, R. R. (2012). Reading the graphics: What is the relationship between graphical reading processes and student comprehension? *Reading and Writing, 25*(3), 739-774.

Norman, R. R., & Roberts, K. L. (2015). Getting the bigger picture: Children's utilization of graphics and text. *Journal of Visual Literacy, 34*(1), 35-56.

O'Brien, E. J., Rizzella, M. L., Albrecht, J. E., & Halleran, J. G. (1998). Updating a situation model: A memory-based text processing view. *Journal of Experimental Psychology: Learning, Memory, and Cognition, 24*(5), 1200-1210.

O'Brien, B. A., Van Orden, G. C., & Pennington, B. F. (2013). Do dyslexics misread a ROWS for a ROSE? *Reading and Writing, 26*(3), 381-402.

O'Hallaron, C. L., Palincsar, A. S., & Schleppegrell, M. J. (2015). Reading science: Using systemic functional linguistics to support critical language awareness. *Linguistics and Education, 32*, 55-67.

Okkinga, M., van Steensel, R., van Gelderen, A. J., van Schooten, E., Sleegers, P. J., & Arends, L. R. (2018). Effectiveness of reading-strategy interventions in whole classrooms: A meta-analysis. *Educational Psychology Review, 30*(4), 1215-1239.

Olson, C. B., Land, R., Anselmi, T., & AuBuchon, C. (2010). Teaching secondary English learners to understand, analyze, and write interpretive essays about theme. *Journal of Adolescent & Adult Literacy, 54*(4), 245-256.

Padeliadu, S., & Giazitzidou, S. (2018). A synthesis of research on reading fluency development: Study of eight meta-analyses. *European Journal of Special Education Research, 3*(4), 232-256.

Palincsar, A. S., & Brown, A. L. (1984). Reciprocal teaching of comprehension-fostering and comprehension-monitoring activities. *Cognition and Instruction, 1*(2), 117-175.

Palmer, S. B., & Wehmeyer, M. L. (2003). Promoting self-determination in early elementary school: Teaching self-regulated problem-solving and goal-setting skills. *Remedial and Special Education, 24*(2), 115–126.

Pappas, C. C. (1993). Is narrative "primary"? Some insights from kindergarteners' pretend readings of stories and information books. *Journal of Reading Behavior, 25*(1), 97–129.

Paratore, J. R., Cassano, C. M., & Schickedanz, J. A. (2011). Supporting early (and later) literacy development at home and at school: The long view. In M. L. Kamil, P. D. Pearson, E. B. Moje, & P. Afflerbach (Eds.), *Handbook of reading research* (Vol. 4, pp. 133–161). Routledge.

Pardeck, J. T., & Markward, M. J. (1995). Bibliotherapy: Using books to help children deal with problems. *Early Child Development and Care, 106*(1), 75–90.

Paris, S. G., & Cross, D. R. (1983). Ordinary learning: Pragmatic connections among children's beliefs, motives, and actions. In J. Bisanz, G. L. Bisanz & R. Kail (Eds.). *Learning in children.* Springer.

Paris, S. G., Lipson, M. Y., & Wixson, K. K. (1983). Becoming a strategic reader. *Contemporary Educational Psychology, 8*(3), 293–316.

Paxton-Buursma, D., & Walker, M. (2008). Piggybacking: A strategy to increase participation in classroom discussions by students with learning disabilities. *Teaching Exceptional Children, 40*(3), 28–34.

Pearson, P. D., & Fielding, L. (1991). Comprehension instruction. In R. Barr, M. L. Kamil, P. Mosenthal, & P. D. Pearson (Eds.), *Handbook of reading research* (Vol. 2, pp. 815–860). Routledge.

Pearson, P. D., Moje, E., & Greenleaf, C. (2010). Literacy and science: Each in the service of the other. *Science, 328*(5977), 459–463.

Peck, S. M., & Virkler, A. J. (2006). Reading in the shadows: Extending literacy skills through shadow-puppet theater. *The Reading Teacher, 59*(8), 786–795.

Pennington, L. K., & Tackett, M. E. (2021). Using text sets to teach elementary learners about Japanese-American incarceration. *Ohio Social Studies Review, 57*(1), 1–14.

Peracchi, K. A., & O'Brien, E. J. (2004). Character profiles and the activation of predictive inferences. *Memory & Cognition, 32*(7), 1044–1052.

Pérez, A. M., Peña, E. D., & Bedore, L. M. (2010). Cognates facilitate word recognition in young Spanish-English bilinguals' test performance. *Early Childhood Services, 4*(1), 55–67.

Perfetti, C. A. (1994). Psycholinguistics and reading ability. In M. A. Gernsbacher (Ed.), *Handbook of psycholinguistics* (pp. 849–894). Academic Press.

Peskin, J., & Wells-Jopling, R. (2012). Fostering symbolic interpretation during adolescence. *Journal of Applied Developmental Psychology, 33*(1), 13–23.

Peterson, D. S. (2019). Engaging elementary students in higher order talk and writing about text. *Journal of Early Childhood Literacy, 19*(1), 34–54.

Peterson, D. S., & Taylor, B. M. (2012). Using higher order questioning to accelerate students' growth in reading. *The Reading Teacher, 65*(5), 295–304.

Peterson, M. E., & Haines, L. P. (1992). Orthographic analogy training with kindergarten children: Effects on analogy use, phonemic segmentation, and letter-sound knowledge. *Journal of Reading Behavior, 24*(1), 109–127.

Pfaff, K. L., & Gibbs, R. W., Jr. (1997). Authorial intentions in understanding satirical texts. *Poetics, 25*(1), 45–70.

Phillips, L. M. (1988). Young readers' inference strategies in reading comprehension. *Cognition and Instruction, 5*(3), 193–222.

Pintrich, P. R. (2000). The role of goal orientation in self-regulated learning. In M. Boekaerts, P. R. Pintrich, & M. Zeidner (Eds.). *Handbook of self-regulation* (pp. 451–502). Academic Press.

Pintrich, P. R., Smith, D. A. F., Garcia, T., & McKeachie, W. J. (1991). *A manual for the use of the Motivated Strategies for Learning Questionnaire (MSLQ).* National Center for Research to Improve Postsecondary Teaching and Learning.

Piolat, A., Olive, T., & Kellogg, R. T. (2005). Cognitive effort during note taking. *Applied Cognitive Psychology, 19*(3), 291–312.

Plucker, J. A., & Makel, M. C. (2021). Replication is important for educational psychology: Recent developments and key issues. *Educational Psychologist, 56*(2), 90–100.

Porter-O'Donnell, C. (2004). Beyond the yellow highlighter: Teaching annotation skills to improve reading comprehension. *English Journal, 93*(5), 82–89.

Powell, R., McIntyre, E., & Rightmyer, E. (2006). Johnny won't read, and Susie won't either: Reading instruction and student resistance. *Journal of Early Childhood Literacy, 6*(1), 5–31.

Pressley, M. (2002a). Comprehension strategies instruction: A turn-of-the-century status report. In C. C. Block & M. Pressley (Eds.). *Comprehension instruction: Research-based best practices* (pp. 11–27). Guilford.

Pressley, M. (2002b). Metacognition and self-regulated comprehension. In A. E. Farstrup & S. J. Samuels (Eds.), *What research has to say about reading instruction* (3rd ed., pp. 291–309). International Reading Association.

Pressley, M., & Afflerbach, P. (1995). *Verbal protocols of reading: The nature of constructively reading.* Erlbaum.

Pressley, M., & Allington, R. L. (2014). *Reading instruction that works: The case for balanced teaching.* (4th ed.). Guilford.

Pressley, M., Wharton-McDonald, R., Allington, R., Block, C. C., Morrow, L., Tracey, D., Baker, K., Brooks, G., Cronin, J., Nelson, E., & Woo, D. (2001). A study of effective first-grade literacy instruction. *Scientific Studies of Reading, 5*(1), 35–58.

Prichard, C., & Atkins, A. (2021). Evaluating the vocabulary coping strategies of L2 readers: An eye tracking study. *TESOL Quarterly, 55*(2), 593–620.

Priebe, S. J., Keenan, J. M., & Miller, A. C. (2012). How prior knowledge affects word identification and comprehension. *Reading and Writing, 25*(1), 131–149.

Proctor, C. P., Dalton, B., & Grisham, D. L. (2007). Scaffolding English language learners and struggling readers in a universal literacy environment with embedded strategy instruction and vocabulary support. *Journal of Literacy Research, 39*(1), 71–93.

Prouty, J. H. L. (1986). *Third grade readers' comprehension of a flashback in a narrative* (Publication No. 8625432) [Doctoral dissertation, Texas A&M University]. ProQuest Dissertations Publishing.

Puranik, C. S., Lonigan, C. J., & Kim, Y. S. (2011). Contributions of emergent literacy skills to name writing, letter writing, and spelling in preschool children. *Early Childhood Research Quarterly, 26*(4), 465–474.

Purcell-Gates, V. (1988). Lexical and syntactic knowledge of written narrative held by well-read-to kindergartners and second graders. *Research in the Teaching of English, 22*(2), 128–160.

Purcell-Gates, V., Duke, N. K., & Martineau, J. A. (2007). Learning to read and write genre-specific text: Roles of authentic experience and explicit teaching. *Reading Research Quarterly, 42*(1), 8–45.

Raphael, T. E., Pardo, L. S., & Highfield, K. (2013). *Book club: A literature-based curriculum* (2nd ed.). Small Planet Communications.

Rapp, D. N., Gerrig, R. J., & Prentice, D. A. (2001). Readers' trait-based models of characters in narrative comprehension. *Journal of Memory and Language, 45*(4), 737–750.

Rapp, D. N., & Kendeou, P. (2007). Revising what readers know: Updating text representations during narrative comprehension. *Memory & Cognition, 35*(8), 2019–2032.

Rapp, D. N., & Kendeou, P. (2009). Noticing and revising discrepancies as texts unfold. *Discourse Processes, 46*(1), 1–24.

Rapp, D. N., van den Broek, P., McMaster, K. L., Kendeou, P., & Espin, C. A. (2007). Higher-order comprehension processes in struggling readers: A perspective for research and intervention. *Scientific Studies of Reading, 11*(4), 289–312.

Rasinski, T., Samuels, S. J., Hiebert, E., Petscher, Y., & Feller, K. (2011). The relationship between a silent reading fluency instructional protocol on students' reading comprehension and achievement in an urban school setting. *Reading Psychology, 32*(1), 75–97.

Rasinski, T. V. (1990). *The effects of cued phrase boundaries on reading performance: A review.* Kent State University. (ERIC Document Reproduction Service No. ED313689).

Rayner, K. (1998). Eye movements in reading and information processing: 20 years of research. *Psychological Bulletin, 124*(3), 372–422.

Rayner, K. (1988). Word recognition cues in children: The relative use of graphemic cues, orthographic cues, and grapheme-phoneme correspondence rules. *Journal of Educational Psychology, 80*(4), 473–479.

Rayner, K., Foorman, B. R., Perfetti, C. A., Pesetsky, D., & Seidenberg, M. S. (2001). How psychological science informs the teaching of reading. *Psychological Science in the Public Interest, 2*(2), 31–74.

Recht, D. R., & Leslie, L. (1988). Effect of prior knowledge on good and poor readers' memory of text. *Journal of Educational Psychology, 80*(1), 16–20.

Reed, D. K., & Vaughn, S. (2012). Retell as an indicator of reading comprehension. *Scientific Studies of Reading, 16*(3), 187–217.

Reese, C., & Wells, T. (2007). Teaching academic discussion skills with a card game. *Simulation & Gaming, 38*(4), 546–555.

Reinking, D., & Watkins, J. (2000). A formative experiment investigating the use of multimedia book reviews to increase elementary students' independent reading. *Reading Research Quarterly, 35*(3), 384–419.

Renga, I. P., & Lewis, M. A. (2018). Wisdom, mystery, and dangerous knowledge: Exploring depictions of the archetypal sage in young adult literature. *Study and Scrutiny: Research on Young Adult Literature, 3*(1), 25–50.

Renz, K., Lorch, E. P., Milich, R., Lemberger, C., Bodner, A., & Welsh, R. (2003). On-line story representation in boys with Attention Deficit Hyperactivity Disorder. *Journal of Abnormal Child Psychology, 31*(1), 93–104.

Resnick, L., & Beck, I. L. (1976). Designing Instruction in reading: Interaction of theory and practice. In J. T. Guthrie (Ed.), *Aspects of reading acquisition.* Johns Hopkins University Press.

Reutzel, D. R. (1985). Story maps improve comprehension. *The Reading Teacher, 38*(4), 400–404.

Reutzel, D. R., Jones, C. D., & Newman, T. H. (2010). Scaffolded silent reading: Improving the practice of silent reading practice in classrooms. In E. H. Hiebert & D. R. Reutzel (Eds.), *Revisiting silent reading: New directions for teachers and researchers* (pp. 129–150). International Reading Association.

Reutzel, D. R., & Morgan, B. C. (1990). Effects of prior knowledge, explicitness, and clause order on children's comprehension of causal relationships. *Reading Psychology: An International Quarterly, 11*(2), 93–114.

Reynolds, G. A., & Perin, D. (2009). A comparison of text structure and self-regulated writing strategies for composing from sources by middle school students. *Reading Psychology, 30*(3), 265–300.

Richards, E., & Singer, M. (2001). Representation of complex goal structures in narrative comprehension. *Discourse Processes, 31*(2), 111-135.

Rinehart, S. D., Gerlach, J. M., Wisell, D. L., & Welker, W. A. (1998). Would I like to read this book? Eighth graders' use of book cover clues to help choose recreational reading. *Literacy Research and Instruction, 37*(4), 263-280.

Roberts, K. L., & Brugar, K. A. (2017). The view from here: Emergence of graphical literacy. *Reading Psychology, 38*(8), 733-777.

Robinson, H. M., & Weintraub, S. (1973). Research related to children's interests and to developmental values of reading. *Library Trends, 22*(2), 81-108.

Rodríguez, T. A. (2001). From the known to the unknown: Using cognates to teach English to Spanish-speaking literates. *The Reading Teacher, 54*(8), 744-746.

Romance, N. R., & Vitale, M. R. (2001). Implementing an in-depth expanded science model in elementary schools: Multi-year findings, research issues, and policy implications. *International Journal of Science Education, 23*(4), 373-404.

Rosenblatt, L. (1978). *The reader, the text, the poem: The transactional theory of the literary work.* Southern Illinois University Press.

Rosenshine, B., Meister, C., & Chapman, S. (1996). Teaching students to generate questions: A review of the intervention studies. *Review of Educational Research, 66*(2), 181-221.

Roser, N., Martinez, M., Fuhrken, C., & McDonnold, K. (2007). Characters as guides to meaning. *The Reading Teacher, 60*(6), 548-559.

Rupley, W. H., Logan, J. W., & Nichols, W. D. (1998). Vocabulary instruction in a balanced reading program. *The Reading Teacher, 52*(4), 336-346.

Ryan, M.-L. (2020). Narrative cartography. In D. Richardson, N. Castree, M. F. Goodchild, A. Kobayashi, W. Liu, & R. A. Marston (Eds.), *The International Encyclopedia of Geography.* John Wiley & Sons.

Sacks, H., Schegloff, E. A., & Jefferson, G. (1974). A simplest systematics for the organization of turn-taking for conversation. *Language, 50*(4), 696-735.

Sadler, D. R. (1989). Formative assessment and the design of instructional systems. *Instructional Science, 18*(2), 119-144.

Sadoski, M., & Paivio, A. (2012). *Imagery and text: A Dual Coding Theory of reading and writing* (2nd ed.). Routledge.

Sadoski, M., & Quast, Z. (1990). Reader response and long-term recall for journalistic text: The roles of imagery, affect, and importance. *Reading Research Quarterly, 25*(4), 256-272.

Sampson, M. R., Valmont, W. J., & Van Allen, R. (1982). The effects of instructional cloze on the comprehension, vocabulary, and divergent production of third-grade students. *Reading Research Quarterly, 17*(3), 389-399.

Samuelstuen, M. S., & Bråten, I. (2005). Decoding, knowledge, and strategies in comprehension of expository text. *Scandinavian Journal of Psychology, 46*(2), 107-117.

Sanders, S., Rollins, L. H., Mason, L. H., Shaw, A., & Jolivette, K. (2021). Intensification and individualization of self-regulation components within self-regulated strategy development. *Intervention in School and Clinic, 56*(3), 131-140.

Scanlon, D. M., Anderson, K. L., & Sweeney, J. M. (2010). *Early intervention for reading difficulties: The interactive strategies approach.* Guilford.

Scarborough, H. S. (2001). Connecting early language and literacy to later reading (dis)abilities: Evidence, theory, and practice. In S. B. Neuman & D. K. Dickinson (Eds.), *Handbook of early literacy research* (pp. 97-110). Guilford.

Scardamalia, M., & Bereiter, C. (1992). Text-based and knowledge-based questioning by children. *Cognition and Instruction, 9*(3), 177-199.

Schmitt, N., Jiang, X., & Grabe, W. (2011). The percentage of words known in a text and reading comprehension. *The Modern Language, 95*(1).

Schooler, J. W., Reichle, E. D., & Halpern, D. V. (2004). Zoning Out while Reading: Evidence for Dissociations between Experience and Metaconsciousness. In D. T. Levin (Ed.), *Thinking and seeing: Visual metacognition in adults and children* (pp. 203–226). MIT Press.

Schraw, G., & Dennison, R. S. (1994). Assessing metacognitive awareness. *Contemporary Educational Psychology, 19*(4), 460–475.

Schraw, G., & Lehman, S. (2001). Situational interest: A review of the literature and directions for future research. *Educational Psychology Review, 13*(1), 23–52.

Schreiber, P. A. (1991). Understanding prosody's role in reading acquisition. *Theory into Practice, 30*(3), 158–164.

Schumaker, J. B., Denton, P. H., & Deshler, D. D. (1984). *The Paraphrasing Strategy: Instructor's manual.* University of Kansas Institute for Research in Learning Disabilities.

Schunk, D. H., & Rice, J. M. (1989). Learning goals and children's reading comprehension. *Journal of Reading Behavior, 21*(3), 279–293.

Schunk, D. H., & Rice, J. M. (1991). Learning goals and progress feedback during reading comprehension instruction. *Journal of Reading Behavior, 23*(3), 351–364.

Schwamborn, A., Mayer, R. E., Thillmann, H., Leopold, C., & Leutner, D. (2010). Drawing as a generative activity and drawing as a prognostic activity. *Journal of Educational Psychology, 102*(4), 872–879.

Schwanenflugel, P. J., Westmoreland, M. R., & Benjamin, R. G. (2015). Reading fluency skill and the prosodic marking of linguistic focus. *Reading and Writing, 28*(1), 9–30.

Scott, J. A., Miller, T. F., & Flinspach, S. L. (2012). Developing word consciousness: Lessons from highly diverse fourth-grade classrooms. In E. J. Kame'enui & J. F. Baumann (Eds.), *Vocabulary instruction: Research to practice* (2nd ed., pp. 169–188). Guildford.

Seidenberg, P. L. (1989). Relating text-processing research to reading and writing instruction for learning disabled students. *Learning Disabilities Focus, 5*(1), 4–12.

Seifert, C. M., Dyer, M. G., & Black, J. B. (1986). Thematic knowledge in story understanding. *Text: Interdisciplinary Journal for the Study of Discourse, 6*(4), 393–426.

Shanahan, T. (2019, February 9). *Which texts for teaching reading: Decodable, predictable, or controlled vocabulary?* Shanahan on Literacy.

Shanahan, T., Callison, K., Carriere, C., Duke, N. K., Pearson, P. D., Schatschneider, C., & Torgesen, J. (2010). *Improving reading comprehension in kindergarten through 3rd grade: IES practice guide* (NCEE 2010-4038). National Center for Education Evaluation and Regional Assistance, Institute of Education Sciences, U.S. Department of Education.

Shanahan, T., & Shanahan, C. (2012). What is disciplinary literacy and why does it matter? *Topics in Language Disorders, 32*(1), 7–18.

Shannon, P., Kame'enui, E. J., & Baumann, J. F. (1988). An investigation of children's ability to comprehend character motives. *American Educational Research Journal, 25*(3), 441–462.

Share, D. L. (1995). Phonological recoding and self-teaching: *Sine qua non* of reading acquisition. *Cognition, 55*(2), 151–218.

Share, D. L. (2008). Orthographic learning, phonology, and self-teaching. In R. V. Kail (Ed.), *Advances in child development and behavior* (pp. 31–82). Elsevier.

Shattuck-Hufnagel, S., Ostendorf, M., & Ross, K. (1994). Stress shift and early pitch accent placement in lexical items in American English. *Journal of Phonetics, 22*(4), 357–388.

Shine, S., & Roser, N. L. (1999). The role of genre in preschoolers' response to picture books. *Research in the Teaching of English, 34*(2), 197–254.

Short, E. J., & Ryan, E. B. (1984). Metacognitive differences between skilled and less skilled readers: Remediating deficits through story grammar and attribution training. *Journal of Educational Psychology, 76*(2), 225.

Simons, D. J. (2014). The value of direct replication. *Perspectives on Psychological Science, 9*(1), 76–80.

Sinatra, G. M., Brown, K., J., & Reynolds, R. E. (2002). Implications of cognitive resource allocation for comprehension strategy instruction. In C. C. Block & M. Pressley (Eds.), *Comprehension instruction: Research-based best practices* (pp. 62–76). Guilford.

Slough, S. W., McTigue, E. M., Kim, S., & Jennings, S. K. (2010). Science textbooks' use of graphical representation: A descriptive analysis of four sixth grade science texts. *Reading Psychology, 31*(3), 301–325.

Smallwood, J. (2011). Mind-wandering while reading: Attentional decoupling, mindless reading, and the cascade model of inattention. *Language and Linguistics Compass, 5*(2), 63–77.

Smallwood, J., Fishman, D. J., & Schooler, J. W. (2007). Counting the cost of an absent mind: Mind wandering as an underrecognized influence on educational performance. *Psychonomic Bulletin & Review, 14*(2), 230–236.

Snow, C. (2002). *Reading for understanding: Toward an R&D program in reading comprehension*. Rand Corporation.

Snow, C. E., Burns, M. S., & Griffin, P. (Eds.) (1998). *Preventing reading difficulties in young children*. National Academy Press.

Sorenson Duncan, T., Mimeau, C., Crowell, N., & Deacon, S. H. (2021). Not all sentences are created equal: Evaluating the relation between children's understanding of basic and difficult sentences and their reading comprehension. *Journal of Educational Psychology, 113*(2), 268–278.

Sosa, T., Hall, A. H., Goldman, S. R., & Lee, C. D. (2016). Developing symbolic interpretation through literary argumentation. *Journal of the Learning Sciences, 25*(1), 93–132.

Souto-Manning, M., Llerena, C. I. L., Martell, J., Maguire, A. S., & Arce-Boardman, A. (2018). *No more culturally irrelevant teaching*. Heinemann.

Stanfield, R. A., & Zwaan, R. A. (2001). The effect of implied orientation derived from verbal context on picture recognition. *Psychological Science, 12*(2), 153–156.

Stanovich, K. E. (1986). Matthew effects in reading: Some consequences of individual differences in the acquisition of literacy. *Reading Research Quarterly, 21*(4), 360–407.

Stanovich, K. E., & Cunningham, A. E. (1993). Where does knowledge come from? Specific associations between print exposure and information acquisition. *Journal of Educational Psychology, 85*(2), 211–229.

Stanovich, K. E., West, R. F., Cunningham, A. E., Cipielewski, J., & Siddiqui, S. (1996). The role of inadequate print exposure as a determinant of reading comprehension problems. In C. Cornoldi & J. V. Oakhill (Eds.), *Reading comprehension difficulties: Processes and intervention* (pp. 15–32). Lawrence Erlbaum.

Stapp, A. C. (2019). Reconceptualizing the learning space through flexible seating: A qualitative analysis of select third-grade students' and teacher perceptions. *Research in the Schools, 26*(2), 32–44.

Steacy, L. M., Elleman, A. M., Lovett, M. W., & Compton, D. L. (2016). Exploring differential effects across two decoding treatments on item-level transfer in children with significant word reading difficulties: A new approach for testing intervention elements. *Scientific Studies of Reading, 20*(4), 283–295.

Stein, N. L. (1978). The comprehension and appreciation of stories: A developmental analysis. In S. S. Madeja (Ed.), *The arts, cognition, and basic skills* (pp. 231–249). Central Midwestern Regional Educational Laboratory.

Stein, N., & Glenn, C. (1979). An analysis of story comprehension in elementary school children. In R. Freedle (Ed.), *New directions in discourse processing* (Vol. 2, pp. 53–120). Ablex.

Stein, N., & Levine, L. (1990). Making sense out of emotion: A goal-directed analysis of action. In N. Stein, B. Leventhal, & T. Trabasso (Eds.), *Psychological and biological approaches to emotion* (pp. 45–73). Erlbaum.

Stein, N., & Trabasso, T. (1982). The child's understanding of story. In R. Glasser (Ed.), *Advances in instructional psychology* (pp. 97–102). Academic Press.

Stevens, E. A., Walker, M. A., & Vaughn, S. (2017). The effects of reading fluency interventions on the reading fluency and reading comprehension performance of elementary students with learning disabilities: A synthesis of the research from 2001 to 2014. *Journal of Learning Disabilities*, *50*(5), 576–590.

Stevens, R. J. (1988). Effects of strategy training on the identification of the main idea of expository passages. *Journal of Educational Psychology*, *80*(1), 21–26.

Stouffer, J. (2011). Listening to yourself reading: Exploring the influence of auditory input in literacy processing. *Journal of Reading Recovery*, *11*(1), 15–28.

Sulzby, E. (1985). Children's emergent reading of favorite storybooks: A developmental study. *Reading Research Quarterly*, *20*(4), 458–481.

Sulzby, E. (1991). Assessment of emergent literacy: Storybook reading. *The Reading Teacher*, *44*(7), 498–500.

Sulzby, E. (1996). Roles of oral and written language as children approach conventional literacy. In C. Pontecorvo, M. Orsolini, B. Burge, & L. B. Resnick (Eds.), *Early text construction in children* (pp. 25–46). Erlbaum.

Sulzby, E., & Teale, W. (1991). Emergent literacy. In R. Barr, M. L. Kamil, P. B. Mosenthal, & P. D. Pearson (Eds.), *Handbook of reading research* (Vol. 2, pp. 727–758). Lawrence Erlbaum.

Sweet, A. P., & Snow, C. E. (Eds.). (2003). *Rethinking reading comprehension*. Guilford.

Sychterz, T. (2002). Rethinking childhood innocence. *The New Advocate*, *15*(3), 183–195.

Taft, M. L., & Leslie, L. (1985). The effects of prior knowledge and oral reading accuracy on miscues and comprehension. *Journal of Reading Behavior*, *17*(2), 163–179.

Tarchi, C. (2010). Reading comprehension of informative texts in secondary school: A focus on direct and indirect effects of reader's prior knowledge. *Learning and Individual Differences*, *20*(5), 415–420.

Taylor, B. M., Frye, B. J., & Maruyama, G. M. (1990). Time spent reading and reading growth. *American Educational Research Journal*, *27*(2), 351–362.

Teale, W. H. (1987). Emergent literacy: Reading and writing development in early childhood. *National Reading Conference Yearbook*, *36*, 45–74.

Teale, W. H., & Sulzby, E. (1986). *Emergent literacy: Writing and reading*. Ablex.

Thein, A. H., Beach, R., & Parks, D. (2007). Perspective-taking as transformative practice in teaching multicultural literature to white students. *The English Journal*, *97*(2), 54–60.

Thomas, J. (1986). Woods and castles, towers and huts: Aspects of setting in the fairy tale. *Children's Literature in Education*, *17*(2), 126–134.

Tierney, R. J., & Cunningham, J. W. (1984). Research on teaching reading comprehension. In M. Kamil, P. Mosenthal, P. D. Pearson, & R. Barr (Eds.), *Handbook of reading research* (Vol. 1, pp. 609–655). Longman.

Tippett, C. D. (2010). Refutation text in science education: A review of two decades of research. *International Journal of Science and Mathematics Education*, *8*(6), 951–970.

Tobin, R. (2008). Conundrums in the differentiated literacy classroom. *Reading Improvement*, *45*(4), 159–170.

Torr, J., & Scott, C. (2006). Learning "special words": Technical vocabulary in the talk of adults and preschoolers during shared reading. *Journal of Early Childhood Research*, *4*(2), 153–167.

Tracy, K. N., Menickelli, K., & Scales, R. Q. (2017). Courageous voices: Using text sets to inspire change. *Journal of Adolescent & Adult Literacy, 60*(5), 527-536.

Treiman, R., Cohen, J., Mulqueeny, K., Kessler, B., & Schechtman, S. (2007). Young children's knowledge about printed names. *Child Development, 78*(5), 1458-1471.

Tyler, B.-J., & Chard, D. J. (2000). Using readers theatre to foster fluency in struggling readers: A twist on the repeated reading strategy. *Reading & Writing Quarterly, 16*(2), 163-168.

Vadasy, P. F., & Sanders, E. A. (2008). Code-oriented instruction for kindergarten students at risk for reading difficulties: A replication and comparison of instructional groupings. *Reading and Writing, 21*(9), 929-963.

Vadasy, P. F., Sanders, E. A., & Peyton, J. A. (2006). Code-oriented instruction for kindergarten students at risk for reading difficulties: A randomized field trial with paraeducator implementers. *Journal of Educational Psychology, 98* (3), 508-528.

van den Broek, P. (1989). Causal reasoning and inference making in judging the importance of story statements. *Child Development, 60*(2), 286-297.

van den Broek, P., Lynch, J. S., Naslund, J., Ievers-Landis, C. E., & Verduin, K. (2003). The development of comprehension of main ideas in narratives: Evidence from the selection of titles. *Journal of Educational Psychology, 95*(4), 707-718.

van den Broek, P., & Trabasso, T. (1986). Causal networks versus goal hierarchies in summarizing text. *Discourse Processes, 9*, 1-15.

Van Dijk, T. A. (1979). Relevance assignment in discourse comprehension. *Discourse Processes, 2*(2), 113-126.

Varelas, M., Pappas, C. C., Kokkino, S., & Ortiz, I. (2008). Students as authors. *Science & Children, 45*(7), 58-62.

Vaughn, S., Klingner, J. K., Swanson, E. A., Boardman, A. G., Roberts, G., Mohammed, S. S., & Stillman-Spisak, S. J. (2011). Efficacy of collaborative strategic reading with middle school students. *American Educational Research Journal, 48*(4), 938-964.

Veenman, M. V., Van Hout-Wolters, B. H. A. M., & Afflerbach, P. (2006). Metacognition and learning: Conceptual and methodological considerations. *Metacognition and Learning, 1*(1), 3-14.

Venezky, R. L. 1999. *The American way of spelling: The structure and origins of American English orthography.* Guilford.

Von Sprecken, D., Kim, J., & Krashen, S. (2000). The home run book: Can one positive reading experience create a reader. *California School Library Journal, 23*(2), 8-9.

Waggoner, M., Chinn, C., Yi, H., & Anderson, R. C. (1995). Collaborative reasoning about stories. *Language Arts, 72*(8), 582-589.

Walczyk, J. J., & Griffith-Ross, D. A. (2007). How important is reading skill fluency for comprehension? *The Reading Teacher, 60*(6), 560-569.

Walton, P. (2014). Using singing and movement to teach pre-reading skills and word reading to kindergarten children: An exploratory study. *Language and Literacy, 16*(3), 54-77.

Ward, A. E., Duke, N. K., & Klingelhofer, R. (2020, October 27). *Observing young readers and writers: A tool for informing instruction.* Literacy Now.

Watts-Taffe, S., Fisher, P., & Blachowicz, C. (2017). Vocabulary instruction: Research and practice. In D. Lapp & D. Fisher (Eds.), *Handbook of research on teaching the English language arts* (4th ed., pp. 130-161). Routledge.

Webb, N. M. (2009). The teacher's role in promoting collaborative dialogue in the classroom. *British Journal of Educational Psychology, 79*(1), 1-28.

Weber, R.-M. (2018). Listening for schwa in academic vocabulary. *Reading Psychology, 39*(5), 468-491.

Weger, H., Jr., Castle, G. R., & Emmett, M. C. (2010). Active listening in peer interviews: The influence of message paraphrasing on perceptions of listening skill. *The International Journal of Listening, 24*(1), 34–49.

Weinstein, C. E., & Mayer, R. E. (1986). The teaching of learning strategies. In M. Wittrock (Ed.), *Handbook of research on teaching* (3rd ed., pp. 315–327). Macmillan.

Weinstein, C., Husman, J., & Dierking, D. (2000). Self-regulation interventions with a focus on learning strategies. In M. Boekaerts, P. R. Pintrich, & M. Zeidner (Eds.), *Handbook of self-regulation: Theory, research, and applications* (pp. 727–747). Academic Press.

Wennerstrom, A., & Siegel, A. F. (2003). Keeping the floor in multiparty conversations: Intonation, syntax, and pause. *Discourse Processes, 36*(2), 77–107.

Wiggins, G. (2013, March 4). *On so-called "reading strategies"—the utter mess that is the literature and advice to teachers.*

Wilder, A. A., & Williams, J. P. (2001). Students with severe learning disabilities can learn higher order comprehension skills. *Journal of Educational Psychology, 93*(2), 268–278.

Wilkie-Stibbs, C. (2006). Intertextuality and the child reader. In P. Hunt (Ed.), *Understanding children's literature* (2nd ed., pp. 168–179). Routledge.

Wilkinson, I. A. G., Murphy, P. K., & Binici, S. (2015). Dialogue-intensive pedagogies for promoting reading comprehension: What we know, what we need to know. In L. B. Resnick, C. S. C. Asterhan, & S. N. Clarke (Eds.), *Socializing intelligence through academic talk and dialogue* (pp. 37–50). American Educational Research Association.

Williams, J. P. (1988). Identifying main ideas: A basic aspect of reading comprehension. *Topics in Language Disorders, 8*(3), 1–13.

Williams, J. P. (1993). Comprehension of students with and without learning disabilities: Identification of narrative themes and idiosyncratic text representations. *Journal of Educational Psychology, 85*(4), 631–641.

Williams, J. P. (2005). Instruction in reading comprehension for primary-grade students: A focus on text structure. *The Journal of Special Education, 39*(1), 6–18.

Williams, J. P., Brown, L. G., Silverstein, A. K., & de Cani, J. S. (1994). An instructional program in comprehension of narrative themes for adolescents with learning disabilities. *Learning Disability Quarterly, 17*(3), 205–221.

Williams, J. P., Lauer, K. D., Hall, K. M., Lord, K. M., Gugga, S. S., Bak, S.-J., Jacobs, P. R., & deCani, J. S. (2002). Teaching elementary school students to identify story themes. *Journal of Educational Psychology, 94*(2), 235–248.

Williams, L. M. (2008). Book selections of economically disadvantaged black elementary students. *The Journal of Educational Research, 102*(1), 51–64.

Williamson, P., Carnahan, C. R., Birri, N., & Swoboda, C. (2015). Improving comprehension of narrative using character event maps for high school students with autism spectrum disorder. *The Journal of Special Education, 49*(1), 28–38.

Willson, A., Falcon, L., & Martinez, M. (2014). Second graders' interpretation of character in picturebook illustrations. *Reading Horizons: A Journal of Literacy and Language Arts, 53*(2), 41–61.

Willson, V. L., & Rupley, W. H. (1993). Structural components of single word recognition: Activation of orthographic, meaning, and phonological processors. *Literacy Research and Instruction, 32*(4), 33–45.

Wilson, N. (1989). Learning from confusion: Questions and change in reading logs. *The English Journal, 78*(7), 62–69.

Winograd, P. N. (1984). Strategic difficulties in summarizing texts. *Reading Research Quarterly, 19*(4), 404–425.

Winograd, P., & Bridge, C. (1986). The comprehension of important information in written prose. In J. F. Baumann (Ed.), *Teaching main idea comprehension* (pp. 18–48). International Reading Association.

Wise, C. N. (2019). *Assessment and instruction for developing second graders' skill in ascertaining word meanings from context* (Publication No. 27614419) [Doctoral dissertation, University of Michigan]. ProQuest Dissertations Publishing.

Wolf, M. (2007). *Proust and the squid: The story and science of the reading brain.* Harper Perennial.

Wolf, M. K., Crosson, A. C., & Resnick, L. B. (2005). Classroom talk for rigorous reading comprehension instruction. *Reading Psychology, 26*(1), 27-53.

Wong, B. Y. L. (1985). Self-questioning instructional research: A review. *Review of Educational Research, 55*(2), 227-268.

Wong, B. Y. L., & Jones, W. (1982). Increasing metacomprehension in learning disabled and normally achieving students through self-questioning training. *Learning Disability Quarterly, 5*(3), 228-240.

Woolley, G. (2010). Developing reading comprehension: Combining visual and verbal cognitive processes. *The Australian Journal of Language and Literacy, 33*(2), 108-125.

Wright, T. S., & Cervetti, G. N. (2017). A systematic review of the research on vocabulary instruction that impacts text comprehension. *Reading Research Quarterly, 52*(2), 203-226.

Wright, T. S., Cervetti, G. N., Wise, C., & McClung, N. A. (2022). The impact of knowledge-building through conceptually-coherent read alouds on vocabulary and comprehension. *Reading Psychology, 43*(1), 70-84.

Yaden, D. B., Jr., Rowe, D. W., & MacGillivray, L. (2000). Emergent literacy: A matter (polyphony) of perspectives. In M. L. Kamil, P. B. Mosenthal, P. D. Pearson, & R. Barr (Eds.), *Handbook of reading research* (Vol. 3, pp. 425-454). Routledge.

Yang, Y. H., Chu, H. C., & Tseng, W. T. (2021). Text difficulty in extensive reading: Reading comprehension and reading motivation. *Reading in a Foreign Language, 33*(1), 78-102.

Young, C., & Rasinski, T. (2018). Readers theatre: Effects on word recognition automaticity and reading prosody. *Journal of Research in Reading, 41*(3), 475-485.

Young, C., Valadez, C., & Gandara, C. (2016). Using performance methods to enhance students' reading fluency. *The Journal of Educational Research, 109*(6), 624-630.

Yuill, N., & Joscelyne, T. (1988). Effect of organizational cues and strategies on good and poor comprehenders' story understanding. *Journal of Educational Psychology, 80*(2), 152-158.

Zengilowski, A., Schuetze, B. A., Nash, B. L., & Schallert, D. L. (2021). A critical review of the refutation text literature: Methodological confounds, theoretical problems, and possible solutions. *Educational Psychologist, 56*(3), 175-195.

Zimmerman, B. J. (1986). Becoming a self-regulated learner: Which are the key subprocesses? *Contemporary Educational Psychology, 11*(4), 307-313.

Zimmerman, B. J. (2002). Becoming a self-regulated learner: An overview. *Theory into Practice, 41*(2), 64-70.

Zuljevic, V. (2005). Puppets: A great addition to everyday teaching. *Thinking Classroom, 6*(1), 37-44.

Zutell, J., & Rasinski, T. V. (1991). Training teachers to attend to their students' oral reading fluency. *Theory into Practice, 30*(3), 211-217.

Zwaan, R. A. (1999). Embodied cognition, perceptual symbols, and situation models. *Discourse Processes, 28*(1), 81-88.

Zwiers, J. (2019). *Next steps with academic conversations: New ideas for improving learning through classroom talk.* Stenhouse.

Zwiers, J., & Crawford, M. (2009). How to start academic conversations. *Educational Leadership, 66*(6), 70-73.

Zwiers, J., & Crawford, M. (2011). *Academic conversations: Classroom talk that fosters critical thinking and content understandings.* Stenhouse.

教学相关资料

Ahmed, S. K. (2019). *Being the change: Lessons and strategies to teach social comprehension.* Heinemann.

Allington, R. L. (2011). *What really matters for struggling readers: Designing research-based programs.* Pearson.

Atwell, N. (2007). *The reading zone: How to help kids become skilled, passionate, habitual, critical readers.* Scholastic.

Beck, I. L., & Beck, M. E. (2013). *Making sense of phonics: The hows and whys* (2nd ed.). Guilford.

Beck, I. L., McKeown, M. G., & Kucan, L. (2013). *Bringing words to life: Robust vocabulary instruction* (2nd ed.). Guilford.

Beers, K. (2002). *When kids can't read—what teachers can do: A guide for teachers 6–12.* Heinemann.

Beers, K., & Probst, R. E. (2012). *Notice and note: Strategies for close reading.* Heinemann.

Bomer, R., & Bomer, K. (2001). *For a better world: Reading and writing for social action.* Heinemann.

Blevins, W. (2016). *A fresh look at phonics: Common causes of failure and 7 ingredients for success.* Corwin.

Burroway, J. (2003). *Imaginative writing; The elements of craft.* Longman.

Cartwright, K. B. (2010). *Word callers: Small-group and one-to-one interventions for children who "read" but don't comprehend.* Heinemann.

Cherry-Paul, S., & Johansen, D. (2014). *Teaching interpretation: Using text-based evidence to construct meaning.* Heinemann.

Clay, M. (2017). *Concepts about print* (2nd ed.). Heinemann.

Cobb, C., & Blachowicz, C. (2014). *No more "look up the list" vocabulary instruction.* Heinemann.

Collins, K. (2004). *Growing readers: Units of study in the primary classroom.* Stenhouse.

Collins, K. (2008). *Reading for real: Teach students to read with power, intention, and joy in K–3 classrooms.* Stenhouse.

Collins, K., & Glover, M. (2015). *I am reading: Nurturing young children's meaning making and joyful engagement with any book.* Heinemann.

Curwood, J. S. (2013). Redefining normal: A critical analysis of (dis)ability in young adult literature. *Children's Literature in Education, 44*(1), 15–28.

Duke, N. K. (2014). *Inside information: Developing powerful readers and writers of informational text through project-based instruction.* Scholastic.

Duke, N. K., & Bennett-Armistead, S. V. (2003). *Reading & writing informational text in the primary grades.* Scholastic.

España, C., & Herrera, L. Y. (2020). *En comunidad: Lessons for centering the voices and experiences of bilingual Latinx students.* Heinemann.

Gibbons, P. (1993). *Learning to learn in a second language.* Heinemann.

Hammond, Z. (2015). *Culturally responsive teaching and the brain: Promoting authentic engagement and rigor among culturally and linguistically diverse students.* Corwin.

Harvey, S., & Goudvis, A. (2007). *Strategies that work: Teaching comprehension for understanding and engagement* (2nd ed.). Stenhouse.

Keene, E. O. (2012). *Talk about understanding: Rethinking classroom talk to enhance comprehension.* Heinemann.

Keene, E. O., & Zimmerman, S. (2007). *Mosaic of thought: The power of comprehension strategy instruction* (2nd ed.). Heinemann.

Kilpatrick, D. A. (2015). *Essentials of assessing, preventing, and overcoming reading difficulties.* John Wiley & Sons.

Kintsch, W. (1988). The role of knowledge in discourse comprehension: A construction-integration model. *Psychological Review, 95*(2), 163–182.

Kuhn, M. R. (2008). *The hows and whys of fluency instruction*. Pearson.

Lesesne, T. (2010). *Reading ladders: Leading students from where they are to where we'd like them to be*. Heinemann.

Lubliner, S. (2001). *A practical guide to reciprocal teaching*. Wright Group/McGraw-Hill.

Martinelli, M., & Mraz, K. (2012). *Smarter charts K–2: Optimizing an instructional staple to create independent readers and writers*. Heinemann.

Mesmer, H. A. (2019). *Letter lessons and first words: Phonics foundations that work*. Heinemann.

Miller, D. (2009). *The book whisperer: Awakening the inner reader in every child*. Jossey-Bass.

Miller, D. (2012). *Reading with meaning: Teaching comprehension in the primary grades* (2nd ed.). Stenhouse.

Miller, D. (2013). *Reading in the wild*. Jossey Bass.

Miller, D., & Moss, B. (2013). *No more independent reading without support*. Heinemann.

Minor, C. (2018). *We got this: Equity, access, and the quest to be who our students need us to be*. Heinemann.

Mraz, K., & Martinelli, M. (2014). *Smarter charts for math, science, and social studies: Making learning visible in the content areas*. Heinemann.

Nichols, M. (2006). *Comprehension through conversation: The power of purposeful talk in the reading workshop*. Heinemann.

Owocki, G. (2012). *The common core lesson book, K–5: Working with increasingly complex literature, informational text, and foundational reading skills*. Heinemann.

Porcelli, A., & Tyler, C. (2008). *Quick guide to boosting English acquisition in choice time, K–2*. Heinemann.

Rasinski, T. V. (2010). *The fluent reader: Oral and silent reading strategies for building fluency, word recognition, and comprehension* (2nd ed.). Scholastic.

Ray, K. W., & Glover, M. (2008). *Already ready: Nurturing writers in preschool and kindergarten*. Heinemann.

Santman, D. (2005). *Shades of meaning: Comprehension and interpretation in middle school*. Heinemann.

Serravallo, J. (2010). *Teaching reading in small groups: Differentiated instruction for building strategic, independent readers*. Heinemann.

Serravallo, J. (2015). *The reading strategies book: Your everything guide to developing skilled readers*. Heinemann.

Serravallo, J. (2017). *The writing strategies book: Your everything guide to developing skilled writers*. Heinemann.

Serravallo, J. (2018). *Understanding texts & readers: Responsive comprehension instruction with leveled texts*. Heinemann.

Smith, M. W., & Wilhelm, J. D. (2010). *Fresh takes on teaching literary elements: How to teach what really matters about character, setting, point of view, and theme*. Scholastic.

Snowball, D., & Bolton, F. (1999). *Spelling K–8: Planning and teaching*. Stenhouse.

Taberski, S. (2000). *On solid ground: Strategies for teaching reading, K–3*. Heinemann.

Taberski, S. (2011). *Comprehension from the ground up: Simplified, sensible instruction for the K–3 reading workshop*. Heinemann.

Teale, W. H. (1987). Emergent literacy: Reading and writing development in early childhood. *National Reading Conference Yearbook, 36*, 45–74.

Willingham, D. T. (2015). *Raising kids who read: What parents and teachers can do*. Jossey-Bass.

Willingham, D. T. (2017). *The reading mind: A cognitive approach to understanding how the mind reads*. John Wiley & Sons.

儿童和青少年读物

Aesop. (n.d.). *Aesop's fables.*

Ajmera, M., & Browning, D. (2016). *Every breath we take: A book about air.* Charlesbridge.

Arlon, P. (2012). *Farm.* Scholastic.

Arlon, P., & Gordon-Harris, T. (2012). *Penguins.* Scholastic.

Atinuke. (2019). *Africa, amazing Africa.* Walker Books.

Bardoe, C. (2021). *Bei Bei goes home: A panda story.* Candlewick Entertainment.

Baum, F. (1990). *The Wonderful Wizard of Oz.* George M Hill Company.

Becker, B. (2012). *A visitor for bear.* Candlewick.

Bishop, N. (2008). *Frogs.* Scholastic.

Browning, D., & Ajmera, M. (2016). *Every breath we take: A book about air.* Charlesbridge.

Buyea, R. (2015). *Saving Mr. Terupt.* Yearling Books.

Cazet, D. (1998–2007). Minnie and Moo series. Scholastic.

Coerr, E. (1977). *Sadako and the thousand paper cranes.* G.P. Putnam's Sons.

Collard, S. B., III (2022). *Little killers: The ferocious lives of puny predators.* Millbrook Press.

"Coral Reefs in Trouble", Time for Kids, September 2012.

Craft, J. (2019). *New kid.* Quill Tree Books.

Davies, N. (2015). *One tiny turtle.* Candlewick.

Díaz, J. (2018). *Islandborn.* Dial Press.

Dillard, J. (2021). *J.D. and the great barber battle.* Kokila.

Ehlert, L. (1989). *Eating the alphabet.* Harcourt Brace Jovanovich.

Erdrich, L. (1999). *The birchbark house.* Hyperion.

Faruqi, S. (2018-2022). Yasmin series. Picture Window Books.

Florence, D. M. (2019-2020). My Furry Foster Family series. Picture Window Books.

Gantos, J. (1998). *Joey Pigza swallowed the key.* Square Fish Books.

Gratz, A. (2021). *Ground zero.* Scholastic.

Greenfield, E. (n.d.). Rope rhyme. In *Honey, I love and other love poems.* HarperCollins.

Grimes, N. (2009–2012). Dyamonde Daniel series. G.P. Putnam's Sons Books for Young Readers.

Harman, A. (2020). *Climate change and how we'll fix it.* QED Publishing.

Hughes, L. (1994). April rain song. *The collected poems of Langston Hughes.* Vintage Books.

Inoue, Y. & Kinoshita, S. (2014). *Kaichu Daitanken! Sinkai 6500 De Iku! Sinkai Eno Tabi.* IWASAKI Publishing CO., LTD.

Jackson, S. (1948). "The lottery." *The New Yorker.*

Jay, A. (2003). *ABC: A child's first alphabet book.* Templar Books.

Jenkins, M. (2011). *Can we save the tiger?* Candlewick Press.

Jennings, T. C. (2021). Definitely Dominguita series. Aladdin Books.

Kalman, B. (1999). *What is a primate?* Crabtree Publishing Company.

Keating, J. (2016). *Pink is for blobfish.* Knopf Books for Young Readers.

Kramer, S. (1993). *To the top! Climbing the world's highest mountain.* Random House Children's Books.

Lai, T. (2011). *Inside out and back again.* HarperCollins.

LaRocca, R. (2021). *Red, White, and Whole.* Quill Tree Books.

Lee, S. (2008). *Wave.* Chronicle Books.

Libenson, T. (2017). *Invisible Emmie.* Balzer + Bray.

Lin, G. (2009). *Where the mountain meets the moon.* Little, Brown and Company.

Lindstrom, C. (2020). *We are water protectors.* Roaring Brook Press.

Lobel, A. (1970-1979). Frog and Toad series. Harper and Row.

Lyons, K. S. (2022). *Ty's travels: Lab magic.* HarperCollins.

Medina, M. (2018). *Merci Suárez changes gears.* Candlewick Press.

Mora, O. (2018). *Thank you, Omu!* Little, Brown Books for Young Readers.

Mora, O. (2019). *Saturday*. Little, Brown Books for Young Readers.

Novak, B. J. (2014). *The book with no pictures*. Rocky Pond Books.

Nye, N. (2008). There was no wind. *Honeybee: Poems and short prose*. Greenwillow Books.

Orwell, G. (1945). *Animal farm*. Secker and Warburg.

Park, L. S. (2010). *A long walk to water*. Clarion Books.

Phi, B. (2019). *My footprints*. Capstone Editions.

Poe, E. A. (1843). "The tell-tale heart." *The Pioneer*.

Quigley, D. (2021). *Jo Jo Makoons: The used-to-be best friend*. Heartdrum.

Quintero, I. (2019). *My papi has a motorcycle*. Kokila.

Raschka, C. (1993). *Yo! Yes?* Orchard Books.

Rathmann, P. (1996). *Good Night, Gorilla*. G.P. Putnam's Sons.

Reynolds, J. (2016). *Ghost*. Simon and Schuster.

Riley, S. (2021). *The floating field*. Millbrook Press.

Rocco, J. (2011). *Blackout*. Little, Brown Books for Young Readers.

Rodríguez, A. M. (2018). *The secret of the scuba diving spider . . . and more!* Enslow Publishing.

Rotner, S., & Woodhull, A. L. (2020). *Shapes*. Holiday House.

Ryan, P. M. (2000). *Esperanza rising*. Scholastic.

Rylant, C. (1987–2007). Henry and Mudge series. Simon Spotlight.

Rylant, C. (1994–2016). Mr. Putter and Tabby series. HMH Books for Young Readers.

Rylant, C. (1997–2001). Poppleton series. Blue Sky Press.

Santat, D. (2017). *After the fall*. Roaring Brook Press.

Silverstein, S. (1964). *The giving tree*. Harper and Row.

Singh, S. J. (2020). *Fauja Singh keeps going*. Kokila.

Soontornvat, C. (2020). *All thirteen*. Candlewick Press.

Soundar, C. (2021). *Sona Sharma, very best big sister?* Candlewick Press.

Truss, L. (2006). *Eats, shoots & leaves*. G.P. Putnam's Sons Books for Young Readers.

Wade, J. (2021). *Nano: The spectacular science of the very (very) small*. Candlewick Press.

Wang, A. (2015). *The science of an oil spill*. Cherry Lake Publishing.

Willems, M. (2004). *Knuffle bunny: A cautionary tale*.Hyperion.

Willems, M. (2007–2016). Elephant and Piggie series. Hyperion Books.

Yang, G. L. (2006). *American born Chinese*. First Second Books.

Yang, K. (2018). *Front desk*. Arthur A. Levine Books.

Zuckerman, A. (2009). *Creature ABC*. Chronicle Books.

图片来源

p. 48: ©Houghton Mifflin Harcourt/HIP ("cover" image); ©Houghton Mifflin Harcourt/HIP ("picture" image)

p. 50 (left to right): ©Houghton Mifflin Harcourt/HIP; ©Brand X Pictures/Getty Images/HIP

p. 52: ©Houghton Mifflin Harcourt/HIP

p. 53: ©Houghton Mifflin Harcourt/HIP

p. 56: ©Han maomin/Shutterstock

p. 57: ©Brand New Images/Lifesize/Getty Images/HIP

p. 126: ©dyoma/Shutterstock/HIP

p. 179: ©Everett Historical/Shutterstock/HIP

p. 273: ©Houghton Mifflin Harcourt/HIP

p. 282: ©Kevin Schafer/Alamy/HIP (ostrich); ©Getty Images/HIP (view from nest)

p. 286: ©avajjon/Getty Images/iStockphoto.com/HIP (dinosaur); ©Sam D Cruz/Shutterstock/HIP (grassland); ©Robert Marien/Corbis/HIP (fox)

p. 287: ©Mick Roessler/Corbis/HIP (house); ©estt/iStock/Getty Images/HIP (wave)

p. 333 (left to right): "RIAN archive 612748 Valentina Tereshkova" by RIA Novosti archive, image #612748/Alexander Mokletsov/CC-BY-SA 3.0. Licensed under CC-BY-SA 3.0 via Wikimedia Commons; ©NASA/HIP; NASA on the Commons (Christa McAuliffe and Barbara Morgan) via Wikimedia Commons

p. 337: ©Willoughby Owen/Moment/Getty Images/HIP

p. 338: ©Han maomin/Shutterstock

p. 339: ©foryouinf/Shutterstock/HIP (sea turtles); ©Kaphoto/iStockphoto.com/HIP (ant)

p. 386: ©Kevin Schafer/Alamy/HIP (ostrich); ©Getty Images/HIP (view from nest)

p. 392 (left to right): ©Maciej Es/Shutterstock/HIP; ©tsnebula23/Shutterstock